汽车检具
设计、制造与使用

魏丛文 编著

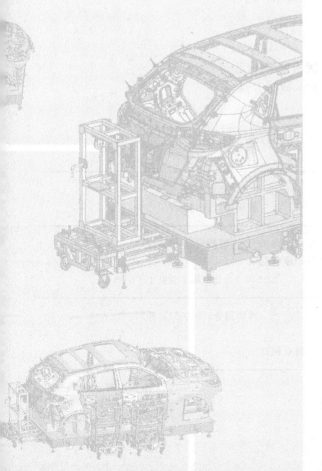

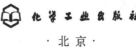

化学工业出版社

·北京·

内 容 简 介

本书结合主机厂和零部件供应商的检具要求，参考了检具行业标杆企业的标准，对汽车检具的发展趋势、功用、基本构造、设计、制造加工、装配、测量、验收与发运、使用维护与保养等进行了系统讲解。

本书可作为机械设计专业、汽车工程专业等专业学科的教材，也可作为专业课程设计及毕业设计的参考书，也可供相关从事汽车行业的工程技术人员、管理人员、质量人员使用。

图书在版编目（CIP）数据

汽车检具设计、制造与使用/魏丛文编著．—北京：化学工业出版社，2021.5（2023.7重印）
ISBN 978-7-122-38719-6

Ⅰ.①汽⋯ Ⅱ.①魏⋯ Ⅲ.①汽车-车辆检测器-设计 ②汽车-车辆检测器-制造 ③汽车-车辆检测器-使用方法 Ⅳ.①U472.9

中国版本图书馆CIP数据核字（2021）第046577号

责任编辑：王　烨　　　　　　　　　　文字编辑：吴开亮
责任校对：宋　夏　　　　　　　　　　装帧设计：刘丽华

出版发行：化学工业出版社（北京市东城区青年湖南街13号　邮政编码100011）
印　　装：北京科印技术咨询服务有限公司数码印刷分部
787mm×1092mm　1/16　印张20½　字数484千字　2023年7月北京第1版第4次印刷

购书咨询：010-64518888　　　　　　　售后服务：010-64518899
网　　址：http://www.cip.com.cn

凡购买本书，如有缺损质量问题，本社销售中心负责调换。

定　　价：128.00元　　　　　　　　　　　　　　　　　　版权所有　违者必究

前言

  汽车检具设计与制造涉及若干学科，比如计量学、结构力学、材料及热处理等。随着汽车检具实用性和功能性的不断完善，它将成为一个崭新的领域，来完善我国机械工业发展体系，且广泛适用于航空航天、电子电器、机械制造等工业生产领域。

  汽车检具的结构有其自身的特点，设计也有其内在的规律，制造也有特殊的要求，有必要编写相应的教材，为从业者提供学习参考。创新才能促进发展，编写本书是为了弥补汽车检具还没有教学书籍的空白，帮助从事机械和设计的工程人员，尤其处于汽车产业链的工程技术人员，解决在实际工作中遇到的汽车检具设计与制造问题。汽车检具正在向模块化、标准化、参数化、智能化的方向迈进，以此不断适应汽车工业发展的需要。这就要求我们有扎实的汽车检具设计与制造基础知识，不断向更高目标攀登。

  我国汽车检具设计与制造技术的发展是我国工程技术人员不断开展技术革新、不断总结实践经验和认真学习国内外先进制造技术的结果。编者结合各个汽车主机厂和零部件供应商的检具设计与制造要求，参考了汽车检具行业标杆企业的标准，系统地介绍了汽车检具的发展趋势、基本功用、基本构造、设计和制造等内容。为了使得内容更加翔实，特别增加了一些实用的设计案例，并配了大量的实物图片。另外本书有两个特色可以满足应用型人才的培养要求。

  ① 内容特色：适合机械类应用型人才的培养，兼顾了生产实践和理论基础两个方面。应用简洁明了的语言，避免枯燥乏味的理论分析，便于初学者快速理解和领会知识要点并掌握设计技巧。

  ② 经验特色：笔者从事多年的汽车检具设计与制造工作，对本书涉及的内容，很多方面都有切身的体验和见解。另外，书中的某些经验数据来源于生产一线。

  本书可作为机械设计专业、汽车工程专业等专业学科的教材，也可作为专业课程设计及毕业设计的参考书，还可供从事汽车行业的工程技术人员、管理人员和质量人员等使用。

  在编写的过程中，参阅了国内外公开出版的有关文献和资料，向所引用文献的作者和企事业单位表示诚挚的谢意。同时在撰写过程中得到许多同仁和朋友的大力支持和帮助，在此表示衷心的感谢。

编著者

目录

第一章
绪论 / 001

第一节　汽车检具的概述 …………………………………………………………… 002
第二节　汽车检具的功能与应用 …………………………………………………… 004
　一、汽车检具在汽车领域的应用 ………………………………………………… 004
　二、汽车检具在机械制造领域的应用 …………………………………………… 012
第三节　汽车检具的分类 …………………………………………………………… 012
　一、根据用途分类 ………………………………………………………………… 012
　二、根据不同属性分类 …………………………………………………………… 013
第四节　我国汽车检具工业的现状及发展 ………………………………………… 015
第五节　我国汽车检具工业的发展趋势 …………………………………………… 016
　一、组合化、模块化、系列化、参数化的汽车检具设计方向 ………………… 017
　二、传统测量支架检具向柔性测量支架检具的发展过渡 ……………………… 019
　三、智能化及数字化的汽车检具发展变革 ……………………………………… 021
　四、光学测量技术在汽车检具上的应用 ………………………………………… 022

第二章
汽车检具的设计 / 025

第一节　汽车检具的构成 …………………………………………………………… 025
　一、基础件 ………………………………………………………………………… 026
　二、测量基准 ……………………………………………………………………… 026
　三、功能装置 ……………………………………………………………………… 026
　四、移动装置 ……………………………………………………………………… 026
　五、信息标识 ……………………………………………………………………… 027
　六、辅助装置 ……………………………………………………………………… 027
第二节　汽车检具的总体设计 ……………………………………………………… 028
　一、汽车检具的设计依据 ………………………………………………………… 028
　二、汽车检具的设计原则 ………………………………………………………… 031

三、汽车检具的总体结构设计要求 …………………………………… 033
　四、汽车检具的设计审核步骤 ……………………………………… 035
　五、汽车构造及汽车坐标系 ………………………………………… 036
第三节　汽车检具的定位原理 ……………………………………………… 039
　一、自由度与约束 …………………………………………………… 039
　二、汽车检具中的六点定位原理 …………………………………… 040
第四节　汽车检具定位元件设计 …………………………………………… 042
　一、定位基准的选择 ………………………………………………… 042
　二、定位元件的设计 ………………………………………………… 044
第五节　汽车检具底板设计 ………………………………………………… 054
　一、底板的基本要求 ………………………………………………… 055
　二、检具底板的分类 ………………………………………………… 056
　三、检具底座的设计方法 …………………………………………… 061
　四、检具底板结构优化的 CAE 分析 ……………………………… 064
第六节　汽车检具测量基准设计 …………………………………………… 065
　一、检具测量基准类型 ……………………………………………… 065
　二、检具测量基准的选用 …………………………………………… 066
　三、基准块设计 ……………………………………………………… 068
第七节　汽车检具夹紧装置设计 …………………………………………… 069
　一、夹紧装置的组成 ………………………………………………… 070
　二、夹紧装置的分类 ………………………………………………… 070
　三、夹紧装置的夹紧力 ……………………………………………… 071
　四、夹紧动力源装置 ………………………………………………… 073
　五、复合夹紧机构 …………………………………………………… 073
　六、夹钳的选择及种类 ……………………………………………… 079
　七、夹紧装置设计及要求 …………………………………………… 081
第八节　汽车检具检测装置设计 …………………………………………… 082
　一、检测销的设计 …………………………………………………… 083
　二、衬套的类型和规格 ……………………………………………… 087
　三、翻边孔的检测设计 ……………………………………………… 090
　四、目测刻线设计 …………………………………………………… 090
第九节　汽车检具本体设计 ………………………………………………… 091
第十节　检具的模拟块切齐检测设计 ……………………………………… 092
　一、模拟块切齐检测方式 …………………………………………… 092
　二、检测面检测间隙 ………………………………………………… 094
　三、模拟块平齐面造型 ……………………………………………… 094
　四、树脂类模型模拟块切齐检测设计 ……………………………… 096
　五、模拟块的优化设计 ……………………………………………… 098

第十一节　汽车检具常用机械结构设计 …………………………………… 100
　一、翻转机构设计 ………………………………………………………… 100
　二、滑移机构设计 ………………………………………………………… 102
　三、断面样板机构设计 …………………………………………………… 105
　四、卡扣联动机构设计 …………………………………………………… 107
　五、百分表机构设计 ……………………………………………………… 110
　六、脱卸结构活动件设计 ………………………………………………… 114
第十二节　汽车检具移动装置设计 ………………………………………… 116
　一、吊具 …………………………………………………………………… 117
　二、滚轮 …………………………………………………………………… 118
　三、调节垫脚 ……………………………………………………………… 120
　四、叉车槽 ………………………………………………………………… 120
　五、把手 …………………………………………………………………… 123
　六、检具小车 ……………………………………………………………… 123
第十三节　汽车检具标识设计 ……………………………………………… 125
第十四节　汽车检具三维造型管理 ………………………………………… 127
　一、设计软件规范管理 …………………………………………………… 127
　二、检具三维造型细化管理 ……………………………………………… 129
第十五节　汽车检具资料编制 ……………………………………………… 130
　一、检具总装图的编制 …………………………………………………… 130
　二、检具测量方案的编制 ………………………………………………… 133
　三、销检报告编制 ………………………………………………………… 141
　四、检具操作指导书的编制 ……………………………………………… 143

第三章
汽车检具的制造加工　/　145

第一节　检具制造的特点和基本要求 ……………………………………… 145
　一、检具制造的特点 ……………………………………………………… 145
　二、检具制造的基本要求 ………………………………………………… 146
第二节　检具材料 …………………………………………………………… 146
　一、检具材料性能及要求 ………………………………………………… 146
　二、检具材料的选用 ……………………………………………………… 148
　三、检具选材的步骤 ……………………………………………………… 149
　四、检具主要材料的性能及热处理 ……………………………………… 150
第三节　检具典型零件的制造工艺 ………………………………………… 156
　一、铸铝底板的加工 ……………………………………………………… 156

二、模拟块的加工 …………………………………………………… 158

三、基准球的加工 …………………………………………………… 159

四、检具断面样板的加工 …………………………………………… 160

第四节 碳纤维检具的加工 …………………………………………… 162

第五节 功能主模型检具——车门模块的加工 …………………… 165

第六节 检具零件的检验 ……………………………………………… 171

第四章
汽车检具的装配 / 173

第一节 汽车检具的装配概述 …………………………………… 173
一、检具装配的特点 ………………………………………………… 173

二、汽车检具装配的工作内容 ……………………………………… 174

三、检具装配精度要求 ……………………………………………… 177

四、汽车检具装配的技术要求 ……………………………………… 177

第二节 检具钳工装配基础 ……………………………………… 178
一、检具钳工常用的设备及使用常识 ……………………………… 178

二、锉削 ……………………………………………………………… 179

三、孔加工 …………………………………………………………… 179

四、钳工配打孔 ……………………………………………………… 181

五、攻螺纹 …………………………………………………………… 181

第三节 检具零件的定位与固定 ………………………………… 184
一、机械固定法 ……………………………………………………… 184

二、物理固定法 ……………………………………………………… 185

三、化学固定法 ……………………………………………………… 185

第四节 检具装配 ………………………………………………… 187
一、检具的装配方法 ………………………………………………… 187

二、检具装配尺寸链 ………………………………………………… 189

三、检具装配积累误差的调整 ……………………………………… 190

四、检具的总装配 …………………………………………………… 190

第五章
汽车检具的测量 / 192

第一节 检具的精度 ……………………………………………… 192
一、检具零件制造的平均经济精度 ………………………………… 193

二、检具的制造精度 …………………………………………………………… 194
　　三、检具精度的校验 …………………………………………………………… 197
　第二节　检具精度检测设备 …………………………………………………………… 199
　　一、三坐标测量机 ……………………………………………………………… 200
　　二、三坐标测量机的应用 ……………………………………………………… 200
　　三、三坐标测量机的工作原理 ………………………………………………… 201
　　四、三坐标测量机的构成 ……………………………………………………… 201
　　五、三坐标测量机的保养与维护 ……………………………………………… 203
　第三节　检具精度测量方法 …………………………………………………………… 204
　　一、检具三坐标测量取点 ……………………………………………………… 204
　　二、检具测量流程 ……………………………………………………………… 205
　第四节　检具测量报告的制作 ………………………………………………………… 208
　第五节　检具的测量误差 ……………………………………………………………… 209
　　一、测量误差的基本概念 ……………………………………………………… 209
　　二、测量误差的来源 …………………………………………………………… 210
　第六节　检具后期收尾 ………………………………………………………………… 210

第六章
汽车检具的验收与发运　/　214

　第一节　汽车检具的验收过程 ………………………………………………………… 214
　　一、检具的验收流程 …………………………………………………………… 214
　　二、检具的预验收 ……………………………………………………………… 216
　　三、检具的终验收 ……………………………………………………………… 218
　第二节　汽车检具的验收内容 ………………………………………………………… 220
　　一、外观及功能结构的检查 …………………………………………………… 221
　　二、检具功能性的验收 ………………………………………………………… 225
　　三、尺寸精度的验收 …………………………………………………………… 226
　　四、测量系统稳定性的评估 …………………………………………………… 227
　第三节　检具的发运 …………………………………………………………………… 236

第七章
汽车检具的使用、维护和保养　/　238

　第一节　汽车检具的辅助量具使用方法 ……………………………………………… 238
　　一、钢直尺的使用 ……………………………………………………………… 239

二、塞尺的使用 …………………………………………………………… 240

　　三、斜塞尺的使用 ………………………………………………………… 241

　　四、面差规的使用 ………………………………………………………… 241

　　五、百分表的使用 ………………………………………………………… 242

　　六、游标卡尺的使用 ……………………………………………………… 244

　　七、螺纹规的使用 ………………………………………………………… 245

　　八、光滑极限量规的使用 ………………………………………………… 246

第二节　单件检具的使用 ……………………………………………………… 247

第三节　螺钉车检具的使用 …………………………………………………… 250

　　一、螺钉车制作人员准备 ………………………………………………… 251

　　二、样件的准备 …………………………………………………………… 251

　　三、工具的准备 …………………………………………………………… 251

　　四、螺钉车制作流程 ……………………………………………………… 252

　　五、螺钉车装配方法 ……………………………………………………… 253

第四节　功能主模型检具的使用 ……………………………………………… 256

第五节　检具的使用寿命 ……………………………………………………… 259

　　一、检具的失效形式 ……………………………………………………… 259

　　二、检具失效的基本影响因素 …………………………………………… 261

第六节　保证和提高检具使用寿命的途径 …………………………………… 262

　　一、检具的合理设计 ……………………………………………………… 262

　　二、检具的正确使用 ……………………………………………………… 263

　　三、检具的维护和保养 …………………………………………………… 263

第七节　检具的维护和修理 …………………………………………………… 263

　　一、检具使用前的注意事项 ……………………………………………… 264

　　二、检具使用中的注意事项 ……………………………………………… 264

　　三、检具使用后的注意事项 ……………………………………………… 265

　　四、检具日常登记管理，精度周期检定 ………………………………… 266

　　五、检具的报废、回收利用 ……………………………………………… 267

　　六、检具的维护保养 ……………………………………………………… 267

第八章
汽车检具设计案例　/　272

第一节　单钣金零件——汽车翼子板检具设计案例 ………………………… 272

　　一、单件检具的分类 ……………………………………………………… 272

　　二、单件检具的特点 ……………………………………………………… 273

三、汽车翼子板检具设计案例 ·· 273
第二节　塑料总成检具——前保险杠总成检具设计案例 ············ 277
一、总成检具的分类 ·· 278
二、总成检具的特点 ·· 278
三、前保险杠检具方案设计案例 ·· 279
第三节　螺钉车检具——前围上部总成螺钉车检具设计案例 ····· 283
一、螺钉车的功能 ··· 283
二、螺钉车制作与传统焊机调试方式的对比 ·························· 284
三、前围上部总成螺钉车检具设计案例 ································· 285
第四节　开口检具——前风窗检具的设计案例 ·························· 289
一、开口检具的分类 ·· 289
二、开口检具的特点 ·· 289
三、前风窗开口检具设计案例 ··· 290
第五节　功能主模型检具——内外饰一体主模型检具设计案例 ·· 292
一、功能主模型检具的分类及特点 ·· 292
二、内外饰一体主模型的结构组成 ·· 293
三、设计步骤 ·· 295
四、结构模块设计 ··· 296

附录 / 300

附录1　汽车检具中英文对照表 ·· 300
附录2　功能主模型检具模块明细表 ····································· 304
附录3　功能主模型检具产品与模块匹配顺序 ······················· 306

参考文献 / 317

第一章 绪论

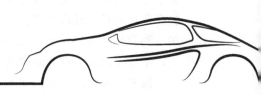

汽车工业是一个资金密集、技术密集、人才密集的高度综合的行业,它的上游产业链几乎囊括了所有的制造业部门——冶金、电子、化工、陶瓷、塑料等。它推动了机械制造、电子技术、橡胶、人工智能、新能源等相关行业的发展。自从1886年第一辆汽车诞生,汽车工业经历了100多年的发展历程。改革开放以来,我国的汽车工业有了长足的发展,由于社会需求的不断增长和科学技术发展的推动,汽车造型日臻精巧,其运输生产率和各项性能指标都有了很大的提高。现在汽车已成为世界各国国民经济和社会生产生活中不可缺少的一种交通运输工具,汽车工业的规模和其产品的质量也成为衡量一个国家经济、科学技术发展和工业化程度的标志之一。随着我国经济的跨越式增长,汽车制造业已在国民经济的发展中占据举足轻重的地位。

汽车制造业经历了单件生产、大量生产、精益生产和模块化生产的发展过程。1992年以来,汽车制造业进入模块化生产时代。紧接着又进入高度全球化时代,主要表现在生产、采购、市场、资本和技术合作全球化。伴随着汽车制造业模块化、全球化的战略趋势,汽车在生产过程中,整车制造商往往采用订单的方式在全球范围内的相关企业订购零部件。由于企业在早期零件生产的过程中没有规范的质量管理体系,导致单个零件在总成或整车装配过程中无法进行有效的过程质量管控,进而影响了汽车的整体质量。

几十年来,我国汽车产业不断向前迈进,但是汽车安全与质量问题一直是制约汽车行业发展的重要因素。"召回"事件在汽车行业内已屡见不鲜。要保证汽车行业的可持续发展,就要全面提升汽车的整体质量。汽车零部件是保证汽车质量的关键要素,同时也是构成一辆完整汽车的重要基础,每一个零部件都有可能对汽车的质量和安全造成影响。零部件尺寸不合格(所谓零件尺寸不合格是指零件实物尺寸与产品图纸设计不一致)会造成分总成或总成零件的装配误差,进而影响整个车身尺寸偏差。整车所包含的零部件由不同的制造供应商提供,因企业技术和生产管理水平的参差不齐,导致零部件质量也存在一定差异,这些差异在整车制造过程中容易不断累积放大,严重影响车身尺寸精度及整车品质。

综上所述,加强汽车零部件的质量管理理念和优化质量管理手段,采用先进的生产理念合理地控制汽车零部件的质量已刻不容缓。质量的控制和提高需要一个准确、高效的质量控制系统和方法。而车身零件综合匹配是一个反复匹配分析和改进的过程，也是提高产品质量的一种有效控制方法。它提供了一种测量手段，可以对车身冲压单件、焊接分总成/总成、车身外覆盖件、内外饰件进行匹配和测量分析，对相关尺寸、配合、间隙、面差、外观、拼焊或者装配的工艺性等匹配结果进行评价，测量分析匹配缺陷产生的原因，并指导模具改进、工装设备调整、工艺参数优化、产品设计和产品技术规范的更改，从而提升产品质量，提高生产装配的一致性，提高生产效率。汽车检具就是车身零件综合匹配的一种测量技术，作为质量监控手段和方法，再结合应用计算机信息技术和合理科学的统计，不仅可以减小产品质量的不稳定性，还能促进汽车及其零部件制造的优化。

随着工业生产方式的变革，消费者的维权意识逐步增强，高标准的质量管理愈加成熟和规范（如汽车质量管理体系标准IATF16949），并作为汽车零部件企业发展的重要组成部分，为产业的蓬勃发展提供了保证。高品质正成为中国汽车及零部件进入国际市场的首要关注点，成为企业竞争力的核心组成部分。未来汽车业的竞争，实质是产品质量和服务质量的竞争。

第一节 汽车检具的概述

在工业化大批量生产中，为了保证产品的质量，确保零件的互换性，同时对零部件的机加工、冲压、铆接、焊接等工艺进行分析和纠错改善，必须采取预防措施来防止废品的产生，这样就要对毛坯及零部件的尺寸、角度、几何形状、几何要素的相对位置、表面粗糙度以及其他技术要求进行测量和检验。汽车检具就是在工业生产活动中，用于测量和检测产品尺寸、形状和位置等特性的专用工艺装备，是工装夹具和测量附件的集合体。它作为工业生产企业用于检验工业产品规格是否符合特定标准的一种工具，普遍应用于批量生产的工业产品的检测，用来提高生产效率和控制产品质量。汽车检具作为在生产制造企业进行测量和监控产品尺寸的快捷简便工具，主要用来模拟理想边界，其原理是模拟零件的实际装配使用情形，检查工件关联的被测要素实际轮廓是否超越理想边界（包容原则是以最大实体尺寸作为边界值，最大实体原则是以实效尺寸作为边界值），并允许被测要素的实际形位公差超过图样上所给定的形位公差值，其超差值正好由被测要素尺寸的实际偏差值来补偿。这样不仅可以快速判断出被测要素是否在制造公差范围内，而且具有操作方便、稳定耐用、数据直观的特点。随着汽车工业的迅速发展，为满足日益严格的市场需求，汽车制造商之间的竞争也越发激烈。各汽车厂家在不断采用新技术新工艺的同时，也把注意力转向了测量技术的开发。制造技术的发展同时也离不开测量技术，两者相辅相成，互相促进。新的测量技术不断揭露新工艺的不足之处，使之进一步创新和改造，变得更加完善。汽车检具作为测量技术的基本组成部分，在生产现场所发挥的作用越来越明显，因而也受到了汽车主机厂的重视。主机厂和零部件供应商在产品设计和开发过程中为了实现零部件尺寸稳定性和零部件装配的测量评价，对汽车零部件也引进了定位系统和检具的概念。我国汽车制造业现代检具的应用伴随着合资汽车的发展逐步推广，目前已经形成了完整的汽车检具产业链，如图1-1所示为某汽车焊接总成检具。

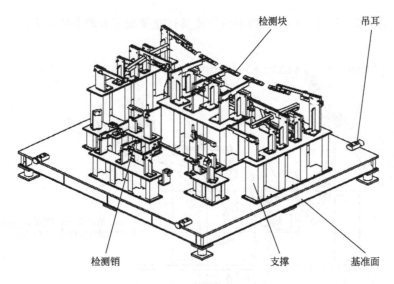

图 1-1　某汽车焊接总成检具

汽车检具最初就是德国宝马汽车的专利技术，在德国汽车企业中得到运用和发展，然后被意大利汽车厂商广泛使用，最后被日本和韩国汽车企业引进，通过不断摸索改进，逐渐形成了各自的体系和标准。中国汽车检具行业发展相对较晚，国内在早期仅有模具工业。自 2003 年以来，国内汽车工业快速发展，自主汽车品牌产品的品质不断提升，汽车质量控制的要求日益提高，促使了汽车检具开始由国外进口转到国内自主设计、生产和配套，国内汽车检具行业也因此孕育萌发，这也标志了我国的汽车检具作为一个新的学科走上了舞台。汽车检具是一种用于检测汽车零部件产品特征是否符合设计标准的专用检测工具，为非标准定制化产品。汽车检具的应用能够提高汽车零部件企业以及整车厂商的加工精度以及生产效率，有效加强汽车零部件之间的协调性。汽车检具的使用贯穿于汽车制造的整个过程，能够帮助企业及厂商实现量产标准化零件，提高汽车零配件的质量，完善汽车整体性能。从国外引进至今，汽车检具行业逐渐发展成熟，现在已成为汽车零部件开发和质量控制的重要手段，不仅降低了汽车生产成本，还缩短了汽车开发周期。最初，从国外引进一套整车的检具，尤其是一些高端汽车品牌的检具，成本极其高昂，动辄几十万甚至上百万。近年来，随着我国的自主研发和科技创新，国内本土检具企业的产品已逐渐被国内外各大知名汽车厂商及汽车零部件制造商认可和广泛应用。

随着经济的发展及产品个性化、特征化的需求，汽车检具作为控制产品质量的一种工具，具有快捷迅速、判断准确、数据直观等特点，其应用领域也在不断发生变化。目前汽车检具除了被应用于汽车工业，还可以应用在摩托车制造（如图 1-2 摩托车架检具）、船舶制造、飞机制造、军工装备制造、国防科研、航空航天、电子电器、机械制造等领域。现有装备产品质量的提升有赖于汽车检具行业的发展。以卡车为例，国内卡车的质量与国外卡车的质量相比，外形设计、安全性、舒适性方面都存在差距。出现这种差距的原因除了部分核心的生产制造技术未掌握以外，还因为国内生产卡车的主机厂运用汽车检具的程度较低，导致国内卡车生产的精密程度难以把控。随着国内汽车检具应用门类的不断拓展，我国卡车等装备市场也将更广泛地使用检具检测部件装配的精密度，这样有助于我国装备制造产品质量的提升，同时也将为汽车检具行业带来巨大的市场机会。

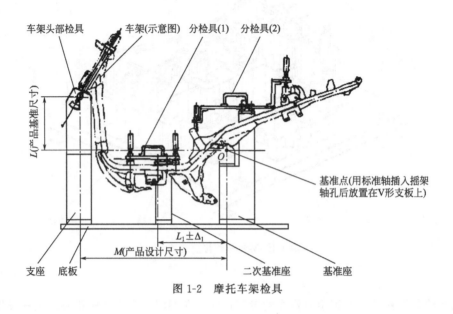

图 1-2 摩托车架检具

第二节 汽车检具的功能与应用

在汽车零部件生产现场，一般通过检具来达到有效控制产品质量、保证生产稳定性的目的。检测人员只需要将零部件准确地安装固定在汽车检具上，然后通过目测或借助百分表、电子读数面差规、游标卡尺、塞片、尖角塞尺、通止规、齐平规等工具对零件型面及轮廓周边进行检查，也可以借助检测销或目测刻线对零件上不同性质的孔及零件与零件之间的连接位置进行检查，从而实现零件质量状态的快速判断。

汽车检具在检测零件的孔径、尺寸、位置度、轮廓度、间隙和面差等方面，以其结构简单、使用灵活、检测效率快速、制造成本低，广泛应用于在线检测，作为生产制造企业进行测量和监控产品尺寸的快捷简便性工具。在线检测能够提供关于产品及制造过程的即时信息，有利于及时发现过程质量问题，避免造成产品的批量性不良，同时也可以减少相关停产造成的损失。然而判断产品是否合格不是使用汽车检具的唯一目的，在线检测可以提供关于制造过程性能的大量数据。通过对测量数据的分析，找到质量问题的原因，为冲压工艺、机加工工艺、铆接工艺、焊接工艺等制造加工工艺的进一步改进提供真实可靠的科学依据，用于主动性的制造过程质量控制及持续改进，以不断提高制造过程性能及产品质量。

一、汽车检具在汽车领域的应用

每辆汽车都是由成千上万个零部件组装而成的，现代化、大批量生产的出现，要求在装车过程中，零部件之间的匹配都能满足设计要求（尺寸、功能等），具备互换性，同时还应满足整车性能、外观的要求。车身零件具有曲面多、构造复杂、空间几何形状不规则、体积大、质量重等特点，尤其是冲焊件占到了非常大的比例，对汽车的质量和安全具有决定性的作用，所以对其精准度和质量要求很高。如图 1-3 所示为汽车白车身构造，汽车车身是整个轿车的重要组成部分，是整个轿车零部件的载体，其制造成本和质量约占整车的 40%～60%，车身的制造质量在很大程度上决定着轿车的整体性能，因此车身制造的质量是汽车制造质量的重要组成部分。车身制造过程是融合了薄板冲压成型、自动化装配生产线、焊接及检测技术、质量控制与管理等多学科领域的复杂过程，因此，可以认为车身制造质量能够在一定程度上反映出国家工业的技术水平和制造能力。

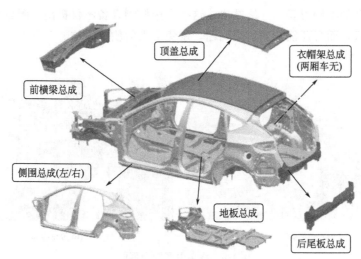

图 1-3　汽车白车身构造

在汽车的发展史上，车身部件最开始是纯手工打造，然而在整车安装调试的过程中，经常会出现两个车身部件无法匹配的尴尬境地。如图 1-4 所示，由于螺钉安装孔有位移偏差，导致零件无法正常装配，鉴于当时生产条件限制，只能通过经验丰富的装配工人将安装孔锉大，不断整修才能将车门安装好，这不仅会带来极大的安全隐患，还造成了生产效率低下，而且也对工人的专业技能提出了严苛的要求。现代工业的快速发展，推动汽车生产的流水线作业效率不断提高。如今，在整车装配流水线上，平均每 8min 就能组装好一

(a) 零件1　　　　　　　(b) 零件2　　　　　　(c) 零件1和零件2无法装配

图 1-4　零件 1 和零件 2 的装配

辆整车。一辆汽车有上千个零件,其车身部分就有 300 多个钣金件和 100 多个塑料件,如果其中某一两个零件的尺寸超差,就会导致整车装配困难,将会影响流水生产线的节奏,严重的时候甚至会造成全线停产。

现代汽车生产流水线上(主要为冲压工序或焊接工序),如图 1-5 汽车生产线局部图所示,会配备大量的汽车检具作为实时在线检测设备来对车身零件质量进行快速检验。如某大型汽车主机厂质检工艺部门总体规划中,在工艺设计上运用了大量通用检具,如各种通止规、卡规、环规、深度规等,同时也配备了大量的专用检具,如平行度检具、垂直度检具、跳动检具、同轴度检具、单件检具或总成检具(如图 1-6 车身侧围总成检具)等,以及许多能同时检测尺寸和几何量误差的柔性化检测设备。某些合资汽车企业也大量引进了专用高效综合的检测设备——终端机。这些专用检测设备不仅提高了测量效率、有效控制了产品的质量,而且还能快速发现问题,避免重大的质量事故。

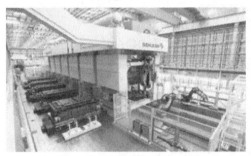

(a) 冲压现场　　　　　　　　　　　　(b) 焊接现场

图 1-5　汽车生产线局部图

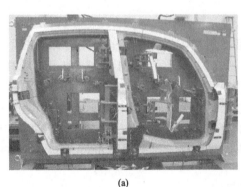
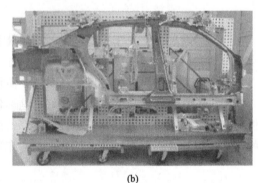

(a)　　　　　　　　　　　　　　　　(b)

图 1-6　车身侧围总成检具

汽车车身制造尺寸质量主要包括两方面的问题,一是尺寸正确性(也就是均值);二是尺寸精密性(也就是稳定性)。车身制造尺寸质量的控制标准以"理论值+公差"的形式给出。对于一条涉及几百个冲压件、几十个装配站、几千个焊点的车身生产线而言,由于在大批量生产过程中,材料的变化、模具的磨损、工装设备的磨损、工艺的变化、操作工人的变换等因素使得车身制造尺寸在各个环节上都不可避免地产生相对于原始设计尺寸的偏差。如果这些偏差得不到适时的控制,随着时间和空间的累计,车身制造尺寸就会出现均值漂移和方差扩大。均值漂移是指车身制造尺寸偏离设计值,方差扩大则是指车身制造尺寸波动剧烈。一般来说,这两种情况是相互作用、相互掺杂的,使得车身制造尺寸质量问题错综复杂。

通常汽车车身是由300~500个薄板冲压件,在70~120个装配站上,经过零件、组件、分总成、总成到白车身的层级经点焊装配而成的。车身精度是汽车品牌进行市场竞争的质量基础。在承载式车身上,内饰件、外饰件、发动机系统、操控系统、传动系统、悬架系统等部件都安装在车身上,车身精度决定了汽车产品的性能、制造工时和制造成本。

车身制造过程中的尺寸偏差是不可避免的,通常情况下,车身制造偏差可导致:①内饰、发动机、底盘等装配不良,如:后桥定位螺栓干涉;②玻璃升降、四门两盖闭合等操作性能恶化,如前门开合困难;③风噪声、密封性、行驶平稳性等舒适性能降低;④缝隙、平整度和表面质量下降;以上缺陷将影响整车性能。对于车身制造尺寸质量的控制主要采用下面两个方法:一是从产品和工艺设计的角度出发,研究车身装配过程中复杂偏差产生的机制和传递规律,总结生产实际经验知识,确定合理的车身尺寸理论值、公差和制造工艺,以防止尺寸质量问题的产生;二是从检测和控制的角度出发,研究先进的车身尺寸检测技术和诊断控制技术,总结生产实际经验,确定合理的检测控制体系和方法,以迅速发现和解决尺寸质量问题。

汽车车身生产中,检测技术是监测生产过程、保证产品质量的重要一环。一般车身由上千种零部件组成,各个零部件在加工和装配过程中需要控制的质量环节特别多。从铸锻件毛坯、机械加工、热处理到装配的各个过程,都需要进行必要的质量控制。在大批量生产过程中,提供快速、准确的测量手段就显得非常重要。在现代化的汽车厂中,尤其是轿车厂中,对覆盖件与车身生产中的质量检测和质量控制,国内某些汽车零部件制造企业,虽然采用了离线检测设备(如三坐标测量机、便携式多关节测量机、蓝光扫描等),但是仍存在质量检测装置单一、控制方法落后、控制系统不合理、工作效率低的弊端。汽车零件制造是一个规模化、批量化生产的过程,大部分的零件无法做到100%检测,尺寸质量的评价只能采用离线的小样本抽检的方法。所以在线检具最为实用,便于操作,常作为首选的检测工具。

二十世纪八十年代中期以来,随着轿车和客车工业迅速发展,汽车检具在国内汽车行业的应用已相当广泛,较多汽车厂采用汽车检具作为主要测量手段,来控制各工序间的车身零部件质量。常见的汽车检具主要针对汽车白车身、内外饰零部件,应用于新项目开发过程和批量生产管理中,在生产准备阶段的模具调试、生产工艺设计优化、批量产品的质量监控方面发挥重要作用。汽车检具对于缩短整车开发周期,降低产品的开发成本,提高生产率和产品质量有重要意义。在汽车工业发展的进程中,汽车检具是汽车工业基础工艺检测装备,在汽车产业链中占有极其重要的地位,汽车检具的设计与制造是一项重要的技术工作,是我国汽车工业制造技术快速发展并与国际接轨的重要标志之一。

(一)汽车检具在汽车尺寸工程中的应用

二十世纪九十年代,北美主要汽车厂不重视尺寸工程,汽车在外观上显得粗糙、廉价,其中通用汽车在美国市场20%的份额逐步被亚洲和欧洲的车企蚕食。直到二十世纪九十年代中后期,通用汽车才意识到这一问题,最终组织策划实施"2mm"工程,才大大改善了汽车质量。

汽车车身零件在设计或制造的每一阶段都难以避免偏差的产生，从而导致实际生产得到的车身尺寸与设计值之间存在一定的偏差。利用尺寸工程对车身结构、工艺、制造和管理等各个流程进行尺寸和公差系统的优化，对缩短新产品开发周期、提高装配尺寸精度、降低开发成本、保证批量生产质量稳定和持续改进具有重要意义。尺寸工程是一个覆盖车身设计、零件制造和装配全过程的概念，贯穿于产品方案、设计、试制和投产等阶段的全过程。它是一种基于计算机仿真技术的工程方法和技术手段，又称作尺寸管理，是根据既定或预期的制造能力大小，设计恰当的加工、装配工艺及开发合理的定位，合理地分配和制定公差以使产品达到既定的匹配和功能要求，并且通过尺寸链分析或应用公差虚拟仿真技术对上述尺寸设计和尺寸要求进行风险评估和预防的一系列活动。其中包括结合汽车的制造生产过程，通过总成检具、螺钉车、功能主模型检具等进行实物控制，保证最终的装车效果。汽车检具验证是尺寸工程管控整车尺寸质量的主要手段和必要环节。它在汽车研发中有如下4个阶段的作用：

（1）设计阶段　新车型的研发，参照物较少，总体设计布局主要依赖于标杆车型。前期零部件和工艺设备状态都不稳定，此时汽车检具可以成为一个参考的基准，能够帮助快速进行调试工作。既可用于评估零部件设计结构和匹配关系的合理性，也可以评估工艺上的合理性，及时发现设计问题。

（2）验证阶段　汽车检具在此阶段能起到关键的作用，特别是在实车零部件第一次试装阶段，很多设计和工艺确认工作均可在汽车检具上开展。

（3）试生产阶段　在此阶段，白车身和内外饰零部件的匹配冲突是不可避免的，汽车检具一方面被用来快速分析匹配问题，通过对比同一零部件在白车身上与功能主模型检具匹配结果的差异，来确认是车身问题、零部件问题还是装配问题、另一方面也可发现零部件单件检具在设计、制造中存在的问题，改进零部件单件检具的质量。

（4）正式量产阶段　汽车量产说明汽车各项性能指标已处于稳定状态，汽车检具主要用于零部件质量的日常控制和问题分析，遇到质量波动时，可利用汽车检具快速找出问题的根源。同时监控零部件质量的稳定性，预防质量问题的发生。

（二）先进质量控制工具——汽车主模型检具

汽车主模型检具（functional master mode、cubing、CUBIC 等）又称为组合检具、车身主检具、标准车身等，如图1-7所示。它是完全以车身三维设计数据（3D model）按1∶1的比例，采用精密数控机床进行加工的一个标准化车身模型或者说是一个高度模块化的、可根据需要自由设计或匹配检查项的、所有模块和零部件均可自由拆换的特殊检具。汽车主模型检具的高度模块化主要表现在所有脱卸模块和真实汽车零部件之间可以互换。比如说前保险杠、前左右大灯、进气格栅、翼子板、发动机罩等和汽车检具模块之间可以任意互换。汽车主模型检具按结构形式划分可分为内外饰一体式和内外饰分开式两大类。

汽车主模型检具在国内外广泛用于汽车内外饰件、车身覆盖件等零件的尺寸匹配分析，这是目前非常先进的设计和质量控制理念，通常在新车型开发过程中应用。其功能是按照实际状况对车身闭合件、翼子板、内外装饰件及部分功能件等进行组合匹配，以判定各个零件的安装、零件之间的相互位置、缝隙、形面段差等是否符合设计要求以及安装后各零件及功能件是否可以达到或全部实现设计要求，而且还可定性或定量检测相邻零部件之间的缝隙、光顺性和孔位偏差等，同时也可直观评价整个车身外观和内外饰与设计要求是否吻合。主模型检具的重要作用就在于可以进行装车状态的模拟，并且针对整车产品尺寸予以反复的验证。

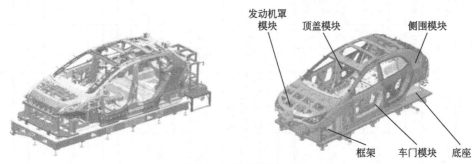

图 1-7 汽车主模型检具

汽车主模型检具是新车型检具中的高端产品，它既要匹配整车，又要匹配零件，可以直观地评价汽车内外饰的整体尺寸及效果。在检具行业中是名副其实的"三高"产品，即设计要求高、制造技术要求高和使用技能要求高。随着汽车工业的迅猛发展，我国各汽车制造厂商正面临更加严峻的市场竞争形势，在激烈的竞争面前，必须快速适应市场变化，并且制定有效的工艺方案来缩短产品的开发周期，以最快的速度将外形美观、款式新颖、技术含量高的新品推向市场。以前从产品开发到批量生产汽车需要 5 年左右的时间，最快也要 3 年多，现在国外的汽车公司以及国内的汽车公司在车身的设计开发和批量生产的质量控制上应用了标准主模型检具，加快了新车开发的周期，新车从设计开发到量产仅需 2 年左右，极大地缩短了新车的开发周期。

汽车作为一台由成千上万个零部件组装而成的精密机器，其零部件的装配质量直接影响着汽车的动力性、操纵性、稳定性、舒适性、安全性和可靠性等基本性能。所以，各零部件之间的匹配就显得尤为重要，单独的零件必须满足设计要求（尺寸、功能），具备互换性，同时还应满足整车性能、外观的要求。为此，零部件尺寸检测是尺寸精度控制的关键，只有保证单件合格，才能够保证整车装配时的精度。然而大部分内、外饰等非金属件无法通过常规检测手段进行尺寸检测，部分零部件供应商也制作了零部件检具来控制零部件尺寸，但是仍无法解决零部件与零部件之间、零部件与车体之间配合的问题，这也是汽车主模型检具诞生的直接原因。汽车主模型检具的主要作用有以下几个方面：

（1）单个零部件质量的验证　通过汽车主模型检具的模拟块与零件尺寸匹配状态的分析，来判别是零件质量问题还是车身尺寸问题。此时只需将零部件根据装配工艺要求安装在汽车主模型检具上，然后根据装配过程及装配后的状态是否满足设计标准来对此零部件是否合格进行评判。例如前照灯的检测，根据装配工艺将前照灯装在汽车主模型检具上，然后根据饰件间隙和面差设计书的要求（如表 1-1 前照灯外观公差表）进行检测，最后根据检测结果判定饰件的功能和外观是否合格。

表 1-1 前照灯外观公差表

部位NO	部位		标准	公差1	公差2	备注
1Ⓐ	发动机盖与格栅	WL 间隙	6.0	±2.3	平行差 2.3	
2Ⓐ	保险杆与发动机盖	WL 间隙	6.0	±2.0	平行差 2.0	
3Ⓐ	前大灯与发动机盖	WL 间隙	6.0	±2.0	平行差 2.5 左右差 2.5	
4Ⓐ	前大灯和保险杆	间隙	1.5	+3.0 -1.3	平行差 3.0 左右差 3.0	
5Ⓐ	前翼子板与前大灯	出入	1.5	+2.0 -1.5	平行差 1.5	4.0TL 内侧 4.5TL 外侧
			7.0BL;3.1 5.0TL;2.5 9.05WL;1.2 8.7WL;0.8	±1.4		刻线点的 垂直方向
5Ⓑ	前翼子板与前大灯	间隙	1.5	±1.4		
6Ⓐ	前大灯与保险杆	间隙	4.0	±2.5	左右差 2.0 平行差 2.3	

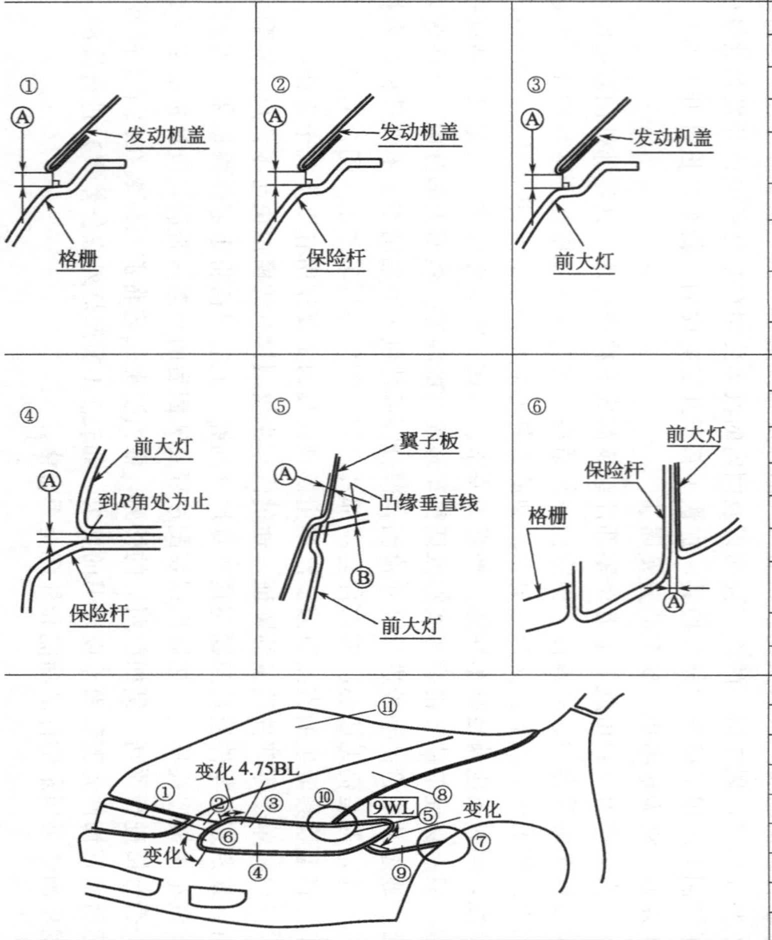

外观公差表（前部 1/3）

车门密封条类零件刚性较弱，无法用三坐标检测测量，通常用投影仪测量界面尺寸，这种测量不完整，只测量了密封条其中一部分质量特性。密封条与车门窗框的配合除了截面尺寸符合要求外还受密封条R角接角部位直线度、接角段差、长度尺寸、硬度等的影响。汽车主模型检具对这类零件尺寸匹配非常方便，定义密封条在主模型检具上的标准可以直接判断密封条接角质量、配合尺寸等常规方法无法测量的特性。对于柔性零件的匹配，只要定义零件与主模型匹配的标准，主模型检具就可以作为零部件检具直接判定零部件质量的状态。

（2）零部件之间的匹配验证 在内外饰零部件匹配验证过程中，对调整方案进行模拟、评估、调整、再模拟、再评估，直至匹配合格。有时会遇到两个相邻零部件匹配状态较差的问题，比如两者间隙、面差大。然而两家供应商生产的零部件都满足各自的质量要求，但是整车安装时不符合要求，所以难以判断问题原因。在这种情况下把两个零部件先后装配在汽车主模型检具上进行测量分析，就能很直观地看到问题所在，指明改进的方向。例如，当前大灯、前转向灯、前保险杠之间的面差、间隙超差时，要判定哪个零件不合格，可采用以下安装步骤进行逐个判定：先检查前大灯零件是否合格，将前大灯零件的环境件均换成标准模块，而前大灯用实际零件进行组合安装，检查前大灯零件与环境件标准模块的间隙是否超差（与安装前大灯标准模块时的间隙相比）。依次类推，可以判定这些相关零件中哪个零件或哪几个零件不合格。

（3）车体钣金件质量的验证 汽车车身件在三坐标取点测量过程中，不可避免地有部分包边、特殊型面不能进行测量，从而导致汽车车身钣金与钣金件之间出现配合不良的问题。例如发动机盖与翼子板安装后左右间隙不均、面差不一致的问题。此时可以把相关钣金件当成单独的零部件，依次在汽车主模型检具上进行安装，然后按照闭合件系统间隙面差的设定表进行检测，依据相关结论进行判定。

总的来说，汽车主模型检具主要对零件进行匹配分析，对相关尺寸、配合、间隙、面差、外观、拼焊或者装配的工艺性等匹配结果进行分析与评价，主要评估以下内容：①零件、分总成/总成、白车身及整车公差与尺寸技术规范（DTS）、公差一致性；②检具、夹具基准与产品基准的一致性；③零件、分总成/总成、白车身和整车基准的一致性；④基准与测量点的合理性。汽车主模型的匹配质量控制方法，是一种有别于一般客观质量的控制方法，它从消费者关注的焦点出发，运用各种质量控制工具，有效地控制产品设计到产品生产的每一个匹配质量环节，为提高汽车匹配质量找到一个切实可行的控制方法。汽车主模型能够匹配分析的零件总数为210个左右，主要包括大灯、前保险杠、前面罩、格栅、发动机盖、

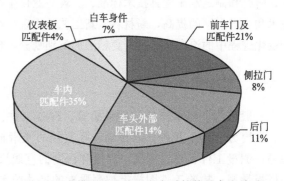

图1-8 主模型检具检查车身零件数量占比关系

前挡风窗、翼子板、驾驶室前门、侧拉门、后开门、内外饰件以及门窗密封条等。具体占比关系参见图1-8。

二、汽车检具在机械制造领域的应用

机械制造业为整个国民经济提供技术装备，其发展水平是国家工业化程度的主要标志之一。大批量的零件机械加工具有品种少、长期重复地进行某一道工序的加工特点。其在线即时检测成为质量控制的重要环节。以数控加工过程中的在线检测为例，汽车检具可以完成加工前测量、加工循环中的监测以及加工后检测等多种自动检测功能。数控机床安装在线检测的检具不仅可以大大提高检测效率，而且具有良好的加工精度。它主要由测头系统、数控系统以及上位的 PC 机三部分构成，如图 1-9 所示为在线检测系统的原理图。

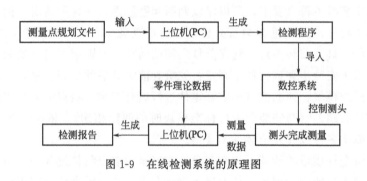

图 1-9　在线检测系统的原理图

第三节　汽车检具的分类

随着经济的发展及产品个性化、特征化的需求，为了设计、制造和管理的方便，科学地对汽车检具进行分类，对有计划地发展汽车检具工业、系统地研究和开发汽车检具生产技术、研究和制定汽车检具技术标准、实现专业化生产，具有重要的技术经济意义。随着科学技术和生产水平的提高，新材料、新工艺的出现，给汽车检具的发展提供了动力，为了给处于变化进程中的汽车检具进行更精准的类别划分，现在按照其特有的属性进行区分。

一、根据用途分类

一般认为，汽车检具是用来检验、检查工件或半成品、成品的尺寸、位置特性的工具。主要分为以下几种：测量轴、孔直径的光滑极限量规（GB1957—2006《光滑极限量规》）；测量工件长度、宽度、高度和深度的直线尺寸量规；用于检验工件内腔和外形轮廓的样板量规；检验工件图样上被测要素的尺寸公差和形位公差遵守相关原则（包容原则、最大实体原则等）的平行度、垂直度、倾斜度、同轴度、对称度、位置度的专用检具（GB8069—1987《位置量规》）。综合上述，汽车检具按其用途可分为两大类，即通用检具和专用检具。通用检具是用来检测不同产品相同的特性，一般是成系列、规范化的，如表 1-2 通用检具分类和图 1-10 通用检具图示。

表 1-2 通用检具分类

名称	类别	定义
通用检具	极限塞规	用于测量产品孔径或槽宽
	极限卡规	用于测量产品外径、壁厚等
	比较样板	用于检测产品角度、圆弧或曲线形状等产品特性
	极限环规	用于测量产品外径等
	极限螺纹塞规	用于测量产品螺纹孔孔径

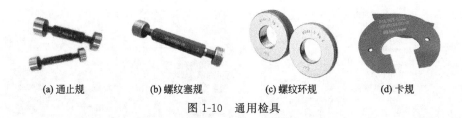

(a) 通止规　　(b) 螺纹塞规　　(c) 螺纹环规　　(d) 卡规

图 1-10 通用检具

专用检具是用来检测产品某一特性或某几种特性的特制检具。根据其计量方法的不同也分为两大类：定量型检具（也称测量型检具）和定性型检具（也称功能性检具）。定性型检具是不依赖标准测量工具和三坐标测量机的情况下，通过使用通止规、检测销（划线销、间隙测量检测销等）、齐平规、目视刻划线、刻有公差的标尺等检测块，来判别零件的尺寸是否合格，以提高检测效率和产品质量控制的检具。定量型检具是借助百分表、千分表、电子数据采集装置（EDC）、激光扫描、光电技术和三坐标测量机手段等来检测产品几何尺寸和位置，并得到真实的测量数值的检具，如表 1-3 所示为定量型检具和定性型检具的特点。

表 1-3 定量型检具和定性型检具的区别

区别类型	定量型检具	定性型检具
数值的判别方法	定量型检具能够直接或间接地得出具体数据	定性型检具只能判断检测结果
检测效率	操作复杂，效率较低	操作简单，效率较高
适用场所	一般适用于试验检测室	一般适用于生产现场
环境要求	一般对环境要求较高	对环境要求较低
精度要求	测量精度较高	测量精度较低
互换性	通用性较强，有的检具可测不同尺寸或不同产品，检具与检具间可以互换	单一制造，只能检测产品的某一特性，检具与检具之间无法互换

二、根据不同属性分类

（一）按定位方式和检测评价的特点分类

（1）测量支架（holding fixture） 独立的测量夹具是为了提取、检测产品特征数据（通过三坐标测量机），按车身坐标系专门设计、制造的检测用支架，结构类似于工装夹具，其主要作用是固定零件，方便三坐标测量，其所有支撑面（点）和定位基准面（点）均须根据零件的 CAD 数据铣削加工。有些特殊零件的测量支架还应具有部分检具的功能，其结构设计使车身检测点容易被检测，稳定性好。另外，柔性测量支架对不同定位点的后续车型切换具有通用性。测量支架的特点是针对性强、重复性好，一般须满足测量（CMM）时对工件的安装固定标准。但是要注意的是，部分车身总成件，如车门、发动机盖、行李厢盖，测量时所使用的简易测量支架仅仅起到固定零件的作用，而不是使用定位系统进行定位。如图 1-11 所示为汽车侧围测量支架。

 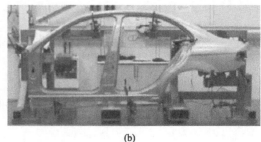

(a)   (b)

图 1-11   汽车侧围测量支架

（2）检具（checking fixture） 按照产品图纸规定的方式固定产品，通过检具功能装置对产品的关键特性（安装孔、配合间隙等）、特性线（修边线、翻边线等）、功能孔等测量要素进行检测，控制产品的尺寸精度。现代汽车检具的结构在设计时，同时考虑其可以作为测量支架使用，当检具的在线检测功能与测量支架功能不能同时满足时，应首先满足检具的在线检测功能。如图 1-12 所示为汽车仪表板总成检具。

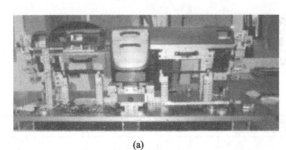 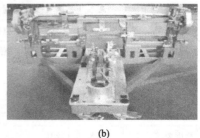

(a)   (b)

图 1-12   汽车仪表板总成检具

（3）匹配检具（cubing） 按照实际装车的方式固定产品，建立产品周边环境理想匹配面，评价实际产品与环境件之间的匹配偏差。

（4）胎具（nest fixture） 主要以型腔面或外形定位（定位系统不一定精准），建立理论产品边界面或线来评价实际产品周边形状和孔的位置与理想产品之间的偏差。

（二）按照检具本体材质分类

铝制类检具（锻铝、铸铝、硬质铝等）、树脂类检具（BM5166、Rs460、Rs470 等）、钢制类检具（45钢、P20等）、木制类检具、其他类检具（玻璃钢、碳纤维、铝型材、蜂窝板等）。

（三）按检具功能类别分类

单件检具（part coordinate fixture）、分总成/总成检具（unit coordinate fixture）、开口检具 OCF(open check fixture)、综合测量匹配样架（matching fixture of BIW）、螺钉车检具（screw body）、白车身检具（BIW fixture）、功能性主模型检具（cubing）。

（四）按车身不同检测部位分类

钣金类冲压及焊接检具，注塑类、纤维板包覆及非包覆件检具，顶棚、地毯等软内饰检具，管类零件检具，玻璃类检具，纺织物类检具，机加工件检具等。

（五）按照风格分类

欧美系汽车检具（理论性强，一般对零件的要求高，如大众汽车、通用汽车等）、日韩系汽车检具（实用性强，更能反映装车效果，如本田汽车、丰田汽车等）、国产品牌系列汽车检具（如奇瑞汽车、吉利汽车等）。

（六）其他类

带表类检具（具备可读数、拿取方便、直观判断被加工工件的尺寸分布情况的优点，便于快速判断及数据的读取，不便的是数据处理需要另外人员或设备来完成）、气电类和电子类检具［主要是气电卡规、气电塞规、电子卡规、电子塞规及一些综合类带统计过程控制（SPC）数据处理的检具。该类检具主要用在一些关键特性的检测中，这类被测尺寸是工厂需要重点控制的，数据要可保存、可追溯、可分析等］。

第四节 我国汽车检具工业的现状及发展

国内检具应用门类的不断拓展，将有助于我国装备制造产品质量的提升，同时也将为汽车检具行业带来巨大的市场机会。从国家政策角度来看，2015年5月公布的《中国制造2025》规划，明确了成为制造强国的目标；2016年4月发布的《装备制造业标准化和质量提升规划》，主要是为了对接《中国制造2025》，该规划指出到2020年，工业基础、智能制造、绿色制造等标准体系基本完善，质量安全标准与国际标准加快接轨，从而提升中国制造的国际影响力。由此可见，质量安全标准是决定中国制造国际影响力的重要因素之一，而汽车检具正是质量控制不可或缺的检测工具。为了达到质量标准，汽车检具将是制造企业必不可少的投入，其有助于中国制造的品质革命。随着国内外大型成套技术的发展，与汽车检具有关的新型成套设备发展的特点是精准全面、高效率和简捷方便。随着各类成套设备的工艺流程和性能的改善，国内外的汽车检具系列和种类还在不断增加。目前国外发达国家对汽车检具的要求已相当高，并且还在逐年提高，随着新技术的发展，汽车检具朝着使用方便、应用范围更广、成本更低的方向发展。我国汽车检具市场迅猛发展，与之相关的核心生产技术应用与研发已成为业内企业关注的焦点。在高端汽车检具领域，由于受到加工工艺、材料等方面的制约，国内的汽车检具在质量上、产量上还与国际知名检具存在差距，国内汽车检具企业应抓住产业结构调整的良好机遇，不断强化技术改造与创新。

无论是新车型的出现还是旧车型的更新换代，都离不开汽车检具。随着汽车工业的发展，新车型开发周期大幅缩短。消费者对汽车的需求更加多样化、个性化，促使汽车更新换代的速度继续加快。面对中国庞大的汽车市场需求以及日益提高的整车装配技术和零部件生产技术，未来世界汽车制造企业会继续在中国增设新款的汽车生产线，汽车检具行业的市场容量也将持续扩大。近年来，在汽车市场利润驱动以及《汽车产业发展政策》的鼓励下，国内自主汽车品牌发展迅速，出现了众多国产汽车自主品牌。与此同时，国内的汽车企业更加重视技术开发能力的培育及提高，与国外汽车品牌的竞争也不断加剧，使市场中汽车款式更新以及技术改进和创新的周期大幅缩短。目前，国内汽车品牌众多，每个品牌一年大概会推出多款全新车型以及改款车型。近年，中国检具行业市场规模呈现出较为稳定的发展态势。随着中国汽车行业的发展，对汽车质量控制的要求日益提高，汽车检具将作为汽车制造的"裁断"。

目前我国汽车检具行业已经从向国外模仿学习转变为自主技术研发，新的设计理念、新的结构方案、新的标准件系列、新材料的应用和新加工技术纷纷涌现。现代汽车检具的使用已经成为汽车企业及汽车零部件供应商生产资质的一种体现，因此汽车检具的设计和制造成为国内汽车行业的一个新的研究热点，各研究机构和汽车企业在检具设计、制造和检测的研究方面取得了较为丰富的成果。随着国内汽车、机械制造等检具下游市场的快速发展，我国汽车检具制造业投资布局呈现上升态势，行业产能产量增长较为明显。

我国在六大汽车产区，形成了长江三角洲、珠江三角洲、京津冀地区（环渤海地区）、东北地区、华中地区和西南地区的汽车检具生产基地，尤其是江浙沪地区（为汽车检具市场的龙头），是中国最大的检具进口与出口的集中区域，中国最大的汽车检具生产企业都雄踞于此，汽车检具行业以长三角为中心的东南沿海地区发展最快。依托便利的交通优势、得天独厚的工业基础，汽车检具生产企业在自身快速发展的同时，在完善产业链、吸引和加强社会投资方面均起到积极作用。

第五节　我国汽车检具工业的发展趋势

我国汽车制造业已经发展为全球第一大市场，车型样式多，更新速度快，整车和零部件广泛采用多品种混线生产模式，传统的专用检具通用性不高、工作效率低、不能循环利用等问题已经制约其现代化的生产模式。更高精度、更轻量化和操作更简单方便的汽车检具会受到市场的青睐，自动化和智能化的汽车检具可以联机在线检测系统，实现自动检测、自动出具检测报告的功能。在电脑上设定检测基准后，测针可以按照检测程序自动在检具上采点，之后通过电脑终端将检测数据传入电脑自动分析误差形成报告，因此自动化汽车检具可以大大减轻测量人员的工作量，减少人为的失误，提高检测数据的精准度和效率。但是自动化检测的配置具有很高的要求，因此成本比较高。随着市场需求不断变化，只有高精尖检具才能跟上时代的步伐，所以设计制造的模块化、系列化、标准化、柔性化、智能化发展已成为汽车检具行业的主流趋势，是我国汽车检具制造技术发展的方向。从科技发展的趋势来看，汽车检具的发展趋势可从四个方面进行分析。

一、组合化、模块化、系列化、参数化的汽车检具设计方向

汽车检具作为非标设备，其设计与制造周期比较长，随着整车项目周期的缩短，汽车检具的开发速度也必须相应地提升，从而提高整体的竞争力。二十世纪五十年代整车换代的周期为15年左右，八十年代整车换代周期为7年左右，当前国产车型的开发周期缩短到2~3年。为迎合汽车工业发展的需要，适应瞬息万变的市场要求，汽车总装厂在大环境的压迫下，不断加快研发节奏，控制生产成本，不断推出新车型，加大市场占有率。

为了适应汽车产品改型周期缩短的需要，美国、德国、日本等发达国家的汽车生产厂家，在检具设计的过程中，改变了传统的整体设计方法，提出了汽车检具的组合模块设计方法，并在检具设计和制造中大量采用通用的标准件，采用模块组合的方法，快速有效地完成检具的设计、制造和装配。日本公司在汽车检具的设计过程中，提出计算机信息全程管理方法，在检具正式开始设计之前和最后调试阶段投入大量的技术力量进行信息管理。在汽车检具的整个设计和制造生命周期中，采用通用模块组合技术，快速有效地进行汽车检具的组装、修改和重组，同时对汽车检具的整个设计和制造进行计算机信息传递和管理，在设计和制造各个部门之间形成了一个行之有效的技术循环系统。

组合化、模块化、系列化、参数化将是汽车检具设计发展的主要方向，在创新的市场环境下，这种发展趋势对企业的生存、竞争和发展具有格外重要的意义。组合化是利用可互换的通用部件和特制的专用部件，组合成专用的机械产品。模块化是以功能分析为基础，可以互换的通用功能模块，用来组成同类型产品和多种变型产品。首先把产品的零件、部件或组件系统等各个单元，设计成功能相同和连接要素相同而结构不同的基本通用功能模块；再根据对用户需求的预测，设计一些功能不同的而连接要素相同的应变通用功能模块。采用组合模块化技术的车身检具大量采用通用单元、部件，克服了以往车身检具专用性过强、开发周期短的弊端，并具有以下优点：

① 制造精度高。检具的制造精度是建立在组成检具的每个零部件的基础上的，因此，制造检具时必须控制每个零件的精度。由于设计中采用通用单元，部件机械加工工艺好，按照技术要求加工合格的单元、部件，通过组合安装好检具，其整体精度会大大提升。

② 缩短制造周期。一套检具设计中，选用的不同类型的标准件数量可占总体零件的比例为1/3左右，因此，制造时单件加工转变为批量加工，可节省加工工时，并可大大缩短加工周期。如上海通用汽车公司推行的检具标准件为检具的模块化组装提供了很好的素材库，如图1-13所示为检具标准化零件。

③ 调整方便。在组合检具中，组件的安装一般通过两销钉两螺钉来固定，这些组件

图1-13 检具标准化零件

能够保证检具装配中每100mm的误差不超过0.1mm，累计误差不超过0.2mm，当要调整定位块、检测块的某个方向时，只需对组件进行调整即可实现所需尺寸精度。

某些非标件完全可以做成固定的样式，利用模块化的设计取代单一的设计可以显著提高设计效率，降低开发周期。在检具的模块化设计应用中，可以将模块按照不同的尺寸规格形成系列化的模块，系列化的模块再进行参数化。同一类型的汽车检具主要是外形尺寸大小和公差不同（同类零件设计变更较小），其设计都要重新画图和标注，这不仅浪费了设计时间，还加大了设计人员的劳动，所以类似于这样的检具设计应对其实现参数化设计。检具参数化的设计具有以下优点：

① 汽车检具参数化设计可以有效地提高设计的自动化水平，很好地促进和支持新产品的创新设计和快速设计。

② 降低了设计人员的劳动强度，提高了设计效率，降低了产品设计周期。

③ 汽车检具方案设计时通过数据库中的数据适当调整参数，使之适用于不同的产品设计。数据库建立，可以采用公司内部通用数据库，也可以采用市场化标准行业数据库即专业检具制造公司提供的模块。

④ 在大批量定制生产和要求创新的市场环境下，这种发展趋势对于企业的生存、竞争和发展具有格外重要的意义。

检具的标准化是一项综合性的技术工作和管理工作，它对检具行业的发展起到促进作用，是检具专业化生产、专门化生产和采用现代技术装备的基础。目前我国汽车检具市场已经形成了标准化模块体系，但是还需要更多的开发和完善。专业汽车检具公司提供标准化的卧式翻转机构、滑移机构、定位销、断面样板机构、导销、导套等标准数据库和标准件，为检具的模块化、系列化、参数化提供了技术支持。采用检具标准件，不但能有效提高检具质量，而且能降低检具生产成本及大大缩短检具生产周期。有关统计资料表明，常规检具使用标准化零件后，制造周期下降约25%～35%，检具质量下降约20%～30%，使用年限增加2～3年，标准化零件的使用极大地增加了加工效率，提高了检具制造的精度。检具使用标准件改进前后对比情况如表1-4所示。标准化零件的技术开发解决了零件加工工序烦琐、加工周期长以及检具使用寿命短等技术问题。它的推广和应用为未来检具的发展提供了新的发展方向，为缩短项目的开发周期提供了有力保证。

表1-4 检具标准件使用前后对比

检具名称	使用前			使用后		
	制造周期/天	检具质量/kg	检具使用年限/年	制造周期/天	检具质量/kg	检具使用年限/年
大梁焊接总成检具	65	900	3	40	750	5
后部下车体焊接总成检具	75	2400	3	45	1900	5
仪表板横梁检具	60	800	3	40	600	5
仪表板组件检具	62	850	3	42	700	5
后蒙皮总成检具	58	1400	3	41	1000	5

二、传统测量支架检具向柔性测量支架检具的发展过渡

在汽车制造业中，测量支架是最通用的检具之一。它是在车身坐标系中放置、固定、精确定位车身零部件的装置。然后通过三坐标测量机（CMM）将输出的测量数据和零部件的理论值进行比较分析。随着"零缺陷"理论在汽车制造业中的推广，100%检测零部件成为必需的要求，同时伴随着汽车柔性化生产的要求，专用测量支架检具越来越难以满足现场使用要求，传感器技术和软件处理技术的发展，也为专用测量支架检具的发展提供了更多的选择，柔性化测量支架检具自然成为众多汽车制造厂的首选。

在多品种、小批量生产中，由于每种产品的持续生产周期短，测量支架检具更换比较频繁。为了减少测量支架检具的设计和制造的成本，缩短生产技术的准备时间，要求一个测量支架检具不能只用于一种产品，而要能适应结构形状相似的若干种类的产品，即对于不同尺寸或种类类似的产品，只需要调整、更换个别定位元件或夹紧元件即可使用，这种测量支架检具称为柔性测量支架检具。柔性测量支架检具是一种标准化、系列化、柔性化程度很高的测量支架检具。它由一套预先制造好的具有不同几何形状、不同尺寸的高精度元件与合件组成，包括支撑件、定位件、导向件、压紧件、紧固件、其他件（包括铝合金框架，活动可拆卸式定位机构，螺纹孔矩阵底板等）等，使用时按照产品的测量要求，采用组合的方式组装成所需的测量夹具。所以柔性测量支架也称为孔系测量组合夹具。柔性测量支架检具能适应不同产品或同一产品不同型号规格的一类检具，具有一对多、所占空间小、材料浪费少的优点。这种测量支架检具同时还具有高精度、高强度、高耐磨性、结构紧凑的特点。同时柔性检具通常是模块化结构，制造周期通常比较短。国内某些汽车总装厂已开始使用可以自由组合的万能夹紧系统——柔性测量支架检具工装系统，较少的几套柔性测量支架检具就可以代替传统的高成本专用测量支架检具。对于多品种、小批量、个性化制造型汽车主机厂，它的经济性和适用性尤为突出，不仅缩短了测量支架检具的设计和制造时间，而且可以反复使用，节约了研发和生产成本。

柔性测量检具由基础系统、定位系统、固定系统及调整系统组成。

① 基础系统。基础系统主要是测量检具的一个平台，它主要起承载作用，要求强度好、重量轻、稳定性好。

② 定位系统。定位系统包括整个测量检具的自身精度定位。

③ 固定系统。固定系统主要保证零件在检测过程中不会移动，确保检测的稳定性，主要包括一些夹紧装置。

④ 调整系统。模块化的框架结构（图 1-14）必须是各个级别车型的基本框架保持一致，同一级别车型框架需要考虑两厢和三厢车型的模块化更换，同时模块设计时要考虑到可以方便地利用现有的模块化支架进行后续车型支架的升级和改造。各主要区域的零件安装支架，在基本框架上根据具体车型的设置可以快速拆卸和互换。模块化的安装支架必须和模块化框架主体通过定位销和螺纹精确连接。模块化的安装支架根据质量不同，需要分别配置提手或是吊环（质量大于 20kg）。测量检具为柔性，其调整件非常重要，调整件需有单向、双向、三向及回转角度调节的标准件，保证在整个支架的任意位置都能调整到，同时要保证调整精度高，连接、拆卸方便快速。

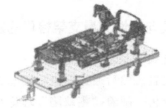

(a) A108/107车型　　　　　(b) A0车型　　　　　(c) SRV车型

图 1-14　多种车型共用测量支架

柔性测量检具各组成系统缺一不可，同时 4 个系统又在同一平台上协调工作。

柔性测量支架检具是传统测量支架检具的重要补充，由于受到一些因素的制约，短时间内，柔性测量支架检具还无法完全替代传统测量支架检具，比如使用场地空间受限，测量头无法安装的时候只能使用传统测量支架检具。柔性测量支架检具具有一些传统测量支架检具没有的特殊优势，主要包括以下几个特点。

① 经济性。每次产品变化而投入的专用工装几乎可以不再投入资金。装置操作不仅简便，而且实用安全。用户可根据实际需要快速拼接出不同要求的测量支架，这种搭积木式的连接方式可自由组合、通用性强、拆卸方便。柔性测量支架检具可以多次使用，在变换产品对象时，可以全部拆装，重新组装成新的测量支架结构，以满足新产品的使用要求，但一旦组装成某个测量支架检具，则该测量支架检具便成为专用测量检具。

② 柔性化。柔性测量支架检具工作平台的承载能力高，刚性稳定，均加工有规则的孔。检测平台可方便地延伸、扩展和组合。经扩展的标准台面可将模块化的定位和夹紧直接连接在一起。在安装、调整和定位工件过程中，将柔性测量支架检具系统的通用功能展示得淋漓尽致，尤其是在大型工件方面的应用上。如图 1-15 所示为某柔性测量支架检具承载平台。柔性测量支架检具拼接方式多样、拼装快速、装拆方便。工作台面可以根据工件形状、大小进行拼装组合。台面上的刻度和模块尺寸的设计，使操作工人不用量具就可以根据工件的尺寸迅速搭出所需的工装。所以它不受产品类型的限制，可以随时组装，可以适应新产品试制的改制变化。

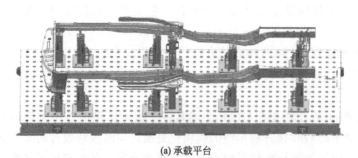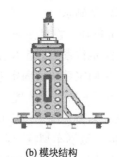

(a) 承载平台　　　　　　　　　(b) 模块结构

图 1-15　柔性测量支架检具承载平台

③ 重复性。柔性测量支架检具的台面由铸铁或硬铝合金、钢结构件、精密加工件、模块化组件组合而成，其性能非常稳定，使用不当造成部件损坏时，也不用报废整张台面，只要非常少的成本就可以更换单个部件。柔性测量夹具本身的尺寸、形状和位置精度

以及表面质量要求高,因为柔性夹具需要多次装拆,重复使用,故要求有较高的耐磨性。

④ 模块化。所有组件分门别类进行了标准化和系列化,相互匹配,选用最少的模块,就可以实现各种快速定位和夹紧功能。

柔性测量支架检具的使用减少了产品的成本,节约了材料,减少了人力、物力、财力的浪费,充分体现了柔性化的设计优点。可以大幅度缩短设计研制的周期,为企业加速车型的改型换代提供了强有力的工具,使企业能对市场信息做出迅速反应。

三、智能化及数字化的汽车检具发展变革

车身尺寸精度控制是汽车整车厂的一项关键技术,不管是"2mm 工程"还是"6 sigma 管理",其本质都离不开以数据为基础的检测监控体系,通过对制造过程检测数据建模分析控制车身和零部件制造尺寸偏差源,保证制造的稳定性,最终提高整车的装配精度。早些年,一些汽车企业零件检测手段还是比较落后的,在生产现场其控制质量的量检具停留在游标卡尺、千分尺、功能性量规及带表汽车检具的阶段。采用人工量具检测,测量效率较低、人工测量误差较大,采用"通止规"测量导致无法获得具体数值,人工检测的误差导致系统的数据统计分析困难,影响整车质量提升。

汽车零部件的生产现场检测总体概括经历了三个阶段:从最早开始没有检测工具发展到通过检测把不合格的产品剔除,随着检测手段及统计水平的不断提高,现在,有些公司已经发展的在线检测的目的不是把不合格零件剔除,而是通过检测来监控生产过程是否稳定(生产过程控制 SPC),从而达到生产 100% 合格的零件。目前,中国国内汽车行业生产现场的检测手段已和中外合资公司基本相同,所使用的现场检测手段为电感、气动量仪及计算机辅助测量系统。目前有的企业利用互联网技术把现场的测量数据输入到中央数据库进行 SPC 分析,可以达到在办公室就可以监控生产现场重点工序的测量数据的目的。如图 1-16 所示为汽车检具智能化及数字化效果示意图。

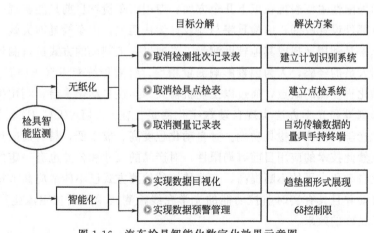

图 1-16 汽车检具智能化数字化效果示意图

智能化及数字化的汽车检具(EDC,electrical data collector)是在传统的检具基础上,增加固定的电子传感器支座来实现的。支座的坐标位置和方向都是事先设计,再通过

电子传感器搜集指定位置的数据。自动测量机构（结合光电技术）结合信息处理系统自动生成零件的检测报告和数据分析报告，提高了检测效率，降低了人工测量（读数、记录、处理）误差，避免数据处理分析错误，提高了检验报告的准确性和测量效率。智能化及数字化汽车检具可以将产品检测数据进行自动统计分析和对比，快速识别测量数据尺寸的符合性、稳定性和一致性。如果在信息处理程序中设置尺寸波动异常、变化趋势异常的报警规则，可实现生产线的预防性警报，保证产品批量制造安全和生产线的质量稳定。对零件的质量状态和趋势进行有效的判断。

智能化及数字化的汽车检具自动化检测系统分为无线网络传输和有线网络传输两类。汽车检具集成了传输系统的测量工具发送检测数据，将检测值转化为数字信号传输到电脑，使得结果直观化，测量人可以立即看到数据合格与否，检测数据经无线接收器接收并通过数据化测量系统软件将检测结果记录于检测表中，自动生成检测报告，减少人工汇总数据时间。一套系统可以存储将近6万个检具，每一个检具检测报告都可以随时调出查看。检测值更加准确，重复性好，减少人工检测误差，大幅度提升效率。

可以把智能化及数字化的汽车检具更多地运用在车身匹配工作中。以汽车钣金件为例，对于重要的包边面、法兰边、有匹配要求的料边，需要取得更准确和稳定的数据，比较适合采用无线自动检测，比如四门总成、后背门总成、门内板等。把手工检测和数字化检测进行对比，可以发现手工检测的流程更烦琐，主要包括检测、手工数据记录和电脑数据汇总。而数字化检测则是测量和数据报告的同步完成，同时杜绝了手工检测在读数、记录和处理数据上的潜在失误，保证了检测数据的准确性。在中国制造创新驱动、智能转型的大背景下，传统的手工测量与数字化技术相结合，实现了自动化改革，从而提高了测量效率和测量数据的精确性，推进了测量技术的数字化进程。

四、光学测量技术在汽车检具上的应用

随着汽车制造向小规模、多样化的方向发展，专用汽车检具技术还无法满足新的需求，其明显的局限性主要表现在以下几个方面：专用汽车检具目前只能实现一种特定部件的检测，一旦部件设计改变，旧检具将与新设计无法匹配，汽车检具即失效，造成严重浪费；专用汽车检具利用塞规或其他辅助测量工具通过人工判读的方式进行测量，测量结果严重依赖检测人员的经验，人为因素影响测量精度。针对传统专用汽车检具技术成本高、柔性差、自动化程度低的缺点，通过以工业机器人为柔性自动化平台，利用机器人示教功能，结合摄影测量和光学方法实现自动数字化测量，在CATIA/UG 3D数模的支撑下，构造虚拟柔性光学扫描测量检具功能。其自动化程度高、成本低，具有适应汽车制造新需求的趋势。虽然此技术的应用目前有局限性，对产品的尺寸和公差也有一定的要求，但是随着汽车行业自动化水平的不断提高，一些传统的检测方式已不能适应高节拍、柔性化的生产需求，自动并且具有实时监控功能的光学在线检测技术逐渐在主流生产厂家得到应用，并取得了良好的效果。

光学测量技术属于非接触式测量，也就是说，在扫描的时候，设备不需要与被测物体接触。光学测量技术是光电技术与机械测量结合的高科技，借用计算机技术，可以实现快速、准确的测量，方便记录、存储、打印、查询等功能，按照其工作原理分为两种：一种是照相式，一种是激光式。"照相式"扫描仪是针对工业产品涉及领域的新一代扫描仪，

与传统的光学测量仪和三坐标测量系统比较，其测量速度提高数十倍，由于有效地控制了整合误差，整体测量精度也大大提高。它的工作过程类似于照相过程，扫描物体的时候一次性扫描一个测量面，快速简洁。"照相式"扫描仪采用的是面光技术，扫描速度快，一般在几秒内便可以获取百万多个测量点，基于多视角的测量数据拼接，可以完成物体360°扫描。激光式属于较早期的手法，是由测量仪发出一束激光光带，光带照射到被测物体上并在被测物体上移动时，就可以采集到物体的实际形状。目前激光扫描测量技术也作为汽车检具技术发展的重要内容，正开始逐步使用。激光扫描测量技术在汽车生产制造中的应用对汽车质量的提升具有重要意义，通过激光扫描测量仪对曲面零件表面和轮廓进行数据扫描采集，结合数据处理、三维重构和数模对比，分析对比被测零件的数据与CATIA/UG 3D数模，得出零件尺寸和数模的符合点和差异点，输出最终的检测报告。三坐标测量技术与在线检具检测都有各自的优势和劣势，它们的区别见表1-5。

表1-5 检具、三坐标及光学测量技术的比较

分类	检具测量技术	三坐标测量技术	光学测量技术
优点	单车型投资小;测量结果直观;技术成熟	测量精度高,人为误差小	测量精度高,人为误差小;可进行模拟匹配
缺点	手工测量,测量误差大;占地面积大,工装不易管理	一般需要测量支架作为辅助夹具进行测量;投资成本高	一般需要测量支架作为辅助夹具进行测量;投资成本高
适用类别	测量频次高	测量频次要求不高	测量频次高

在自动化汽车生产线中，光学测量必要时需要同机器人匹配应用，并与生产线的PLC控制系统建立连接，以实现测量、检测、定位和识别的功能。检测系统具有如下特点：采用非接触式测量方式，提高了相应速度，对生产线影响小；具有长时间的稳定、可靠重复工作的性能，适用于汽车连续化的流水线作业；适合在安全风险高、人机工程恶劣和环境差的区域工作。光学检具测量系统主要由工业机器人和视觉传感器两部分组成。如图1-17所示，工业机器人作为柔性运动平台，将视觉传感器安装在机器人末端工具上，机器人安装预先规划的测量路径带动传感器在指定位置进行测量。测量系统的测量单元主要包括：工装定位系统、测量系统（机器人+激光测头）、系统自检系统（含温度补偿）、控制系统、车型识别系统（柔性化生产线）、数据分析系统。视觉传感器由结构光传感器和控制相机两部分组成，结构光传感器用于局部测量，控制相机用于机器人定位误差补偿，测量前先对机器人进行动作模拟，然后利用其他精密测量设备，如激光跟踪仪或摄影测量系统结合全局标定技术，精确标定各测量位置传感器局部坐标系与全局坐标系的转换关系，将各局部测量结果统一到全局坐标系中，获取被检测工件整体三维数据，测量时，结构光传感器采集测量图像的同时控制相机对全局控制点成像，通过单相机模型测量机器人的重复定位误差，实时补偿当前位置局部坐标系到全局坐标系的转换关系，保证整体测量精度。

众所周知，衡量一个国家汽车工业，特别是轿车工业发展水平的重要特征是新车型的自主开发和设计制造能力。中国汽车工业要想在未来瞬息万变、竞争激烈的国际市场中处于有利地位，就必须具备车型的系统化开发能力与现代化设计手段。因此，汽车检具也必

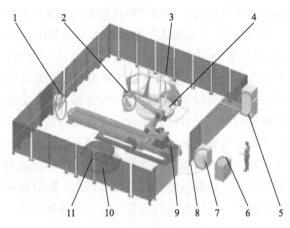

图 1-17 自动化检测方案

1—标定校准装置；2—蓝光扫描传感器；3—检测区域Ⅰ；4—转台及测量支架；5—PLC控制柜；6—视觉系统控制柜；7—机器人控制柜；8—安全门；9—工业机器人；10—转台及测量支架；11—检测区域Ⅱ

须加快使用高新技术的步伐，开发具有企业知识与特色的智能设计与数字化系统，提高自主创新能力，来面对未来更加精密化、精准化的产品检测要求。不久的将来，光学测量技术将是汽车行业自动化率不断提升过程中不可或缺的设备，它将有力保障产品在尺寸控制、精确定位、功能匹配和自动检测方面的精度。

第二章 汽车检具的设计

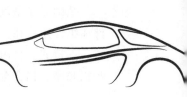

第一节 汽车检具的构成

汽车检具的种类繁多,大小形态各异,因为产品检测要素不同,定位方式迥异。不同种类之间的检具有所差异,主机厂之间不同的技术要求以及各检具厂不同的设计风格,也会导致检具存在差异。但是汽车检具的结构组成部分和工作原理基本是相同的,将各类汽车检具中作用相同的结构或元件加以概括,一套完整的汽车检具大致由六大组成部分构成,分别是:基础件、测量基准(有的称为校验装置,如基准孔、基准球、基准块、基准套、量块、量棒、量规等)、功能装置(定位装置、夹紧装置、检测装置)、移动装置、检具信息标识、辅助装置(紧固件、组合件、其他件),每个部分又包含同一类别的多种不同规格,都有其基本用途,这些组成部分既相互独立又相互联系。如表2-1中列举了汽车检具元件的构成及基本用途。

表2-1 汽车检具元件的构成及基本用途

元件类型		基本用途
基础件		汽车检具的基础元件,主要用于支撑其他功能装置和辅助装置。包括汽车检具的结构骨架,主要用于组装成汽车检具本体
测量基准		用于汽车检具的精度测量及校核
功能装置	定位装置	用于控制产品的自由度便于产品正确安装及定位
	夹紧装置	用于夹紧作用,固定产品
	检测装置	主要用于检测作用的结构单元
移动装置		主要用于汽车检具移动和运输
检具信息标识		用于表达汽车检具的具体信息
辅助装置	紧固件	连接或紧固元件
	组合件	用于导向、支撑等特定功能的组合件
	其他件	汽车检具中起辅助作用的元件

一、基础件

汽车检具基础件是最基本的支撑件,分为基础底座和本体(骨架)。

(一)基础底座

基础底座是汽车检具中最大的元件,通常作为汽车检具的装配基础,通过它把其他元件和组件连接在一起,成为一套汽车检具。基础底座按放置方式不同,一般分为立式、卧式、手持式(自由式)、翻转式等。根据材料的不同,一般分为铝板底座、槽钢板底座、铸铝底座、铝合金底座、钢板+槽钢底座、木质底座、碳纤维底座等。

(二)本体(骨架)

本体在汽车检具中主要起连接过渡作用,是把功能装置、辅助装置与移动装置等结构单元与基础体连成一体的骨架元件。特殊情况下,本体有时可代替基础件,如开口检具的本体。

二、测量基准

测量基准在不同的汽车检具中有不同的分类,在汽车检具中测量基准有基准块、基准球、基准套、基准边、基准孔等,便于三坐标(CMM)测量机构建测量坐标系;在电子电器或机械制造汽车检具中,测量基准有量块、量棒、量规等,便于验证汽车检具的测量精度。

三、功能装置

功能装置是汽车检具中最重要的组成部分,主要由定位装置、夹紧装置、检测装置组成。

(一)定位装置

定位装置用于保证汽车检具中各构件的定位精度、连接强度以及整个汽车检具的可靠性,并用于产品的正确安装和定位。汽车检具中定位装置有定位孔、定位支撑、定位点、定位轴、定位销、仿形定位(匹配件)等。

(二)夹紧装置

夹紧装置主要用于将产品夹紧在汽车检具上,以保证产品定位装夹到正确位置,并使产品在其他外力的作用下保持位置不变。一般的夹紧装置有压紧块、快速夹钳器、永久磁铁等。

(三)检测装置

检测装置是检具中的重要组成部分,检测装置的精度、测量点位置的选择,都会直接影响测量结果的可靠性。检测装置是用以指示被测参数实际数值或误差大小的装置,可分为定性型和定量型。定性汽车检具只能判别零件的尺寸是否合格;而定量检具则具有数值的反映,测量精度较高,能够为产品的过程能力评价提供依据。汽车检具中检测装置有模拟块、型面断面样板、检测销及划线销、对手件仿形块(匹配)、目测刻线、百分表机构、电子数据采集装置(EDC)等。

四、移动装置

移动装置是汽车检具中用于移动和运输的部分,主要包括移动小车、脚轮、起吊装置(吊柄、吊环等)及调平装置等。

五、信息标识

信息标识是判别汽车检具主要信息的来源,如汽车检具的型号、类别、供应商等。汽车检具中有基准标牌、制造铭牌、定位检测符号、车身坐标符号等。

六、辅助装置

辅助装置在汽车检具中主要起辅助作用,主要由紧固件、组合件和其他件组成。

(一)紧固件

紧固件主要用于连接汽车检具中的各元件,起紧固作用,紧固件在汽车检具中所占的比例很大,其数量约占汽车检具数量的一般以上。

紧固件分为螺栓、螺钉、垫圈、螺母等组别。螺栓主要有双头螺栓、六角头螺栓、关节螺栓、螺孔螺栓等,螺钉主要有紧定螺钉、内六角圆柱头螺钉、压紧螺钉、沉头螺钉、无头螺钉等,垫圈主要有平垫圈、弹簧垫圈等,螺母主要有六方螺母、压紧螺母、快卸螺母等。

(二)组合件

组合件都具有其特定的功能,有的主要保证各元件在移动过程中,在原定的轨迹上作相对运动,如导轨、燕尾槽、导向套;有的主要保证各运动机构初始限位,如挡块、缓冲块等;有的主要保证各机构的平衡及稳定性,如平衡组合件、承重组合件等。

(三)其他件

其他件主要作为汽车检具的辅助元件使用,如支架、连接杆等,虽然这类元件大多数结构比较简单,但充分利用好这些元件,可以改善汽车检具结构,提高检具的工作效率。

汽车检具结构中有电气单元、信息处理单元、预警单元等这些复杂的单元,涉及的知识面较广,暂不做系统性的阐述。为了更好地理解汽车检具的结构,以汽车检具为例,如图 2-1 所示为某汽车检具的组成结构示意图,我们可从图中分辨出汽车检具主要的结构组

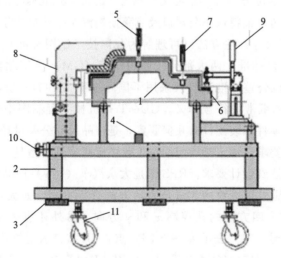

图 2-1 某汽车检具的组成结构示意图

1—检具本体;2—检具的构架;3—制造基准;4—辅助测量基准;5—定位销;6—零位面;7—检查销;
8—样板;9—夹紧器;10—起吊装置;11—脚轮

成,如基础件(本体)、测量基准(辅助测量基准)、功能装置(定位销、检查销、夹紧器、样板)、移动装置(起吊装置、脚轮)等。

第二节 汽车检具的总体设计

汽车检具的设计对产品质量的判断有着至关重要的影响。检具结构的正确设计、检具公差的合理分配有助于减少产品检测的风险,如不合格的误收和合格品的拒收等。检具应满足产品结构、工艺的要求,检具具有合理的定位、夹紧机构和支撑装置,确保组件定位可靠,重复性检测质量稳定。汽车检具的设计、制造和验收通常以产品图纸、产品数据(3D模型)为依据(注:当没有产品数据时可以使用被测产品图纸上的信息)。设计检具前,须仔细研究产品图纸,"吃透"零件的尺寸和匹配要求,有条件的要认真察看样件和样车,对被检零件内部结构及其外部配合关系要做到心中有数。现代检具结构设计时应充分考虑其可以作为测量支架的使用,将检具和测量支架合二为一,有效节约制造成本。

一、汽车检具的设计依据

在整个研发和生产中,产品工程图纸的发布是一个重要节点,意味着产品可以投入生产制造,产品工程图作为一项重要的交付物,直接决定着后续产品的品质和质量。产品工程图准确地表达产品的形状、尺寸及其技术要求,它是汽车检具设计的主要依据,是确定汽车检具设计制造方向的关键性文件。以汽车检具为例,设计的主要依据是零部件图纸。如图2-2(a)所示的通用汽车某零部件GD&T图纸和图2-2(b)所示的大众汽车某零部件RPS图纸。

GD&T(尺寸和形位公差规定)英文全称为"global dimensionning and tolerancing",是由美国通用汽车公司、福特汽车公司以及克莱斯勒汽车公司最先于1997年一起发布的。GD&T标准中包含了尺寸标注方法(可理解为我国技术制图标准)与几何公差(可理解为我国形状和位置公差标准)两大部分。通用汽车(GM)使用北美的图纸规范,目前GM标准和我国的形位公差标准都等效采用了国际标准(ISO),所以绝大多数的内容是相同的,如表2-2中图纸常用符号释义。GD&T是机械工程制图中使用的语言,它用符号有效和准确地表达零件和装配件的几何要素,是产品尺寸公差设计部门对于车身零部件制定的具体制造公差要求,用于指导与约束工装供应商模具、检具、夹具设计与制造,并促使零部件尺寸精度达到设计要求。RPS图是大众汽车(VW)产品图,其定位基准理念和通用汽车(GM)基本是一致的,只是表示方法有所不同。如大众汽车图纸定位基准RPS 1HxyFz表示一个四方位的孔控制x和y方向,另外还有一个面控制z向,其中RPS是定位基准的代号,"1"表示第一个RPS点,"H"表示定位孔,"F"表示定位面,"xy"和"z"表示控制方向(GM标准:x向用"F/A"表示,亦即前后方向;y向用"C/C"表示,亦即左右方向;z向用"U/D"表示,亦即上下方向)。小写的"h"和"f",表示该定位为辅助定位。基准是确定实际被测要素的方向或位置的参考对象,确切

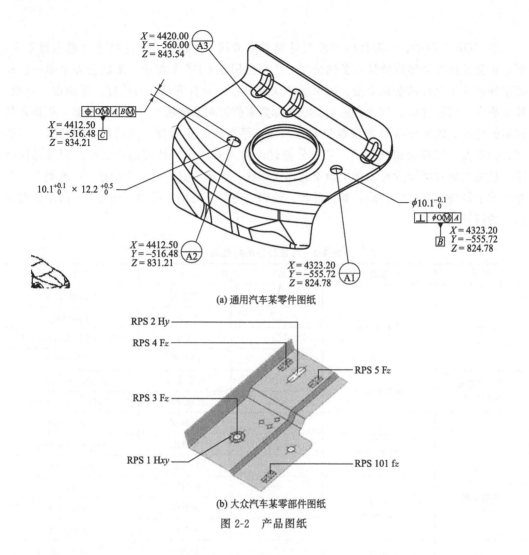

(a) 通用汽车某零件图纸

(b) 大众汽车某零部件图纸

图 2-2　产品图纸

地说，是用来定义被测要素几何位置关系的一个几何理想要素，可由零件上的一个或多个要素组成，由于基准是被测要素的参考，因此在建立基准的过程中会排除基准要素的形位公差。按照需要，被测要素的方位可以根据单一基准、公共基准或三基面体系来确定。在 GD&T 图中，基准的合理定义和选择是决定检具能否正确设计，零件能否正确检测的先决条件，因此正确理解基准的含义是设计 GD&T 的基础。

表 2-2　图纸常用符号释义

序号	图示	名称	英文
1	Ⓜ	最大实体状态	Maximum Material Condition(MMC)
2	Ⓛ	最小实体状态	Least Material Condition(LMC)
3	Ⓢ	独立原则	Regardless of Feature Size(RFS)
4	Ⓕ	自由状态	Free State Condition
5	Ⓟ	延伸公差带	Projected Tolerance Zone
6	Ⓤ	单边公差带	Unilateral Modifier

在 GD&T 图中，零部件的形状尺寸要求通常按 3D 数模，因此尺寸公差用得不多，而形位公差作为与零件特征有关的公差，广泛应用在 GD&T 图中。形状公差是单一实际要素的形状所允许的变动全量。国家标准规定形状公差有五项：直线度、平面度、圆度、线轮廓度、面轮廓度。位置公差是关联实际要素位置对基准所允许的变动全量。根据几何要素的特征，国家标准规定位置公差有八项：平行度、垂直度、倾斜度、同轴度、对称度、位置度、圆跳动和全跳动。形位公差讨论构成零件几何特征的点、线、面等几何要素，是指实际被测要素对图样上给定的理想形状、理想位置的允许变动量，通常是与一个零件的个别特征有关的公差，如：形状、轮廓、定向、定位、跳动。如表 2-3 所示为形位公差的特征与符号。

表 2-3 形位公差的特征与符号

要素	公差类型	符号	名称	英文名称
单一要素	形状 Form	—	直线度	Straightness
		▱	平面度	Flatness
		○	圆度	Circularity(Roundness)
		⌭	圆柱度	Cylindricity
单一要素或关联要素	轮廓 Profile	⌒	线轮廓度	Profile of a Line
		⌓	面轮廓度	Profile of a Surface
关联要素	定向 Orientation	∠	倾斜度	Angularity
		⊥	垂直度	Perpendicularity
		∥	平行度	Parallelism
	定位 Location	⌖	位置度	Position
		◎	同轴度	Concentricity
		═	对称度	Symmetry
	跳动 Runout	↗	圆跳动	Circular Runout
		↗↗	全跳动	Total Runout

目前世界各国的公差标注体系主要分为两种，即欧、美两大体系，也被人称为正负公差标注体系和 GD&T 公差标注。

① 中国和欧洲图纸倾向正负公差标注，即采用大量的正负公差来标注尺寸和位置。现在国际上广泛认为这是比较陈旧的体系。目前已经公认，这种标注体系容易造成误解。在检具设计过程中，由于公差制定比较谨慎，选用了较大的安全裕量，因此检具的设计比较严格、苛刻，同时对产品的要求也相对严格。

② 北美图纸则大量采用 GD&T 形位公差标注，尤其是位置度和轮廓度。图 2-3 就是一些常见的标注方式。这是最新的公差标注体系，也是和中国国家标准不太一样的标注方法。在设计检具过程中，可以通过和客户的沟通，在满足工件使用要求的前提下，适当选用乐观公差法或者包容公差法、悲观公差法等，这将降低检具设计制造要求，增加合

图 2-3 北美图纸采用的 GD&T 形位公差标注示例

格品比例。

二、汽车检具的设计原则

合理的汽车检具设计，主要体现在检具的外观质量和尺寸稳定性；加工制造方便、迅速；操作简便（包含产品的取放和检测，工人操作和搬用）、省力、安全可靠、便于维修等方面。在客观条件下允许且又经济适用的前提下，应尽可能采用气动、电动、液压、激光、电磁感应等机械化装置，以减轻操作者的劳动强度，降低操作者视觉疲劳带来的质量隐患。汽车检具的设计原则与其他机械的设计原则一样，首先要满足其工作职能的基本要求。也就是说总体要按照实用、经济、美观、可靠的原则来设计汽车检具，具体的四个设计原则如下。

（一）工艺性原则

汽车检具既要保证使用性能，又要保证装配工艺的要求，同时力求结构简单、轻巧、耐用，操作时动作便捷迅速，而且要便于制造。

工艺性原则指所设计的汽车检具能满足产品的下述装配和检测要求：

① 汽车检具一般由单个或者多个零部件组成，有的汽车检具结构异常复杂，操作顺序繁多，目前人工检测的部分较多，设计的时候要预留一定的操作空间。

② 汽车检具作为高精密的装备，对生产环境有一定的要求，生产车间难免会产生烟尘、金属或废弃物，这样会损坏汽车检具上外露的光滑工作面，在重要的定位基面，如滑道、传动机构（如齿轮、链条、轴承），电气线路等位置应有遮掩防护等措施。

③ 汽车检具结构设计要便于制造、装配、调整、检测和维修等。比如专用汽车检具的制造属于单件生产，当最终精度由调整或修配保证时，汽车检具上应设置便于调整和修配的结构，如调整垫块、镶套等。

（二）经济性原则

对产品检测内容进行综合分析，然后制定最优的汽车检具设计方案。在进行汽车检具设计时，要适当提高汽车检具元件的通用化和标准化程度，选用标准化元件，特别应选用商品化的标准元件，使之与汽车检具体有机组合。灵活使用这种设计方法，可以简化汽车检具结构，降低制作成本，缩短加工周期，而且还能很好地保证汽车检具制造进度。在可能的情况下，尽量设计通用汽车检具、组合汽车检具或柔性汽车检具，对这些汽车检具不需要调整或稍加调整，就能适用相似类型产品的装配和检测工作。

（三）可靠性原则

可靠性是指汽车检具在设计寿命内和给定的条件下，完成相应规定的功能的能力。可靠性分为固有可靠性、使用可靠性和环境适应性。可靠性的度量指标一般有可靠度、无故障率、失效率3种。

汽车检具必须有安装可靠性，保证汽车检具在使用期内，凡受力构件都应有足够的强度、刚度和耐摩擦性，操作位置要设置在工人易于接近的部位，以保障生产安全。汽车检具在可靠性设计过程中应遵循以下原则：

① 汽车检具的复杂程度应与生产纲领相适应，应尽量采用各种快速高效的机构，保

证操作方便，缩短辅助时间，提高生产率。

② 可靠性设计必须贯穿于功能设计的各个环节，在满足基本功能的同时，要全面考虑影响可靠性的各种因素。如零件的强度和刚度、结构的稳定性等。

③ 针对故障模式（即系统、部件、电气元器件故障或失效的表现形式），应设计最大限度地消除或控制产品在寿命周期内可能出现的故障（失效）模式。

④ 在设计时，应积极采用先进的设计原理和可靠性方案。但在采用新技术、新工艺、新材料之前，必须先做实验，并严格论证其对可靠性的影响。例如泡沫碳纤维新材料在汽车开口检具上的应用经过了实验论证，才最终被汽车主机厂认可。

⑤ 在进行汽车检具可靠性的设计时，应对使用性能、可靠性、费用、时间等各个方面的因素进行权衡，以便做出最佳的设计方案。

（四）艺术性原则

汽车检具设计应造型美观、自然、流畅，在满足使用功能和经济许可的条件下，使操作者在生理上、心理上感到舒适，给人以美的享受。实用是第一位的，美观处于从属地位，经济是约束条件，汽车检具造型设计首要满足实用功能，设计的优劣并不由设计者鉴定，而最终由使用者鉴定，汽车检具一旦丧失了使用功能，其艺术价值也随之丧失，但也不能把使用功能和艺术造型对立起来，两者是辩证统一的，功能决定造型，造型表现功能，但造型既不是简单的功能件的组合，也不是杂乱无章的堆砌，而是建立在人机系统协调的基础上，应用一般形态构成艺术规律和造型美法则对其加以精炼和塑造，使功能更合理，造型恰到好处。

汽车检具在四个设计原则的指导下，对总的造型设计提供了必要的依据，但是在设计制造的过程中还必须在细节上有规范，这样才能造出性能优越的汽车检具。例如，汽车检具的设计必须满足人机工程学，汽车检具作为一种检测设备，需要工人来进行操作，那么设计的时候就要符合工人的操作习惯，这样才能更实用，贴近一线。设计时要考虑的因素主要有人体尺寸、人体力学、人对各种信息的反应敏捷度等，人机工程所设定的标准为机器与人体的尺寸、形状及用力是否配合，机器是否顺手和方便使用，是否能够防止使用者操作时意外的伤害和错用时产生的危险，各操作单元是否实用，各元件在安置上能否使其毫无疑问地被辨认，是否便于清洗、保养及修理等。反映到具体设计中就是要合理选定操作姿势，常见的操作姿势是立姿和坐姿，立姿的活动范围较大，容易发力，但要求精密观察、读数的工作和活动范围小的手工操作则选择坐姿。工作台的高度设置应与人体比例相适应，站姿用工作台高度为人体高度的 10/19（一般在 800mm），坐姿为 7/17。设计手柄时，要考虑手柄操作所需要的力和手的活动范围不应太大，并且耐用可靠，手柄形状应便于操作和发力。尽可能防止意外冲击损坏汽车检具零部件，在汽车检具中，当翻转臂过长时，考虑到操作时的安全性增加一个限位插销以及缓冲装置避免产生安全隐患。相邻两个以上翻转机构，设计时要求翻转支架呈同向且水平状态（或以 90°为增量进行偏转），尽量做到翻转机构高低一致，翻转机构的回转中心与连接的模拟块，回转中心应低于模拟块最低点，避免与零件干涉；产品的取放要考虑人工的右手习性，一般左手做辅助性的活动，主要发力部位在右手，所以汽车检具结构要有合理的活动空间，便于右手操作。人机工程学检查如表 2-4 所示。

表 2-4　人机工程学检查表

内容	确认	不需要(N/A)
工作台高度是否消除或减少上身和手臂的紧张姿势？	是□　否□	
操作者是否容易操作检具？作业时舒服吗？	是□　否□	
检具工作状态时是否使作业内容限制在一个合理的范围（包括控制和零部件）？	是□　否□	
操作者的手臂和腿有足够的操作空间吗？	是□　否□	
操作者操作时手和手指的力度要求在合理范围吗？	是□　否□	
任何举、推、拉力量和频率减少到最少了吗？	是□　否□	
夜间使用的检具，是否考虑到照明？	是□　否□	
维修任务容易展开吗？	是□　否□	
噪声是在可接受的水平上吗？[<85dB(A)][如安装有电动机的汽车检具（如电动窗帘检具)]	是□　否□	
是否所有可拆卸零件的放置盒在一个手臂的范围内？（大型汽车检具除外）	是□　否□	

三、汽车检具的总体结构设计要求

汽车零件种类繁多、专用性强，多数汽车检具属于非标装备，一般依据检测内容和产品结构特点、企业的生产条件及实际需要而专门设计，其设计质量，对生产效率、产品质量以及开发周期、加工成本等有直接的影响，事实表明通过使用设计合理的汽车检具进行在线检测，能够满足图纸尺寸要求、方便操作、实用性强、可以有效保证产品的质量，并极大地提高劳动生产效率。

汽车检具本质是模拟车身装配关系，借助检测工具对车身零件进行检测。我们在汽车检具结构设计之初，要明确设计要求，认真调查研究，收集设计资料。详细了解零件在车身中的位置及作用，尤其是内外饰件检具，匹配关系复杂，这就更要求设计者要有总体的思路，通过环境件（匹配件）来分析产品的定位及检测要求，尽量采用实际装车位置，原则上必须和其在车身坐标系中的位置一致，并能够满足检测要求，且准确可靠。如果考虑到便于操作等人机工程和节约费用等因素，允许将零件旋转±90°或±180°，但必须经过使用方的同意。以下汽车零件较适合采用平放凸检方式检测，如图 2-4(a) 所示，翻边面向下（零件坐标按 90°倍数旋转）。图 2-4(b) 为凹检。

① 前后车门内外板零件；
② 背门内外板零件；
③ 侧围外板、后轮罩零件；
④ 梁类、立柱类零件。

汽车检具在结构设计时，根据需要考虑其作为测量支架的使用，最好能够满足"CMM（三坐标）"和"人工＋检具"两种方式对零件的检测要求。对于相互之间有间隙，面差匹配有要求的内外饰件的汽车检具，需要考虑其具有相应的匹配功能，如尾灯检具、内外饰件检具。当汽车检具离线检查时，测量支架及匹配功能不能同时满

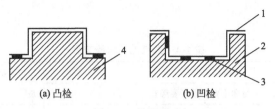

图 2-4 检测方式
1—被测零件；2—凹检检具本体；3—定位面；4—凸检检具本体

足，应首先满足离线检查的功能。被测零件的匹配对象为搪塑、绒面、织面、皮面等柔性表面零件时，检验型体以被测零件匹配对象的数据加工，匹配时可达到或接近实际装车效果。

汽车检具详细设计步骤可概括为：①确定定位方案；②确定夹紧方案；③确定产品放置方案；④确定底板类型、材料及热处理；⑤确定检测方案；⑥确定搬运装置。总体结构形式的确定，关系到标准件的选型、制造装配、操作维修、寿命和经济性，以及生产工作的稳定性、安全性和可靠性，所以结构设计是汽车检具的设计关键，是设计之前必须解决的问题。汽车检具的总体结构形式，必须考虑能满足产品和工艺质量的分析功能。例如：产品贴合面、密封面、封胶面、配合区域、对齐面、孔/槽等，汽车检具功能要满足产品品质的要求。只有经过对客户的要求理解，产品的形状、尺寸的要求以及加工方法和制造测量技术等多方面的考虑；并从操作和使用者的角度进行构思，如何装、卸待检零件，如何实施测量，操作过程对检测重复性有无影响等；充分考虑后期维护和更换备件的需求；才能使汽车检具结构设计更加的完善，如下为汽车检具结构设计的基本要求。

（一）总体结构要均衡、协调、牢靠

① 整体结构的厚度不要过薄应合理可靠，有足够的强度，以满足精度和寿命要求。

② 整体结构凸凹处要少，避免应力集中，导致零件断裂失效。

③ 整体结构不能过于复杂臃肿，在满足功能要求的前提下，尽量使结构简单并轻量化，保证质量，提高检具寿命，降低成本，提高精度。

④ 整体外形轮廓尺寸不要相差过大，检具部件在工作位置上不允许超出检具的底座，且须保证零部件取放、装夹动作顺畅，移动搬运方便等。

（二）结构具有一定的强度，足够的刚度和韧性

① 结构的刚度好，可靠性高，不易变形，可保证装配测量时有良好的几何精度和位置精度，并能满足正常使用的期限，此外尽可能采用轻量化设计、制造。

② 支撑和连接部件具有足够的厚度和较大的接触面积，保证足够的承载能力。

③ 安装部件牢固、可靠，在保证力学性能的前提下，通过开减重孔或工艺槽来减少重力载荷对检具精度的影响。

④ 工作部件选用硬度高、韧性好、耐磨性好的检具材料。

（三）结构上要适合受力的需要

① 为了提高检具的稳定性，检具底板和重载的支撑部分厚度需加厚或设计加强筋；

检具的高度不宜过高。检具本体功能面距离地面高度需便于人员检测，原则上控制在 0.8～1m 之间，如汽车侧围检具高度不高于 1m，立式检具高度不高于 1.8m，并考虑设计操作踏台。

② 为了减少应力集中，防止开裂，在主要工作的零件上，尽可能不要制造固定零件的孔或其他孔；零件圆角要适当，不得有尖棱尖角。

③ 为了减少摩擦力，检具配合的组件之间，如插拔销、翻转机构、活动导轨等，表面粗糙度尽可能地小，为了避免磨损表面需要一定的淬火硬度。

④ 为了减小相对运动零件产生的振动和对关联零件施加的推力和拉力，受力零件的紧固件须选择适当的螺钉和销钉，以增强自身的稳定性。

（四）通用性强，结构互换性好

① 尽量采用市场上可购买的通用的标准零件（如：角架、铰链、导板、螺钉和键等）或选用成熟的检具结构或标准结构。

② 工作部件可以快速完成更换，零件之间的安装要准确可靠，连接牢固。

③ 易损件拆卸更换、安装维修调整方便，位置精度重复性好。

④ 操作简便安全可靠，检测效率高，高强度工作负荷仍可以保持一定的高精度和高寿命。

（五）结构的经济性

① 结构要简单，总体结构尽量简化，有相互位置精度要求的表面应尽量一次装夹加工。

② 应有良好的加工工艺性，制造容易，对于加工负角的处理和过渡，须满足装配和检测要求，结构要素应尽可能统一，并使其能尽量使用普通设备和标准刀具进行加工。

③ 降低费用，节省成本，尽量使用廉价材料，在万能和通用设备上加工，使材料的消耗和工时费用最低。

④ 检具结构应有完善的装配定位基准，便于后期检具的制造、装配、调试和维修。

四、汽车检具的设计审核步骤

汽车检具和其他机械设备一样，其前期设计概念需要得到使用方的认可。设计概念的目的是建立和用文字描述汽车检具的要求，它保证设计的方案包括了所有的要求。如果设计概念无法满足产品图纸或使用方的设计制造技术要求，则无法开展下一步的工作，所以概念方案设计根据使用方反馈的信息修改，直到确认为止。方案确定后，将最终设计概念方案存档备份。汽车检具的设计过程很复杂。如果要设计一种符合要求的汽车检具，必须考虑影响它的许多因素和互相依赖的许多参数。不了解它们之间相互依赖的关系，便不可能描述整个设计过程，该过程描述的基本要素是描述设计、制造和使用三大技术环节。现在以汽车检具为例，介绍它的概念设计审核的步骤。

一般重要汽车零件的检具方案需要得到汽车总装厂的认可，在开始设计前，汽车总装厂质量部门会召开一个设计概念的预备会议，应参加的主要人员：供应商检具工程师、检具设计及制造方代表。设计概念应包括详细的检具草图和书面描述，以便能依此进行汽车检具设计。设计概念可以理解为一个设计思路，它展现内容可以不全面，但是它的重要性是不言而喻的，主要涵盖的信息如下。

① 被测零件与汽车检具基座的位置关系，最好使用装车位置。然而，其他位置可能更适应被测零件/量具的使用（即第一使用位置）。如果想对装车位置有偏离，应以90°为增量进行偏转（注：第一使用位置表示被测零件在检具中的位置与其在第一次装配中在装配模具中的方向和位置一致）。

② 定位基准方案应与几何尺寸及公差图纸（产品图纸）一致，明确基准孔、基准面、定位面的数量及位置和夹紧方式。

③ 确定检测方式，并用简图说明，检测内容应包含下列产品特征：关键产品特性、产品质量特性、过程监控点、特性线、功能孔和过去经常发生过程变差较大的区域。

④ 所用材料（如：销、夹头、导板等）和热处理方式应依据汽车检具的使用和环境，以确保在零件现行生产有效期内的功能性、重复性和在线性，如适用、相配或邻近零件的轮廓外形或线条特性。

⑤ 设计概念应考虑操作者的人机工程学、被测零件的装和拆的容易度、三坐标检查和SPC的数据采集可行性，当汽车检具用于全球性的整车项目时，应考虑操作者的习惯（使用地区语言）。

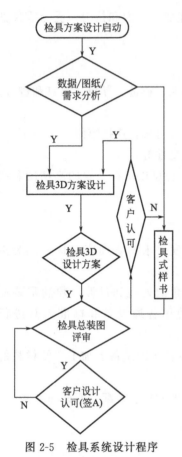

图 2-5 检具系统设计程序

汽车检具设计概念不是具体到细节的方案，最终的汽车检具方案需要多轮的讨论、细化和审核，避免与使用方要求不符或需要大的改动。如图2-5所示，该图表示出了检具设计系统诸因素的相互关系，从检具的构思开始到检具设计认可完成为止。一般情况下，检具设计概念得到认可后，就可以进行细节上的处理，比如考虑零件的强度、零件的制造工艺、各运动机构的运动轨迹是否存在交互干涉等。这就正式进入汽车检具的设计阶段了。首先我们先确认被测零件和汽车的位置关系，尤其是内饰件和焊接件，匹配关系较为复杂，所以对汽车结构要进行深入的了解，下面我们简单介绍汽车的大致结构，具体可参考其他书籍。

五、汽车构造及汽车坐标系

（一）汽车构造

汽车一般由发动机、底盘、车身、电气设备等四个基本部分组成。发动机是汽车的动力装置；车身安装在底盘的车架上，用以驾驶员、旅客乘坐或装载货物；底盘的作用是支承、安装汽车发动机及其各部件。

（1）发动机　发动机是将某一种形式的能量转化为机械能并输出动力的部件，汽车广泛应用的是汽油机和燃油机，汽油机和燃油机都属于往复活塞式的内燃机。一般由机体、曲柄连杆机构、配气机构、供给系、冷却系、润滑系、点火系、启动系等部分组成。

（2）车身　车身由本体（如图2-6白车身构造示意图）、内外装饰和车身附件等组成。车身既具有结构功能，同时还有装饰功能，车身是驾驶员工作及容纳乘客或货物的地方，车身应具有符合空气动力学所要求的合理外形，又要考虑车身结构对底盘性能的影响，同时还应具有有利于提高汽车行驶稳定性、安全性和有助于发动机进气冷却、隔音、防振等性能，车身的装饰功能反映在车身造型的艺术形象、内外装潢、色彩质感等方面。

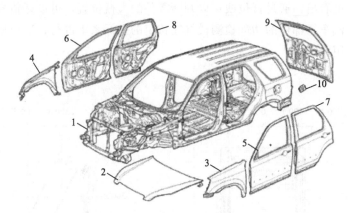

图2-6　白车身构造示意图

1—车身骨架总成；2—发动机盖总成；3—左翼子板；4—右翼子板；5—左前门总成；6—右前门总成；7—左后门总成；8—右后门总成；9—后背门总成；10—加油口盖总成

单钣金零件（又叫覆盖件）主要是钢板材料，采用成型模具制造而成，作为汽车骨架零件。其产品元素包含：产品型面、外形轮廓线和功能孔等。产品型面多是与周边环境件的结合面，外形轮廓线不仅决定了产品的轮廓形状，还是与周边环境件的干涉极限边，产品轮廓过大就可能与周边零件干涉，轮廓不足时也可能造成与周边的搭接面不够。功能孔不仅需要检测孔的尺寸大小，还需要检测孔的位置度，两者只要一项不合格，都可能造成与之连接的零部件无法正常搭接。

覆盖于车身钣金件外的零件统称为内外饰件，内外饰件是内装饰件和外装饰件的总称。内外饰件起着装饰和功能双重的作用。很大部分的内外饰件是塑料成型零件，比如外装饰件有左右前大灯总成、左右前转向灯总成、前后保险杠、前隔热栅、左右后大灯总成等。内装饰件有仪表板总成、面罩、面板、护板、通风口等。典型装饰零件有车门内饰、柱内饰、行李厢横梁内饰、后盖内饰、转向柱、仪表板/中央通道散件及大部分饰板罩板、前后保险杠蒙皮等。内外饰件产品的特点是型面复杂，体积比较大，比较容易变形。

（3）底盘　底盘作用是支撑、安装汽车发动机及其各部件总成，形成汽车的整体造型，并接受发动机的动力，使汽车产生运动，保证正常行驶。底盘由传动系、行驶系、转向系和制动系四部分组成。

（4）电气设备　电气设备由电源、发动机启动系和点火系、照明和信号装置、空调、仪表和报警系统、辅助电器及现代汽车电子技术组成。

（二）汽车车身坐标系

汽车坐标系主要是用于完成汽车尺寸的检查，有必要确定一个建立三维尺寸参考系统的方法，以使需要确定的未知的感兴趣的点线（如驾驶员眼点，座椅参考点，车辆中心线等）能够被定位。在汽车开发阶段，通过汽车坐标系可快速判断零件与车身的位置关系，如图2-7所示，该产品Y坐标为0说明在车身左右位置的中间，X坐标在2100～2400mm之间说明是在后排位置，Z坐标在100～700mm之间说明该产品高度在人坐下后手能摸到的位置。综上可看出，通过百位线可以判断零件的大概位置，可以评估零件大小，以及作为理论基准。汽车零部件的功能检测最好在特定的坐标系里进行，这样使得检测结果更能反映实际的使用状态。

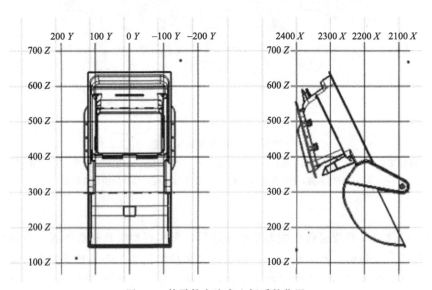

图2-7　某零件在汽车坐标系的位置

图2-8所示为汽车坐标系坐标轴的建立，一般汽车坐标系的原点是建立在前保险杠上平面的中点。长度方向是X轴，从前向后为X轴正方向，整车的XOZ平面是垂直于YO的平面，通常情况下在车头，以消除整车坐标中负值的产生；高度方向为Z轴，从下向上为Z轴正方向；宽度方向是Y轴，整车XOZ平面是整车的左右中心对称面，对于左驾驶汽车，从左向右为Y轴正方向，对于右驾驶汽车，从右向左为Y轴正方向。注意，日系车部分车体摆放为横向摆放X轴与Y轴相反。

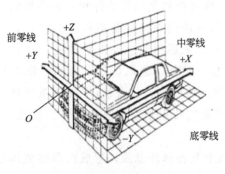

图2-8　汽车坐标系示意图

受地域的影响，不同的国家对于汽车坐标轴的表示符号有所不同，我国的车身坐标系于车身开发时确定，通常情况下以 X、Y、Z 表示，部分汽车厂沿用日本标准，也会以 TL(transverse)，BL(buttock)，WL(horizontal) 表示，如表 2-5 所示为不同国家地区的汽车坐标系表示符号。

表 2-5 不同国家地区汽车坐标系表示符号

项目	中国/欧洲	北美	日本三菱/中国台湾	广汽丰田	广汽本田
长(L)	X	F/A	TL	L	T
宽(B)	Y	C/C	BL	W	B
高(H)	Z	U/D	WL	H	H

第三节 汽车检具的定位原理

一、自由度与约束

在三维空间里任何一个物体都具有六个自由度，即沿着三根轴向（X 轴、Y 轴、Z 轴）的平动和绕三根轴向（X 轴、Y 轴、Z 轴）的转动。要确定一个物体在此坐标系唯一位置就必须约束所有的自由度。所以针对各种零件来讲，也需要通过自由度的限制来保证零件的稳定性，这样才能保证检测的精度以及重复性。在进行检测作业时，首先应使工件在汽车检具中得到确定的位置，并在测量、检测过程中一直将其保持在原来的位置上，把零件按产品图纸要求安装到正确位置的过程称为定位。把零件在检测过程中一直固定在原始的位置上的过程称为夹紧。

为了使零件在汽车检具中得到要求的正确位置，应先研究物体在空间的位置是怎样被确定下来的。一个尚未定位的零件，其位置是不确定的，这种位置的不确定性，称为自由度。如图 2-9(a) 所示，将未定位的工件放在空间直角坐标系中，用 X、Y、Z 三个互相

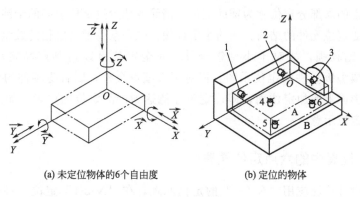

(a) 未定位物体的6个自由度   (b) 定位的物体

图 2-9 物体的定位

垂直的坐标轴来描述工件位置的不确定性，长方体可以沿 X、Y、Z 轴移动不同的位置，也可以绕 X、Y、Z 轴自由转动，共有六个自由度。工件要正确定位首先要限制工件的自由度，这六个自由度被限制了，则物体在空间的位置就完全被确定了，所以自由度也是决定物体空间位置的独立参数。如图 2-9(b) 所示，如果在 XOY 面上放一块平板 B 来支撑物体 A，这时物体 A 在这个平面上只能沿 OX 轴和 OY 轴移动和绕 OZ 轴旋转，而不能沿 OZ 轴移动和绕 OX 轴和 OY 轴旋转，否则物体 A 将脱离平板 B，这说明支撑板 B 消除了物体 A 的三个自由度。如果再在物体 A 的 YOZ 平面上放置两块挡铁 1 和 2，物体 A 就不能沿 OY 轴移动和绕 OZ 轴旋转了，从而又消除了两个自由度。最后，只要在物体 A 的 ZOX 平面上在设置一块挡铁 3，消除物体沿 OX 轴移动的自由度，则物体 A 的空间位置就被确定下来了。从几何学中知道，3 点可以确定一个平面，可以用三个定位支撑点 4、5、6 代替图中的支撑平板 B，同时也把挡铁 1、2、3 当作定位支撑点，从而一个定位支撑点平均消除了一个自由度，因此物体的空间位置，就需要按照图纸布置的六个支撑点消除物体活动的六个自由度，这种用适当分布的六个支撑点限制工件六个自由度的原则称为六点定位原则。

在汽车检具设计初期，首先要对零件图纸的定位系统进行分析，定位系统稳定性的好坏，不仅影响零件的生产制造及最后的整车装配，还可能在汽车检具使用过程中，影响零件测量结果的稳定性。运用六点定位原理可以分析和判别汽车检具中定位结构是否正确、布局是否合理、约束条件是否满足。根据零件自由度被约束的情况，零件定位可分为以下几种类型。

（1）完全定位　完全定位是指工件的六个自由度不重复地被全部约束的定位，当工件在 X、Y、Z 三个坐标方向均有尺寸要求或位置精度要求时使用。

（2）不完全定位　零件被限制的自由度数目少于六个，处于可移动或转动的状态。

（3）欠定位　定位点少于所应消除的自由度数，实际上某些应消除的自由度没有消除，零件定位不稳定，称为欠定位。

（4）过定位　定位元件重复限制产品同一个自由度的定位状态称为过定位。这种定位状态是否允许使用，主要从它产生的后果来判断。当过定位导致产品变形或产品与定位元件干涉，明显影响产品的放置状态时，不能采用过定位。过定位起到局部控制零部件形状的作用，不能与主定位元素形成干涉，由于冲压件或部分内外饰件刚度差，需要过定位多于六个定位元素的那部分定位称为辅助定位。消除或减少过定位引起的干涉，一般有两种方法：一是改变定位元件的结构，如缩小定位面；二是减少辅助定位的数量。车身覆盖件产品的刚度都比较强，故对于小型钣金件，完全定位可以达到产品定位的要求。如图 2-10(a) 为典型钣金件的定位示图。但对于大型钣金件，因自身零件的强度问题，一般会在最大投影面上增加定位面，即过定位才能达到产品定位的要求，如图 2-10(b) 所示门内钣金件定位示意。

二、汽车检具中的六点定位原理

汽车检具设计广泛应用 "N-2-1" 的定位原理，在 "N-2-1" 定位原理中，第一基准面所需的定位点数 N 是大于等于 3 的变量。当 $N=3$ 时，"N-2-1" 定位原理就是典型的

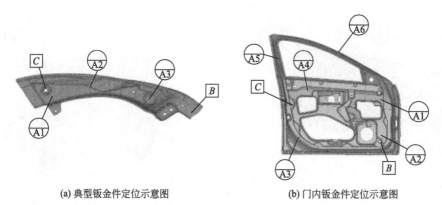

(a) 典型钣金件定位示意图　　(b) 门内钣金件定位示意图

图 2-10　车身覆盖件的定位

六点定位原理。"3-2-1"定位原则是在空间上限制一个产品六个自由度最基本的条件,据美国汽车工业统计数据,72%的车身误差源于定位误差。汽车车身主要由众多冲压部件装配而成,薄壁零件在白车身的装配中,占到了 70% 以上,由于薄壁板件的刚性较差,容易变形,在检测过程中通常采用多点定位夹紧,以保证各个部分在焊接位置上的贴合。由于薄壁柔性较大,在加工过程中容易变形,较好的定位系统对零件的稳定性有很大的影响。对于定位面的位置,须尽量保证定位块与支承处平面垂直,当无法保证定位块与钣金件平面垂直时,允许钣金件定位块与产品零贴。理论上三个定位面即可将一个面定位,钣金件使用三个定位面时,一是可能导致钣金件无法放置平稳,所以有时会增加辅助定位面,确保钣金件平稳放置,当定位面 350mm 范围内没有夹紧装置时,产品放置会出现晃动,所以有必要增加夹紧装置以确保产品不会晃动;二是与理论定位面之间有间隙,导致检测时测量结果不准确。综上两点,实际生产中,大的钣金件、复杂的塑料件,定位面不止三个,而是四个或是更多,这种情况属于过定位,汽车检具上根据零件的特性允许超出"3-2-1"原则的过定位,以保证零件定位的可靠性。根据零件图纸技术要求及使用功能要求,确定零件的被测要素、定位夹紧要素、汽车内外饰件装配功能要素,定位夹紧要素遵循"3-2-1"原则,当定位点数大于六点时多为易变形类零件的辅助定位点(设计需考虑),定位面设计按图纸给定区域面积进行。

汽车检具"3-2-1"定位原理中的"3"含义为有三个定位面,确定零件法向方向的移动;"2"含义为有主定位确定零件两个方向的移动;"1"含义为有次定位确定零件一个方向的旋转,如图 2-11 所示,三个 Z 向定位面是控制产品最大投影面方向,两个圆心的连线控制产品上下方向跟旋转方向,副基准定位销(孔)控制产品的左右方向,依次为"3-2-1"定位原理,基准面首先约束三个自由度,主基准定位销和副基准定位销连心线约束两个自由度,副基准定位销约束一个自由度。

为保证零件检测的一致性,所有汽车检具定位必须满足"3-2-1"原则,最常见的是一面两销形式,即数个定位面和两个销定位,另外两种情况如下:

① 如果零件只有一个圆孔,则汽车检具需要增加基准面或基准边定位。

② 如果零件没有孔,汽车检具采用互相垂直的两个基准面或基准边定位,基准面或基准边均为定位挡块。如图 2-11(b) 所示。

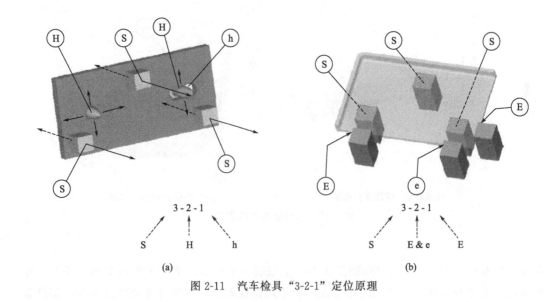

图 2-11 汽车检具 "3-2-1" 定位原理

第四节 汽车检具定位元件设计

保证产品质量判定有效的关键，首先在于正确的定位基准、定位方法和定位元件，必要时可根据积累的经验进行定位合理与否的分析，使其具有恒定、准确的定位基准。在装配的过程中把待装零部件的相互位置确定下来的过程称为定位，通常的做法是先根据产品的图纸分析和确定定位基准，然后再根据相应的生产要求考虑它的定位方法。划线定位是定位的原始方法，费时费力，精度低，只在单件生产、精度要求不高的情况下采用。在检具上固定产品时，常用定位元件进行定位，既快速又准确，定位元件是检具上用以限定产品位置的器件，如定位块、定位销、仿形面、夹紧器等。它们必须事先按定位原理、产品的定位基准和工艺要求在检具上精确布置好，然后每个被装零件按一定顺序依次安放在定位元件规定的位置上（彼此发生接触）即完成定位。

在检具上定位时，产品的定位基准必须与检具上的定位元件相接触或重合，正确选择产品的定位基准可以获得准确、稳定和可靠的定位，而且还影响检具结构设计方案的确定，后期的装配、测量及调试。

一、定位基准的选择

检具的基准必须与所检查零件或总成的基准点保持严格一致。基准点是指零件在生产、检测等各工序中的作为定位基准的一系列点，基准统一是传统机械加工工艺设计的基本思想之一，设计基准、加工基准、测量基准在任何时候要尽量保证统一，这一点在检具设计、制造、测量中及其重要，同时主副定位孔的选择都要与装车要求一致，一般都会选择重要的装配孔。在轿车车身的设计、制造和检测过程中，采用统一基准才能保证检测过程中检测对象的检测状态与生产过程中生产状态的相似性和检测数据与设计标准的可比性。对于车身检具来说，为了保证零件检测的稳定性，会设定很多基准面，并和定位销一起对零件的自由度进行限定，在产品图纸上没有明确的定位基准时，可采用如下的要求选择定位基准：

① 定位方式通常采用孔定位、面定位、轮廓定位或以上方式的组合。优先等级依次为孔定位、孔+面定位、孔+轮廓定位、面定位、面+轮廓定位、轮廓定位等。定位系统的选择与车身定位系统最好保持一致（包括定位孔和定位面）。

② 选择垂直重力方向作为第一或主基准，这样重力可以有助于产品靠在定位基准上，同时可以防止零件在自重下产生较大的变形。

③ 基准点的分布应尽量均匀地布置在零件的各个区域，而不能过于集中，这样不会因为零件或检具局部的变形影响整体定位的准确性，保证零件的刚性及稳定性。

④ 使用三个或多于三个定位基准在主基准上时，遵循基准总数最少又稳定产品的原则。

⑤ 所以主基准都必须建立在相同的物理特征上。

⑥ 基准面要尽量选择在精度要求比较高的功能面上，这样的面稳定性和重复性较好。尽量不要选择非功能面，如果是曲面要考虑曲率及波动性，尽可能选择曲面较平、弧度波动较小的位置。不要使用不稳定的产品特征，如切边、翻边、折弯、焊点等，且远离R角3mm或切边5mm以上，如图2-12所示。

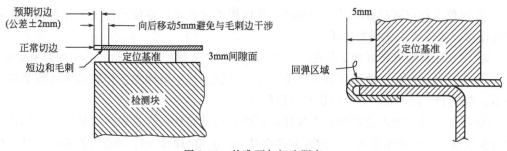

图2-12 基准面与切边距离

⑦ 目标基准的分布要充分满足产品的稳定性，为了使零件便于安装、保护零件，可能需要增加一些辅助基准。

⑧ 与点焊、缝焊或分型面邻近的定位基准，如果这些定位基准不能移动，为便于检具的重复性和再现性分析，这些检具的定位面必须与电焊、缝焊或分型面有一定的间隙（在定位面上开槽或孔进行避空）。

⑨ 基准面尽可能选择在形状平坦，稳定性好，不易变形，无回弹起皱、扭曲等不良部分，且有充足的布置空间的面，如图2-13(a)、(b) 所示。假如零件已经出现了制造公差，即零件在 X 方向存在偏差，它们比实际合格零件长度短了。从图2-13(d) 可以看出倾斜放置导致测量结果不正确，这里出现了 Z 方向的偏差。实际情况是 Z 方向是正确的，同时从图2-13(c)看出平面的定位更稳定。

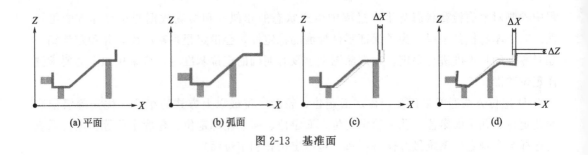

图 2-13 基准面

二、定位元件的设计

（一）定位元件的设计要求

零件在检具中要想获得精准的定位，首先要正确地找到定位基准，其次则是选择合理的定位元件。完成定位时，零件的定位基准和检具的定位元件接触形成定位副。定位面位置和大小原则上要求与产品图纸额定位置相同。定位元件的设计要根据实际情况，但是都要满足以下基本要求：

① 定位元件应有足够的精度，才能保证零件的定位精度。

② 定位元件应有足够的耐磨性，通常硬度在 40~65HRC 之间，可通过选择材料及热处理方法获得。由于定位元件的工作表面经常与零件接触和摩擦，容易产生磨损，为此要求定位元件限位表面的耐磨性要好，以保证检具的使用寿命和定位精度。

③ 定位元件应有足够的强度和刚度，在使用的过程中，定位元件受零件重力、夹紧力的作用，容易产生变形和损坏。

④ 定位元件应有较好的工艺性，应力求结构简单合理，便于制造、装配和修复更换。

⑤ 定位元件应便于清除铁屑和杂质，由于定位元件的结构和工作表面形状容易附着铁屑、杂质和车间的粉尘，从而影响定位精度。

⑥ 定位元件一般不应作为受力构件，以免损伤其精度，但是在特殊情况下，因产品的放置状态、产品的型面变化，定位元件会受到产品重力的影响，因此，凡是受力的定位元件一般要进行强度和刚度的计算。

（二）定位面的设计

定位面也可以叫零贴面，其往往与产品面重合，是零件承受面及定位夹紧面，定位面的大小和数量一般产品图纸上会有具体的要求，如果没有要求，一般取决于产品作用面的大小和特征。定位面的设置以能够达到零件放置稳定、平衡的前提下尽量少为原则，设置的位置应考虑零件的形状。被测零件的匹配对象为搪塑、绒面、织面、皮面等柔性表面零件，一般采用匹配零件的功能面作为定位面，以求达到接近实际装车的效果。由于涉及的面较广，暂不做详细介绍。

定位面和支撑面原则上为可拆卸式镶块结构，材料一般采用不锈合金钢，合金钢必须经过热处理，以保证其良好的力学性能，其硬度应超过零件，易生锈的钢制零件应进行表面防锈处理。定位面与检具本体（树脂）的连接须采用两钉两销且在本体中必须增加螺纹牙套，表面应光滑，无划伤等损坏情况，并且均应具备良好的防锈性能，不允许用发黑来进行防锈处理。要求标准件中性盐雾试验24h防锈部位只产生点蚀，不能产生基体腐蚀，并保证一定的耐磨性。

定位块采用圆形、方形块或专用镶块，但同一套检具定位块必须统一，不允许不同类型的定位块混用。有些冲压件检具根据模具要求可以设置调模块，采用铜质圆形块，且便于拆卸，在模具调试阶段使用，量产阶段取消调模块。目前定位块设计方式主要有五种，分别为标准式定位贴片、孔＋定位面定位块、镶块式定位块、定位＋检测台阶式定位块、点定位块。定位块按照图纸要求的摆放位置设计，旁边应有相应的标识，须和产品图纸定位信息一致。

1. 标准式定位贴片

标准式定位贴片形状分为圆形和方形两种，厚度为3mm或5mm，方形定位块有防转（方形双孔定位块）和非防转（方形单孔定位块）两种，如图2-14所示。标准式定位贴片，一般用沉头螺钉M3紧固，螺钉面要低于基准面。此类型定位贴片主要用于塑料和单件钣金，如有特殊要求除外。这种结构的定位贴片可以批量生产，并当作标准件使用，市场上比较常见。

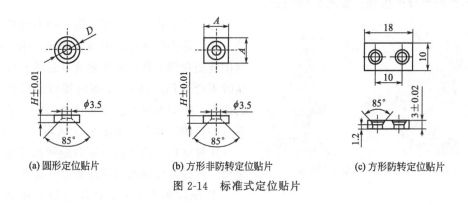

图 2-14 标准式定位贴片

标准式定位贴片单件检具使用时，常用螺钉紧固于检具基体模块，总成检具会制作独立的定位贴支架。按照受力方向可分为垂直受力、水平受力、斜向受力的定位支架。

① 图2-15(a) 定位支架选择两钉两销紧固，$H \leqslant 150mm$，宽度 $A \geqslant 28mm$，定位支架的材料采用钢材。

② 图2-15(b) 定位支架选择四钉两销紧固，宽度 $A \geqslant 32mm$，定位支架的材料采用钢材。

③ 图2-15(c) 角度 A 尺寸不能大于70°，宽度 $A \geqslant 32mm$，定位支架的材料采用钢材。

2. 孔＋定位面定位块

产品定位时，有时会出现定位孔、检测孔、工艺孔和定位面在一起的情况，此时我们称为孔带面定位。根据孔径尺寸和孔的功能，孔＋定位面定位块分为定位孔＋定位面的结构、检测孔＋定位面的结构、工艺孔＋定位面的结构。

(1) 定位孔＋定位面的结构　这种结构也称为钩销定位，定位钩销的材质为45钢，

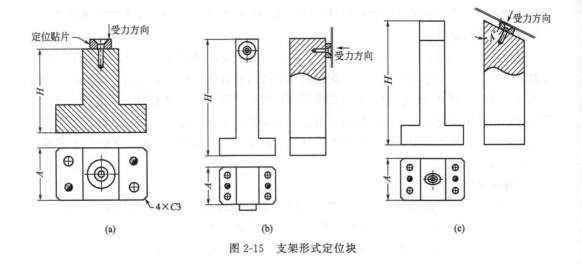

图 2-15 支架形式定位块

镀镍处理,钩销采用高强度弹簧,压紧装置与零件接触的行程能调节到位,钩销舌伸缩灵活,不影响零件的拆卸。如图 2-16 所示。

图 2-16 定位孔+定位面结构

(2) 检测孔+定位面结构 锁紧螺钉通常分三段:端头是螺纹,中间是导向,第三段是定位或测量部分并带尼龙垫片(目的是压紧产品时不会弄伤产品)。工作时螺钉起拉紧产品的作用,导向确保产品中心位置,定位或测量部分满足图纸要求。如图 2-17 所示。

这种结构一般通过带导向的螺纹拧紧销来定位,在设计此结构时应注意以下几点。

① 螺纹不能太长,这样会增加转动的圈数,一般 3~5 圈为宜。

② 导向长度必须足够长,先导向后拧紧。

③ 支架上不能直接打螺纹孔,必须设计成螺纹镶块,否则会给后期维护带来困难。

④ 定位销上带有检测,定位块上的导向衬套有足够的避空间隙。

(3) 工艺孔+定位面结构 如果定位面的大小无相应的要求,我们一般选用定位处带

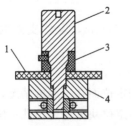 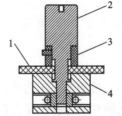 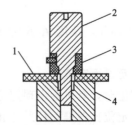

(a) 产品孔定位,面定位装置　(b) 产品孔检测,面定位装置　(c) 产品孔无要求,面定位装置

图 2-17 检测孔+定位面结构

1—产品;2—锁紧螺钉;3—尼龙垫片;4—定位块

孔的贴片定位块，如表 2-6 所示。选择螺钉 M4 和销钉 ϕ4mm 进行连接固定。

表 2-6　工艺孔＋定位面结构

类别	计算公式	
当 $D \leqslant \phi 10$mm	$A=14; B=20$	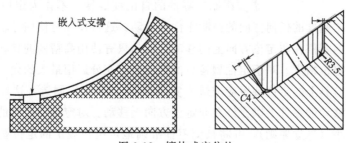
当 $D > \phi 10$mm	$A=D+4$	
当 $D > \phi 16$mm	$B=D+4$	

3. 镶块式定位块

如果产品面和定位面之间的偏差在 0.05mm 的范围内，则定位面可做成平面；如果产品和定位面偏差超出了 0.05mm，则定位面必须和产品面一致，也应为曲面，不能为平面，如果采用平面，则会影响产品的检测结果。如图 2-18 所示，镶块和模块的间隙要 $\geqslant$ 1.0mm，定位镶块的倒角要 $\geqslant$ C4，镶块槽倒圆角 $\geqslant$ 3.5mm。

图 2-18　镶块式定位块

4. 定位＋检测台阶式定位块

根据车身匹配关系，总成件装配关系较复杂，一个总成件上有 2 个以上的分零件，这些零件的装配关系有差异。比如总成零件上一个定位孔可作为 1 号零件的安装孔，也可作为 2 号零件的辅助工艺孔，所以这个孔具有双重属性，定位面也一样，某些情况下也有双重属性。这些定位面就需要采用定位＋检测台阶式定位块。如图 2-19 所示。

5. 点定位块

比如玻璃类零件（前后风窗，四门玻璃等），定位面没有具体大小而是选用球面定位（点接触），点接触的定位块不适用尺寸形状复杂、曲率波动大的车身覆盖件，由于接触面积小，导致稳定性差。它一般针对尺寸精度较高的机加工零件，如图 2-20 所示。

（三）定位销的设计

在零件夹紧和开始检测之前，首先将零件定位，定位销用于将零件精确地定位于检具上。定位销一般分为主定位销和副定位销，在面对刚度弱、零件尺寸较大的零件时需采用

图 2-19 定位＋检测台阶式定位块

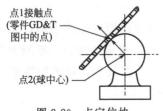

图 2-20 点定位块

一主定位销、多个副定位销的结构形式，如汽车地板外板和侧围外板零件。其中主定位销限制零件的两个方向自由度，副定位销限制零件的一个方向自由度，为主定位销连线的法向，如图 2-21(b) 所示。它们的位置和结构形式根据产品图纸确定（独立原则和最大实体原则），并且要和夹具、模具形成基准的一致性，同时两个定位销圆心的连线需要限制住零件的自由度旋转。不作为定位方向的销子不能限制非规定定位基准的任何方向的被测零件的运动，这种情况可使用导轨或可移动的检具零件来允许被测零件在非定位方向上的移动，但是只有使用高精度的导轨才能不影响规定的定位装置的定位精度。对于定性型检具的定位销需充分运用最大的允许公差，即用于检测被测零件的检具上的定位装置应按最大实体条件（MMC）制造，这种定位销可以装在一个导板或可移动的零件上以允许在非定位方向上移动。对定量型检具的所有定位销均不考虑其尺寸大小（独立原则），并将被测零件准确地定位在规定的定位基准方向上，实现这种情况的一种方法是使用锥型销，该销安装于导轨或可移动的零件上，确保在非定位基准方向的移动。

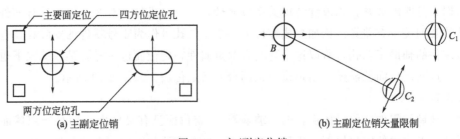

图 2-21 主/副定位销

定位销根据固定方式分为植入式或插入式，如图 2-22 所示，仅在植入式定位销不适用时才使用插入式定位销，插入式定位销要用链条（或弹簧绳）固定并有放置装置（一般有放置盒、金属销座、塑料销座等），放置装置与检具底板紧固防止丢失。定位销根据结构形式分为柱形销、锥形销和菱形销。插入式定位销由导向、定位及手柄三部分组成,保证销子导向部分能够在定位孔内进出自由。定位销操作人员手持部分,一般为正多面形,或者在手柄处设置防滑措施(如斜形滚花),以便增加操作时手与销之间的摩擦力,方便操作。所有的插入式定位销手柄刻上设计尺寸及销子编号。另外手柄头部一般用螺钉与防丢失线束进行连接固定在检具底板上。定位销的形状根据公差原则来定,如果检测独立原则的形位公差时,定位销采用锥形;如果检测最大实体原则的形位公差时,定位销采用柱形。汽车饰件的定位采用锥度定位销,钣金和动力总成及附件的定位有时会采用最大实体原则用柱形定位销,视情况而定。

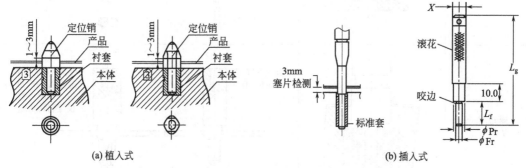

图 2-22　定位销固定方式

在定位孔内,为保证定位销定位准确,必须安装导向衬套,导向衬套和检具黏结或采用过盈配合,导向衬套的中心相对于车身坐标线的定位精度按制造要求控制。定位销和相应导向轴套的结构根据孔的形状的不同要求,分防转和不防转结构。对于与销套的配合面应大于1∶2.5,其使用精度和寿命将得到有效提高,同时能保证使用时的重复精度。采用合适有适当硬度的材料来制造所有的定位销,保证一定的硬度、耐磨性和耐腐蚀性,表面需要做硬化处理(一般在50HRC以上),以保证其能够在被测零件现行生产的有效期内有足够的耐久和功能性。定位销表面应光滑,无划伤等损坏情况,并且均应具备良好的防锈性能,不允许用发黑来进行防锈处理。要求标准性盐雾试验24h防锈部位只产生点蚀,不能产生基体腐蚀。主定位销、副定位销工作状态定位部分需要高出零件孔表面至少5mm,保证被测制件定位后不能晃动,定位销在受力10kg推力作用下不能有0.1mm以上的移动。

1. 大众汽车主副定位销设计方法(插入式定位销)

零件在检具上定位通常采用2个定位孔实现。定位的方式和位置根据图纸中RPS的说明来规定。通常采用以下两种定位方式:①四方位定位销(A1)——图纸上一般定义为RPS:Hxy、Hxz 或 Hyz;②两方位定位销(A2)——图纸上一般定义为RPS:Hx、Hy 或 Hz。

当采用独立原则,使用锥形定位销时,应具备以下条件中的一项:零件主定位孔附近有定位面时;零件料厚>1.2mm时;对于测量支架,定位销A2结构为单头销,仅作定位作用。

下列情况定位销为圆柱销，见表 2-7。

表 2-7　柱形定位销

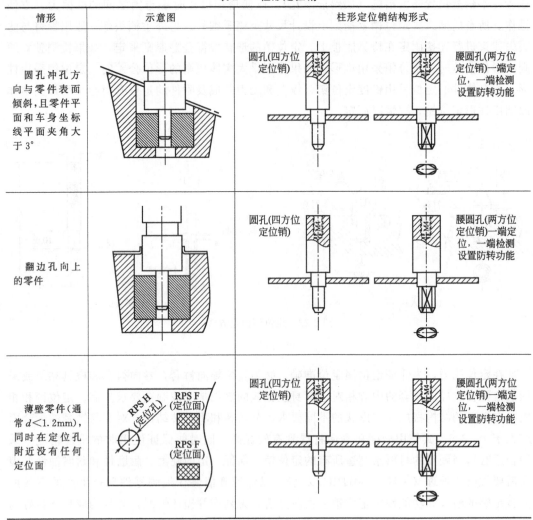

（1）定位销 A1（主定位销）的结构形式

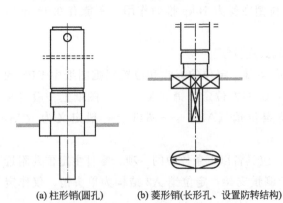

图 2-23　定位销 A1 柱形销

① 定位销 A1 柱形销，如图 2-23 所示。柱形销里还包含菱形销，柱形销和菱形销结构基本相同，唯一的区别在于菱形定位销工作部分斜切取四个边，它的一端控制产品剩下的一个旋转方向，另一端作为检测两个定位孔的位置度。当菱形定位销穿过产品的定位孔进入定位销套时，便避开了长形定位孔的位置偏差，从而达到限制产品旋转方向的自由度，保证产品在检具上的准确

定位。

② 定位销 A1 锥形销，如图 2-24 所示。结构形式取决于定位孔径 D_2 的大小，D_2＝额定孔径最大尺寸＋0.5mm 余量。

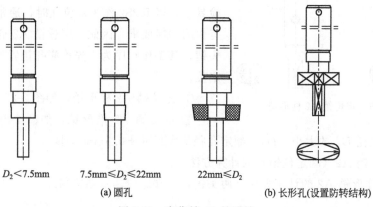

$D_2<7.5$mm　　7.5mm$\leqslant D_2\leqslant 22$mm　　22mm$\leqslant D_2$

(a) 圆孔　　　　　　　　　　　(b) 长形孔(设置防转结构)

图 2-24　定位销 A1 锥形销

(2) 定位销 A1（主定位销）的计算方法

① 对于圆形孔，采用圆柱定位销的，圆柱销的直径 D_2 根据经验公式推出：

D_2＝额定孔径最大值－0.1mm

例如：额定圆孔直径为 $\phi 17^{+0.2}_{0}$mm，则相应的圆柱销直径 D_2＝17.2－0.1＝17.1mm，考虑到制造公差－0.02mm，推出 $D_2=18.1^{0}_{-0.02}$mm。

② 对于长形孔，且采用圆柱定位销的，圆柱定位销的直径 D_2，根据如下经验公式推出：

D_2＝额定孔径最大值－0.1mm

例如：额定长形孔径为 $18.0^{+0.2}_{0}$mm$\times 9.0^{+0.2}_{0}$mm，则相应的圆柱销直径：

D_2 长度方向＝18.2－0.1＝18.1mm，考虑到制造公差－0.02mm，推出 D_2 长度方向＝$18.1^{0}_{-0.02}$mm；

D_2 宽度方向＝9.2－0.1＝9.1mm，考虑到制造公差－0.02mm，推出 D_2 长度方向＝$9.1^{0}_{-0.02}$mm。

③ 对于圆形孔，采用锥形定位销的，锥形定位销最大圆锥直径 D_2，根据经验公式推出：

D_2＝额定孔径最大值＋附加余量 0.5mm

例如：额定圆孔径为 $\phi 17.0^{+0.2}_{0}$mm，则相应的圆锥销直径 D_2＝17.2＋0.5＝17.7mm，考虑到制造公差 0～＋0.1mm，推出 $D_2=17.7^{+0.1}_{0}$mm。

④ 对于长形孔，且采用圆锥销，圆锥销的直径 D_2，根据如下经验公式推出：

D_2＝额定孔径最大值＋附加余量 0.5mm

例如：额定长形孔径为 $18.0^{+0.2}_{0}$mm$\times 9.0^{+0.2}_{0}$mm，则相应的圆锥销直径：

D_2 长度方向＝18.2＋0.5＝18.7mm，考虑到制造公差 0～＋0.1mm，推出 D_2 长度

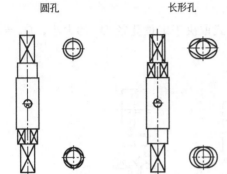

图 2-25 定位销 A2 柱形销

方向 $=18.7^{+0.1}_{0}$ mm；

D_2 宽度方向 $=9.2+0.5=9.7$ mm，考虑到制造公差 $0\sim+0.1$ mm，推出 D_2 长度方向 $=9.7^{+0.1}_{0}$ mm。

(3) 定位销 A2（副定位销）的结构形式　在检具上，当 RPS2 作为定位孔时，通常该孔同时具有检测功能要求，因此，定位销 A2 通常设置为两头销，其工作顺序为：先检测孔位置度精度再完成定位。

① 定位销 A2 柱形销，如图 2-25。

② 定位销 A2 锥形销，如图 2-26。结构形式取决于定位孔径 D_2 的大小，D_2＝额定孔径最大尺寸＋0.5mm 余量。

(4) 定位销 A2（副定位销）的计算方法

① 圆孔柱形销 A2 的计算方法（两头销，一端定位，一端检测）。

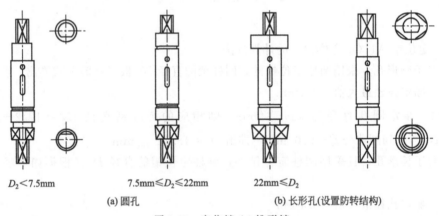

(a) 圆孔　　　　　　　　　　　(b) 长形孔(设置防转结构)

图 2-26　定位销 A2 锥形销

定位部分 D_2 的计算根据下列公式计算：

D_2＝孔径的最大尺寸－0.1mm

例如：定位孔 $\phi 18.0^{+0.2}_{0}$ mm 孔的位置度为：$X=\pm 0.2$ mm，$Y=0$ mm，计算其定位尺寸和检测尺寸。

定位尺寸 $D_2=18.2-0.1=18.1$ mm，制造时考虑到制造公差 -0.02 mm，得出 $D_2=18.1^{0}_{-0.02}$ mm；检测尺寸计算遵循公式：D_3＝孔径最小尺寸－｜垂直与定位方向的位置公差｜$=18-0.4=17.6$ mm，制造时考虑到制造公差，得出 $D_3=17.6^{0}_{-0.02}$ mm。

② 长形孔柱形销 A2 的计算方法（两头销）

定位部分的计算方法如下：

D_2＝(孔的最大尺寸)×[(沿定位方向)－0.1mm]

例如：长孔 $18^{+0.2}_{0}$ mm×$9^{+0.2}_{0}$ mm，其位置公差为 $X=\pm 0.2$ mm、$Y=\pm 0$ mm，计算其定位尺寸和检测尺寸（图 2-27）。

定位尺寸：$D_2 = 9.2 - 0.1 = 9.1$mm。制造时考虑到制造公差 -0.02mm，得出 $D_2 = 9.1_{-0.02}^{0}$mm。

检测尺寸（图2-28）：$B =$ 孔径的最小尺寸 $- 0.1$mm。例如 $B = 9.0 - 0.1 = 8.9$mm，制造时考虑到制造公差 -0.02mm，得出 $D_2 = 8.9_{-0.02}^{0}$mm。

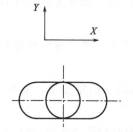

图2-27 长形孔柱形销定位尺寸

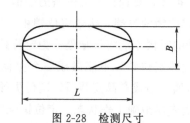

图2-28 检测尺寸

$L =$ 孔径的最小尺寸 $-$ 长度方向位置公差。例如 $L = 18 - 0.4 = 17.6$mm，制造时考虑到制造公差 -0.02mm，得出 $L = 17.6_{-0.02}^{0}$mm。

③ 圆孔锥形销 A2 的计算方法（两头销）。

D_2 的计算遵循下列公式：$D_2 =$ 孔径的最大尺寸 $+$ 余量 0.5mm。

例如：圆孔为 $\phi 18.0_{0}^{+0.2}$mm 孔的位置度为：$X = \pm 0.2$mm，$Y = \pm 0$mm，则 $D_2 = 18.2 + 0.5 = 18.7$mm。制造时考虑到制造公差 $+0.1$mm，得出 $D_2 = 18.7_{0}^{+0.1}$mm。

检测尺寸计算遵循公式：$D_3 =$ 孔径最小尺寸 $- |$ 垂直与定位方向的位置公差$(x = 0.2$mm$)| = 18 - 0.4 = 17.6$mm，制造时考虑到制造公差，得出 $D_3 = 17.6_{-0.02}^{0}$mm。

④ 长形孔锥形销 A2 的计算方法（两头销）。

定位部分计算公式：

$D_2 =$ 定位方向的孔径最大尺寸 $+$ 附加余量 0.5mm

例如：圆孔为 $18.0_{0}^{+0.2}$mm $\times 9.0_{0}^{+0.2}$mm，孔的位置度为：$X = \pm 0.2$mm，$Y = \pm 0$mm，计算定位尺寸与检测尺寸。

定位尺寸：$D_2 = 9.2 + 0.5 = 9.7$mm，另在制造时，考虑到制造公差 $+0.1$mm，得出 $D_2 = 9.7_{0}^{+0.1}$mm。

检测尺寸：$B =$ 孔径的最小尺寸 $- 0.1$mm。例如：$B = 9.0 - 0.1 = 8.9$mm，制造时考虑到制造公差 0.02mm，得出 $D_2 = 8.9_{-0.02}^{0}$mm。

$L =$ 孔径的最小尺寸 $-$ 长度方向位置公差，例如：$L = 18 - 0.4 = 17.6$mm，制造时考虑到制造公差 0.02mm，得出 $L = 17.6_{-0.02}^{0}$mm。

2. 定位销的设计注意事项

定位销的设计考虑其功能性、工艺性和经济性，这样才能设计出合理可靠的定位销。在设计定位销的时候首先选择正确的定位销类型，最好调用标准定位销，以此来节省设计制造周期，然后选择正确的计算方式计算出定位销外径，最后将定位销3D数据放置在工作状态，并模拟运动轨迹。为了确保定位销在检具定位中起到很好的定位作用，定位销的设计还需要好的操作性，以下为定位销设计时的注意事项：

① 定位销一般为台阶销，上部与零件接触对自由度进行限制，保证零件相对于定位销的位置度，下部与定位销套配合，保证定位销相对于检具本体的位置度。

② 定位销设计时需考虑定位销的失效模式，主要是定位销磨损、导向衬套发生松动、定位销精度不够。

③ 定位销手柄有非标和标准两种形式，如果定位销和夹钳压头配合使用，压头开口避让距离无法扩大，要选择相应规格的手柄。

④ 钩销定位销的弊端：钩销定位销由于需要在销子上开槽，所以开槽处无法作为定位。所以设计的时候不能将开槽处作为定位处。

⑤ 孔带面的定位销，不能做成一个整体，因为做出来的定位销，要么根部是圆角，要么做了退刀槽，造成产品安装后，定位失效。

⑥ 定位销未模拟到工作状态，定位销未定位产品的时候已经无法继续插入。

⑦ 当工件直径小于 10mm 时，为避免销子因撞击而折断，或热处理淬裂，通常将根部倒出圆角，应用时在检具上体上做出沉孔，使定位销圆角部分沉入孔内而不影响定位。

⑧ 主副定位孔均为圆孔，副定位销为菱形销时，如果主副定位销定位作用中心连线相对车身坐标系最小夹角大于 15°，须将菱形销轴向角度旋转保证定位方向与主副定位孔连线垂直。

⑨ 钣金带螺母总成和钣金单件共用检具，使用两个螺母孔作定位时，主定位孔（B 基准）位置度按照 0 处理，如图纸无其他要求，副定位孔（C 基准）位置度默认 0.3mm，螺母孔最大实体尺寸查询标准件相关标准获得。

第五节　汽车检具底板设计

底板是将检具上各个独立的结构单元连接成一个整体的最大基础件，是准确安装功能装置、移动装置、辅助装置等其他功能单元的平台，是整套检具精度检查测量建系的基准。它承载着检具整体的重力载荷，其自身结构不仅要稳固牢靠，而且还要满足正常的使用寿命。随着新工艺、新材料的出现，底板尽可能采用轻量化设计和制造，并具有足够的强度和刚度，为便于人工或机器转运，其总质量不能超过 2t。底板作为重要的结构组成部分，其主要功能有作为承重结构、作为其他功能件的搭接基座、作为辅助测量基准、作为移动装置主体结构等。底板的变形、塌陷会影响底板表面平面度和垂直度，这样会对测量结果造成影响，严重的可导致检具精度失效。底板的宽度至少大于检具高度的 1/2 以确保检具的稳定性。检具的长宽应满足起吊装置、夹紧器、断面样板等部分在放置保管和处于工作状态时，不能超出底板。基座应当充分考虑使用柔性。对于尺寸相近、结构相似的不同车型，设计基座时应当考虑重复利用以及全柔性设计。如图 2-29 所示为底板和移动装置一体的结构。

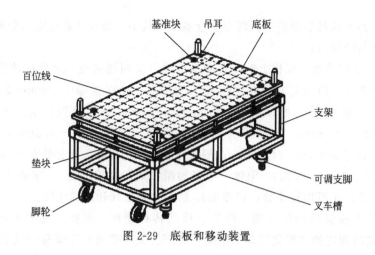

图 2-29　底板和移动装置

一、底板的基本要求

底座、架设计及选取材料，必须考虑到比较大的温度范围和运输过程中的振动不允许导致对检具精度的影响，所以检具要有足够好的刚度和较小的热稳定性传导系数。底板底平面与基准面不能油漆，也不能有流漆，否则会影响检具的精度与使用，检具底平面外侧应做大倒角以防止检具移动过程中发生撞击导致底平面有变形。底板的基本要求如下：

① 良好的机械加工性能和焊接性能。

② 应有良好的精度和尺寸稳定性。底板上表面作为安装基面，有的也可作为测量基准，其表面粗糙度和平面度有较高的要求。考虑到温度对底板产生的热应力影响，它对底板的尺寸稳定性会产生破坏，并将其传递给检具本体，直接对测量结果造成影响。底板设计时要选择不易变形的材料和对外力与温度变化不敏感的结构。

③ 应有足够的承载能力、良好的强度和刚度。为了防止在使用过程中产生的碰撞、自身重力等外力的作用而产生的变形和振动，底板应有足够的壁厚，刚度不足的地方可适当增设加强筋。近年来有许多工厂采用铝合金框架底座，不仅减轻了质量，而且还能进一步提高其刚度和强度。

④ 应有良好的工艺性和使用性，底板一般外形尺寸比较大，在满足刚度和强度的条件下，应尽可能减轻质量、缩小体积、力求简单，检具整体需方便转运及检测，总质量不超过 3t。

⑤ 对于左右对称，并且通过同一模具同时成型的零件，检具通常采用型体和骨架部分分开，共享底座的结构形式（门板、轮罩等大型零部件除外）。检具底板一般采用铸铝或是焊接框架，普通检具一般采用锻铝，而且还要考虑到底板有足够的空间放置标准件、检测销、通止规、铭牌和辅助装置。检具底板要求工艺性、经济性以及搬运的快捷性等。

⑥ 便于设置测量基准孔、基准块、基准球及基准边，底板上有明确标示第一基准、第二基准、第三基准。测量基准按照左上、左下、右下位置进行设置，其中心距离底板边缘 50mm，各基准的设置距离不超过 1000mm 为宜，以方便各种测量设备的测量。上海大

众汽车主机厂要求检具底板需设置两套测量基准,其中一套设置在底板三个角,另一套设置在底板三个角的侧边。

⑦ 为便于目测检查,底板上刻印车身坐标线(又叫栅格线)及坐标数值,刻印坐标线以整车坐标系(一般情况下为 X、Y、Z)为原点,坐标值等于100mm 的1、2……非零整数倍数,特殊情况下可以使用50mm 的 $n/2$(n=非零整数)倍。坐标线间距为50mm、100mm、200mm,长度贯穿台面两边缘,线宽 0.3～0.5mm,深度 0.3～0.5mm,刻线误差±0.3mm/1000mm,刻线建议用红色描红。坐标线首尾刻印其坐标值,如 X100、X200、Y100、Y200,宋体一号字加粗(刻印数控加工),字迹要求清晰整齐、大小适当、耐磨、不可以被覆盖。如图2-30所示为坐标线和坐标线值。

⑧ 考虑到作业员的操作习惯,检具要移动转移便捷。依据检具的实际结构,超过20kg的检具底板相应的要设置吊耳、吊柄、吊环、叉车槽或小车等移动装置,小于20kg的小型检具底板要配置把手。吊取的位置在底板上适当选取四个,保证检具吊取时平稳,吊索不得与检具上的构件发生干涉,也不能影响任何测量元素,能够实现检具通过行车整体移动。

二、检具底板的分类

检具底板按材料和加工工艺不同,大致分为钢结构焊接底板、铸铝和铸铁底板、铝板、铝合金框架、木质底板等。钢结构焊接底板,考虑其线膨胀率、刚度、价格等因素,大量用于钣金件检具。考虑铸铝底板,加工方便、维护简单、易于回收等性能特点,通常用于内外饰件以及单钣金冲压件等小检具。铸铁、铸钢在适当的热处理后其稳定性、可靠性好,但因生产加工周期长、能耗高等因素,现在市场上基本已取消这种材质的底板。木质底座早期适用于玻璃饰条等橡胶类产品的检具,目前也已经被其他材质替代。

(一)卧式铝板底座

卧式铝板底座由于轻巧、美观较适用于小型检具。铝板按材料分有LY12、5052、6061和7075铝板。目前市场上首选7075和6061,铝板特点:高强度可热处理合金;良好的力学性能;易于加工,耐磨性好;抗腐蚀,抗氧化。如图2-31所示为铝板底座,表2-8为底座规格。

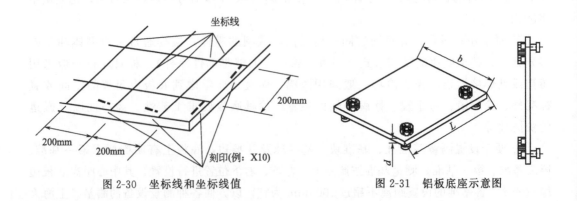

图2-30 坐标线和坐标线值　　图2-31 铝板底座示意图

表 2-8 底座规格

序号	底座规格/mm		
	厚度(d)	宽(b)	长(L)
1	20	200	200
2		250	300
3		300	300
4	25	300	400
5		350	500
6		400	500

（二）钢结构焊接底板

钢结构焊接底板按照放置状态分为卧式和立式两种。焊接结构是检具底板常用的结构，这类结构线膨胀率低、易于制造、生产周期短、成本低、使用也较灵活。检具底板刚度不足时，可补焊加强筋。焊接件材料可焊性要好，适用的材料有碳素结构钢 Q195、Q215、Q235，优质碳素结构钢 20 钢、15Mn 等。钢结构焊接底板材料，通常采用 45 钢或 A3 钢作大平面，与之焊接的材料采用槽钢、方管。底板上平面机加工完厚度要求在 25~35mm 之间，根据底板规格大小应采用不同的筋板布局，通常应采用米字格样式，槽钢与上平面焊接时，焊缝应均匀连贯，局部至少每隔 50mm 有 100mm 长的弧焊缝，全部弧焊将会产生较大的焊接应力，易造成底板扭曲，此时应注意焊接工艺顺序，以免造成报废。焊接后必须进行人工时效处理，消除焊接内应力，保持底板工作状态的尺寸及性能稳定性。另外底板四周必须要有支撑脚设计，如果焊接底板过大，如侧围总成大小的焊接底板，一般会在中间增加一个支撑脚，以提高其刚度。焊接钢板的技术要求如下：焊缝均匀、牢固、美观，底座必须有足够的强度，上表面四周倒角 C5，上表面需做防锈处理。

型材焊接成的检具底板，其制造成本比铸造成本结构低很多。常用的型材有工字钢、角铁、槽钢等。用型材可减少焊缝变形，焊接变形较大时，可采用以下措施减少变形：合理布置焊缝位置，缩小焊缝尺寸，合理安排焊接工艺。

（三）铸造结构底座

铸铁和铸钢结构的优点是工艺性好，容易获得形状复杂的内、外轮廓，且具有较好的强度、刚度和抗振性，稳定性和可靠性好。缺点是周期长、能耗高、单件制造成本高。铸铝是一种将纯铝或铝合金锭按标准的成分比例配制后，经过人工加热将其变成铝合金液体或熔融状态后再通过专业的模具或相应工艺将铝液或熔融状态的铝合金浇注进型腔，经冷却形成所需要形状铝件的一种工艺方法。考虑到经济性、功能性等因素，目前铸件材料一般用铸铝材料 ZL104，有利于减轻质量，在铸件里加大量的铅会降低底板刚度，表面质量也将受损，所以铝合金材料须按照国标牌号规定的元素进行标定和检测，所以采购时须注意。

铸铝底板结构设计时应注意加强筋布局及相关尺寸合理调配，大于 10mm 或小于 20mm 厚的筋板比较合适，筋板过厚易产生组织疏松，强度降低；筋板过薄铸造时易产生整体变形。加强筋的厚度和分布要合理，以免冷却时铸件变形或产生裂纹。铝合金铸造时工艺控制很重要，尤其是工作表面的处理，工作表面应该放置在沙模底部，还要在沙坑中放入冷铁，以便获取致密的内部组织（局部冷却会使组织形成速度加快）。浇冒口的设计需要考虑金属的流向、角度、浇口的大小等因素，浇冒口在考虑金属流向的同时还要注意补缩的要求。铸铝底板的技术要求：

① 铸件的选材要合理，所选材料应有良好的铸造性能，未注圆角 $R3\sim5\mathrm{mm}$。

② 产品不得有夹渣、气孔缩孔、裂纹、渣眼等影响零件强度及外观的缺陷。

③ 底座必须有足够的强度，铸件的结构要尽量简化，以减少分型面，要有合理的拔模斜角，便于起模。

④ 底板需进行时效处理，消除铸件由于快冷及壁厚不均匀而产生的内应力，并保持底板工作状态的尺寸及性能稳定。时效处理后的底板力学性能和抗拉性能会有很大的提升。

⑤ 铸件的壁厚应合适、均匀，不得有突然变化，以保证铸造时组织结构均匀，减小内应力。

1. 平台式铸铝底座

平台式铸铝底座如图 2-32 所示，平台式铸铝底座规格如表 2-9 所示。

表 2-9 平台式铸铝底座规格　　　　　　　　　　　　　　　　mm

序号	底板长宽规格 $L\times W$	周边加强筋厚度 $A1$	加强筋厚度 $A2$	底板厚度 B	加强筋高度 C	底板总体高度 H
1	600×400	20	12	25	30	80
2	600×500	20	12	25	30	80
3	800×700	20	15	25	30	80
4	800×500	20	15	25	30	80
5	900×600	20	15	25	30	80
6	1000×600	20	15	25	30	80
7	1100×500	25	15	30	45	100
8	1100×800	25	15	30	45	100
9	1200×500	25	15	30	45	100
10	1200×600	25	15	30	45	100
11	1200×700	25	15	30	45	100
12	1200×800	25	15	30	45	100
13	1300×800	25	15	30	45	100
14	1300×950	25	15	30	45	100
15	1400×600	25	15	30	45	100
16	1400×1100	25	15	30	45	100
17	1600×700	25	20	30	90	145
18	1700×600	25	20	30	90	145
19	1700×1400	30	20	30	90	145
20	1800×800	30	20	30	90	145

续表

序号	底板长宽规格 $L \times W$	周边加强筋厚度 $A1$	加强筋厚度 $A2$	底板厚度 B	加强筋高度 C	底板总体高度 H
21	2000×800	30	20	30	90	145
22	2000×900	30	20	30	90	145
23	2000×1000	30	20	30	90	145

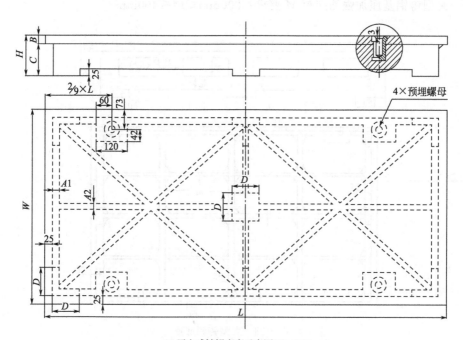

(a) 平台式铸铝底座示意图($L>1200$mm)

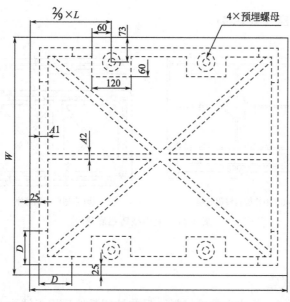

(b) 平台式铸铝底座示意图($L<1200$mm)

图 2-32 平台式铸铝底座

2. 大型铸铝底座

底座长＋宽＞3000mm 或长＞2000mm 时，采用大型铸铝底座；底座的平面度为 ±0.05mm，粗糙度 Ra 小于 1.6μm。主要参数标准如下：

① 加强筋周边一圈厚 35mm，正中间十字筋厚度 35mm，其他加强筋厚度 30mm；

② 加强筋减重孔下部高度为 65mm，减重孔间距离为 125mm；

③ 铸铝座净高度为 245mm，详细尺寸见图 2-33，均为净尺寸；

④ 大型铸铝基座加强筋间距 M 要求：300mm≤M≤400mm。

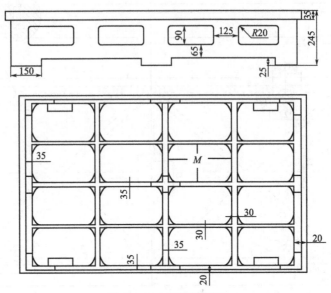

图 2-33　大型铸铝底座

3. 中小型铸铝底座（图 2-34）

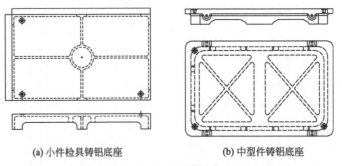

(a) 小件检具铸铝底座　　　(b) 中型件铸铝底座

图 2-34　中小型铸铝底座

（四）铝型材底座

型材作为一种便捷、低成本的原材料，目前被广泛地运用于结构设计中，型材是具有一定刚度和韧性，通过轧制、挤出铸造等工艺制成的具有一定几何形状的材料。型材的特点是质量轻，可不加工或少加工，能够充分利用原材料。使用型材是提高材料利用率、降低成本的主要途径之一。

三、检具底座的设计方法

底板的上表面应该在车身坐标系的整数位置上，检具的底座设计要充分考虑变形，这里的变形包括热变形，底座在检具自重、安装、搬运、使用过程中的外力以及温度的变化影响下应该能保持尺寸的稳定性，因为底座是检具的基础，它的变形会传递给检具体，直接对测量结果造成影响。检具底座的设计还应考虑人的操作方便、工作场地的灵活、运输转移快捷，一般20kg以上的检具应设计起吊装置，起吊装置有起吊帮起吊钩，根据检具的结构而定，大型检具的起吊装置采用轮式结构，转移方便。

（一）底板放置规范

一般检具底板放置按汽车坐标系状态放置——即平行或垂直汽车坐标系坐标平面。如底板需要旋转，只可按90°的倍数旋转（如前后车门零件、背门内外板零件、侧围外板零件、后轮罩零件、梁类和立柱类零件可按平放凸检的方式）。最好不要按任意角度旋转摆放，如有特殊情况，需要旋转非90°摆放底板时，必须要获得使用方认可。在放置底板时必须考虑基准块的厚度尺寸，确保底板方向坐标值在基准块放置上后，是10的倍数（底板尺寸大于800mm×800mm时，是50的倍数）。当使用方要求对底板设计基准边时，检具的底座下部必须至少在三角设置X、Y、Z基准面，数量不少于4件，基准边精度须经过磨削加工而成，有明显的区域，区分与一般的平面。基准面坐标值直接截取车身坐标系数值，长度方向和宽度方向基准面X和Y面的垂直度为：$±0.05mm/1000mm$，高度方向基准面为底板下部Z平面，它自身的平面度必须为$0.05mm$，同时和底板上部平面保证平行度：$0.05mm/1000mm$。基准边的长度设计为100mm，凹进（或凸出）宽度5mm，优先选用基准边凹进方式，以防磕碰。如图2-35。当底板放置在地面的时候应具备高度可调，要满足测量位置均在水平位置，对于质量小于1.5t的检具可采用M24mm螺栓调节高度（或采用甲方认可乙方的方式），大于1.5t的可采用可调式垫铁。

（二）检具底板的选用原则

底板的形状和尺寸取决于产品的外形以及检具上各种装置的布置，一般只要保证翻转机构，移动导轨等活动件不超出底板即可，避免超出部分与其他物体发生撞击，从而影响使用精度。一般检具形体功能区域（最高点）距离地面的高度，原则上控制在0.8～1m之间，否则会引起作业员操作不便。因运输汽车宽度限制，底板的宽度尺寸不得大于汽车厢体极限值，运输汽车宽度限制为2200mm，故底板的宽度尺寸（小边）不得大于2200mm。检具的底板有5种类型，具体选用原则如下：

① 底板平面尺寸小于600mm×600mm范围，底板选用6061底板。

② 底板平面尺寸大于600mm×600mm，底板可选用翻砂底板或焊接底板，具体选用哪种材料，需根据使用方确定。

③ 底板平面尺寸大于翻砂底板或焊接底板标准尺寸时，底板结构采用方管加钢板焊接方式。

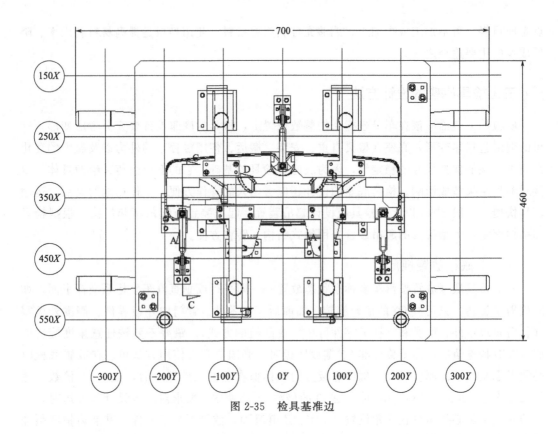

图 2-35 检具基准边

（三）焊接底板的选材

焊接件的材料应具有良好的焊接性能，焊缝的布置应有利于减少焊接应力及变形，焊接接头的形式、位置和尺寸应能满足焊接的质量要求，焊接件搭接时，一般采用台阶焊，防止出现焊气。

（1）槽钢结构的焊接底板　槽钢的类型分为轻型和重型，原则上所有检具都用轻型，3000mm 以上槽钢的开口方向向底板中心，3000mm 以下槽钢的开口方向向底板外面，贴板的厚度为固定值 15mm。如图 2-36 所示。

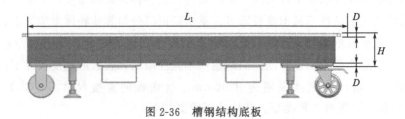

图 2-36 槽钢结构底板

① 小型底板长度 $L_1 \leqslant 700$mm 的，底板的槽钢结构原则上采用四周结构，中间不要加强筋，采用 10 槽钢，四个角的贴板采用 80mm×80mm×15mm 的标准贴板，不允许出现别的类型的贴板。具体槽钢和贴板规格见表 2-10。

表 2-10 槽钢和贴板规格

物料名称	型号	贴板的规格(仅用于稳固焊接作用,上面不安装东西的贴板)	底板的长度 L_1
槽钢	10	80mm×80mm×15mm	$L_1 \leqslant 700$mm
	12.6	100mm×100mm×15mm	700mm$<L_1 \leqslant$1500mm
	20		1500mm$<L_1 \leqslant$2200mm
	25	120mm×120mm×15mm	2200mm$<L_1$

② 中小型底板长度 700mm$<L_1 \leqslant$1500mm 的,底板的槽钢加强筋结构原则上采用矩形框结构。矩形框间距在 600mm 左右,禁止采用米字形或叉字形(因为采用米字形,焊接性不好)。采用 12.6 槽钢,四个角的贴板采用 100mm×100mm×15mm 的标准贴板,不允许出现别的类型的贴板,保证一致性。

③ 底板长度 1500mm$<L_1 \leqslant$2200mm 的,底板的槽钢结构也采用十字形,禁止采用米字形或叉字形。矩形框间距在 600mm 左右,采用 20 槽钢,四个角的贴板采用 100mm×100mm×15mm 的标准贴板。

④ 底板长度 2200mm$<L_1$ 的,底板的槽钢结构也采用十字形,禁止采用米字形或叉字形。矩形框间距在 600mm 左右,采用 25 槽钢,四个角的贴板采用 120mm×120mm×15mm 的标准贴板。

(2) 方管结构的焊接底板(如图 2-37 所示)

① 底板长度 $L_1 \leqslant$2000mm,板面厚 D 为 20mm;矩形管规格采用 40mm×40mm,矩形管壁厚 4mm;底板高度 H 为 250mm。

② 底板长度 $L_1 >$2000mm,板面厚 D 为 25mm;矩形管规格采用 60mm×60mm,矩形管壁厚 4mm;底板高度 H 为 300mm。

③ 矩形管与矩形管之间的 L_2:400mm$<L_2<$550mm;贴板的厚度为固定值 15mm。

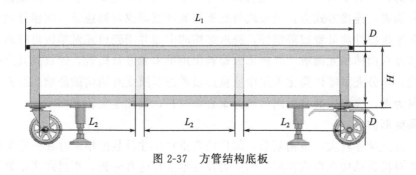

图 2-37 方管结构底板

④ 底板贴板。焊接底板与地板接触的垫板高度不一,造成测量超差,垫板厚度应一致,厚度可选用 15mm(与水平调整机构的厚度一致);底板贴板不需要在每个转接位置贴板,而是跳格均匀分布在底框架面上。贴板规格见表 2-11。

表 2-11 贴板规格　　　　　　　　　　　　　　　　　　　　　　　　mm

物料名称	材质	规格	贴板的规格	备注
方管	钢	40×40×4	80×80×15	小型底板
		60×60×4	100×100×15	中小型底板
		80×60×4	150×150×15	中型底板
		80×80×5		
		100×60×5		
		100×100×5		
		120×60×5	100×100×15	超大型底板
		120×80×5	150×150×15	

四、检具底板结构优化的 CAE 分析

检具底板结构复杂、自重大、生产成本高，检具的厚度目前单纯依靠经验来进行设计，各检具制造商之间也没有形成统一的标准和规范。CAE 技术以有限元理论和计算机技术为基础，以工程和科学问题为背景，通过建立实际问题的计算模型并进行仿真分析，对实际问题中潜在的设计、制造风险进行预测并找出相应解决方案。CAE 技术的应用使许多过去受条件限制无法分析的复杂问题，通过计算机数值模拟得到解答，使复杂的过程层次化，节省了大量的时间，使工程分析更快、更准确，降低产品的研发风险，缩短了研发周期，降低生产成本。基于检具底板结构设计的主要问题，结合 CAE 技术，对检具底板结构构造相应仿真模型，对其承载能力及变形进行 CAE 分析，并对其拓扑结构进行相应的减重优化设计。

1. 仿真模型构造

以典型的、较为复杂的汽车大型检具作为样本，其结构主要由模拟块及底板，辅以相关连接部件构成，连接方式为：模拟块与底板间通过点焊或焊缝连接，网格处理中，考虑到底板及各连接部件均可看成薄壁件，提取结构的中面并用壳单元对结构进行离散，模拟块采用八节点六面体单元离散，底板部分螺栓采用梁单元进行离散，焊接及其余螺栓简化为刚性连接，部分夹紧零件简化为集中质量点以考虑其质量对结构的影响，底板及连接部件所用材料为钢，模拟块部分所用材料为聚合物材料，据此建立仿真模型。

2. 检具变形仿真

大中型检具尺寸较大，结构复杂，部件的自重对尺寸及装配精度存在一定的影响，因此，有必要对检具结构在自重作用下的受力及变形进行仿真分析，通过仿真结果评价检具结构的尺寸精度，同时对其各部件的承载能力进行分析与评估，确定底板结构的关键承载部件及其承载能力，据此分析目的，对检具底板的支撑处施加简支约束，同时给整个检具结构施加重力载荷进行静态刚度分析，仿真计算利用 NASTRAN 软件完成，仿真所得结构应力及变形。利用 CAE 技术及优化技术可以在检具设计中对结构的强度和刚度进行合理评价，并进一步进行优化设计，从而提高设计的可靠性，控制研发风险，降低生产成

本，另一方面通过实验与仿真的对标过程，可以建立一套有效的检具底板厚度的设计参考数据，为检具的设计提供技术支撑。

第六节 汽车检具测量基准设计

在三坐标（CMM）测量的过程中，需要构建一个空间坐标系，而测量基准就是参照物，它是三坐标测量零件时（也就是检验检具时）找正（车身）坐标系的重要依据。测量基准一般设置在车身坐标线的百格线上，如遇特殊情况允许将其设置在其他整数位置上，每套检具根据需要测量基准可以布置三到六个，为方便三坐标测量和校准，检具的测量基准周围应留出足够的空间，保证产品安装后，产品边缘与检具测量基准的距离以及与底板上平面的空隙距离均应不小于100mm，测量机中心距离检具至少300mm，在基准孔的周围应无妨碍测量的障碍物，CMM 仍有足够的探头可达空间。如图 2-38 所示为测量基准的摆放。

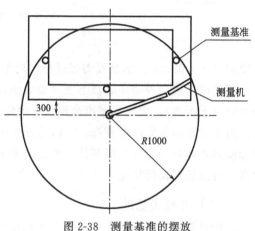

图 2-38 测量基准的摆放

一、检具测量基准类型

检具测量基准有很多类型，一般设置在底板的车身坐标系整百格线上（开口检具，主模型模块除外）。如遇其他特殊情况允许将其设置在其他整数位置上，测量基准面不得有外力敲打、手工修磨痕迹，表面不得有胶水油漆残留。表面应光滑，无划伤等损坏情况，并且均应具备良好的防锈性能，不允许用发黑来进行防锈处理。检具基准要求在中性盐雾试验 24h 防锈部位只产生点蚀，不能产生基体腐蚀，并保证一定的耐磨性。检具的测量基准有固定式基准和可调式基准。固定式基准有基准孔、基准套和基准面；可调式基准有基准块、基准球（图 2-39）。须采用两钉两销的方式固定在检具底板上并注明基准的坐标值；安装相关基准保护装置，且基准铭牌与基准保护装置分开制作。检测测量基准的布置原则为最大范围覆盖底板整体。

（一）固定式基准

固定式基准常用于小型检具中，长和宽在 1000mm 以下的比较合适，同时检具结构比较简单，一般为大区域的模拟块加部分定位组成（如地毯类检具，车身件覆盖件类检具）。因为大区域的模拟块根据固定式基准一次加工成型，所以可以较好地保证加工精度并达到较好的测量精度。固定式基准面是检具加工基准和测量基准重合并互为使用，一般作为辅助测量基准，设置在底板的上表面和三个角的侧边，底板上表面基准与主测量基准重合，侧面基准可以分别定义为左右侧的基准，辅助基准系统在主基准系统下的尺寸偏差

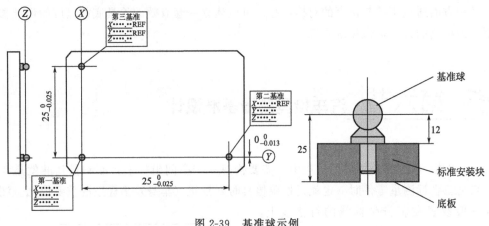

图 2-39　基准球示例

不能超过±0.02mm。基准面需经过精磨削加工而成。基准面有三种设置方式，第一种是在底板表面，第二种是在底板上表面做出小台阶（凸起），第三种是在底板上表面"挖下"小台阶（下沉式）。固定式基准套就是在固定式基准孔的基础上以过盈配合的形式镶入衬套，由于衬套的材质硬度较高，可以保证长久的使用性。固定式基准的主要特征是测量基准和检具本体合二为一构成整体，固定式基准是一次性的、不可移动的，对加工精度要求较高，可以长期保持精度。

（二）可调式基准

在检具制造过程中，由于制造误差的客观存在，导致制造基准偏离设计的理论基准，但其加工精度还是可以保证在技术要求的范围内，如果在三坐标测量中不进行坐标值的偏置，则不能满足测量计划的要求，可调式基准便可解决这样的问题。可调式基准可以实现三个方向的偏移，经常应用于大型复杂的检具，如：大型冲压件、焊接总成、主模型等检具，须采用两钉两销的方式固定在检具底板上。

二、检具测量基准的选用

表 2-12　检具测量基准的选用

序号	基准块形状	材质	图片	适用范围	基准保护套图片
1	台阶式基准套	2316		小型件检具	

续表

序号	基准块形状	材质	图片	适用范围	基准保护套图片
2	台阶式基准套	2316		小型件检具	
3	圆形基准块	2316		大中型检具	
4	圆形基准块	2316		大中型检具	
5	方形基准块	7075		大中型检具	
6	方形基准块	7075		大中型检具	
7	方形基准块	7075		大中型检具	

续表

序号	基准块形状	材质	图片	适用范围	基准保护套图片
8	圆形基准块	GCr15		大中型检具	
9	基准球	4Cr13		底板和汽车坐标不是垂直90°	
10	基准球	4Cr13		底板和汽车坐标不是垂直90°	

三、基准块设计

① 原则上基准块坐标应落在汽车坐标系的50或百位线上，并用坐标标识牌标出坐标值。如图2-40所示。

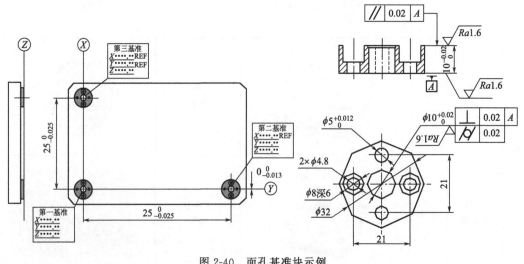

图 2-40 面孔基准块示例

② 基准孔一般采用 2 个 φ16mm 的圆孔，特殊情况可以采用其他直径的圆孔（如侧围）。常采用标准衬套 JBAM16-15。基准孔放置要求位于汽车坐标系的 50 或百位线上并尽量靠近基准块。基准孔的坐标值用坐标标识牌标出。基准孔的间距为 200mm 的整数倍，对于小型检具间距可以为 100mm 的整数倍。

③ 基准块放置必须覆盖所有检具模拟块、断面样板、翻板等一切具有检测功能要求的结构。且基准块与检具支架（支架高度＞80mm，夹钳支架除外）间的距离应大于 100mm，防止测量时测量臂与支架干涉，无法测量。

④ 基准块放置完毕后需放置相应的基准保护罩，基准保护罩不得与支架、吊环（可 360°旋转）等干涉。

第七节 汽车检具夹紧装置设计

汽车检具使用时，需要利用定位元件来确定产品的位置，使其不能发生晃动和位移。产品在检具上的安装包括定位和夹紧两个密切联系在一起的统一过程。为了使产品在定位件上所占有的规定位置在检测过程中保持不变，就需要用夹紧装置将其固定（一般仅保证零件的定位面与检具接触面贴紧，而不应作为消除回弹的措施，在非定位面上进行夹紧），才能保证产品的定位基准与检具上的定位表面可靠接触，保证检测的过程中产品不发生移动或者变形，防止在外力的作用下对检具的平衡系统造成破坏。

考虑零件在车身上的装配关系，为保证产品能够可靠放置在基准定位面和支撑面上，使零件与定位面贴合，原则上每一个基准定位面的法向均需设计对应的夹紧装置，夹紧点应位于定位面的中心，夹紧器夹紧的方向与定位面的法向一致，定位面的角度与夹紧器支撑面的角度小于 5°可忽略不计，如大于 5°则应使夹紧器夹紧方向与定位面一致。

夹紧装置的作用是保证被测零件定位的可靠性，它应该以不使定位遭到破坏和零件不产生变形为原则，结构要轻巧，便于零件的拆卸，所以要求尽可能采用市场上标准的夹紧装置。特殊加工的夹头，应该去毛刺，并用软性材料包裹，以保护产品。夹紧装置应具有足够的刚性，需把零件的变形控制在最小的限度内，所以夹紧力应沿着定位面的法向。夹头和制件表面的接触应保证夹头对制件只起到固定作用，原则上夹紧力不超过 5N（内外饰件压紧力原则上小于 10N），但在底板部分功能类零件检具的制作上，可以模拟装配状态时的受力状态选取夹紧力。在夹紧过程中保持工件原有良好定位，夹紧力可靠适当，既保证工件不移动、晃动，又不因夹紧力过大而使工件表面损伤、变形。夹紧机构应结构简单、操作安全、方便迅速、省力。通常采用抽纸法来检测夹紧力，夹入一张普通打印纸，能够缓慢完整抽出且无损坏。

夹头装置的位置反映了零件的定位装置和数量，在夹头位置的排列和布置中，必须注意夹头松开并恢复到起始位置状态下，必须有足够的空间保证零件无干扰地安放和取走，有足够的空间提供夹头在检具上实现空间无干涉曲线运动，同一检具上所有夹头的运动轨迹必须互不干涉。

一、夹紧装置的组成

常见的夹紧方式有快速夹紧器、磁性夹紧、气动夹紧、固定螺栓、弹性夹紧、压板等。图 2-41 为简单夹紧装置的组成示意，它主要由输出力源装置、中间传力机构、夹紧元件三部分组成。

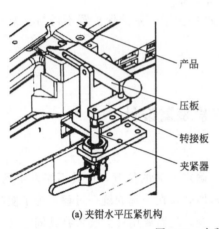

(a) 夹钳水平压紧机构　　　　(b) 快速夹紧器

图 2-41　夹紧机构

（1）输出力源装置　产生夹紧作用力的装置，提供可靠持续的夹紧力。所产生的力称为原始力，如气动、液动、电动等。

（2）中间传力机构　介于力源和夹紧元件之间传递力的机构，如图 2-41(a) 中的转接板在传递力的过程中，它能够改变作用力的方向和大小，起增力作用，还能使夹紧实现自锁，保证力源提供的原始力消失后，仍然可靠地夹紧产品，这对手动夹具尤为重要。

（3）夹紧元件　夹紧装置的最终执行件，与产品直接接触完成夹紧作用。如图 2-41(a) 中的压板，图 2-41(b) 中的橡胶压头就是夹紧元件。

二、夹紧装置的分类

夹紧装置是检具功能装置中的重要组成部分，由于使用环境和组成部分不同，夹紧装置种类很多，有各种分类，如图 2-42 所示为检具中常用的夹紧装置分类。按输出原始力来源分为手动和机动两大类，机动的又分为：气压压紧，液压压紧，气-液联合夹紧，电磁夹紧等。按夹紧装置的位置变动情况分，有移动式和固定式两类。前者多为能独立使用的手动夹紧器（如 C 形夹钳夹紧、弹性夹紧、磁性夹紧），其功能单一，结构简单、轻便，用时可搬动使用地点；后者安装在检具具体预定的位置，并用螺钉紧固。按照机构的繁简程度，夹紧装置可分为简单夹紧机构和组合夹紧机构。简单的夹紧装置将原始力转变为夹紧力的机构只有一个，按力的传递与转变方法不同又分为杠杆式、螺旋式、偏心式；组合夹紧装置由两个或多个简单的机构组合而成，按其组合方法不同又分为螺旋杠杆式、偏心杠杆式等。

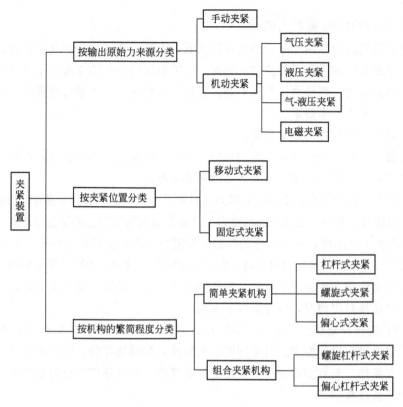

图 2-42 检具中常用的夹紧装置分类

三、夹紧装置的夹紧力

夹紧点位置与夹紧方式的选择对测量结果有直接的影响。夹紧力不同、夹紧的先后顺序不同会造成测量数据的波动。因此必须按实际情况对夹紧力进行适当的调整,夹紧力的调整,必须起到仅作为反面支撑的作用,如对 0.7mm 厚的钢板,夹紧变形后,其厚度为 0.5mm,这样的夹紧力调整是恰当的。还要对夹头进行编号,以确定今后测量时夹头的夹紧次序。如果零件被夹紧点是空心结构,夹紧机构应考虑用弹簧过渡,以输出恒定的压紧力,而不至于使零件变形,使测量结果与实际装车效果造成偏差。

(一)夹紧力作用点、方向、大小的选择

夹紧力作用点是指在夹紧状态时,夹紧元件与零件表面的接触面积,它对零件的夹紧稳定性和受力变形有很大影响。在对零件的夹紧过程中,夹紧力作用点的选择是达到最佳夹紧状态的首要因素,主要考虑几个因素:①夹紧力应落在支撑原件上或几个支撑元件所形成的支撑平面内;②夹紧力应落在零件刚度较好的部位上,夹紧力应尽量靠近工件面,以增加夹紧的可靠性,防止和减少工件的振动。夹紧力的方向与工件定位基准所处的位置,以及工件所受外力的方向有关。夹紧力的方向应该是工件定位基准所处的位置的法向,以保证精度。夹紧部位应该有利于减小所需的夹紧力,夹紧力大小对检测零件装夹的可靠性有影响,在夹紧力的作用点和方向确定后,还要大小恰当的夹紧力。

（二）产品检测时夹紧力的确定

在检具上被定好位置的产品，必须进行夹紧，否则无法维持它的既定位置，即始终使产品的定位基准与定位元件紧密接触。为此，夹紧所需的力要能克服操作过程中产生的各种力，如产品的重力、惯性力、摩擦力等。设计夹紧装置时，夹紧力的确定包括夹紧力的方向、作用点和大小三个要素。

确定夹紧力的作用方向如下所述。

（1）夹紧力应指向定位基准　特别是指向主要定位基准，因该面的面积较大，限制自由度多，定位稳定牢固，还可以减少产品的夹紧变形。

（2）夹紧力的指向应有利于减小夹紧力　因夹紧力的大小是根据夹紧时力的静平衡条件来确定的。焊接时，检具常受到产品的重力、产品移动或转动引起的惯性力和离心力等，这些力的方向取决于产品在检具上所处的位置、所需控制产品变形的方向和产品运动的方向等，通常夹紧力的方向和这些力的方向一致，即能减小夹紧力，否则夹紧力要增大。

（3）夹紧力作用在产品上的位置　视产品的刚度大小和定位支撑情况而定。当定位元件是以点与产品接触定位时，要注意以下事项。

① 作用点应正对定位元件的支撑点或在它附件，以保持产品定位稳定，不致引起产品位移，偏移或发生局部变形。对于刚度小的零件，如薄板零件、刚性小的梁，夹紧力最好指向定位支撑件，若有困难也尽量靠近定位支撑件。另外还应注意防止因夹紧力的摩擦力而引起的转动或移动。

② 夹紧力作用点数目多，能使工件夹紧均匀，提高夹紧可靠性，减小夹紧变形。

计算夹紧力大小时，常把检具和工件看成一个刚性系统，根据工件在装配或检测过程中产生最为不利的瞬时受力状态，按静力平衡原理计算出理论夹紧力，最后为了保证夹紧力安全可靠，再乘以一个安全系数作为实际所需夹紧力的数值，即：

$$F(K)=KF$$

式中　$F(K)$——实际所需的夹紧力，N；

　　　　F——在一定条件下由静力平衡计算出的理论夹紧力，N；

　　　　K——安全系数，一般 $K=1.5\sim3$，夹紧条件比较好时，取低值；否则，取高值。例如：手工夹紧、操作不便、工件表面毛糙等，K 值应取高值。

根据实际情况，夹紧装置的夹紧力可根据产品的大小进行经验选择，具体见表 2-13。

表 2-13　夹紧力的选择

序号	检具规格（长度）/mm	夹紧力≤50kg	50kg≤夹紧力≤100kg	200kg≤夹紧力≤300kg	300kg≤夹紧力
1	便携式检具	√			
2	长度≤500		√		
3	500≤长度≤1500			√	
4	1500≤长度				√

四、夹紧动力源装置

检具的动力源有手动、气压、电动、电磁、弹力、离心力、真空吸力等。随着机械制造工业的迅速发展、自动化和半自动化设备的推广，以及在大批量生产中要求尽量减轻操作人员的劳动强度，现在大多采用气动、液压等夹紧来代替人力的夹紧，这类夹紧机构还能进行远距离控制，其夹紧力可保持稳定，机构也不必考虑自锁，夹紧质量也比较高。如图 2-43 所示为气动夹紧机构。

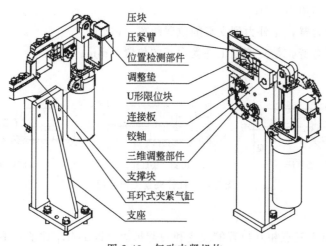

图 2-43 气动夹紧机构

设计夹紧力时应同时考虑所采用的动力源。选择动力源时通常应遵循以下两条原则。

① 经济合理。采用某一种动力源时，首先应考虑使用的经济效益，不仅应使动力源设施的投资减少，而且应使检具的结构简化，降低检具的成本。

② 与夹紧机构相适应。动力源的确定很大程度上决定了所采用的夹紧机构，因此动力源必须与夹紧机构的结构特性、技术特性以及经济价值相适应。

选用手动动力源的夹紧系统一定要具有可靠的自锁性能以及较小的原始作用力，故手动动力源多用于螺栓螺母施力机构和偏心施力机构的夹紧系统。设计这种夹紧装置时，应考虑操作者体力和情绪波动对夹紧力大小波动的影响。

五、复合夹紧机构

复合夹紧机构是由几种简单夹紧件和传力件利用杠杆原理和自锁原理组成的，用途很广，与简单夹紧机构比较有以下优点。

① 扩大夹紧力。

② 可使整个夹紧机构得到自锁作用，以弥补无此作用的简单夹紧机构的缺点。能在最合适的部位与方向夹紧工件。采用复合夹紧机构可以方便地改变夹紧力的作用点和方向，便于装配和检测工序的进行。

常用的复合夹紧机构有杠杆、铰链-杠杆、螺旋等，手动夹紧机构必须具有自锁性能，因此手动复合夹紧机构中必须有一个夹紧件具有自锁能力，用于机动的装置，常用以扩大行程或增大夹紧力。

（一）杠杆夹紧机构

杠杆必须由三个点和两个臂组成，按三个点相互位置不同有三种类型，见图2-44，按静力对支点的力矩平衡，可求得对工件的夹紧力即：

$$F=QL/L_1$$

式中　F——对工件产生的夹紧力，N；
　　　Q——外加作用力，N；
　　　L——作用力臂，是外力到支点的位置距离，mm；
　　　L_1——夹紧力臂，是支点到工件受力点的位置，mm。

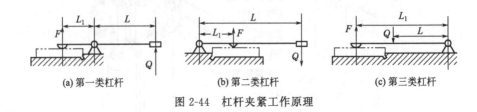

(a) 第一类杠杆　　(b) 第二类杠杆　　(c) 第三类杠杆

图 2-44　杠杆夹紧工作原理

可以看出，由于三点相互位置的改变和两臂长短（即 L/L_1 比值）不同，杠杆的工作情况各异。

第一类杠杆，可能 $F=Q$、$F>Q$ 或 $F<Q$，杠杆对工件夹紧力的方向（指向工件）与外加作用力方向相反；第二类杠杆，$F>Q$，外力与夹紧力同向；第三类杠杆，$F<Q$，不省力，外力与夹紧力同向。

据此，单独使用杠杆夹紧工件时，常用第一、二类杠杆，因杠杆夹紧无自锁作用，在手动夹紧时整个加工过程不能松手，所以手动夹紧只能在夹紧力不大的短时装配或检测时使用，通常都与其他机构联合使用，以发挥它的增力、快速或改变力作用方向的特点。

（二）杠杆-铰链夹紧机构

杠杆-铰链夹紧机构是用铰链把若干个杆件连接起来实现夹紧工件的机构。在装配检测中常用的有两个大类：一是以快速夹紧为目的的连杆式夹紧机构，通常是手动的；另一是以增力为主要目的的臂杆夹紧机构，广泛用于气动装夹中，其特点是夹紧速度快、夹头开度大、适应性好。

1. 连杆式铰链快速夹紧

① 结构特点。在图2-45中夹紧杆1是一根杠杆，一端与带压块的螺杆5连接以便压紧工件，另一端用铰链D与支座4连接，手柄杆2也是一根杠杆，用铰链A与支座4连接。夹紧杆1与手柄杆2通过连杆3用两个铰链C和B连接。包括支座在内组成一个铰链四连杆机构。铰链A、B、C、D的轴线都互相平行，在夹紧和松开过程中，这几个杆件都在垂直铰链轴线的平面运动。

② 工作特点。图2-45是工件正处在被夹紧的状态，这时A、B、C要处在一条直线

上（即死点位置），该直线要与螺杆5的轴线平行而且都垂直于夹紧杆1。工件之所以能维持夹紧状态是靠工件弹性反作用力来实现的，该反作用力被手柄杆2对夹紧杆1的作用力平衡。反作用力的大小决定螺杆5对工件压紧的程度，它通过调节螺母改变螺杆伸出长度来控制。在夹紧杆上设置一限位块E，是防止手柄杆越过该位置而导致夹紧杆1提升而松夹，用后推出时，只需把手柄往回扳动即可。

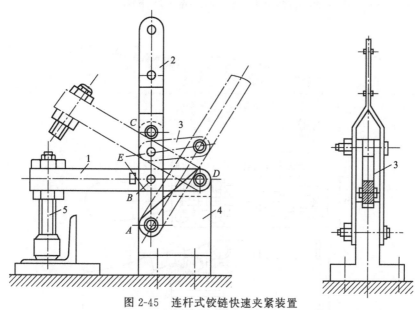

图 2-45 连杆式铰链快速夹紧装置
1—夹紧杆；2—手柄杆；3—连杆；4—支座；5—螺杆

③ 优缺点与应用。夹紧力小，自锁性能差，怕振动。夹紧和松开的动作迅速，可快速退出且不妨碍工件的拆卸。因此应用广泛。

2. 水平式快速夹钳

如图 2-46 所示，这一类夹紧机构由两组杠杆（手柄杠杆和夹紧杠杆）通过与一组连接板的铰链组合而成，连接板位于手柄杠杆和夹紧杠杆中间，杠杆的施力点与夹紧杠杆的受力点通过连接板的铰链连接在一起，而两组杠杆的支点都与支座铰接，支点的位置是固定的，手柄杠杆为水平式。表 2-14 所示为水平式快速夹钳型号参数。

表 2-14 水平式快速夹钳型号参数

型号	压脚	夹紧力/kgf	A/mm	B/mm	C/mm	D/mm	E/mm	ϕG/mm	H/mm
GH-201	U	27.0	9.40	22.0	16.0	16.0	23.8	4.30	79.0
GH-201-B	U	90.0	25.4	55.1	26.9	22.0	36.0	51.0	138
GH-201-BHB	U	90.0	42.2	55.1	26.9	22.0	36.0	51.0	138
GH-225-D	U	225	34.8	69.8	25.4	22.0	36.0	6.60	167.9
GH-225-DHB	U	225	54.1	69.8	25.4	22.0	36.0	6.60	167.9
GH-200-W	U	400	54.1	60.0	41.9	30.0	49.8	10.0	240

续表

型号	压脚	夹紧力/kgf	A/mm	B/mm	C/mm	D/mm	E/mm	φG/mm	H/mm
GH-204-GB	open	635	45.0	80.0	56.8	50.8	71.1	9.40	269
GH-204-GBLH	U open	635	70.8	127	56.8	50.8	71.1	9.40	316
GH-204-G	open	635	50.8	76.2	70.1	30.0	48.0	8.40	268

注：1kgf＝9.80665N。U—夹钳的压脚形状为U形；open—敞开式的圆形。

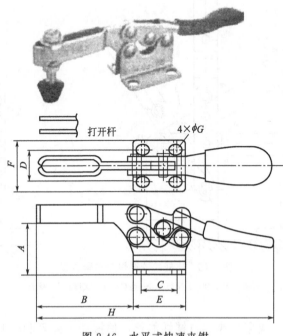

图 2-46 水平式快速夹钳

3. 推拉式快速夹钳

图 2-47 为第三类铰链-杠杆夹紧机构：导杆推拉式装夹工件，夹紧力较大，其型号参数见表 2-15。

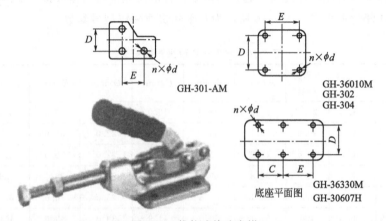

图 2-47 推拉式快速夹钳

表 2-15　推拉式快速夹钳型号参数

型号	总高/mm	总长/mm	推杆中心高/mm	推杆最大伸出量/mm	推杆头部螺纹	底座安装孔直径/mm	底座安装孔位置尺寸 $D\times(E+C)$/mm	夹紧力/kgf	质量/kg
GH-301-AM	44	68	12.7	34.7	M4	$3\times\phi4.4$	$15.9\times(15.9+0)$	45	0.05
GH-302-FM	78	140	24.6	49.0	M8	$4\times\phi5.5$	$41\times(35+0)$	136	0.3
GH-304-CM	74.6	125	25.4	52.4	M8	$4\times\phi6.7$	$41\times(35+0)$	227	0.34
GH-304-EM	98.4	159	31.8	81.0	M10	$4\times\phi10$	$41\times(41+0)$	386	0.58
GH-304-HM	133.4	238	44.4	120.8	M12	$4\times\phi8.3$	$50.8\times(50.8+0)$	680	1.48
GH-30607M	83.3	153	17.5	43.7	M8	$6\times\phi7.1$	$41.3\times(34.9+41.3)$	318	0.7
GH-36010M	103	171	44.4	98.42	M10	$4\times\phi8.7$	$41.3\times(41.3+0)$	364	0.8
GH-36330M	72	178.6	20.6	50.8	M10	$4\times\phi8.7$	$41.3\times(39.4+41.3)$	1136	0.93

4. 垂直式快速夹钳

图 2-48 为垂直式快速夹钳，其型号参数见表 2-16。

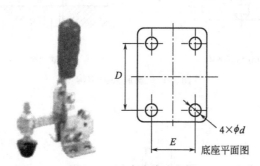

图 2-48　垂直式快速夹钳

表 2-16　垂直式快速夹钳型号参数

型号	总高/mm	总长/mm	臂高/mm	臂长/mm	臂摆动角度/(°)	底座安装孔直径/mm	底座安装孔位置尺寸 $D\times E$/mm	夹紧力/kgf	质量/kg
GH-101A	83.8	51	19.0	26.0	100	$4\times\phi4.4$	23.5×19.5	50	0.06
GH-12050	107	64	22.65	27.0	100	$4\times\phi5.2$	17×12.7	90	0.17
GH-12060	107	64	22.65	27.0	100	$4\times\phi5.2$	17×12.7	90	0.177
GH-12030	154	140	31.8	71.4	100	$4\times\phi7.2$	31.8×19	230	0.35
GH-12131	154	140	31.8	71.4	100	$4\times\phi7.2$	31.8×19	230	0.37
GH-12132	154	140	31.8	95.2	100	$4\times\phi8.7$	31.8×19	230	0.37
GH-12165	201	144	44.5	91	105	$4\times\phi7.2$	46.3×31.8	340	0.63
GH-13005	35.2	57	12.7	30.8	90	$4\times\phi4.4$	15.9×13.5	68	0.06

（三）螺旋夹紧机构

由螺钉、螺母、垫圈、压板等元件组成，采用螺旋直接夹紧与其他元件组合实现夹紧工件作用的机构，统称为螺旋夹紧机构。螺旋夹紧机构不仅结构简单、容易制造，而且自锁性能好、夹紧可靠、夹紧力和夹紧行程都比较大。

1. 简单螺旋夹紧机构

这种装置有两种形式。如图 2-49 所示的机构，螺杆直接与产品接触，容易使产品受损或移动，一般应用于对外观无要求的铁质品。如图 2-50 所示的是常用的夹紧螺旋机构，其螺钉头部常装有摆动的压块，可防止螺杆夹紧时带动转动和损伤工件表面，螺杆上部装有手柄，夹紧时不需要扳手，且夹紧力要求不大。简单夹紧机构的缺点是夹紧动作慢，工件装拆费时。

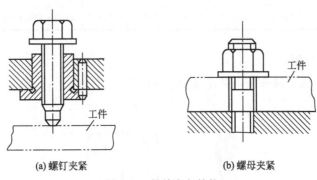

图 2-49 螺旋夹紧结构

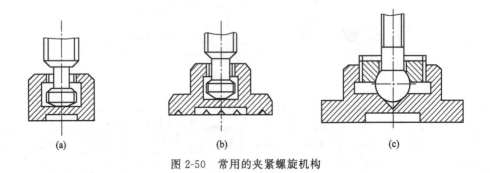

图 2-50 常用的夹紧螺旋机构

2. 螺旋压板夹紧机构

在夹紧机构中，结构形式变化最多的是螺旋压板机构，常用的螺旋压板夹紧机构如图 2-51 所示。选用时，可根据夹紧力大小的要求、工作高度尺寸的变化范围、检具上夹紧机构允许占有的部位和面积进行选择。例如，当夹具中只允许夹紧机构占很少的面积，而夹紧力又要求不是很大时，可选用如图 2-51（a）所示的螺旋钩形压板夹紧机构，又如工件夹紧高度变化较大的小批量、单件生产时，可选用如图 2-51（b）所示的压板夹紧机构。

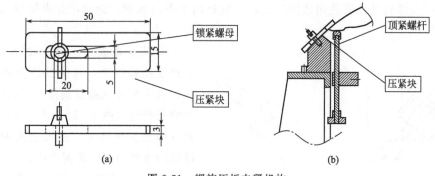

图 2-51　螺旋压板夹紧机构

六、夹钳的选择及种类

选择夹钳之前需要模拟压脚和夹头在关闭和打开位置之前的移动线路，用来检查间隙和干涉情况。采用标准型夹钳时应先考虑其装置位置，使用零件压紧机构，零件压紧机构的设置选定原则一般同定位面，夹钳打开后手柄与夹头连接杆之间的夹角不能小于 50°，避免夹手。

（一）夹钳的规格选择（表 2-17）

表 2-17　夹钳的规格选择

夹钳类型	夹钳型号	适用范围	备注
常用夹钳	GH-102-B	大中小型塑料件产品、300mm 以内单钣金件	
	GH-12135	大中型单钣金件或钣金总成件	
	GH-12137	大中型单钣金件或钣金总成件	比 GH-12135 长 20mm
	GH-36202M	塑料件和中小型钣金件	
	GH-36204M	塑料件和中大型钣金件	
	GH-70315	特大型钣金总成（如：侧围总成、前围总成、地板总成、车架总成）	
不常用夹钳	GH-101-A	小型塑料件产品	
	GH-301-A	中小型塑料件产品	
	GH-201-B	塑料件和中小型钣金件	
	GH-12130	中小型钣金总成	

（二）夹钳的压脚样式

压脚分为一般标准 U 形、非标准 U 形、平头橡胶型、尖头橡胶型、万向调节型和外六角螺栓型。夹头原则上要求防旋转结构，双向夹头应采用旋转自定位结构以防止出现单侧无法夹紧现象。

① U 形压脚与零件接触部分采用耐磨损的柔性材料（聚氨酯橡胶）与压脚本体连接，防止压伤零件。

② 平头橡胶型压脚使用范围广泛，一般适用于单向压紧，绝大部分夹钳都采用此种结构。

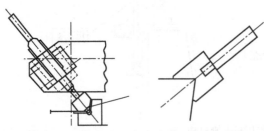

图 2-52　夹头的中心线和压脚必须平分角度

③ 尖头橡胶型压脚一般用在压紧面有角度的板件中，压头的压紧面要与零件面完全贴合（随型制作），保证两边受力的平衡性（图 2-52），且夹钳的夹头压紧方向要保证法向。此橡胶头的角度要以接触零件型面的角度为准。

④ 金属压脚一般用在压紧力要求比较大的板件中，压头的压紧面可活动，与零件面完全贴合。

⑤ 个别夹钳头无法夹紧的位置需借助连接杆，连接杆长度（L）根据现场需要配做，但最长不能超过20cm。图 2-53 为连接杆示意图。

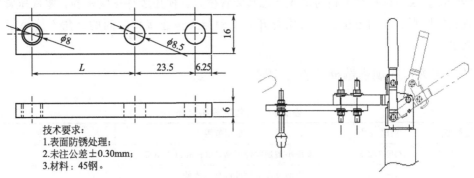

图 2-53　连接杆示意图

⑥ 夹钳上的所有螺栓都要采用粗牙螺纹结构，夹头螺母垫片必须采用如图 2-54 所示结构，材质用钢，表面处理为光泽镀锌，具体尺寸根据夹钳大小选择，见表 2-18。

表 2-18　夹头螺母垫片结构参数

A/mm	B/mm	C/mm	D/mm	E/mm	F/mm
8.3	12.7	3.2	1.1	9	4.3
9	13.6	3.2	1.2	10	5
11	18.4	3.9	1.6	12	6.3
9.7	19	4.8	1.5	12.2	6.4
15.6	22	4.7	2	16.5	8.3
19.4	25	5.4	2	20	10
24	33	7.7	3.2	25	13
28.7	37	9	3.2	31	16.5

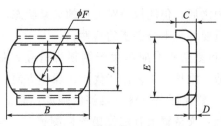

图 2-54　夹头螺母垫片结构

七、夹紧装置设计及要求

夹紧装置是指能实现以一定的夹紧力夹紧工件，选定夹紧点等功能的完整结构。它主要包括与工件接触的压板、支撑件和施力机构。在夹紧产品的过程中，夹紧作用的效果会直接影响测量结果，影响对产品质量的判断。因此，设计夹紧装置应遵循以下要求。

① 当检具作为测量支架使用时或在有孔或其他特征要素需要测量的地方，必须确保测量头在夹头夹固或松开状态下，能够无干扰地接触基准点系统面的中点，夹头设计成能使3D测量机方便探测定位面和整个零件的测量点（采用U形夹紧头，且U形夹紧头的内径要大于6.5mm，同时夹头宽度要达到所需强度，夹紧头上应牢固连接软性耐用材料，以保护零件）的结构，在有定位销或检测销的地方，压头要设计成中孔形式。如图 2-55 所示。

② 所有定位面都需要夹持，压头对着定位块的中心，并且压爪面平行于基准块表面，如果夹角过大，会产生切向摩擦力，对产品产生拉伸效果，易引起产品变形。如图 2-56 所示。

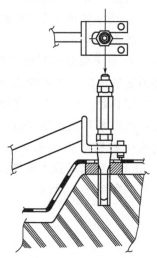

图 2-55　U形压头

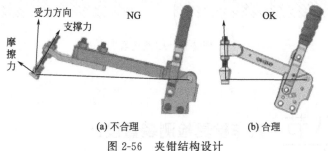

图 2-56　夹钳结构设计

③ 夹紧过程中，应不改变产品定位后所处的正确位置，夹紧力的大小要适当，既要保证夹紧可靠，又使产品在夹紧力的作用下不致产生影响测量的所不允许的变形。夹头必须有止回功能，夹紧力和夹紧方向能方便可调。

④ 夹紧传力机构应有足够的夹紧行程，手动夹紧要有自锁性能，以保证夹紧可靠。

注：当去掉动力源的作用力之后，仍能保持对工件的夹紧状态，称为夹紧机构的自锁。自锁是夹紧机构的一种十分重要并且十分必要的特性。

⑤ 夹紧装置的自动化和复杂程度应与生产纲领相适应，在保证生产效率的前提下，其结构力求简单，便于制造、维护，工艺性能优异；操作方便、省力，使用性能好。

⑥ 正常使用的情况下，要保证夹持臂有足够的强度，非工作状态有锁紧机构。下列情况需要给夹持臂配用导板：夹持臂上有定位销或检测销时；夹持臂压头作用于斜面上；夹持臂过长过重；夹持臂有多点夹面时。

⑦ 工艺性好、使用性好、操作方便安全、夹紧动作迅速、劳动强度小，以提高生产率；能自锁，即在原始力去除后，仍能保持工件的夹紧状态。

⑧ 由于工件上各夹紧点之间总是存在位置误差，为了使压板可靠地夹紧工件或使用一块压板实现多点夹紧，一般要求夹紧机构和支撑件等要有浮动自位的功能。

⑨ 为了实现几个方向的夹紧力同时作用或顺序作用，且操作简单，设计中广泛采用各种联动机构。

⑩ 对于部分小零件或者形状较规则（型面变化小或拉延深度小）的零件，可采用强力磁铁固定，以消除因夹紧力过大造成对检测结构的影响，永久磁铁夹紧方式近年来应用日趋广泛，尤其在中小覆盖件检具上使用较多，夹紧用永久磁铁均为扁圆纽扣形，已有系列化产品供应。永久磁铁的配置方式有两种：将永久磁铁嵌入支撑块中；将永久磁铁对称地嵌入支撑块两侧的型面内（磁铁上表面应低于定位表面0.2～0.3mm）或采用强力磁铁嵌入非支撑面的区域，以保证有足够大的吸力来支撑或夹紧零件，如图 2-57 所示。

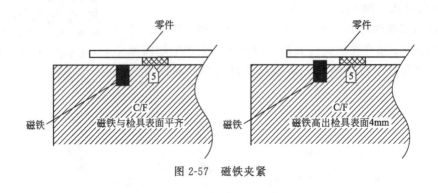

图 2-57 磁铁夹紧

第八节　汽车检具检测装置设计

检测装置作为检具中功能装置的一种，是执行对零件检测的部分。检测装置的精度，检测点位置的选择，都会直接影响检测结果的可靠性。检测装置是用以指示被测参数实际数值或误差大小的装置，可分为定性型和定量型。定性型检具只能判别零件的尺寸是否合格，它可以使用通止规、检测销、塞片、刻画线、标有公差带的销子等，依据检具的检验块、检验模板、支架等进行测量。定量型检具具有数值的反映，如百分表、千分表、电子数据采集装置（EDC）等，所以测量精度较高，能够为产品的过程能力评价提供依据，如果在零件图纸上，有关键特性点（KPC）的要求，检具必须设计成定量型的。

检具在使用的过程中，检测内容主要包括位置度（孔、槽等）检测、轮廓度检测（型面、切边线等）、垂直度检测（铆钉、螺栓等）、圆跳动检测、同轴度检测、对称度检测、关键特性点位检测、尺寸检测等。对于在产品图纸上相对于车身坐标线有位置公差要求，同时具有装配功能的孔考虑采用检测销检测。其他具有一般性功能要求的孔（穿线孔、漏漆孔、工艺通孔、排水孔等），通常采用目视检测。根据图纸要求设计检测结构和装置。

一、检测销的设计

检测销由导向、检测及手柄三部分组成。在检测孔内，为保证检测销顺利进行检测，为了便于检具作为测量支架使用时，测量机测量探针顺利地检测孔径、缺口等产品特征，需在检具型面相应部位加工足够大的加工面，可实现探针进给、后退等编程动作，一般要求自由面直径大小为孔径直径＋7mm，深度为从零件下表面向下8mm的沉孔。沉孔底部和周边涂颜色便于区分和识别。

检测销根据用途不同，分为孔位检测销、划线检测销、间隙测量销等。如图2-58所示。

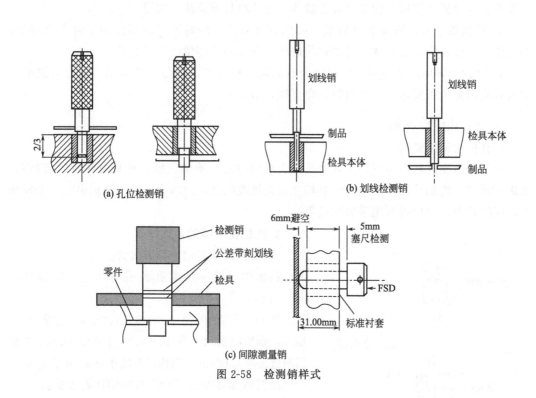

图 2-58 检测销样式

检测销是检测装置的核心部分，我们在设计检测销的过程中不仅要考虑它的实用性，还要考虑它的加工工艺和可操作性，检测销的设计分为插入式、弹簧式、拨动式。

检测销的设计要点：

① 检测段为异性检测时，导向要与检测端分离，采用镶嵌的结构，当异性检测销的检测段大于导向段 2 倍的时候必须将检测销的检测段与导向段分开加工。

② 检测销与轴套一般选用滑配，如果导向端是盲孔的情况下，检测销有可能无法从衬套中拔出，所以销导向端会做一个 0.2mm 的扁位排气用。

③ 拨动的检测销工作的时候，经常会出现到达工作位置，却无法检测的情况，设计检测销时要模拟它的工作和非工作状态。如图 2-59 所示。

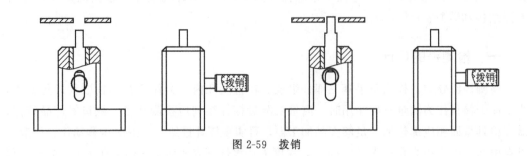

图 2-59 拨销

④ 检测销在一般情况下考虑设计固定式的，便于操作，节省检测时间。检测销后面加弹簧，既保证了使用功能又没有松散件，可让检具更简洁、实用。

⑤ 检测销分为检测端和导向端，如果有台阶差，两者连接的部位加工时会有斜度，而且使用的过程中，会经常出现卡死的情况，在连接的部位应做退刀槽。

⑥ 检测销导向距离不够，使用时会有晃动，影响产品孔位置度检测，所有检测销的导向长度原则上都要求大于检测销导向直径 3 倍以上。

（一）孔位检测销

1. 孔位检测销结构

在零件被测孔法向位置加工导向孔，内镶嵌衬套，检测销插入衬套内并通过被测孔，实现对孔位置度的检测。对于几个有相互位置精度的孔，应考虑将检测销集中在一个模块上，同时检测，如门外板把手装配孔等。

2. 孔位检测销的计算方法

① 欧美系检测销计算方式为：

检测销尺寸＝额定孔径＋下公差－位置公差（图 2-60）

例如：产品孔径 $\phi 10\text{mm} \pm 0.2\text{mm}$，位置度为 1mm，则检测销尺寸为 $10-0.2-1=\phi 8.8\text{mm}$，考虑到制造公差 0.02mm，则检测销尺寸为 $\phi 8.8_{-0.02}^{0}\text{mm}$。

欧美汽车零部件厂检具检测销计算方法：

例如：一个孔径为 $\phi 6.0_{-0.1}^{+0.1}\text{mm}$ 的产品，主基准下的位置度为 0.3mm，按最大实体原则，算出该检测销的设计尺寸？

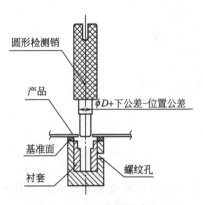

图 2-60 欧美系检测销计算方式

解：该产品孔径为圆孔，孔径下限值为 $\phi5.9$mm，可按国标查出检测销的磨损量，

ϕD ＝产品尺寸＋下偏差－位置度＋1/10 位置度＋磨损量

＝5.9－0.3＋0.03＋0.01

＝ϕ5.64mm

按检测销的制造公差＋0.02/0(mm)，最终检测销的设计尺寸为 $\phi 5.64^{+0.02}_{0}$mm。

例如：产品为柱子，直径为 $\phi 6.0^{+0.1}_{-0.1}$mm 的产品，主基准下的位置度为 0.3mm，按最大实体原则，算出该检测销的设计尺寸？

解：该产品孔径为圆孔，孔径下限值为 $\phi5.9$mm，可按国标查出检测销的磨损量，

ϕD ＝产品尺寸＋下偏差＋位置度－1/10 位置度－磨损量

＝5.9＋0.3－0.03－0.01

＝ϕ6.16mm

按检测销的制造公差－0.02/0(mm)，最终检测销的设计尺寸为 $\phi 6.16^{0}_{-0.02}$mm。

② 日系检测销计算方式为：

检测销尺寸＝额定孔径－位置公差（图 2-61）

例如：产品孔径 ϕ10mm，位置公差±0.5mm，则检测销尺寸 10－1＝ϕ9mm，考虑到制造公差 0.02mm，则检测销尺寸为 $\phi 9^{0}_{-0.02}$mm。

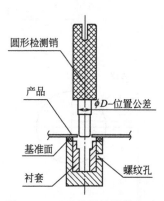

图 2-61　日系检测销计算方式

例：圆孔的直径 $D = \phi 10.2^{+0.2}_{0}$mm，其与定位孔 A1K 和 A2K 的相对位置关系如图 2-62 所示，求该孔的检测销直径？

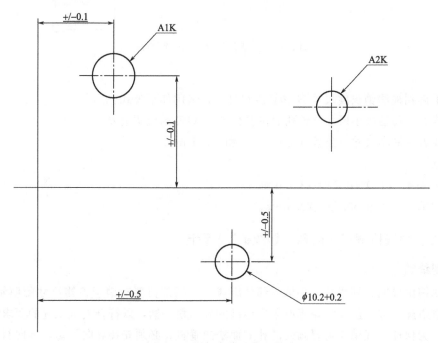

图 2-62　圆与定位孔位置关系

$D2$=孔径的最小尺寸（根据产品图纸）$-\sqrt{(0.5+0.5)^2+(0.5+0.5)^2}-$A1K 的公差

$D2$=10.2$-$1.41（从$\sqrt{(0.5+0.5)^2+(0.5+0.5)^2}$得出）$-$0.28（从$\sqrt{(0.1+0.1)^2+(0.1+0.1)^2}$得出）

最后考虑到制造公差-0.02mm 的因素，$D2=8.5_{-0.02}^{0}$mm。

例：长腰孔的直径 $D=\phi 14.4_{0}^{+0.2}$mm$\times 21.5_{0}^{+0.2}$mm，其与定位孔 A1K 和 A2K 的相对位置关系如图 2-63 所示，求该长腰孔的检测销尺寸？

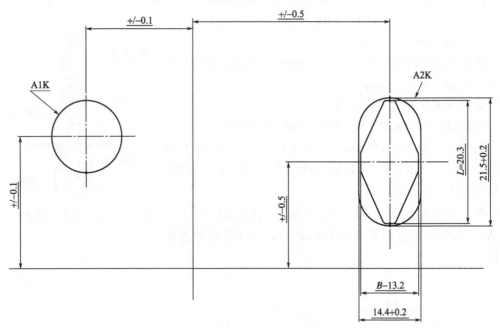

图 2-63　长腰孔与定位孔位置关系

为了得到检测销长度尺寸 B 和宽度尺寸 L，采用如下公式：

B 或 L=孔径最小尺寸－长孔的位置公差－A1K 的位置公差

B 或 L=最小尺寸－公差（± 0.5mm 和± 0.1mm）

所以：

$B=14.4-(1.0+0.2)=13.2$mm；

$L=21.5-(1.0+0.2)=20.3$mm。

（二）划线检测销（简称"划线销"）设计

1. 划线销

划线销由导向、划线端、手柄三部分组成。手柄部位要有销子检测尺寸的明示标识，并有防滑措施，如双斜纹滚花等或采用标准的外六角手柄，以符合人机工程的要求。在检测孔内，为保证划线销与需要画线的孔的面法向垂直，必须安装导向衬套，导向衬套和检具形体黏结固定。同时，衬套的上平面要低于检具形体1mm左右。划线销插入导向衬套内应平顺、光滑且无松动。为满足实际需要，划线端部要进行热处理，硬度要求为45HRC以上，以保证其能够在被测零件现行的有效期内有足够的耐久性和功能性。为防止销子丢失脱落，划线销可用可靠的自固装置或回缩型的连接缆，如伸缩绳、钢丝绳、金属链条等永久性地固定在检具本体上。固定装置固定时，划线销应能自由活动，不影响检测。每个划线销的具体位置在检具上的相关部位和销体上都有标记，便于操作工快速识别。

特别情况下，画线端会和导向做成一体，两种画线方式如图2-64所示。画线定位销属于定量检测。塑料件和异形孔不需要划线销。

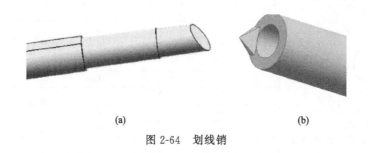

图 2-64 划线销

画线端一般有两种方式，第一种样式，尖端磨损后不易察觉，会造成一定误差；第二种尖端磨损后，比较容易发现，相比之下，一般采用第二种样式的频率较高。

2. 划线销的尺寸算法

划线销的工作范围要比所测量的孔直径名义尺寸大，划线销相比检测销，尺寸算法比较简单，一般以额定孔径＋(2～4mm)计算。如图2-65所示。表2-19所示为销套及画线部分尺寸选取表。

例如：额定孔径$\phi 17^{+0.2}_{0}$mm，求画线孔的设计尺寸。

$D2＝$额定孔径$＋4$mm$＝21$mm。

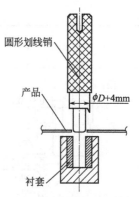

图 2-65 划线销的尺寸算法

表 2-19 销套及画线部分尺寸选取表　　mm

零件孔径	$\phi5 \leqslant$孔径$\leqslant \phi7$	$\phi7 <$孔径$\leqslant \phi20$	$\phi20 <$孔径$\leqslant \phi40$
销套尺寸	$\phi4$	$\phi6$	$\phi10$
画线尺寸	孔径$P+4$	孔径$P+4$	孔径$P+4$

二、衬套的类型和规格

检具上使用的衬套主要起导引作用，可批量生产，市场上可购买此标准件。它的使用不仅能够大大降低检具加工周期，而且成本较低，通用性强。表2-20所示为圆形衬套标准规格，表2-21所示为D型衬套标准规格，表2-22所示为方形衬套标准规格，表2-23所示为方形防转衬套标准规格，表2-24所示为销、套配合技术要求。

表 2-20　圆形衬套标准规格

图样	规格		
	ϕC/mm	ϕD/mm	L/mm
	3	6	20
	3	8	20
	4	6	20
	4	8	20
	5	10	20
	6	10	20
	6	12	20
	8	12	20
	8	14	20
	10	14	20
	10	15	20
	10	16	20
	12	16	20
	12	18	20
	14	18	20
	14	20	20
	16	20	20
	16	22	20
	18	22	20
	18	24	20
	20	26	20
	22	28	20
	24	30	20

技术要求：
1. 未注倒角 C0.5；
2. 去除尖角锐边，修毛刺；
3. 零件表面电镀硬铬处理，中性盐雾试验 48h；
4. 热处理 55～58HRC；
5. 材质 SKS3

表 2-21　D 型（防转）衬套标准规格

图样	规格		
	ϕC/mm	ϕD/mm	E/mm
	4	8	3
	6	10	5
	8	12	7
	10	15	9
	12	18	11

技术要求：
1. 未注倒角 C0.5；
2. 去除尖角锐边，修毛刺；
3. 零件表面电镀硬铬处理，中性盐雾试验 48h；
4. 热处理 55～58HRC；
5. 材质 SKS3

表 2-22　方形衬套标准规格

图样	规格	
	ϕC/mm	D/mm
（图样）	3	7
	4	8
	5	9
	6	10
	8	12
	10	16
	12	18
	16	22
	18	24
	20	26
	22	28

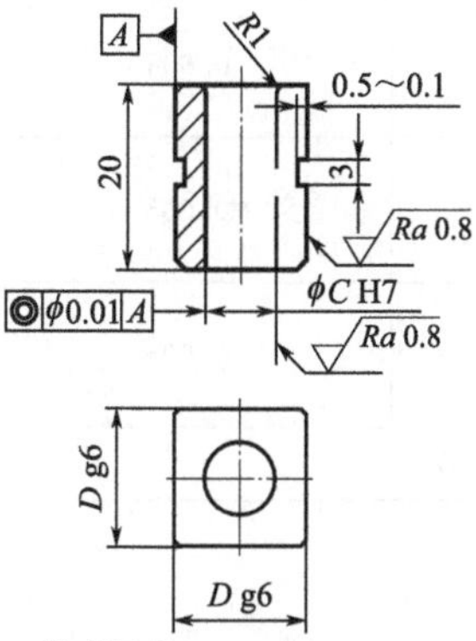

技术要求：
1. 未注倒角 C0.5；
2. 去除尖角锐边，修毛刺；
3. 零件表面电镀硬铬处理，中性盐雾试验 48h；
4. 热处理 55～58HRC；
5. 材质 SKS3

表 2-23　方形（防转）衬套标准规格

图样	规格		
	ϕC/mm	D/mm	E/mm
（图样）	3	7	2
	4	8	3
	5	9	4
	6	10	5
	8	12	6
	10	16	9
	12	18	11
	16	22	14
	18	24	16
	20	26	18
	22	28	20

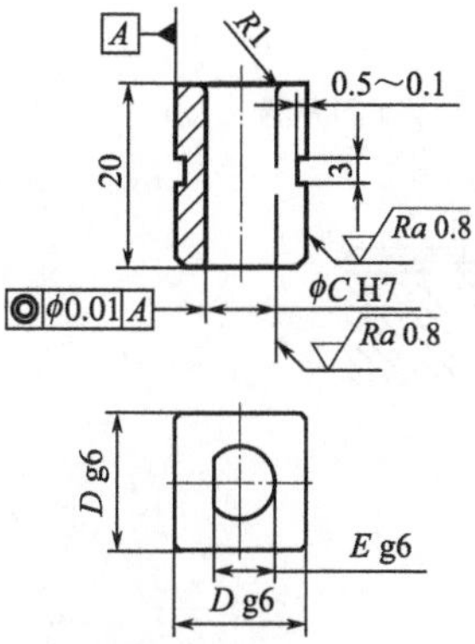

技术要求：
1. 未注倒角 C0.5；
2. 去除尖角锐边，修毛刺；
3. 零件表面电镀硬铬处理，中性盐雾试验 48h；
4. 热处理 55～58HRC；
5. 材质 SKS3

表 2-24　销、套配合技术要求　　　　　　　　　　　　　　　　mm

基本尺寸	配合等级	销公差	销套公差	最大极限偏差	最小极限偏差
<φ3	H9/f7	−0.006	0.025	0.041	0.006
		−0.016	0		
φ3~φ6	H9/g7	−0.004	0.03	0.046	0.004
		−0.016	0		
φ6~φ10	H8/g7	−0.005	0.022	0.042	0.005
		−0.02	0		
>φ10	H7/g7	−0.006	0.018	0.042	0.006
		−0.024	0		
同轴度	销子的导入和工作部分同轴度公差 0~0.02				

三、翻边孔的检测设计

如果翻边孔孔径较大，常规的检测销检测已无法满足实际需要，根据产品的放置状态，翻边孔分为朝上和朝下，此时有两种检测方法，一种是刻线；另一种采用型面+通止规检测，如图 2-66 所示。

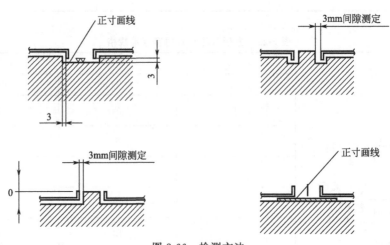

图 2-66　检测方法

四、目测刻线设计

对于被测零件的异型孔，无位置精度要求的圆孔，如串线孔、工艺孔、漏漆孔或通过本体型面无法设置"0"位检测面的轮廓，均可采取刻制检测线的办法进行检测，通常采用目视检查。

① 圆孔的刻线在本体上按孔径形状标出 0mm、3mm 及十字中心线；对于直径小于

6mm 孔和一般性的异型孔，在型体上按孔径形状只刻 0 线及中心线。中心线的设计原则：圆孔与方孔直接用十字中心线表示，如果是腰型孔则由四根线表示，其中两个半圆中心线及两个腰型孔的实际中心线。如图 2-67 所示。

② 在本体型面相应部位加工沉孔（距离零件下表面 8mm 或 6mm），沉孔底部和周边涂黑色。如图 2-68 所示。

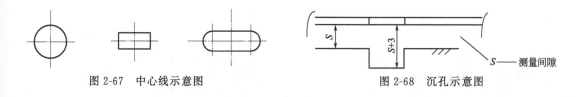

图 2-67　中心线示意图　　　　图 2-68　沉孔示意图

第九节　汽车检具本体设计

检具本体是连接定位装置和检测装置的重要组成部分，结构需安排合理、紧凑、轻巧、美观。可用铸铁或是铸铝结构，也可采用木结构，与检具底座连接，应采用螺钉销钉固定形式，不能采用焊接的方式。检具的本体设计必须预留测量所需空间，以保证测量机的测量，必须保证零件在使用测量设备（如检具、标准垫块等）后，零件整体位于测量机的测量范围内。一般来说对于大中型零件就是在距离测量平板 350mm 到 1.9m 的高度范围内。

冲压件检具本体由板材树脂或树脂＋支撑座构成（如图 2-69 所示），检测块、活动样块等检测单元检测部分采用航空铝 6061，冲压件检具本体只允许采用一种树脂材料，不允许采用碎料垫料，可采用支撑座垫料，检具表面层至少 50mm±5mm 采用板材树脂。采用台阶检测检具本体功能面最低点距离底板大于或等于 50mm（注：距离底板 50mm±5mm）；采用切边检测检具本体功能面最低点距离底板大于或等于 100mm（注：距离底板 100mm±5mm），本体部分长度每 250～300mm 设置伸缩缝，伸缩缝宽度 1～3mm。

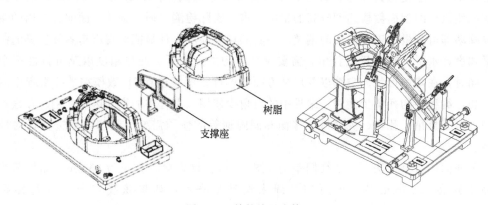

图 2-69　单件检具本体

总成检具本体由检测块及支撑座构成，如图 2-70 所示，检具本体功能面最低点距离底板大于或等于 100mm（注：距离底板 100mm±5mm），检具本体和检具部件的最小间隙为 25.0mm。周边配合部分的型面和轮廓必须能够实现检测，测量块的密度应布置均匀，除强度及应力减小需要，原则上要求全轮廓检测。检测块与支撑座连接及支撑座与底板连接都要至少采用两个内六角螺栓（弹簧垫片必须在平垫片的上面）及两个内螺纹定位销。

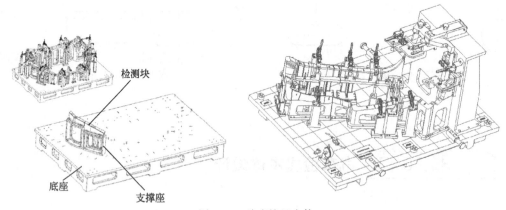

图 2-70　总成检具本体

第十节　检具的模拟块切齐检测设计

一、模拟块切齐检测方式

覆盖件的外形轮廓普遍具有不规则、呈自由曲面等特点，因此外形轮廓（周边翻边和零件断面）检测的主要依据是检具的型面，同时配合采用其他相应的检测手段，如划线比较、齐平对比、厚薄规检查、游标卡尺及专用手持量具测量等。为实现检具对工件自由曲面的检测，一般使检具体的表面与工件内表面保持 3mm 或 5mm 的常数间隙，数控加工机床能使设计的型面数模达到较高的精度要求，实际检测时通过检具型面配合专用的量具往复移动即可测量出工件曲面的偏差。检具的切齐检测设计最能体现汽车零件检具的制造水平和设计水平，在项目设计中，需要综合考虑加工水平、测量精度以及可行性三个方面。同时，在基本形状、空隙以及尺寸方面的设计，不能违背 3D 数模在数控编程中的要求，如：编程中的死角少使用、编程中的负角少使用、编程中的突变区少使用，在编程过程中，对于负角、死角、突变区、零面和间隙面等的使用需要尽量削弱并进行针对性的选择。

平齐面的造型方法——弦线偏差法（图 2-71）。首先设置弦长为 13mm，如果弦线与产品差异在 0.05mm 内，即可用弦线来设计平齐面，如果弦线与产品线差异超出 0.05mm，则缩短弦长，直到弦线满足要求。

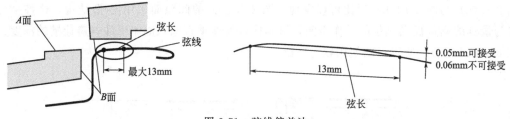

图 2-71 弦线偏差法

检具型面的设计要充分考虑冲压零件的检测要求和加工能力以及检测的可靠性。同时为了检测的准确性,检具零面的使用也是需要考虑的,应该采用零面的,不能采用间隙面,能够采用型面检查或零面检查的,尽量少用画线检查等,模拟块切齐检测设计的方式如图 2-72 所示。

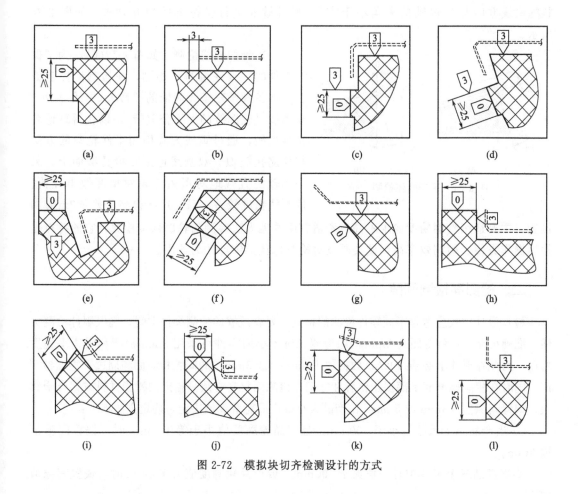

图 2-72 模拟块切齐检测设计的方式

（1）台阶检测 台阶检测是依照零件被检测段差面做直线延伸面,延伸面宽度（量具的搭接长度）保证在 25mm 以上。根据 CAD 模型确定内轮廓面（gap）,采用偏置功能,沿其矢量方向平移 3mm 或 5mm 形成新的检具测量轮廓模块表面,长度在 10mm 以上。

图 2-73(a) 与图 2-73(b) 对比可以发现，图 2-73(b) 的间隙面采用 U 形结构，这种结构可为量具的测量提供充足的操作空间，可确保塞尺能垂直塞入而不干涉（避让槽的深度应在 25mm 以上），所以目前使用较为广泛。

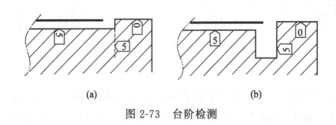

图 2-73 台阶检测

（2）平齐间隙检测　原则上以钣金边缘形状的法线方向为切齐方向，但若钣金边缘形状的法线方向与坐标轴的夹角小于 15°，则可做成平行坐标轴的切齐方式。如图 2-74 所示。

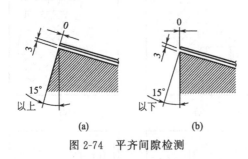

图 2-74 平齐间隙检测

（3）延伸画线检测　如图 2-72(b)，为了保证工件的主要轮廓得到检测，在检测形体表面沿工件轮廓画三条无间断的"最大/中线/最小"轮廓线（轮廓线的上下公差带），以获得理论名义修整线，通过画线方式检测工件轮廓的方法与检测孔类似，双画线也刻在检具型面上，采用比较法直观地对覆盖件轮廓精度做出评价。因刻线精度较差，只能用在检测公差≥2mm 的位置，主要适用轮廓精度要求不高或不适宜用其他方法检测的轮廓部位检测，它的特点是检测操作方便、检测效率高，此类画线对检测地毯类饰件尤为适用。

二、检测面检测间隙

检具设计方式应考虑不同零件检测的特点，要有足够的检测操作空间，确保制件检测方便、准确可靠。零件等距离 5mm 间隙检测，对于小型零件可采用 3mm 检测和周边平整度检测，为此在形体上必须按 CAD 数据加工 5mm（或 3mm）的间隙检测面和周边平整度检测面，同时在相应检测面下部提示铭牌和标记，检测面材料必须是指定的树脂材料或铝合金镶块。偏置间隙值（3mm 或 5mm）由产品大小或产品轮廓度值决定，确定方法如下：

① 当产品三个尺寸均小于 500mm，且产品轮廓度值小于等于 4mm 时，偏置间隙值取 3mm；

② 当产品三个尺寸中有一值大于 500mm，或产品轮廓度值大于 4mm 时，偏置间隙值取 5mm。

三、模拟块平齐面造型

模拟块外形尺寸需按照产品的外轮廓进行模拟，即检具面轮廓按照 0mm 面差进行设计。为兼顾测量支架的功能、便于测头的伸入，固定检测块与零件之间的理论间隙应固定在5mm以上。模拟块设计原则如下：

① 模拟块设计时不要将功能面增大，这样会增加加工成本，间隙面的大小只需包括产品即可。

② 考虑功能面与非功能面的加工方式不同，模拟块造型时，需要将功能面与非功能面保持间断，这样可以减少耗材，节省加工时间和加工成本。

③ 模拟块非功能面不要按功能面轮廓随形，应尽量简化非功能面造型。模拟块的曲面设计比较复杂，有较多的圆弧，两个圆弧之间的过渡，如果自然、线条流畅，会使整个检具主体美观、简约，而且可防止应力集中。

④ 检具中镶块的安装面，一般比较复杂，加工方式以三轴、四轴、五轴加工中心为主，所以铣削的孔、槽、壁一般要厚，而且便于进刀。挖孔、槽时应避免出现下列情况：a.模拟块中挖孔时，不能出现薄壁边（5mm及其以下为薄壁）或孤立凸边，如图2-75(a)所示，这种造型加工中很难保证中间突出部分不崩掉，不仅会降低加工切削速度，而且增加了加工工时和加工难度。图2-75(b)造型减少了无用的加工面，降低了加工难度，节省了成本。b.开分边挖槽时，不要留薄壁边在模拟块上，如遇到时，可考虑多挖或重新分块。

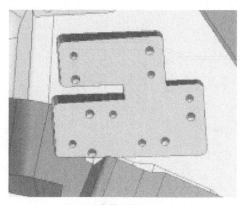 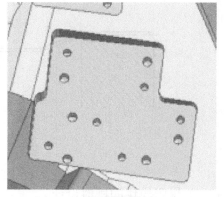

(a) 造型不合理　　　　　　　　　(b) 造型合理

图2-75　镶块的安装面

⑤ 模拟块减重措施。模拟块高度宽度任何一个值大于等于100mm时，做一个减轻孔，倒R15mm的圆角，模拟块底部不需要挖槽处理，减轻孔必须采用普通铣床加工。高度宽度任何一个值大于等于200mm时，做成两个减轻孔，倒R15mm的圆角，模拟块底部不需要挖槽处理，减轻孔必须采用普通铣床加工；增加了两个减轻孔，不仅美观，而且可在减轻孔内增加螺孔，避免模拟块翘起。

⑥ 模拟块基准建立原则——三面基准建立原则。三面基准是由模拟块的三个相互垂直的面建立的，其要求有：基准面必须是平面，且是零件的安装面或功能面；基准边需要足够长，如图2-76(a)所示的模拟块基准建立合理，图2-76(b)的基准边较短，导致加工时无法装夹。

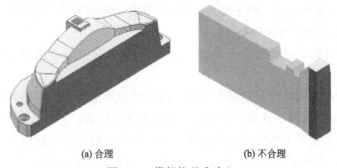

(a) 合理　　　　　　　　　　(b) 不合理

图 2-76　模拟块基准建立

四、树脂类模型模拟块切齐检测设计

树脂材料一般用于单钣金检具、钣金总成检具模拟块或地毯类检具。检具形体只允许采用一种树脂材料，不允许采用碎料垫料，可采用支撑座垫料。检具形体在保证其强度及检测功能的基础上允许逃料，如图 2-77 所示。面齐平方式检测的零件，为便于取件，检具形体上可以设置取件槽，取件槽宽度 30mm。同时为了减少被遮挡型面或无关紧要的部分（如加强筋）的干涉，可以将此部分去掉或挖孔，这样检具光顺性就体现出来了。树脂类模块的设计分为模块造型设计、排料设计两个步骤。

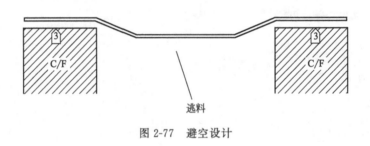

图 2-77　避空设计

（一）树脂模块的排料设计

树脂材料的厚度值有限，BM5166、RS470 厚度有 50mm、100mm 两种；RS460 厚度有 50mm、75mm、100mm 三种类型，在树脂材料排料时，每块料的三个尺寸必须有一个尺寸小于（或等于）所选材料的厚度值。295mm 或 245mm 为标准的拼接长度，可根据实际情况适当加长或缩短。各个拼接块长度 200~250mm 之间需预留不大于 2mm 的伸缩缝，且伸缩缝之间的 2mm 模拟片需保留在 3D 数模上。伸缩缝位置不可与检具操作书中规定的检测点重合，至少应偏离检测点位置约 15mm，也不可在零件的圆弧外形的交接处或过渡面上。树脂材料的拼料方式如下：

① 当模拟块厚度尺寸大于树脂材料的厚度值时，需使用多块材料采用胶水粘接的方法来备料，从而确保每块毛坯料的厚度都在树脂材料厚度值内，拼接方向尺寸尾数逢 50mm（或 100mm）减 5mm。单块材料单边放量 3mm。当拼接块周边还有拼接块时，需要标注±0.1mm 公差。图 2-78 所示为树脂模拟块排料。

② 树脂材料排料一般采用垂直底板方向排料，一般不采用平行底板方向排料。在特

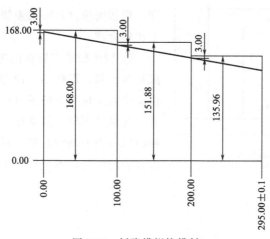

图 2-78 树脂模拟块排料

别情况下,分料方向可以变动,但必须确保排料为最省材料(见图 2-79)。

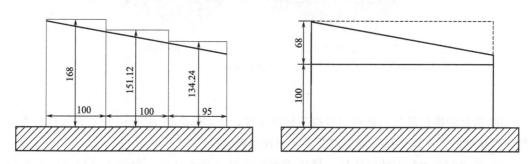

图 2-79 树脂模拟块排料方向

(二)树脂模块的造型设计

① 树脂模块上的所有安装螺纹孔都需要镶螺纹套,标准螺纹套外径螺纹为细牙,内径螺纹为粗牙。

② 在设计满型模拟块时,产品周围难免会出现负角,模拟块就会出现倒扣现象,一般的处理方法就是将倒扣面分割,这样可能会增加结构数量,但是可以降低加工成本。树脂模块上的孔位孔壁到边的距离必须大于 5mm,壁厚太小会出现孔壁断裂的情况。树脂上的镶块不能锁在拼接缝上,镶块槽壁与树脂边的距离不能太小,应在 10mm 以上。

③ 在不影响正常树脂模块粘接的情况下,余料上一些小的斜角或圆角不需要倒角。

④ 树脂加工后的模拟块型面不应有尖角或薄壁的情况,因为树脂材料尖角部位加工时很容易出现崩角的现象。

⑤ 常见长度为 200mm、300mm、400mm 的拼接块锁紧螺钉排布方法(尽量保证每个单件拼接块上都有螺钉锁紧),如图 2-80 所示。

⑥ 某些满型树脂检具其底板为翻砂底板或焊接底板,螺钉过孔距离加强筋太近,会导致螺母与底板加强筋干涉。一般翻砂底板过孔离加强筋距离至少在 30mm 以上比较合

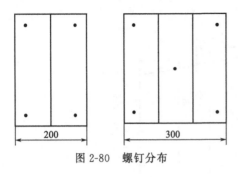

图 2-80 螺钉分布

理,焊接底板过孔离加强筋距离至少在 20mm 以上比较合理。

⑦ 树脂模块在排料的时候无特殊情况不能拼成很多小料,那样不方便钳工下料和粘接,并且由于是人工切割下料还可能因为下料粘接面不平整导致粘接不牢,甚至加工少了等情况,并且分料时以一边为基准对其排料只能是在外围出现料有台阶的情况,不允许料中间有大小料穿插粘接的情况(见图 2-81)。

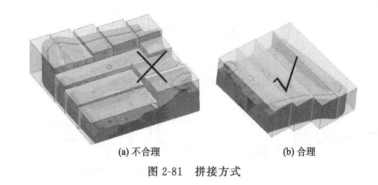

图 2-81 拼接方式

⑧ 拼接的模块最好不是树脂材料的标准宽度,要比标准料小 5mm 左右,这样是为了保证拼接缝的大小能保持一致,以及不会出现少料情况。

⑨ 考虑到模块加工的经济性,模拟块型面原则上都不采用五轴加工(很多法向孔位要五轴加工除外),为了降低加工难度,方便取件,在不影响检测的条件下,对一些负角的地方做适当的处理。如果有负角的模拟块,要考虑能单独加工(二工位或三工位加工),或将负角处采用镶块设计,从而只要三轴机床就能满足加工要求。

五、模拟块的优化设计

(一)模拟块加工拔模角度(负角)分析

倒扣是相对于机械加工而言的,只是针对三轴加工机床。因三轴加工机床的加工主轴不能转角,所以三轴加工机床只能加工小于或等于 90°的型面,如图 2-82 中 a-b 段的角度小于等于 90°,为可加工的型面。当零件型面的法向与机床主轴方向的角度大于 90°时,如图 2-82 中 b-c 段,机床就无法加工,此种情况就称作倒扣。

而对于五轴加工机床,因可转动加工主轴,对于倒扣的型面是可以加工到的。但因五轴加工成本高,且国内五轴加工机床的资源较少,故在 3D 造型时,就必须考虑倒扣曲面的加工方法。对于一些简单零件的倒扣情况,可以考虑将倒扣部分与主体分开来做镶块,从而使倒扣部分可在三轴加工机床完成加工,以达到降低制造成本与周期的目的。

1. 采用目视方法

对于简单零件的型面可采用目视方法来检查倒扣情况。目视方法是将设计好的零件按其加工基准的垂直投影下去，如视图出现虚线，则说明有倒扣面存在。如图 2-83，加工基准如选择在 a 处，加工主轴方向如沿 Z 轴方向，则左侧型面下端存在倒扣现象。图 2-84 为沿 Z 轴方向投影下的视图，在左侧出现虚线，说明有倒扣。

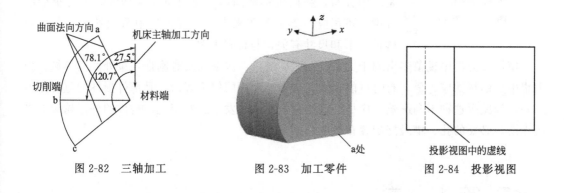

图 2-82　三轴加工　　　图 2-83　加工零件　　　图 2-84　投影视图

2. 采用拔模分析检查倒扣情况

对于复杂零件型面采用目视方法检查困难时，可采用拔模分析来检查倒扣情况。拔模分析是使用软件中的拔模分析命令来检查型面的可加工情况。UG 软件的拔模分析命令通过"分析→形状→拔模"菜单查到，如图 2-85 所示。

在使用拔模命令之前，必须先将软件的工作坐标系设置为零件的加工坐标系，此时需要将零件的加工方向设置为 Z 轴。

在设置好零件加工坐标系后，执行拔模分析命令，打开拔模分析对话框，将"—限制"值设置为 —0.1，如图 2-86，然后通过查看 3D 型面造型的颜色来检查倒扣情况。如图 2-87，左下方深色区域为倒扣部分，上方浅色部分为可加工区域。

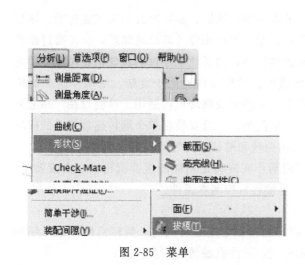

图 2-85　菜单　　　　　　图 2-86　设置参数

（二）减少模块的应力集中

图 2-87 实物

应力集中是指受力构件由于外界因素或自身因素几何形状、外形尺寸发生突变而引起局部范围内应力显著增大的现象。在等截面构件中，应力是均匀的，若构件上有孔、沟槽、凸肩等，使截面尺寸忽然发生变化，在截面发生变化的部位，应力不再是均匀分布，在四周小范围内，应力将局部增大，应力集中的程度，可用应力集中系数来表示，应力集中系数的大小，只与构件外形和尺寸有关，与材料无关。

模块应力集中现象多出现于尖角、孔洞、缺口、沟槽以及有刚性约束处及其邻域，应力集中处的局部应力值，有时可能很大，会影响部件的使用寿命，是部件损坏的重要原因之一，为减少这种不利影响，应尽可能避免截面尺寸发生忽然变化，构件的外形轮廓应平缓光滑，必要的孔、槽最好配置在低应力区。

第十一节　汽车检具常用机械结构设计

活动机构是检具构造的重要一环，它的精度、刚度以及稳定性，关系到检具的使用寿命及精度保持性。由于活动机构的摩擦副经常摩擦运动，因此，在材料、热处理的选择上应考虑耐磨性、稳定性、工艺性、耐腐蚀性、经济性等要求。活动机构应注意结构可靠、操作简单。活动机构的运动轨迹不能与其他零件干涉，不能碰伤产品，避免伤害操作人的身体，开合动作应平稳、可靠。比例协调关系是检具设计中比较关键的环节，如果翻转臂、移动滑杆等外接模拟块过长、比例失调，易造成使用精度低、寿命短。通常伸出的长度不能大于 2.5 倍，特殊情况需超出此比例，应考虑增加辅助支撑。

一、翻转机构设计

大型汽车检具，重要的检测要素有可能会在中间区域，需要过渡机构来做桥梁；体型较小的汽车检具，检测要素较多，比较集中，相应的结构设计就比较烦琐，也需要过渡机构做转换。翻转机构的功能主要是过渡和连接作用，为了便于零件的取放，在检测零件的轮廓间隙和面差、孔位置度时，常采用此机构。这种结构适用于复杂、活动空间少的检具，优点是节省空间、结构可靠、操作简单。总的来说翻转机构适用于检测点在产品上方及侧面，采用常规检测块会导致产品无法取放的情况，且安装在单个翻转连接杆上的模块和检测块质量不能超过 5kg。（注：在能使用翻转和滑移结构时优先选用翻转机构）。

翻转机构是一种以固定支点进行翻转的动作实现特定功能的组合机构，它由旋转座、旋转轴、旋转臂三部分组成。图 2-88 所示为翻转机构基本组件。

1. 翻转机构的分类

① 按翻转角度的大小，可分为平式翻转机构和立式翻转机构。翻转机构尽量采用标准件，机构上要安装安全限位机构及警示标记，并注意翻转行程及质量。

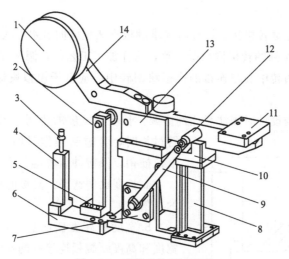

图 2-88 翻转机构基本组件

1—配重块；2—限位钉；3—阻尼柱；4—阻尼座；5,10—限位座；6—垫板；7,12—气弹簧座；
8—I 形支架；9—气弹簧；11—翻板臂；13—翻板组件；14—配重块臂

翻转机构的示意图如图 2-89 所示。

② 按旋转臂的样式可分为 T 形翻转机构和 I 形翻转机构。为了节省检具制造加工周期，翻转机构可采用标准结构，一般在市场上都能够采购，主要为平式 I 形翻转机构，平式 T 形翻转机构。

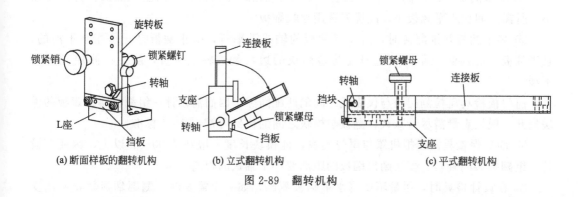

图 2-89 翻转机构

2. 翻转机构的设计

① 翻转机构应能快速方便进行闭合，在打开状态时不能与其他零部件干涉。

② 翻转机构上有检测和定位功能装置时，须有限位或缓冲装置，避免翻板快速下降时产生较大的冲撞力，使检具产生振动。

③ 多个翻转机构之间互相不能有干涉情况。

④ 翻转臂上搭载的模拟块不宜过长，比例失调易造成使用精度低、寿命短，必要时设计需增加支撑，既增加了刚度也保证了重复精度。

⑤ 翻转机构有摩擦副，零件要经过淬火或调质，达到30HRC以上的硬度，零件表面要耐锈蚀、耐摩擦。

⑥ 相邻两个以上翻转机构，设计时要求翻板支架呈同向且水平状态（或应以90°为增量进行偏转），尽量做到翻转机构高低一致，这样加工工艺好，调试方便。

⑦ 翻转机构的回转中心与连接的模拟块回转中心应低于模拟块最低点，避免与零件干涉。

⑧ 非标翻转结构设计时需注意比例协调，长度和宽度的比例如图2-90所示，当翻转臂过长时，考虑到操作时的安全性，应增加一个限位插销以及缓冲装置避免产生安全隐患：

a. 长度比例选择：翻板的总长≤固定支座长度的3倍。

b. 宽度和高度比例选择：翻板上固定零件的宽度和高度≤翻板连接杆的5倍。

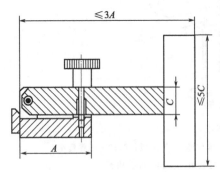

图2-90　长度和宽度比例

3. 翻板设计注意事项

① 翻板标准件尽量与底板水平放置，以方便后续调整，检测块基准边与底板平面角度＞35°以上时才考虑将翻板连接杆角度与检测块一致。

② 所有翻板结构翻开状态都要有限位块，且当底板立着放置时，向上翻的翻板需增加限位机构，防止翻板向下倒。

③ 当翻板在产品上方时，翻转时翻板轨迹都在产品上方，注意翻板支架与产品之间至少保留20mm的操作空间。

④ 当检测块在产品侧面时，可选用水平型翻板或立式翻板，因立式翻板打开角度较小，所需空间比水平翻板小，故优先选用立式翻板。

⑤ 多个翻板并排翻转时，需注意翻板的轴线需平行，防止翻板打开是相互干涉的，且当翻板上的检测块距离很近时需将检测块的边与翻板轴线垂直，防止检测块翻开时干涉。

前门板检具需检测门板与仪表板之间的匹配间隙，因而需设计一组翻板将仪表板的模块翻开。模块重量需尽量减轻，翻板与模块之间的比例需符合2∶1标准。

⑥ 前后保检具需模拟机罩与尾门模块，此模块长度一般在1000mm以上，因而需设计两组翻板共同翻转。模块超出翻板的距离要小于翻板的距离。

⑦ 在设计检具时，尽量不要将水平翻板侧翻，如一定需要时，侧翻翻板禁止使用支架中间掏空形式的翻板结构。

⑧ 翻板助力结构介绍：考虑到一些翻板的模块重量很重需增加氮气弹簧助力结构，翻板侧面禁止安装检测模块，如打表支架。

二、滑移机构设计

中大型检具因为检测装置较多，常常出现结构紧凑，导致产品取放困难，操作空间狭小的现象，这种情况下需要将结构进行外移。滑移机构可实现短距离和长距离的单向移动，可增大操作空间，有利于人工的操作。滑移机构和翻转机构作为互补装置，都属于活动机构，材料使用和热处理方式都是一样的。根据空间的大小，短距离（0～60mm）可选择滑块机构；长距离（大于60mm）可选择滑移导轨，如果导轨同时具有部件定位功能，则必须采用双导轨，以保证活动部件重复精度。零件检测采用滑移导轨时，滑轨的定位销在非定位方向是活动的。滑块机构可作为标准件使用，方便保养、维修和更换。对于滑移机构上安装模拟块，应考虑活动模拟块位移尺寸与活动机构的有效范围相互匹配，否则将造成零件从检具里取出时不方便，产生干涉现象，易造成模拟块磨损。

（一）滑块机构

滑块机构主要由支座、手柄、定位插销（零位销）、连接杆等组成。它主要是在单方向进行线性的移动，来增大操作空间。结构示意如图2-91。滑块在导轨中，活动必须顺利、平稳，才能保证滑块的精度。滑块在开合过程中要运动一定距离，因此，要使滑块能够安全回位，必须给滑块安装定位装置，且定位装置必须灵活可靠，保证滑块在原位不动，如图2-91中的定位插销。

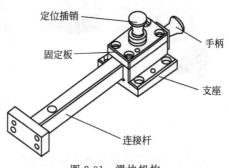

图2-91 滑块机构

滑块机构一般作为标准件和其他Ⅰ型或L型支架配合使用，如图2-92所示，这样设计比较灵活，适用性较强，单一的滑块机构无法适应复杂的检具。所有的滑块机构都需要模拟打开的状态，确保产品能够顺利取放。

（二）滑移导轨机构设计

滑移导轨是金属或其他材料制成的槽或脊，是承受、固定、引导移动装置或设备并减少其摩擦的一种装置，导轨表面上的纵向槽或脊，用于导引、固定机器部件、专用设备、仪器等。导轨在我们的生产活动中也是很普遍的，如滑动的门滑槽。检具上常使用的单向滑移导轨类型有单导轨单滑块、双导轨双滑块、双导轨四滑块。如图2-93所示为滑轨机构。

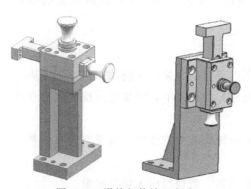

图2-92 滑块机构放置方式

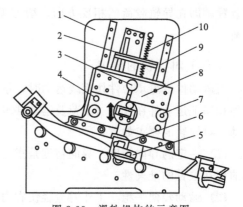

图2-93 滑轨机构的示意图

1—支架；2—拉手；3—旋转柱塞；4—导柱导套；5—打表套；
6—测量块；7—压紧螺钉；8—安装板；9—导轨；10—拉簧

（三）燕尾槽型导轨

燕尾形导轨的调整及夹紧比较简便，用一根镶条可调节各面的间隙，且高度小、结构紧凑，但制造检验不方便、摩擦力较大、刚度较差，用于运动速度不高、受力不大、高度尺寸受限制的场合。双向导轨是相同两组导轨的叠加，主要用于检测钣金件孔的位置偏差，偏差数值用百分表测量，具体结构如图 2-94 所示。

图 2-94 导轨

（四）提高导轨耐磨性的措施

导轨的使用寿命取决于导轨的结构、材料、制造质量、热处理方法，以及使用和维护。提高导轨的耐磨性，使其在较长的时间里保持一定的导向精度，就能延长设备的使用寿命，提高导轨的耐磨性的措施有：选择合理的压强。

单位面积上的压力称为压强，即：

$$P = p/s (\text{kg}/\text{cm}^2)$$

式中，p 为作用在导轨上的力，kg；s 为导轨的支撑面积，cm^2。

由式中可知，要减小导轨的压强，应减轻运动部件的重量，增大导轨支撑面积，减小两导轨面之间的中心距，即减小外形尺寸和减轻运动部件的重量。但减小中心距受到结构尺寸的限制，同时中心距太小，将导致运动不稳定。降低导轨压强的另一办法，是采用卸荷装置，即在导轨载荷的相反方向，增加弹簧或液压作用力，以抵消导轨所承受的部分载荷。

（五）对导轨的要求

当运动件沿着承导件作直线运动时，承导件上的导轨起支撑和导向的作用，即支撑运动件和保证运动件在外力（载荷及运动件本身的重量）的作用下，沿给定的反向进行直线运动，对导轨的要求如下：

(1) 一定的导向精度　导向精度是指运动件沿导轨移动的直线性，以及它与有关基面间的相互位置的准确性。

(2) 运动轻便平稳　工作时应轻便省力，速度均匀，低速时应无爬行现象。

(3) 良好的耐磨性　导轨的耐磨性是指导轨长期使用后，能保持一定的使用精度，导轨在使用过程中要磨损，但应使磨损量小，且磨损后能自动补偿或便于调整。

(4) 足够的刚度　运动件所受的外力是由导轨面承受的，故导轨应有足够的接触刚度，为此，常加大导轨面宽度，以降低导轨面比压，设置辅助导轨，以承受外载荷。

(5) 温度变化影响小　应保证导致在工作温度变化的条件下，仍能正常工作。

(6) 结构工艺性好　在保证导轨其他要求的前提下，应使导轨结构简单，便于加工、测量、装配和调整，降低成本。

三、断面样板机构设计

活动检测单元包括断面样板、活动样块等具有检测功能的可活动部件。活动检测单元需方便操作。可检测零件的尺寸和形位精度，如孔位及孔径、面（如焊接搭接面、涂胶面、内外板结合或扭转断面及各配合面）、零件轮廓线及整体零件形状等。

（一）检具断面样板的设计

零件上的断面、局部断面、形状或孔位要求精度检测，其他型面较复杂仅靠检具型面及相应结构在本体检具上无法检查时，可在检具周围设置若干个断面样板，其工作部分的型面与覆盖件的被测表面应保持一定的理论间隙。断面样板是检测钣金截面的检测机构，一般来说它主要用于型面要求高、容易出现回弹、检具本体没法直接检测的型面中间部位，样板的布置可遵循如下原则：

① 外钣金件检测一般要求布置样板，因为外钣金件将装在汽车外面，它的型面精度将直接影响汽车外形，没有高精度的外钣金件，汽车将达不到造型设计要求。

② 拉延伸深度较深，区域较大的部分如侧围 A、B 柱内外板，前后纵梁等，必须采用断面样板检测，一般要求拉延深度大于 100mm，纵向长度大于 500mm 的型面以 300mm 增加断面样板。

③ 无法检测的重要装配面、配合面、焊接面和定位面，一般增加断面样板检测，例如，某些装配面，上下都有钣金配合，一般此面需要增加断面样板，比如车门铰链部位、门锁部位。

断面样板一般采用厚度为 6~12mm 左右的优质钢材（热处理后消除应力，表面镀硬铬）、硬质铝（如航空铝 6061/7075，表面阳极氧化）或树脂（如 BM5166、RP460 等）制成，为保证检具零件加工的可行性，需要将断截面加宽。我们通常是将断面样板的宽度设置为 8~12mm（8mm、10mm、12mm 3 种），然而为降低因截面加宽带来的设计误差，我们会将断面样板的大部分倒角，倒角之后保留的才是可检测面，在检测部分应组成 1~2mm 左右的刀口以便检测。因断面样板采用截面加厚方式来设计，故断面样板的设计方向必须是在产品型面的法向方向（允许角度偏差范围±10°）。

断面样板与检测零件之间的间隙最优选择为 3mm 或 5mm 的偏置面模拟设计，应尽量布置在型面的法向垂直方向，坐标宜取整数，打开时不能与定位销、夹紧装置或其他机构发生干涉。样板的检查面测定用部分最大长度为 200mm，断面样板的定位可采用挡块或定位销方式，断面样板固定用螺栓的拧紧方向应与样板的扣合方向一致，以确保每次检测作业时基准不会有任何变动现象。断面样板型面检测示意图如图 2-95 所示。

检具的断面样板分为旋转式、滑动式和拆卸式。滑动式或拆卸式使用时应无松动，安装固定方便，应有两处以上定位插销，并且要有足够的间隙余量；必须有很好的配合，不能存在晃动。由于一块单独的样板只能检测几何体的某一截面，因此除等截面组成的几何

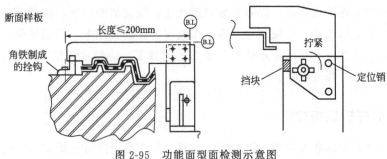

图 2-95 功能面型面检测示意图

外形可用一块样板检测外,多数情况下都需两块或数块样板组合使用,对于横跨产品的超长样板,需要在样板的另一端设置支撑止推装置。如图 2-96 所示。

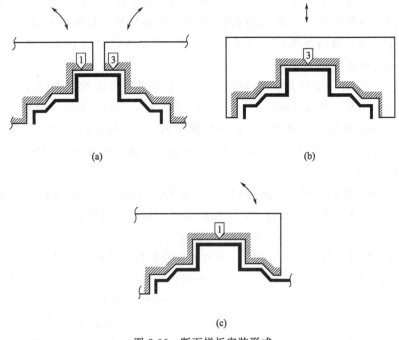

图 2-96 断面样板安装形式

① 旋转式样板主要用来检测产品内侧及开口部,由于作业简便,所以使用较广泛。

断面样板的检测部分与旋转部分分开,旋转部分通过等高支架连接,检测块与连接板在连接区域使用两钉两销固定。断面样板支座与等高垫块或底板固定时,使用 M10 螺栓和 $\phi 8mm$ 销子,或使用 M12 螺栓和 $\phi 10mm$ 销子连接。旋转式断面样板的定位销分为直销插拔式、锥销插拔式和旋转式。断面样板支座及底板厚度应≥10mm,当支座高度≥15mm 时应增加料厚,高度在 150~300mm 时可通过增加加强筋增强支座刚度,当≥300mm 时,应制作专门的支座以保证刚度。

② 滑动式样板主要是将若干个断面样板集合在一起,便于节省操作空间;样板材质可选硬质铝或钢。

（二）断面样板的结构要求

① 根据使用的场合，检具样板可以是自由的、固定的或摆动的。固定样板适用于检测单板零件的情况，即检测平整和围绕板或零件外部边缘的形状，样板间的间隔距离取决于零件边缘的重要程度。

② 表面需做处理，应有较好的光洁度，表面应无划伤。

③ 为了减轻重量，可在样板上设计减重孔或减重槽，方便取放。

④ 样板的定位要避免样板在安装、拆卸及使用时与其他检测元件干涉，防止与零件装卸时与其他测量部件之间的干涉。在有重复性要求的地方使用定位保护。

⑤ 样板刀口必须数控加工，样板长度不能过短或过长，比例失调易造成使用精度低、寿命短。过长强度不够，过短检测范围小，达不到检测要求。

⑥ 如果控制角（是指样板与钣金截面的夹角）小于15°则样板平行于车身线安装，如果控制角大于15°则使样板在一个方向上垂直于车身线。

四、卡扣联动机构设计

目前汽车内外饰件产品中，螺钉和螺母的使用越来越少，取而代之的是使用卡扣装配，在车身饰件中（如图2-97）尾门地毯压条、某些筋条、塑料卡钩、金属卡扣在车身装配时与相搭接的零件（侧围下装饰板）扣紧。卡扣是用于一个零件与另一个零件的嵌入连接或整体闭锁的机构，通常用于塑料件的连接，其材料通常由具有一定柔韧性的塑料材料构成。卡扣连接最大的特点是安装拆卸方便。卡扣一般由定位件、紧固件组成。定位件作用是在安装时，引导卡扣顺利、正确、快速地到达安装位置。而紧固件作用是将卡扣锁紧在基体上，并保证使用过程中不脱落。根据使用场合和要求的不同，紧固件又分为可拆卸紧固件和不可拆卸紧固件。可拆卸紧固件通常被设计成当施加一定的分离力后，卡扣会脱开，两个连接件分离。这种卡扣常用于连接两个需要经常拆开的零件。不可拆卸紧固件需要人为将紧固件偏斜，方能将两零件拆开，多用于使用过程中不拆开零件的连接固定。

在基准统一的大原则下，对于绝大多数内外饰零件，设计基准是要与装配基准一致的，零件尺寸检测时采用与装配基准一致的基准体系，这样可以减小基准转换带来的定位误差，零件的定位模拟环境件来设计，以期能更真实、更快地通过零件在检具上的状态反映出零件在整车上潜在的装配问题。所谓的"环境件"即零件周边与其相匹配的其他零件的总称，例如，前照灯的环境件有发动机罩、格栅、前保险杠、翼子板、灯罩，后侧围装饰板的环境件有后侧围内板、尾门地毯压条、后侧门地毯压条、顶盖内衬等。

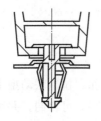 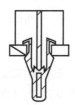 

(a) C型卡扣及配合结构　　(b) 塑料弹性夹片及配合结构　　(c) 尾门地毯压条

图2-97　卡扣结构形式

汽车内饰件中带有卡扣的产品在检验的过程中需要模拟实际装配。而卡扣的作用面往往也是不规则的，在进行零件定位和检测时，如果不考虑卡扣的作用，而仅仅是选择一些工序基准限制住6个自由度进而对零件匹配区域进行尺寸检测，或者是仅对这些卡扣定位一个普通的型面或位置检测，会造成零件尺寸检测与实际装车状态不相符。

卡扣大多数场合既是定位基准又是检验基准，要求完全模拟实际装配的精度显得非常重要。一般内饰件的定位和检测设计主要依靠经验及产品区域的功能性要求来确定，常会表现出零件在检具上的尺寸检测结果与实车装配效果存在不一致的现象。在后期整车尺寸匹配出现问题时也往往过多地考虑通过提高零件的制造精度来改善，而忽略了分析零件定位、检测设计是否合理、是否与最终的装配有较高的吻合度等问题。

（一）金属和塑料卡扣的类型（表2-25）

表 2-25　金属和塑料卡扣类型

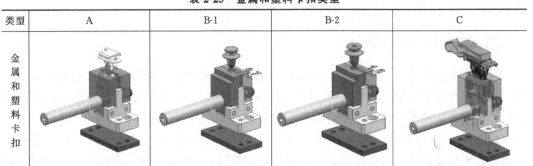

（二）卡扣的结构设计

卡口锁紧主要用于内饰件，应避免卡扣在装拆的过程中对产品造成损坏，卡口的拉紧力必须与真实装车状态一致且与定位面贴合，卡扣安装座需要设计成可开合式，且咬合力只够支撑卡口的锁紧力，孔或槽大小位置厚度需要完全按照实车位置设计，卡口固定座开合机构应设计成独立控制，如果空间有限，最多允许一个控制手柄同时控制三个开合机构。卡扣要模拟环境件的位置、形状、大小尺寸及厚度设计，如图2-98所示。

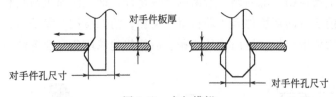

图 2-98　卡扣模拟

卡扣的结构可分为螺纹旋紧型卡扣、正反螺纹旋紧型卡扣、拉绳联动型卡扣。

（1）螺纹旋紧型　螺纹旋紧型卡扣以通用卡扣结构为原型，可自制，并可根据设计需求将卡扣头部改制，如图2-99所示，此卡扣适用于产品上卡扣数量≤3个，且有操作空间的检具。

（2）正反螺纹旋紧型　此类卡扣适用于塑料件单侧钩紧定位，可自制，并可根据设计需求将卡扣头部与安装方式改制，拧紧螺杆采用 M6～M8，不推荐采用 M5～M6。如图 2-100 所示。

（3）拉绳联动型　卡扣固定机构，包括卡钩底座、弹簧柱塞、卡钩、刹车线、塑料卡扣，其特征在于所述的

图 2-99　螺纹旋紧型卡扣

图 2-100　正反螺纹旋紧型

卡钩底座的两侧通过销分别连接有卡钩，所述的两个卡钩中间部位各有一个通孔，所述的两个通孔内穿设有刹车线，所述刹车线两侧的卡钩底座上各设有一个螺纹孔，所述的螺纹孔内设有弹簧柱塞，所述的两个卡钩顶部卡有塑料卡扣。

① 翻转式拉绳结构，如图 2-101 所示。
② 平移拉绳结构，如图 2-102 所示。

（三）卡扣设计时需注意的问题

（1）卡扣的放置位置　卡扣开合时，不能将环境件放在卡扣中间部位，如图 2-103 所示，卡扣中间位置有间隙。

图 2-101　翻转式拉绳结构

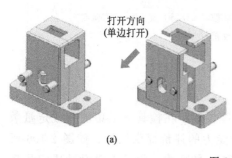

(a)

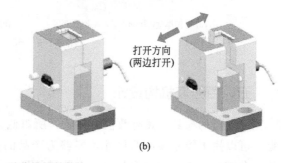

(b)

图 2-102　平移拉绳结构

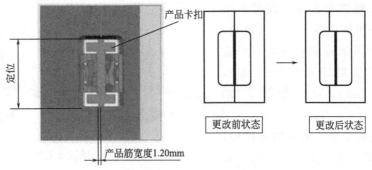

图 2-103 卡扣放置位置

(a) 卡扣开合方向错误

(b) 卡扣开合方向正确

图 2-104 卡扣的开合方向

（2）卡扣的打开方向 卡扣打开方向一般以短边为打开方向，打开时不能与产品和其他结构干涉（图 2-104）。

（3）卡扣拉绳不能交错 卡扣数量较多时，拉绳会发生缠绕，设计时要模拟布线的路线，避免卡扣打不开的现象。

（4）卡扣要有一定刚度 卡扣的厚度与环境件的厚度一致，大多数环境件的厚度在 0.7～1mm 之间，这要求卡扣在结构上要增加过渡圆角，确保卡扣工作时不会发生断裂。如图 2-105 所示为改善卡扣刚度。

(a) 卡扣厚度0.7mm，装产品时易变形

(b) 卡扣厚度0.7mm，增加圆弧角，加强刚度

图 2-105 卡扣刚度改善

五、百分表机构设计

定量型的检具，具有数值的反映，所以测量精度较高，在检具上采集的有效定量数据，可以用来控制零件的尺寸及能够为产品的过程能力的评价提供依据。如图 2-106 所示，在零件图纸上的安全气囊，有关键特性点（KPC）的要求，检具需要设计成定量型的。在具备测量过程能力参数的同时，要保证 SPC 的数据采集的可行性、正确性及稳定

性，完善和维护过程的控制。定量型的检具一般采用百分表机构。对于定量型数据的采集装置，检具基座上要安装一个基准校零位块。

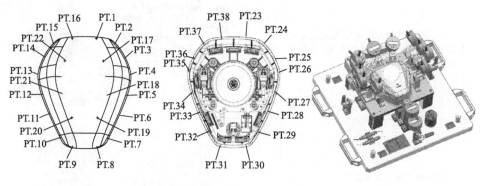

图 2-106　安全气囊打表检测

（一）百分表机构

百分表机构分为直接打表机构、杠杆式打表机构、定位带打表检测机构、间隙齐平独立打表机构等。具体可见表 2-26。

表 2-26　百分表机构

序号	类型	图示
1	直接打表机构（一般用于 FLUSH 面打表）	
2	杠杆打表机构，180°（一般用于 GAP 面打表）	
3	组合打表机构（一般用于 FLUSH 面和 GAP 面在一起的打表，GAP 面在下部）	

续表

序号	类型	图示
4	定位带打表检测机构（在圆孔既要定位又要检测时使用，腰圆孔和异性孔不能使用此结构。）	 
5	间隙齐平独立打表机构	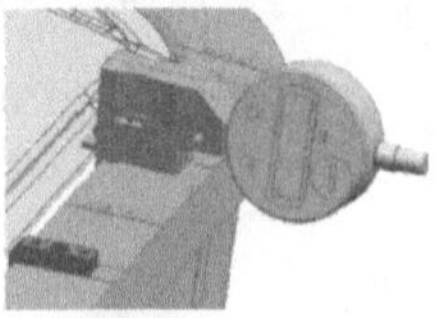 间隙检测 　　平齐检测

（二）百分表表头

百分表的表头标准规格为圆头，一般的百分表表杆尺寸有限，无法满足实际的打表距离，这时需要特制加长杆，加长杆顶端有平头和圆头两种。平头百分表用于线检测，如：切边或弧面，圆头百分表主要用于点检测，如曲面或球面。根据检测面的类型，合理选择表头，如表 2-27 所示。

表 2-27　百分表表头

类型	错误（表头为圆形）	正确（表头是扁的）
曲面		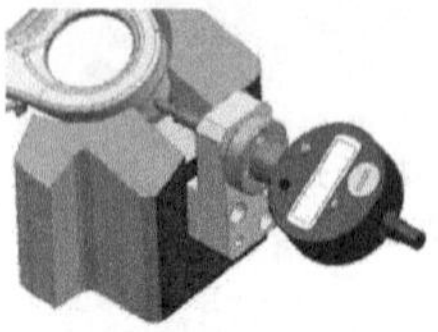
切边		
球面		

续表

类型	错误(表头为圆形)	正确(表头是扁的)
弧面		

(三) 0°杠杆打表机构

此杠杆是用于检测产品反面的一种机构（见图 2-107）。旋转两端的杠杆距离 a 与 b，必须是在投影方向相等，不能是圆弧距离相等，即以旋转轴为中心 $a=b$。打表杆与杠杆距离之间关系为 $H<a/3$。

(四) 90°旋转打表机构

此类杠杆打表用于检测产品反面，且无法进行 0°杠杆打表设计时；因此机构存在角度转换，产品的偏差方向与检具打表检测方向存在一角度关系，所以，其杠杆原理不是简单的 $a=b$ 的关系，需要根据实际角度计算产品偏差与打表数值的比例关系后，将打表点转换到产品偏差 1∶1 点处，详见图 2-108。

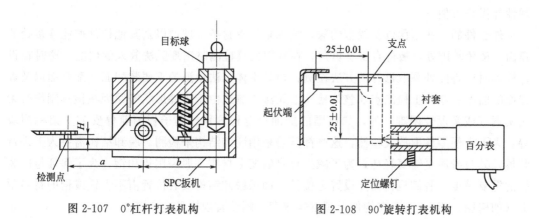

图 2-107　0°杠杆打表机构　　　　图 2-108　90°旋转打表机构

(五) 百分表对零块

百分表的精度和量程必须满足被测量几何元素的技术要求。

百分表使用时，首先要进行对零操作，保证设计的理论距离为"0"，产品尺寸超出的部分可在百分表上显示，正负数值代表产品面的位移方向。正值代表产品凸出，负值代表产品凹陷。对零规格分为 31mm、40mm、50mm、60mm、70mm。放置在正面操作的位置，打表对零操作方向平行于作业员底板的一侧，便于人工操作，需在容易取放的位置为百分表设置带盖的存储盒，测量表对零块需要放置在便于操作的位置，并配备防尘机构。

一般距离底板边 50mm 左右，打表孔配备防尘盖。百分表需在容易取放的位置并配备带盒盖的存储盒。如图 2-109 所示。

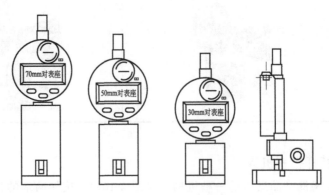

图 2-109　百分表对零块

六、脱卸结构活动件设计

悬臂式结构或拆卸结构基架材质采用硬质铝，以便减轻重量，减少自身变形；但此类材质构件上存在螺孔时，在构件上镶螺纹套。

检查点在整体检具上无法检查或因为零件形状之间关系在检具制作时无法做出时，可用脱卸结构，脱卸结构需有定位销固定，确保脱卸结构与本体的精密配合，具备良好的重现性并操作方便。

外板件的一些型面以及线型轮廓，特别是与密封条、玻璃以及其他板件彼此连接处的弧面、R 角轮廓处，板件自身有负角，在利用检具检测时出现无法放入的情况，这时在设计检具时就将此处采取逃开的方法检测；检具本体无法检测的重要装配面、配合面以及焊接面的曲率；零件上检测点在整体检具上无法检测或由于零件形状等原因在检具制作时无法实现（或实现较困难）的，如侧围的加油口盒检测块、翼子板的前保安装支架检测块等，为了方便零件取放及检测，这些都需要采用脱卸结构来检测。脱卸结构需要人工进行装拆，其自身质量需要轻巧，为了减少自身的变形材质一般采用铝和钢，为了保证每次装拆的重复精度，脱卸机构需要设置定位销。如果脱卸结构安装位置由不含铁或钢的材料制造（如树脂、铝），需要在构件上镶钢螺纹套。螺纹套规格见表 2-28。

表 2-28　螺纹套的规格

302 型（开槽型）	长度/mm	外螺纹	参考钻孔直径/mm			最小钻孔深度/mm
			塑胶	铝合金	铸铁	
M2.5-0.45	6	M4.5-0.45	4.0～4.1	4.1～4.2	4.2～4.3	8
M3.5-0.6	6	M5-0.5	4.5～4.6	4.6～4.7	4.7～4.8	8
M3-0.5	8	M6-0.75	5.3～5.4	5.5～5.6	5.6～5.7	10
M4-0.7	8	M6.5-0.75	5.8～5.9	6.0～6.1	6.1～6.2	10
M5-0.8	10	M8-1.0	7.1～7.2	7.3～7.5	7.5～7.6	13

续表

302型(开槽型)	长度/mm	外螺纹	参考钻孔直径/mm			最小钻孔深度/mm
			塑胶	铝合金	铸铁	
M6-1.0	12	M9-1.0	8.1~8.2	8.3~8.5	8.5~8.6	15
M6-1.0	14	M10-1.0	9.2~9.3	9.2~9.3	9.3~9.4	17
M8-1.25	15	M12-1.5	10.6~10.8	11~11.2	11.2~11.4	18
M10-1.5	18	M14-1.5	12.6~12.8	13.0~13.3	13.2~13.4	22
M12-1.75	22	M16-1.5	14.6~14.8	15.0~15.3	15.2~15.4	26
M14-2.0	24	M18-1.5	16.6~16.8	17.0~17.3	17.2~17.5	28
M16-2.0	22	M20-1.5	18.6~18.8	19.0~19.3	19.2~19.5	27

为保证脱卸结构的设计合理性及操作性，且有利于三坐标调试、测量、返修，其设计时注意的问题事项如下。

① 所有脱卸结构的脱卸销的有效配合长度为5mm，两销全部用圆销，衬套在活动块上，销子在支座上，上下贴合面要做5mm钢片相接触，钢片用平头螺钉锁紧（见图2-110），除门护板检具的周围可拆卸模块上下贴合面可以不用钢片外，其余一律需用钢片。

② 检具上的可拆卸模块是两套及两套以上切换使用的，所以必须把活动块上的衬套设计成可调的，调节块则可采用标准件。

③ 脱卸结构拧紧手柄的拧紧区域上下贴合面必须要有钢片，否则随着拧紧的力度加大，会造成零件的变形。

④ 脱卸结构固定和拆卸时，为了节省时间，拧紧螺母一般拧紧3~5圈即可。其拧紧手柄上螺牙长度要求，见表2-29。

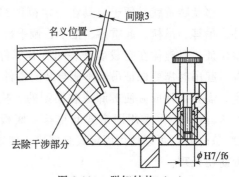

图2-110 脱卸结构（一）

表2-29 螺纹规格

螺纹规格	L/mm
M4/M5/M6	5
M8/M10	8
M12/M14	10

⑤ 脱卸结构的两销在允许的情况下，排布的距离应尽量大，有利于零件的稳定性。在距离相差不多的情况下，要把销孔成对角排布，有利于零件的稳定性。脱卸结构的拧紧销排布尽量在贴合面的中心位置，贴合效果较好。以上描述为两钉两销结构的脱卸结构，另外一种是采用挡块或挡销形式的脱卸结构，这种结构重复性精度不好保证，一般使用较少，具体结构如图2-111所示。

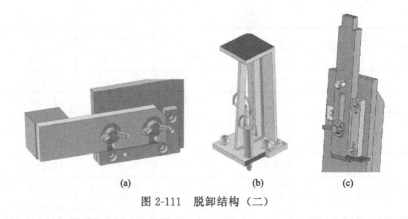

图 2-111 脱卸结构（二）

第十二节 汽车检具移动装置设计

移动装置就是便于检具在一定范围移动和固定的部分。移动装置包括：叉车槽、吊环、吊耳、吊柄、起重棒、把手、调平机构、小车等，如图 2-112 所示。起吊的设计位置要保证检具整体在空载或是装配所有零件后的吊装质量平衡，有必要时可以设置配重装置。起吊时需要保证吊绳不能与装配零件或是支架干涉，如果该起吊装置影响三坐标的测量，需要设计成方便拆卸或收缩型的。检具质量≥15kg，则必须设置起吊装置；底板长度≥3m 时，需采用固定式起重棒，底板长度≥1m 时，需采用伸缩式起重棒，底板长度＜1m 时，可以选用固定式起重棒。伸缩式起重座，采用整体铸造或整体线切割并做表面防锈处理。

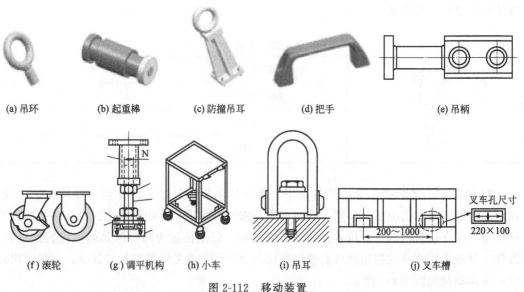

图 2-112 移动装置

一、吊具

吊具是起重机械中吊取重物的装置，它一般用于检具的搬运和移动。吊具在设计时必须考虑最大承载力，选用适当规格的吊具，安装时保证足够的强度，同时吊具的布置必须考虑下列因素：确保在检具运输时，吊绳不会影响检具型体及功能件，也不能影响任何测量元素且运输时能够保持平稳运行。

吊具包括吊环、吊耳、吊柄。常用的类型有吊钩式、伸缩式、环形吊耳等。详见图 2-113。

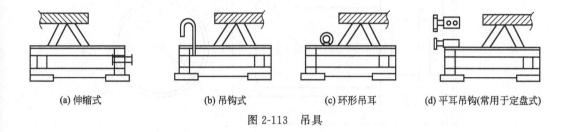

(a) 伸缩式　　(b) 吊钩式　　(c) 环形吊耳　　(d) 平耳吊钩(常用于定盘式)

图 2-113　吊具

吊具设计方法有：直接连接式、螺母并紧式、垫高式等，详见图 2-114。

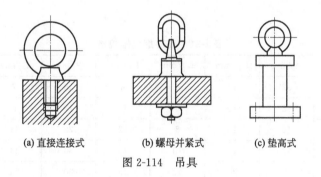

(a) 直接连接式　　(b) 螺母并紧式　　(c) 垫高式

图 2-114　吊具

① 当采用直接连接式时，应注意基座的材料；当基座材料为钢材时，工作载荷按吊环额定值计算，当基座材料为铝材时，工作载荷按吊环额定值除以 2 计算。

② 当采用螺母并紧式时，因吊环受力不是单纯的螺纹与基座的受力，还受螺母的并紧力，所以可以不考虑材质对吊具的影响。

③ 当采用垫高式时，因除吊环在起吊中受力外，还有垫高块与垫高块的连接螺钉也处于受力状态，所以在设计时，必须考虑全部受力零部件的受力，选用足够强度的吊环或连接螺钉。不同螺钉受力见表 2-30。

表 2-30　螺钉受力

螺钉直径		M6	M8	M10	M12	M16	M20
单个额定载荷	钢材/kg	300	500	800	1200	1500	2000
	铝材/kg	150	250	400	600	750	1000

根据检具的大小和质量，选用合适的吊具，保证起吊安全系数＞5。大中型检具（检具质量大于等于20kg），则必须设置起重装置。吊具装置设计与制造过程中要考虑以下方面：保证吊取时检具的水平；保证吊绳不会影响检具型体及功能件，也不能影响任何测量元素；保证吊具有足够的承重；使用时，确认起吊方向与安装螺栓轴处在同一方向，具体规格见图2-115，见表2-31。

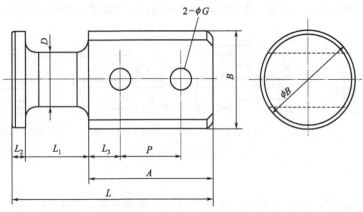

图 2-115　安装螺栓轴示意图

表 2-31　安装螺栓轴规格

B/mm	L/mm	A/mm	L_1/mm	L_2/mm	L_3/mm	P/mm	G/mm	承载质量/kg
28	50	32	10	8	8	16	7	160
32	56	38	10	8	10	18	9	360
36	67	46	13	8	12	22	11	460
40	88	60	18	10	15	30	14	560
48	92	60	20	12	15	30	14	670
55	118	80	25	13	20	40	18	1240
70	138	93	30	15	24	45	22	1950
70	170	115	35	20	30	55	26	2800
70	175	115	40	20	30	55	26	4000
70	185	120	40	25	30	60	26	5200

二、滚轮

大中型检具底座应安装滚轮，其中两个为定向轮，两个为刹车装置的万向轮，其具有自锁功能（如图2-116），滚轮安装在检具小车框架内尽最大可能性配置，行进过程中要平衡。滚轮应尽可能作成容易装卸的结构，强度要与质量一致，这样有利于体型较大的检具移动和搬运，便于人工控制方向，行进过程中要平衡。在骨架内尽可能加大脚轮的配置间距，沿移动方向使安装位置一致。考虑到检具的使用条件，脚轮材料必须要耐油污腐蚀、耐大气腐蚀、载重大、耐磨、硬度大（不会被铁屑划伤）等。底脚和底板为螺栓连接，为便于检具用后安全存储及包含底板各向基准面，必要时考虑设置硬橡塑块或支撑结构。如图 2-116 所示。

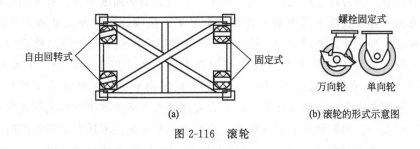

图 2-116 滚轮

滚轮的种类有：定向轮、万向轮、带刹轮、边刹轮共四种。

滚轮都有规定的载重量：常规（承载≤410kg）和超重轮两种（承载＞410kg）。

脚轮通常情况下都是在检具的小车上使用，根据检具小车和检具的总重量正常选用脚轮的规格，具体承载量如表 2-32 所示。

表 2-32 滚轮承重规格

规格型号	环球脚轮编号	环球中文描述	承载量/kg	备注
3寸定向PU轮	3303545	3寸PU聚氨酯固定轮	100	
3寸带刹PU轮	3303559	3寸PU聚氨酯刹车轮	100	
4寸定向PU轮	3303551	4寸PU聚氨酯固定轮	130	
4寸带刹PU轮	3303561	4寸PU聚氨酯刹车轮	130	
5寸定向PU轮	3303554	5寸PU聚氨酯固定轮	140	
5寸带刹PU轮	3305562	5寸PU聚氨酯刹车轮	140	
5寸定向2PU轮	4404675	5×2PU聚氨酯固定轮	350	
5寸边刹2PU轮	4404684	5×2PU聚氨酯边刹轮	350	
5寸管刹2PU轮	4404684A	5×2PU聚氨酯双刹轮	350	
6寸定向2PU轮	4404678	6×2PU聚氨酯固定轮	410	
6寸边刹2PU轮	4404685	6×2PU聚氨酯边刹轮	410	
6寸带刹2PU轮	4404685A	6×2PU聚氨酯双刹轮	410	
6寸定向PU超重轮铁芯	暂无	6寸加重型脚轮	1000	属于定做,没有固定编号
6寸带刹PU超重轮铁芯	暂无	6寸加重型脚轮	1000	属于定做,没有固定编号
8寸定向PU超重轮铁芯	暂无	8寸加重型脚轮	3000	属于定做,没有固定编号
8寸带刹PU超重轮铁芯	暂无	8寸加重型脚轮	3000	属于定做,没有固定编号
3寸万向PU轮	暂无	3寸PU聚氨酯万向轮	100	不常用
6寸万向2PU轮	暂无	6×2PU聚氨酯万向轮	410	不常用
6寸万向PU超重轮铁芯	暂无	6寸加重型脚轮	1000	不常用
8寸万向PU超重轮铁芯	暂无	6寸加重型脚轮	3000	不常用

三、调节垫脚

调节垫脚是调整检具放置时稳定性的重要工具,当检具需要在某个区域放置时,不能出现晃动的现象,因为在客户处由于地面不平,造成底板平面度不行,有可能影响测量数据。一般情况下焊接底板下面原则上都要做水平调整垫脚,同时要保证脚轮旋转360°不能与水平调整垫脚干涉,如图2-117所示,检具存放时会将调节垫脚伸出然后固定。调平机构与滚轮分开安装,滚轮及调平机构与钢板安装面大小匹配并贴合。大型检具底座(长+宽>2000mm或单边长度>1250mm)需要设置调平机构;底座的水平至少需要5点来支撑,分布在4个角上和底座的中心;大底座需要更多的水平点以确保底座水平符合工厂内的技术条件。如果底板下面有小车,原则上小车下面是不用水平调整垫脚的,但是为了防止地面不平而导致底板变形,需要在底板下面打四个或六个M20mm的螺母孔,用螺母调整底板平面度(用于槽钢焊接底板结构)。

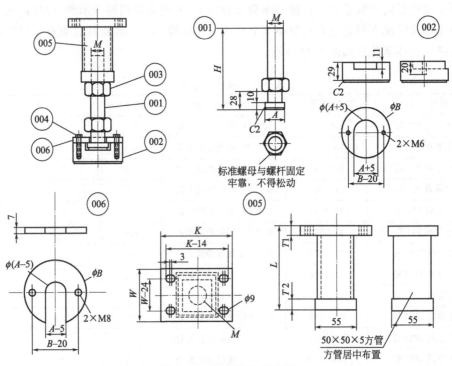

图 2-117 调平机构示意图

四、叉车槽

如表2-33所示,叉车槽是大型检具在移动时,为叉车预留的孔,应设计在底座长的一方,使铲车臂能够方便伸入。大型检具的底板侧面应装有铲车脚位,铲车孔为侧面成双结构,设计时必须考虑最大承载力和使用铲车的尺寸规格。一般情况下底板下需留有高度120mm宽度800mm的空域让铲车铲脚及铲齿能够进入。叉车孔位置需涂上有色油漆做安全标示,油漆颜色可选用CSB—1426—2001 Y07中黄色。

表 2-33 叉车槽标准尺寸

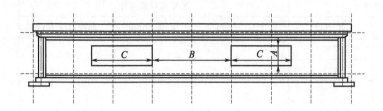

底座尺寸		叉车孔标准尺寸			叉车型号
长/mm	宽/mm	长(C)/mm	宽(A)/mm	间距(B)/mm	
600	300	300	50	0	2T/3T
	400				
	500				
	600				
700	300	300	50	0	2T/3T
	400				
	500				
	600				
	700				
800	300	150	50	200	2T/3T
	400				
	500				
	600				
	700				
	800				
900	300	150	50	200	2T/3T
	400				
	500				
	600				
	700				
	800				
	900				
1000	300	150	50	300	2T/3T
	400				
	500				
	600				
	700				
	800				
	900				
	1000				

续表

底座尺寸		叉车孔标准尺寸			叉车型号
长/mm	宽/mm	长(C)/mm	宽(A)/mm	间距(B)/mm	
1100	300	200	60	300	2T/3T
	400				
	500				
	600				
	700				
	800				
	900				
	1000				
	1100				
1200	300	200	60	400	2T/3T
	400				
	500				
	600				
	700				
	800				
	900				
	1000				
	1100				
	1200				
1300	300	200	60	500	3T/5T
	400				
	500				
	600				
	700				
	800				
	900				
	1000				
	1100				
	1200				
	1300				
1400	500	200	60	500	2T/3T
	600				
	700				
	800				
	900				
	1000				

续表

底座尺寸		叉车孔标准尺寸			叉车型号
长/mm	宽/mm	长(C)/mm	宽(A)/mm	间距(B)/mm	
1400	1100	200	60	500	2T/3T
	1200				
	1300				
	1400				
长度在1500以上		300	80	600	5T

五、把手

小于20kg以下的检具需要配置把手，把手的材质为铝合金，不能为塑料，常见把手的规格如表2-34所示。

表2-34　方形把手规格

产品名称	型号	L/mm	A/mm	B/mm	H/mm	d/mm
铝制拉手	L90	90	110	6	36	6.5
	L120	120	140	7	40	8.5
	L180	180	200	8	50	8.5

六、检具小车

检具总质量超过40kg的，需配备小车。小车要根据相应模块的质量，具备足够的承载力，并且推动轻巧、灵活，配置可方便移动的把手。小车上应配备相应的限位块，以防止检具在运输过程中移动。检具小车一般根据需求进行定制，一般分为铝合金小车、焊接小车。小车的高度要考虑人机工程，保证操作的方便性和合理性，正常情况下小车高度为800mm，大型总成检具总高不超过1400mm。小车根据检具结构，合理设置调平机构和滚轮，调平机构和滚轮分开安装，滚轮及调平机构与钢板安装面大小匹配并贴合。小车支撑面上安装聚氨酯或橡胶垫块，底座支撑面数量与小车支撑面数量保持一致，并保证支撑接触面完全贴合。小车与检具固定连接。小车要保证足够的强度，焊缝需平整、均匀、美观；油漆喷涂的颜色最好和车型颜色统一。常规情况下都是根据总检具的质量来选择小车类型，一般小车分为五种规格，如表2-35所示，检具小车设计时，为保证小车在正常功能下使用，应遵守下列规范。

① 为了防止小车侧翻，对小车宽度和脚轮宽度做如下要求：小车宽度≥450mm，脚轮宽度≥400mm。

② 小车按照放置检具的类型，可分为平板类检具小车、翻砂类检具小车、立板类检具小车三种，所以小车大小的设计必须按照三种类型设计。为了方便操作，将检具的高度做如下控制，检具产品的中间距离地面900mm。

③ 小车的拉手目前按设计标准分为两种：方型拉手、圆管焊接拉手；当小车本身的高度高于 800mm 时，选用方型拉手，当小车本身高度低于 800mm 时，选用圆管焊接拉手。设计拉手的高度为 900mm，同时圆管焊接拉手有两种宽度规格，500mm、700mm。

④ 有特殊要求的检具需要制作抽屉。

表 2-35　小车类型

序号	检具质量	小车类型
1	总检具质量小于 100kg	
2	总检具质量在 100～300kg，检具长尺寸超过 800mm，宽尺寸超过 500mm 的情况下	
3	总检具质量大于 500kg	
4	总检具质量大于 500kg	
5	总检具质量小于 150kg	

第十三节 汽车检具标识设计

检具在使用的过程中,为了便于操作人员识别定位和检测信息、提高工作效率,通常会在检具上做出相应的目视标识。标识不仅醒目和直观,而且能起到防止操作人员操作不规范的目的。检具标识要和指导书描述一致,避免出现操作错误,出现漏检和错检的现象,从而导致误判。检具标识一般包括:①底板百位线,标示产品在车身的范围;②模块上的百位线或按客户要求制定的测点刻线,标示产品的测点位置;③用在模块上检测产品轮廓的偏置线,标示产品轮廓的范围。

① 底板百位线标识,百位线上刻字内容:坐标数值+方向,如 X500、Z1000 等。底板刻线、刻字,深 0.5mm,刻线位置公差±0.2mm。底板最长边<500mm,刻字字高为 5mm,底板最长边大于 500mm,刻字字高为 8mm,同时大于 2000mm 以上的底板两边都刻上坐标值,字体为 Modern,刻字着红色。百位线刻字与底板边、百位线的距离分别都是 8mm,不允许手工刻线、敲钢印。

② 所有定位销、检测销的导向支座上要刻上相应孔的标识,如:B、J1、J2、H1、H2 等,字高为 8mm,字深 0.3mm,字体为黑体,线宽 0.6mm,零件图纸上需放置刻字零件的轴视图,注明刻字位置及方向。刻字顺序应遵循定位作用的标识刻在上面,检测作用的标识放在定位的下边。第一排刻字距第二排刻字 3mm。

③ 所有模拟块、断面样板上要有平齐间隙标识和轮廓度标识、检测区域标识,但是只要在单个模拟块(选择在平整、曲率小的平面上)、断面样板上刻一个标识就行,如 3、5、0 和轮廓度标识,标识大小如图 2-118 所示,激光刻字,字体为黑体,线宽 0.6mm,字高为 5mm。模块上的百位线或测点刻线:模块上的刻线需客户提供点位置坐标尺寸,根据文件进行设计。模块上的测点刻线一般是客户为在测点处做标记方便测量,所以我们

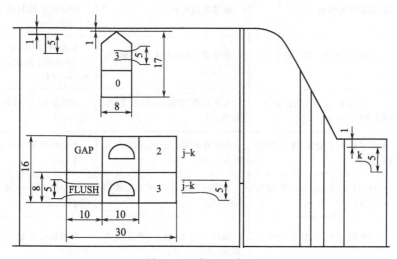

图 2-118 标识示意图

的刻线是根据测点图来设计的。刻线长度15～25mm，加工时宽0.3mm，深0.2mm。刻线方向必须与模块边界垂直，即与检测方向一致。如图2-119所示刻线直接平行于坐标轴是错误的，会误导检测人员。当两组配合模块一起刻线时，需注意刻线不能错开。表2-36所示为刻线标识规范。

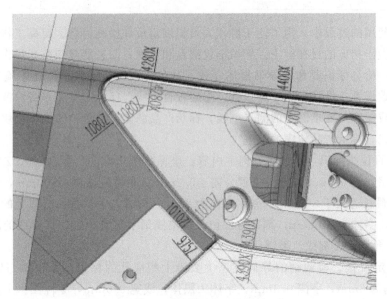

图 2-119　刻线平行于坐标轴

表 2-36　刻线标识规范

主机厂	日系检具	国产/欧系（通用）	欧系（大众）
标识	主基准用 H 标示	主基准用 B 标示	主基准用 RPS H 标示 后面加上控制的方向，如 RPS Hxy、RPS Hyz
	副基准用 h 标示	副基准用 C 标示	副基准用 RPS h 标示 后面加上控制的方向，如 RPS hy、RPS hz
	基准面（零贴面）用 S 标示，如 S1、S2	基准面（零贴面）用 A 标示，如 A1、A2	基准面（零贴面）用 RPS F 标示，后面加上控制的方向，如 RPS Fy、RPS Fz
	检测销用 P1 标示，依次类推，如 P1、P2	检测销用 J1 标示，依次类推，如 J1、J2	检测销用 J1 标示，依次类推，如 J1、J2
	断面样板用 L 标示，依次类推如 L1、L2	断面样板用 L 标示，依次类推如 L1、L2	断面样板用 L 标示，依次类推如 L1、L2
	卡扣用 Clip 标示，依次类推如 Clip1、Clip2	卡扣用 Clip 标示，依次类推如 Clip1、Clip2	卡扣用 Clip 标示，依次类推如 Clip1、Clip2
	拆卸块用 C 标示，依次类推如 C1、C2	拆卸块用 K 标示，依次类推如 K1、K2	拆卸块用 K 标示，依次类推如 K1、K2

续表

主机厂	日系检具	国产/欧系(通用)	欧系(大众)
标识	百分表测量点用 PT 标示,依次类推如 PT1、PT2	百分表测量点用 PT 标示,依次类推如 PT1、PT2	百分表测量点用 PT 标示,依次类推如 PT1、PT2
	三个基准以上使用罗马数字基准Ⅰ、Ⅱ、Ⅲ、Ⅳ标示	三个基准以上使用阿拉伯数字基准1#、2#、3#标示	三个基准以上使用阿拉伯数字基准1#、2#、3#标示

第十四节　汽车检具三维造型管理

一、设计软件规范管理

在众多的检具设计厂家中,大多采用计算机三维造型方法来设计检具,计算机三维造型在可视化、装配设计、设计分析、加工仿真等方面有着二维平面设计无法比拟的优越性,是提高设计质量的重要手段。采用三维数字化模型能方便地用于产品结构的 CAE 分析、检具可制造性评价和数控加工、成形过程模拟及信息的管理与共享。先进检具设计技术、数字化分析技术和先进的检具制造技术相结合,获得完善的 CAD/CAE/CAM 解决方案,提高检具加工的自动化水平与生产效率,是现代检具企业发展的重要方向。

国际知名的 CAD/CAM 软件,如 UG、Pro/E、Mastercam、SolidWorks 等,都是商品化的通用平台,基本覆盖了整个制造业。但专业针对性差,因而不能满足各种各样具体产品的设计需要,在实际的公差设计中难以达到理想效果,真正实现灵活高效的设计。CAD 软件的二次开发将完美地解决这一瓶颈,不仅可降低设计门槛,而且更加方便快捷。二次开发就是把商品化、通用化的 CAD 系统用户化、本地化的过程,即以优秀的 CAD 系统为基础平台,研制开发符合国家标准、适合企业实际应用的用户化、专业化、集成化的软件。CAD 二次开发的关键技术涉及：软件工程技术、集成产品模型研究、分布式环境技术、人工智能技术等。

通常 CAD 软件进行二次开发具有以下优点：①提高检具设计的效率,准确性；②节省劳动时间,降低劳动强度；③促进检具设计的标准化、通用性；④继承和集成专家设计知识,降低设计门槛。

大力推广和使用 CAD 系统的二次开发技术,可快速提高汽车检具的设计效率,简化造型流程。而且规范化的设计标准,如图层管理,也可以提升设计员 3D 操作能力。检具设计图包含 3D 设计方案和 2D 图纸,CATIA 的 3D 方案数据格式为.CATPART 和.IGS,UG 的 3D 数据格式为.prt 和.IGS,2D 图纸数据格式为.DWG,并保留设计路径(设计软件应采用国内通用版本,如：CATIA V5R21、UG NX4,Auto CAD 2007)。3D 方案 UG 设计图层设置管理标准见表 2-37。CATIA 设计结构树设置管理如表 2-38。

表 2-37　3D 方案 UG 设计图层设置管理

序号	名称	图层	图层说明	图层命名
1	零件数据	第 1～20 层	零件版本依次放置	零件号-版本
2	三维拼料图	第 25 层	加工拼料图放置层	拼料层
3	检具本体	第 30 层	包括树脂、检测块	本体层
4	支撑块	第 35 层	支撑块	支撑块层
5	底座	第 40 层	检具底座	底座层
6	基准	第 45 层	基准块	基准块层
7	车身坐标线	第 50 层	原始数模车身坐标、百位线	百位线层
8	支架小车	第 55 层	支架小车	支架小车层
9	脚轮	第 60 层	脚轮	脚轮层
10	调平机构	第 65 层	调平机构	调平机构层
11	起吊装置	第 70 层	吊耳/吊环	起吊装置层
12	定位机构	第 75 层	定位面、销套（镶块机构）	定位机构层
13	销子	第 80 层	定位销、检测销	销子层
14	检测机构	第 90 层	断面样板、活动检测块、滑轨等	检测机构层
15	其他附件	第 100 层	相关零部件	附件层
16	2D 图纸	第 110 层	放置总装图、零件图及操作指导说明书	2D 图纸层
17	自由层	第 120～150 层	设计人员认为需要保留的东西的放置层	—
18	垃圾层	第 230～250 层	垃圾层	—

表 2-38　CATIA 设计结构树设置管理

序号	数据集命名	说明
1	零件号-版本	零件版本依次放置
2	拼料图	树脂拼料图
3	基准块	测量基准
4	底座	检具底座
5	检具本体	包括树脂＋检测块
6	型面划线	型面孔及轮廓划线
7	支撑座	支撑座
8	定位面	定位面镶块机构
9	定位销	定位销
10	检测销	检测销
11	销套	销套的镶块机构
12	断面样板/翻转样块	断面样板/翻转样块
13	样板座/翻转机构	样板座/翻转机构
14	夹钳	包括夹钳本体、夹头、胶垫等
15	夹钳座	夹钳座
16	支架	包括支架、调平机构、脚轮、吊耳/吊环
17	其他附件	相关零部件
18	车身坐标线	原始数模车身坐标、百位线

二、检具三维造型细化管理

检具方案得到客户批准认可后,设计工程人员将检具方案进一步细化调整,此步骤非常关键,需要严谨耐心地查找设计方案的不足和漏洞,为后期的制造加工提供质量保障。其中最重要的一项是检具设计标准(包括标准件的使用)要满足客户的要求,在梳理检具3D方案的时候可按照如下步骤检查检具方案审核要点:

① 底板刻线是否正确,定位、检测销放置是否在工作状态;
② 零件运动和静止状态是否产生干涉;
③ 标准件利用是否合理;
④ 操作是否合理,操作空间是否足够,是否满足人体工程学;
⑤ 客户方案评审所含完善内容再梳理一遍;
⑥ 螺钉和销钉孔位是否有错位、漏打;
⑦ 高成本零件分析(如树脂排料、大型模块备料等方向);
⑧ 模块造型倒扣、倒角分析;
⑨ 考虑运输方式,优化检具的移动装置;
⑩ 是否按照设计规范设计。

检具3D方案检查完成后,结果可进行存档,便于后期问题追溯。在检具功能性检查中,要注意以下问题,见表2-39。

表 2-39 检具设计检查表

项目	检具验收检查内容	检查结果	可否确认	备注
一、数据及文件确认				
1	是否是有效产品数据及环境件数据			
2	是否是有效图纸			
二、与检具技术标准及验收标准的符合性				
1.概述				
1.1	检具是否按照实车位置摆放			
1.2	底板材料和形式是否符合技术要求			
1.3	翻转机构开启是否超出底板范围			
1.4	可拆卸模块是否有定位设计,保证拆装精度			
1.5	活动部件是否无干涉且结构可靠			
1.6	铲吊功能是否完备			
1.7	工具盒、铭牌、运转小车等是否配置合理			
2.定位、支撑				
2.1	检测基准是否分布合理			
2.2	单边定位是否有对应的压紧结构			
2.3	定位是否满足定位要求(图纸、数模)			
2.4	各个定位点是否有标识			

续表

项目	检具验收检查内容	检查结果	可否确认	备注
2.5	定位点的固定是否合理、可靠			
2.6	定位销及检测销尺寸是否合理(最大实体或根据实际调整)			
2.7	扁销的防转功能是否考虑			
2.8	定位销、检测销的放置是否合理(固定座、标记)			
3. 检测要求				
3.1	所有图纸关键检测要求是否可以实现			
3.2	检测功能是否合理			
3.3	检测是否方便稳定			
3.4	测点是否标明			
3.5	断面卡板是否符合设计要求			
4. 夹紧				
4.1	钣金孔模拟块打开无干涉			
4.2	快速夹头开启/关闭无干涉			
4.3	压头受力方向垂直压紧面			
4.4	打开或关闭的压紧不超过检具体积			
4.5	用销子固定的压紧是否设计尼龙垫块防止刮伤表面			
4.6	压紧的分布是否合理			
5. 其他				
5.1	检具的搬运(叉车孔、起吊环、把手)布置是否合理			
5.2	检具间隙和面差检测的标识(数值、方向)			
5.3	检具非检测面区域是否圆角			

第十五节 汽车检具资料编制

一、检具总装图的编制

装配图是用来表达检具的整体结构、外形尺寸、各零件的结构及相互位置关系，也是用来指导装配、检验、安装及维修工作的技术文件。绘制检具装配图的目的是反映检具的基本构造，清晰表达零件之间的相互装配关系，所以，检具装配图中各个零件或部件不能遗漏，不论哪个检具零件，装配图中都应有所表达。装配图中各零件位置及与其他零件间的装配关系应明确，结构清晰，剖面选择合理，作图要保证质量，不得出现引出线交叉重叠、螺钉和销钉比例失真、漏线条等错误。应根据检具结构典型组合图绘制检具结构图，这样能保证总装图图面布置合理、美观、大方，图形表达准确、到位。检具总装图中，应包含所有正确的产品信息（车型、零件名称、零件编号及更改状态）、定位信息、检测信息并表达清楚。总装图必须能够反映产品数模以及产品图纸的最新版本号，基准位置和检测等重要信息内容清晰无误，并且有足够的剖面图来表达有关结构（原则上，所有定位和检测要素要用剖面图来表达）。

确认工件的定位、工件夹紧、检测方式等装置的设计方案之后，即进入检具总装图的设计，检具总装图通常按照定位元件、夹紧装置、检测装置等结构顺序绘制，总装图内容包含：检具外形三视图（不含产品）、检具立体视图（含产品）、定位夹紧结构剖切视图、检验功能剖切视图、定位信息栏、销检报告栏、零件清单、检具信息栏、技术要求等。绘制检具总装图通常按以下步骤进行。

（一）绘制视图

遵循国家制图标准，绘图比例应尽可能选取1∶1，根据工件的大小，也可用放大或缩小的比例，先估算整个主视图大致的长和宽，然后选用合适的比例作图框；通常选取操作位置为主视图，以便使所绘制的检具总装图有良好的直观性；剖视图尽可能的少，但必须将检具各零部件及相互之间的位置关系、配合形式、紧固方式表达清楚。产品一定要在检具视图中体现，可以用粉红色虚线或其他颜色虚线表示。

1. 基本视图的绘制

基本视图包含俯视图、主视图、侧视图。检具平放时，首先投影俯视图，俯视图为检具的最大投影面（即底板正投影面，以后简称底板视图），主视图以俯视图向上投影，左视图以主视图向右投影。俯视图必须将第一、二号基准块放置在视图下方。检具垂直地面放置时，主视图为底板正投影面，此时主视图的第一、二号基准块放置在视图上方。在投影基本视图时均需要带产品数据。不过当产品数据巨大时，可以不带产品数据。主视图画好后，其四周一般与其他图或外框线之间保持约50~60mm的空白，不要画得过于不协调，也不要太拥挤，又不能过于空，这就需要选择一合适的比例，推荐使用1∶1比例，如不合适，再考虑选用其他比例。基本视图要把车身百格线以球标的形式体现，百格线是虚拟的，所以用虚线表示。测量基准在车身的坐标值也要标出。如果用主视图、侧视图、俯视图表达不清楚时，可绘出此部位的局部视图用以表达清楚。

2. 定位、零件轴视图

定位、零件轴视图投影是同一个视角投影出来的视图，不同之处在于是否带有产品。定位轴视图带有产品，零件轴视图不带产品。定位轴视图上还要有产品定位信息，如图2-120所示。

3. 剖切视图

用红色细实线画出工件的轮廓和主要表面，如定位基准面、检测基准面等，然后按照总布局图按定位元件、检测元件夹紧机构、传动装置等顺序画出各种元件的具体结构，以剖视图为主。检具装配图中剖面的选择非常重要，决定整个图是否能够合理表达，通常情况下检具总装图需要剖切的内容包含：定位面及其压紧、定位销定位状态、检测销、打表检测、模拟块、断面样板等。剖切顺序需按照定位、检测销、打表检测、模拟块检测、断面样板检测、刻线检测的先后次序剖切。对于定位、检测销，还需要按定位、检测销标识序号顺序来剖切。

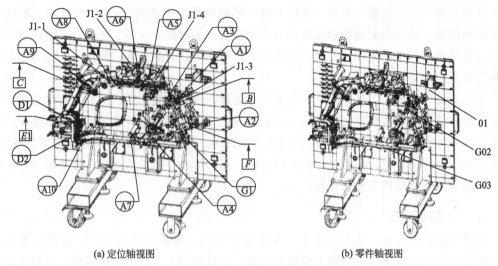

(a) 定位轴视图　　　　(b) 零件轴视图

图 2-120　定位、零件轴视图

对于相同类型的定位面、打表结构、断面样板、模拟块等内容，可只做一个剖视图，但必须注明类似。不同类型，必须做不同的剖视图。对于检测销同类同尺寸，只剖一个，同类型但不同尺寸，必须做不同的剖视图。在做剖视图时，在同一基本视图中的剖切方向必须保证一致。一般是向右或向上剖（如图 2-121 所示）。

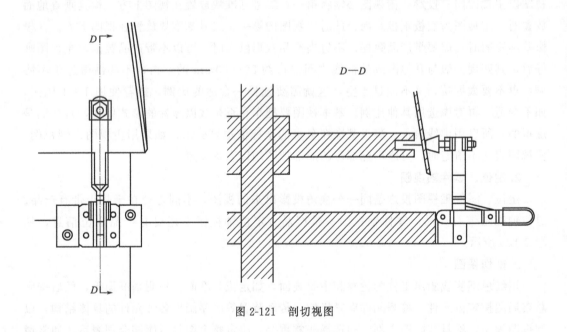

图 2-121　剖切视图

（二）定位信息栏填写

定位信息栏是描述产品定位内容的表单，必须按客户产品图纸的定位内容如实填写。如图 2-122 所示为大众汽车和通用汽车定位信息栏。

定位基准		
基准	描述	方向
A1-A3	定位面	上/下
B	孔	左/右&前后
C	槽	左/右

(a) 通用汽车定位信息

产品图理论RPS点值			
RPS	X	Y	Z
RPS1 Hxy	432.1	−66.8	654.0
RPS2 Hx	432.1	66.8	654.0
RPS3 Fz	558.5	−760.0	428.0
RPS4 Fz	1298.0	−767.2	209.5
RPS5 Fz	716.0	−752.3	635.9

(b) 汽车定位信息栏

图 2-122 定位信息栏

(三) 销检报告栏填写

销检报告栏是测量计划在总图中的副本,故需要完全按检具测量计划内容填写(表 2-40)。

表 2-40 销检报告栏填写   mm

孔号	公称尺寸	位置度	检测尺寸	引导尺寸	数量
B	$\phi 10.1^{+1.1}_{-1.1}$	⊕ $\phi 0$Ⓜ A	锥销	$\phi 8$	1
C	$10.1^{+1.1}_{-1.1} \times 13.7^{+1.5}_{-1.1}$	⊕ 0Ⓜ A BⓂ	锥销	$\phi 8$	1
J1	$\phi 12^{+1.25}_{-0.1}$	⊕ $\phi 1$Ⓜ A BⓂ CⓂ	$\phi 11.9^{-1}_{-1.12}$	$\phi 8$	1
J2	$\phi 14^{+1.25}_{-1.1}$	⊕ $\phi 1.5$Ⓜ A BⓂ CⓂ	$\phi 12.4^{-1}_{-1.12}$	$\phi 10$	1
J3	$\phi 30^{+1.25}_{-1.11}$	⊕ $\phi 1.5$Ⓜ A BⓂ CⓂ	$\phi 28.4^{0}_{-0.02}$	$\phi 8$	1

(四) 检具信息栏填写

(1) **档案编号** 图纸左上角,如果图纸需要归档,就在该处编上档案号,以便存档,不能随意在此处填写其他内容。

(2) **技术要求**。

(3) **标题栏和明细栏** 检具总装图的标题栏包含检具信息、产品信息、设计人员信息、图纸信息等内容。明细栏主要是检具零件图详细信息,应注意以下要点:

① 明细栏至少应有序号、图号、零件名称、数量、材料、热处理等信息。

② 在填写零件名称一栏时,应使名称的首尾两字对齐,中间的字均匀插入。

③ 填写图号一栏时,应给出所有零件图的图号,数字序号一般应与图纸中序号一样,以主视图画面为中心依顺时针旋转的方向为序依次编定。由于检具装配图图号一般为 00,因此,明细栏中的零件图号应从 01 开始计数,没有零件图的零件则没有图号。

④ 备注一栏主要标标准件规格、热处理、外购或外加工等说明,一般另注其他内容。

二、检具测量方案的编制

检具零件图纸下发完成以后,就需要制作检具测量计划,它是测量部门重要的技术文件,不仅体现了检具校核的测量精度要求,也是检具验收时重要的技术依据。测量计划必须完整、准确、清晰地描述产品的定位和检测信息,还要便于三坐标测量人员的识别。国内的汽车厂商一般对检具的定位和检测机构公差要求很明确,技术要求较规范。测量计划需要根据零件 3D 数模、GD&T 图纸、测量点图、检测方式等资料综合规划。如图 2-123 和图 2-124 所示。

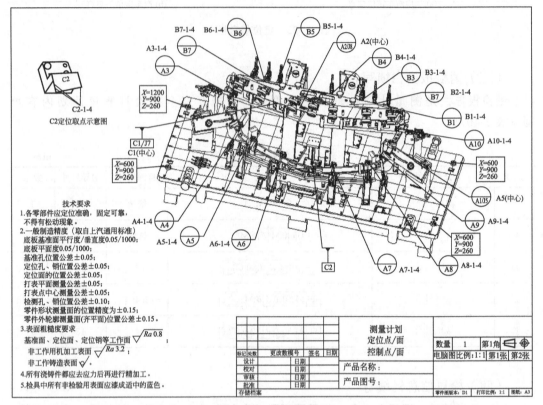

图 2-123 检具图纸 1

检具测量时测量点的数量和大致的取点位置可以在测量计划中标明,对于不合理的部分,测量员按实际情况处理测量点的数量和位置,但是测量报告中的取点数量必须和测量计划一致。测量计划内容包含:轴侧视图、技术要求、测量依据、检具信息栏等,主要步骤如下:

① 按产品图纸的定位信息,将检具定位标出,定位之间的形位公差也要显示。

② 检测要素的检测尺寸——列出,测量公差按照客户技术要求执行。

③ 产品图纸上针对某一特别产品特性标注公差的 1/10 可作为检具的制造公差,如位置度 0.5mm,则此孔的中心位置测量公差为 0.05mm。

④ 在测量计划图纸右下角,列表将产品实际尺寸和检测尺寸及形位公差和检测公差按一定的顺序排列。

(一)轴侧视图

测量计划一般以轴侧视图为主,不带产品。定制轴侧视图时可以将运输装置,夹紧装

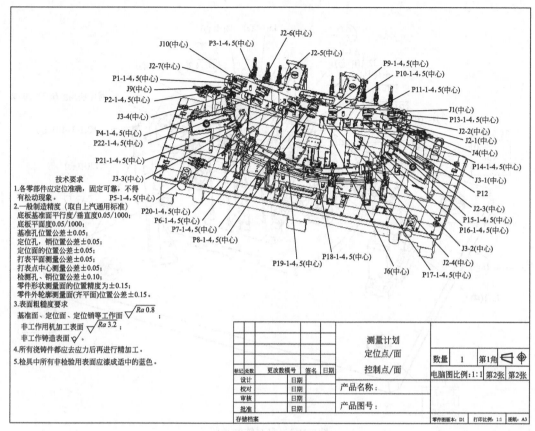

图 2-124 检具图纸 2

置等不需要测量的零件隐藏起来。对于小型或零件较少的检具可以将检测和定位放在一起。对于零件较多、结构复杂的检具最好将检具按定位、检测孔、打表点、平齐检测面、间隙检测面、断面样板检测面的顺序依次定制轴侧视图。如图 2-125 所示的轴侧视图。

（二）信息内容的填写

① 测量公差。测量公差是判断测量结果是否合格的重要依据。

② 检具测量依据。检具的测量可以根据检具数模，如产品是钣金件需要注明产品的料厚。

③ 模拟块和产品偏置间隙一般是 3mm 或 5mm，所以要注明偏置间隙。

④ 检具信息，如产品名称、图纸号、版本号要与产品图纸一一对应。

⑤ 左右件完全对称，不完全对称或局部对称等信息需要在检具信息栏里有说明。

（三）基准点标注

将基准孔上表面孔中心汽车坐标数值列出，一般情况下有 3 个基准孔（特殊情况除外）。测量计划中基准孔/面的坐标要按三维数模来填。不同的客户其建坐标系的方式也不同。一般分为 3 大类：通用汽车、上海汽车——三孔，图 2-126（a）；大众——两孔三面，图 2-126（b）；其他——三个基准球，图 2-126（c）。

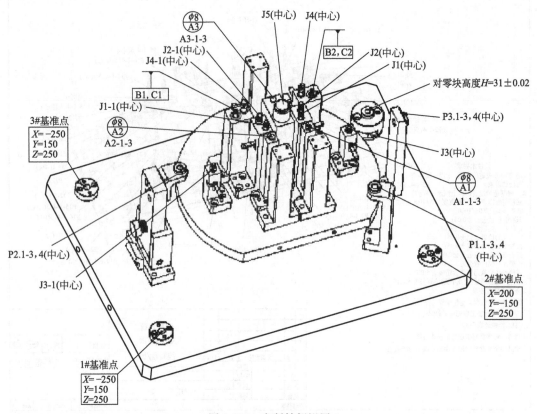

图 2-125 定制轴侧视图

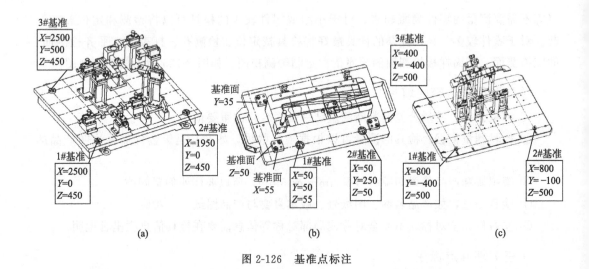

图 2-126 基准点标注

（四）定位面标注

按产品图纸绘出检具定位信息，要将产品中定位的坐标值体现。如果定位面为 A，则命名为 A1-1-3，此命名的意义为在定位面 A1 的一个面上取三个测量点，测量点均匀分布。如图 2-127 所示。

定位面取点原则：

① 圆形定位面测量一般选择 3 个测量点。

② 对于规则的卡扣，定位面上取 4 点。

③ 对于不规则的卡扣定位面上取 3~4 点，槽的各边各取 2 点。

④ 对于不规则或结构较复杂的零件要做一个单个零件放大图。

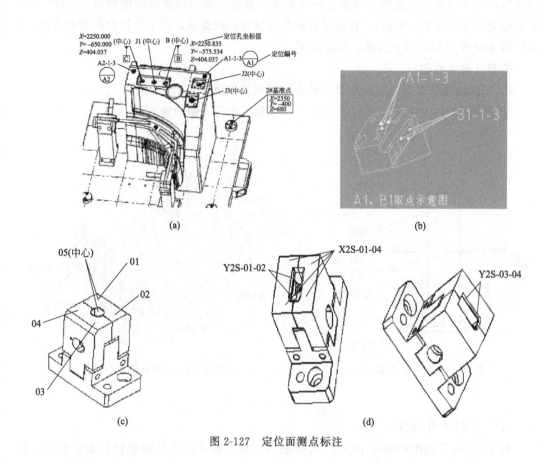

图 2-127　定位面测点标注

（五）定位孔标注

测量计划中定位孔的编号要与 GD&T 图纸对应。以 B 为例，应编为"B 中心"（表示 B 定位孔取中心点）。定位孔要将其坐标值写在旁边。

定位孔取点原则：

① 圆的定位孔取圆心 1 点。直径的大小写在销检报告中。

② 腰圆或菱形的定位孔取中心 1 点。长宽的大小写在销检报告中。

③ 对于规则的卡扣定位取圆心 1 点。直径或长宽的大小，卡扣厚度写在销检报告中。

销套配合塞规测量法，截面选取（图 2-128）：

① 截面一，建议零件下表面 11mm 处，直接测量销套内壁生成点 2 的实测值，与理

论值比对;

② 截面二, 零件下表面处, 采用配合塞规, 通过测量塞规外壁生成点1的实测值, 与理论值比对。

(六) 检测孔标注

将检具上的检测孔列出, 指出测量检测孔的中心位置, 测量孔较多时, 每个测量孔标注序号, 便于编制测量报告。如果客户有要求, 测量计划中检测孔的编号要与GD&T图纸对应上(如图2-129所示), 若图纸对检测孔没有相应编号, 则1号检测孔命名为J1, 2号检测孔命名为J2, 以此类推, 不能重复。

检测孔取点原则:

① 圆的检测孔取圆心1点。直径的大小写在销检报告中。

② 腰圆或菱形的检测孔取中心1点。长宽的大小写在销检报告中。

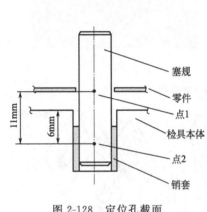

图 2-128 定位孔截面

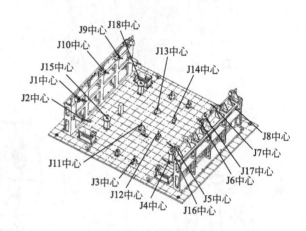

图 2-129 检测孔测点标注

(七) 打表孔标注

对于GD&T图纸中标有PQC, KPC处的地方, 表示此处是需要做打表机构的。打表点测点示意如图2-130所示。

测量计划中打表点的编号要与GD&T图纸对应, 若图纸对打表点没有相应编号, 则编号按公司标准做。以P开头, 如P1, P2, …, Pn 依次类推。

打表点取点原则:

① 一般打表点取打表平面上3点, 打表中心1点。

② 杠杆打表点取与产品接触面上3点。

(八) 平齐面, 间隙面标注

将检具模拟块上的测量点数量和位置标明, 一个检测面至少三到四个测量点(比较小的面除外), 一般平齐面的测量点以英文字母F (FLUSH) 命名, 如测量点F1~F5, 表示平齐面测量点1~5, 间隙面测量点以英文字母G (GAP) 命名, 如测量点G1~G5, 表示间隙面测量点1~5。如图2-131所示的G面和F面。

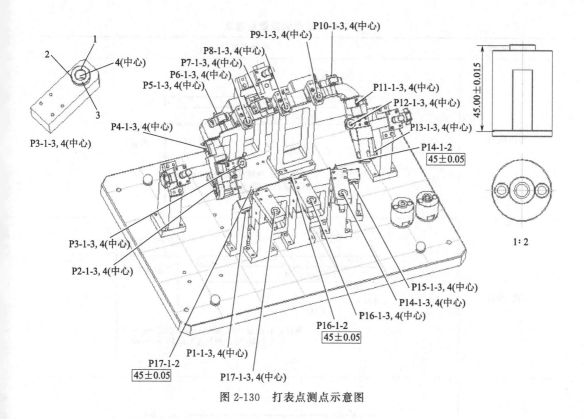

图 2-130 打表点测点示意图

平齐面，间隙面取点原则：

① 整体加工且型面较平整的模拟块，一般每隔 50～100mm 取 1 点。直线截面起始测量点距离圆弧端点 5mm 处（如图 2-132 所示）。

② 整体加工且型面较复杂的模拟块，一般隔 50～100mm 取 1 点，对于有用的面可以适当地增加测量点。每个曲线的两端点都要被检测（图 2-133）。

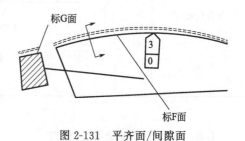

图 2-131 平齐面/间隙面

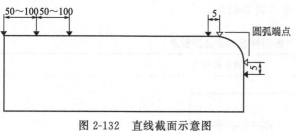

图 2-132 直线截面示意图

图 2-133 复合线截面示意图

③ 每个截面的测量点按以下方法选取，见表 2-41。

表 2-41 截面的测量点选取

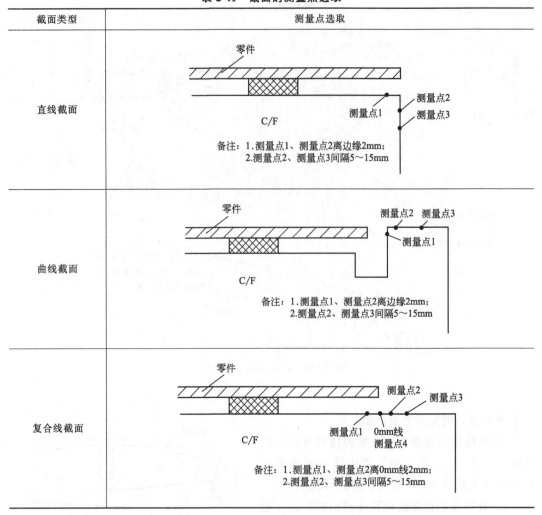

（九）断面样板检测面标注

将检具上断面样板的测量点数量和位置标明，检测断面样板的测量点以英文字母 T 命名（可以是其他字母如 P），如 T1，T2，…，Tn 依次类推。各断面样板形状差异较大，以下为常用断面样板形状，仅供参考（表 2-42）。

表 2-42 常用断面样板形状及测量点

序号	常用断面样板形状
1	

续表

序号	常用断面样板形状
2	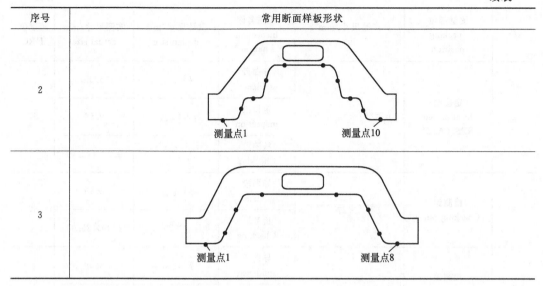
3	

（十）目视孔精度

由于测量机无法准确读取划线精度，目视孔测量精度在测量报告中体现，目视孔作为现场抽查调研。

三、销检报告编制

销检报告中的测量数据主要使用卡尺或千分尺测量得出，主要包括定位销导向端和定位端直径，检测销导向端和检测端尺寸，卡扣孔的直径，卡扣槽的长、宽和厚度，通止规的直径，平齐块的距离，对零块的高度；这些尺寸都需要明确，便于后期追溯，具体格式如表 2-43 所示。

表 2-43　销检报告

检测（定位）销检查报告　The report of checking pin(location)					
零件号 Part number：18D 814 570			检具号 Checking fixture number：78 37D LD009		
工程名称 Project name：			检具名称 Name：		
图纸号 Drawing numer：			版本号 Version number：25.11.11		测量工具：卡尺 measuring tool：callipers
NO.	测量部位 checking position	产品尺寸/mm Size	检测名称 inspection name	设计尺寸/mm design size	实测尺寸/mm actual size	硬度值 HRC
1	定位销 location pin RPS1(A1Z)	$\phi 9.5^{+0.2}$	导向段 guidance	$\phi 6_{-0.009}$	5.99	57
			定位段 inspection	$\phi 9.6_{-0.02}$	9.59	

续表

NO.	测量部位 checking position	产品尺寸/mm Size	检测名称 inspection name	设计尺寸/mm design size	实测尺寸/mm actual size	硬度值 HRC
2	定位销 location pin RPS2(A2Z)	$9.5^{+0.2}_{\ } \times 14.5^{+0.5}_{\ }$	导向段 guidance	$\phi 6_{-0.009}$	5.99	57
			定位段 inspection	$\phi 9.6_{-0.02}$	9.59	
			检测段 Checking	$9.4_{-0.02} \times 12.5_{-0.02}$	9.39×12.49	
3	检测销 Checking pin b	$6^{+0.5} \times 27^{+0.5}$	导向段 guidance	$\phi 4_{-0.009}$	3.99	57
			检测段 Checking	$5_{-0.02} \times 26_{-0.02}$	4.99×25.99	
4	检测销 Checking pin c,d	$6^{+0.5} \times 20^{+0.5}$	导向段 guidance	$\phi 4_{-0.009}$	3.99	57
			检测段 Checking	$5_{-0.02} \times 19_{-0.02}$	4.99×18.99	
5	检测销 Checking pin e	$\phi 22^{+0.5}$	导向段 guidance	$\phi 8_{-0.009}$	7.99	57
			检测段 Checking	$\phi 21_{-0.02}$	20.99	
6	型面检测销 surface checking pin	⌒1	T端 T port	$\phi 4.5^{+0.02}$	4.51	57
			Z端 Z port	$\phi 5.5_{-0.02}$	5.49	
7	型面检测销 surface checking pin	⌒1.6	T端 T port	$\phi 4.2^{+0.02}$	4.21	57
			Z端 Z port	$\phi 5.8_{-0.02}$	5.79	
8	检测块 surface detection block	⌒1	T端 T port	0.5 ± 0.01	0.50	57
			Z端 Z port	0.5 ± 0.01	0.50	
9	检测块 surface detection block	⌒1.6	T端 T port	0.8 ± 0.01	0.80	57
			Z端 Z port	0.8 ± 0.01	0.80	
结论 conclusion	合格 qualified □		检查 Review:朱杰		日期 date:2012-2-27	
	可接收 acceptable □		审核 examine and verify:		日期 date:	
	返工(修) do poorly done work over again(repair) □		客户 client:		日期 date:	

四、检具操作指导书的编制

一件符合要求的合格产品,需要按照标准的规范来指导检验过程,检具作为一种重要的测量设备,更需要一种文件来引导技术工人快速、安全判定产品的品质,减少人为不良,提升生产效率。检具操作指导书的目的在于明确质量控制目标、规范质量检验流程,用于在尺寸检测时保证正确顺序及重复性,确保产品符合相关标准。检具操作指导书的格式千差万别,每个检具使用商都会有各自的规范和标准,所以风格迥异,但是殊途同归,操作说明主要包括使用注意事项、操作顺序、维护保养等信息,见表2-44。

表 2-44 操作说明

序号	说明事项	包含内容
1	基本信息	车型、零件名称、零件号
2	检具俯视图	检具底板、本体、机构、孔/销、检测块、孔/机构/S面的编码标识
3	使用注意事项	检具使用前的确认、检测理论值、检测工具、颜色标识介绍
4	操作顺序	零件放置、定位顺序及其检测、检测顺序及其操作描述、检测记录、零件取出、检具各部件归位放置操作
5	维护保养	检具使用后及存放的保养要求、检具检定周期
6	编制确认	编制人员/日期、审核人员/日期、制作单位质量盖章

检具的操作指导书,主要就是从检具的使用方法(作业步骤)、注意事项、检具的保养、检具的附件、检具的存放环境要求等几方面进行阐述,以此来训练、督导和规范员工的操作,从而达到每个未熟练的工人经过适当的培训后,都能按照规范无障碍地进行操作。所以检具的操作指导书目的性很强,对于复杂的检具来说,步骤就比较复杂,这对操作指导书的编制者来说,需要通过简单易懂的文字描述,加上图片的辅佐说明,将信息传递给使用者,而不是用晦涩难懂的文字进行描述。检具操作指导书是以文件的形式来描述或定义作业员在生产检测过程中的操作步骤和应遵守的事项。如图2-134所示。

检具操作指导书的内容主要分为如下几个部分。

(一)第一部分 检具信息

文件上记录着产品的具体信息,包括零件号、图纸号、数模号、图纸更改级别、车型、检具供应商等相关信息。

(二)第二部分 检具用途

检具的类型较多,用途也不一样,需要说明,并告知检具的检测辅助工具和检测方式。

(三)第三部分 操作流程

(1)环境 检具必须置于温度20℃±2℃,湿度40%~60%RH,洁净的环境下操作。开始检测前,操作员对检具进行目测检验,以确定检具是否处于可用的状态,例如:各部件是否牢靠,各功能件是否有损坏现象。

(2)操作步骤 详细地用图片和文字的方式叙述定位检测的过程。

（四）第四部分　保养

检具使用前后，都需要将检具表面灰尘、杂物进行清扫，检查清点。以下为主要的细节部分：

① 每次检具使用完后，检具定位销或重要销要涂防锈油。
② 将检具放在规定的地方，盖上防尘罩。
③ 防止其他重物碰撞、挤压，以免影响检具精度。
④ 不可私自拆卸检具，会影响检具精度。
⑤ 建议每年三坐标重新校验检具精度一次。
⑥ 底板长度超过1500mm，使用前需将底板底脚垫平，平面度要求为0.1mm/2000mm。

检具操作指导书					
零件名称	备胎升降器总成	一、检具用途	二、使用前注意事项	三、使用后注意事项	
检具编号	DL-APJJ737	1.本检具用于检测总成零件（备胎升降器总成、备轮托架主体总成）	1.将检具上脏物用毛刷或棉布擦拭干净	1.将各检测规定位	
^	^	^	2.清点各检查部位是否齐全有无损伤	2.搬运过程中要非常小心，轻拿轻放严禁碰撞	
车型	S700	2.检测项目:安装孔位	3.检查检具是否在鉴定有效期内	3.严禁检具与检具直接堆放，严禁用任何器具敲打	
^	^	^	^	4.将无涂层检测销规，基准面的表面涂凡士林	
零件号	V700012423			四、操作说明	

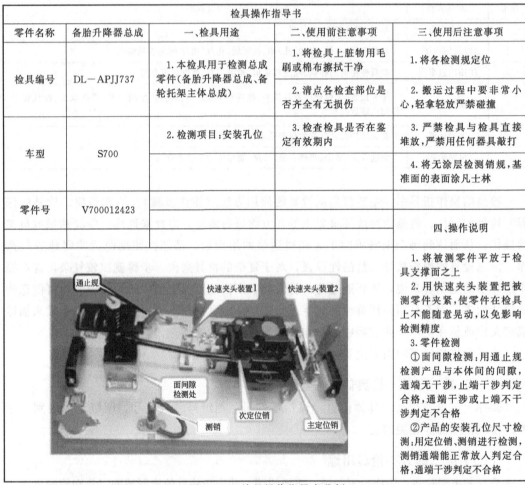

1.将被测零件平放于检具支撑面之上
2.用快速夹头装置把被测零件夹紧，使零件在检具上不能随意晃动，以免影响检测精度
3.零件检测
①面间隙检测：用通止规检测产品与本体间的间隙，通端无干涉，止端干涉判定合格，通端干涉或上端不干涉判定不合格
②产品的安装孔位尺寸检测：用定位销、测销进行检测，测销通端能正常放入判定合格，通端干涉判定不合格

图2-134　检具操作指导书范例

（五）第五部分　附件

将检具上附着的可移动的配件数量，列出详细清单，以免遗漏时核对。附件栏需要说明检具上可活动部件的名称、数量，包含通止规、平齐块、检测销、百分表、可拆卸模拟块或子模拟块等。

第三章 汽车检具的制造加工

随着科学技术的发展，计算机技术、信息技术、自动化技术等先进技术正不断向传统制造技术渗透、交叉、融合，对其实施改造，形成了先进制造技术和高精密的机械加工设备。这些硬件设施可以为检具制造加工精度提供更好的保证，可以满足各种复杂型面检具零件的加工需要。随着检具质量要求越来越高，制造周期越来越短，检具正在向精密、复杂、大型化方向发展。检具制造应根据检具设计要求和现有设备及生产条件，恰当地选用加工工艺。由于检具的制造加工工艺大部分和模具类似，鉴于篇幅限制，本章主要介绍检具独有的部分。

第一节 检具制造的特点和基本要求

一、检具制造的特点

检具制造属于精密机械制造的范畴，由于检具是一种专用的、高技术附加值的精密检测工艺装备，所以和普通的机械制造技术相比，检具制造具有以下特殊性：

(1) 单件，小批量生产　专用检具是进行大批量生产用的高寿命检测工艺装备，通常每副检具只能针对一种产品（柔性测量检具除外）。

(2) 精度和表面质量要求高　为保证产品的质量，检具重要功能面的制造精度和表面质量要求较高，各相关结构件之间的相对位置精度要求也较高。

(3) 形状复杂　检具的工作部分多为二维或三维复杂曲面，如汽车覆盖件、飞机零件、电子电器等检具的定位面、检测面、仿形面等，常由多种曲面组合构造而成，因此检具的工作部分就很复杂，加工难度大，尤其是汽车主模型检具。

二、检具制造的基本要求

零件制造包括毛坯生产、切削加工、热处理和装配等阶段，这些阶段互相之间都是有机联系的，结构设计时，必须全面考虑，分清主次，尽量使各个生产阶段都具有良好的结构工艺性。在检具制造加工时，为保证零件质量、提高生产率、降低成本，检具设计方案必须严谨有效，采用合理的检具结构，选择正确的材料及热处理方式，并以先进的检具制造技术作保证，使检具经济地、高效地、合格地被加工出来，并符合环保要求，使零件在制造和使用过程中无污染，能耗低，便于报废、回收和再利用。检具制造应满足以下几个基本要求：

（1）制造精度高　产品的尺寸精度在很大程度上需要以检具的精度和表面质量作为分析判断的依据。因此，为了生产出合格的产品，设计、制造的检具必须具有较高的精度。严格意义上，检具工作部分的精度通常是产品精度的 1/10，如果产品的精度要求高，则相应的检具精度会更高。

（2）制造周期短　新产品更新换代的加快和市场竞争的日趋激烈，要求检具的制造周期越来越短。检具制造周期一般由检具制造的水平和生产管理水平来决定。在保证质量的前提下，应尽量缩短检具制造周期，满足生产要求，提高产品竞争力。

（3）标准件批量化　现代检具大多采用模块化组装模式，设计制造采用大量的标准件来缩短制造周期，所以对于标准的零件要进行批量化生产，以节省成本、提高效率。

（4）使用寿命长　对于 100% 过程检测的检具或热成型产品的检具，使用频次高，使用环境恶劣，检具零件磨损量大，因此，使用寿命的长短将直接影响现场生产效率和效益。

（5）检具成本低　检具的成本与检具结构的复杂程度、检具材料、制造精度要求及制造方法等因素有关。必须根据产品检测要求合理设计和制定检具制造工艺，降低生产成本。

检具制造所要求的上述五个指标是相互关联、相互影响的。片面追求检具制造精度和使用寿命必然导致成本的增加。在设计和制造检具时，应根据实际情况作全面的考虑，在保证制造精度的前提下，选择更合适的制造方法，最大限度地降低检具成本、缩短制造周期。

第二节　检具材料

一、检具材料性能及要求

检具材料的种类范围较广，从一般的碳素结构钢、碳素工具钢、合金结构钢、合金工具钢、特殊合金钢（弹簧钢、不锈钢、高碳铬轴承钢）到硬质合金、铝合金乃至硬塑料、橡胶、高分子材料（聚氨酯、树脂）、新型纤维材料等，都可用作检具材料。检具新材料的热处理技术和表面处理技术的开发和应用，大大提高了检具的使用寿命。检具的工作条件比较复杂（尤其是生产现场检具），工作温度有高有低，使用环境有好有差，检具的使用性质不同，导致工作时常会承受冲击、振动、摩擦、剪切和拉伸等载荷。一般来说，检具作为检测设备，必须具备非常高的尺寸精确性和恒定性，以保证检具在使用和存放过程中保持其形状和尺寸的稳定，因此检具材料要满足特定的力学性能、工艺性能和外观表面要求。

（一）检具材料的力学性能要求

（1）耐磨性　这是检具最基本的使用要求，检具中各活动机构件，如翻转机构、滑移机构、导轨机构、打表机构等，工作状态时有翻转、滑动、平移、脱卸、插拔等多种状态，要使检具保持良好的尺寸精度和表面粗糙度，延长使用寿命，避免早期磨损失效，必须要求检具材料具有较高的耐磨性。

（2）韧性　为防止检具在使用、移动、运输的过程中，由于偶然因素如应力集中、碰撞、操作不当等导致零件断裂损坏或检具失效，韧性是一个重要的性能指标。在保持检具材料高强度的同时，尽可能提高材料的韧性。

（3）抗疲劳性　检具的使用频率高，工作强度大，材料所承受的周期性冲击应力就会加大，从而导致疲劳抗力降低，容易造成疲劳断裂，所以要求检具的抗疲劳性好。

（4）硬度　这是检具材料的主要技术指标，塑性变形是导致检具失效的主要形式之一，只有保持较高的硬度和强度，才能保证检具的尺寸稳定性。

（二）检具材料的工艺性能要求

材料的工艺性能与材料的组成和组织有关，同时也涉及工具、介质、温度等有关因素，工艺性能随环境而有所变化，材料工艺性能的好坏，对加工难易程度、生产效率和生产成本等方面有重要影响。由于检具的工作零件材料种类较多，多曲面的零件一般要经过复杂的制造过程，因而必须具有对各种加工工艺的适用性。对检具材料的工艺性要求包括铸造工艺性能、焊接工艺性能、切削加工工艺性能、粘接固化工艺性能、热处理工艺性能等。

（1）铸造工艺性能　铸造性能包括流动性、凝固特性、收缩性、吸气性等。流动性愈好，愈易铸造细薄精致的铸件；收缩愈小，铸件凝固时变形愈小；化学成分偏析愈均匀，铸件各部位的性能愈好，铸件的可靠性愈高。一般此性能主要用于铸铝、铸铁等检具材料。

（2）焊接工艺性能　检具焊接底板具有较高的精度要求，如果钢材的可焊性好，其产生的裂纹敏感性低，就不会出现焊接裂纹、未焊透、夹渣、气孔和焊缝外观缺欠的焊接缺陷。

（3）切削加工工艺性能　由于检具材料多具有高碳高合金成分，形成的碳化物及金相组织对其冷加工性能如切削、磨削等带来一定的困难，良好的加工性能可以保证零件的经济性，容易获得较好的工件表面质量，而且切屑形状容易控制或容易断屑。

（4）粘接固化工艺性能　对于树脂等高分子化合物这是其粘接固化时的重要工艺指标。

（5）热处理工艺性能　对容易磨损的钢材料需要较宽的淬火温度范围和较小的淬火变

形，淬硬性取决于钢的含碳量，淬透性主要取决于钢的化学成分、合金元素含量和淬火前的组织状态。大部分硬度要求高的钣金检具、焊接总成检具，对淬硬性要求较高，大部分塑料检具、发泡类检具对于硬度的要求不太高，硬度高会对塑料件表面造成划伤等外观缺陷。

选择检具材料时，应首先考虑满足检具使用要求的某些必要性能，一般情况下，主要是钢的耐磨性、韧度、硬度和热硬性等，这四种性能可以比较全面地反映检具材料的综合性能，可以在一定程度上决定其应用范围。

（三）检具材料的外观表面要求

检具材料的外观表面要求主要是防腐性、耐磨性、高硬度和较好的表面粗糙度。检具材料在使用中会发生锈蚀，对检具的精度和外观质量造成很大影响，所以检具零件需要经过适当的表面处理，一般检具非测量表面或者非作用表面除镀镍磷、镀镍、镀铬外，还可发黑，阳极氧化处理，喷涂油漆等。较好的表面粗糙度对材料的使用性能的影响是多方面的，表面越粗糙，摩擦因数越大，两相对表面运动时，磨损越快；表面越粗糙，峰值越大，实际接触面小，单位面积受力增加；表面粗糙度容易将腐蚀物存入谷中，造成对工件表面的腐蚀。

二、检具材料的选用

检具在设计制造的过程中，都会遇到如何选择零件材料和确定热处理工艺的问题。如何选择恰当材料是很关键而又复杂的问题。在生产实践中，检具的材料种类很多，可实际生产又不尽相同，材料选择失误或加工工艺的不合理，会造成机械零件在使用过程中失效或互换性差。如果为保证安全、稳定和牢靠而任意加大零件尺寸，则将造成检具体积过大、质量增加，导致检具效能低劣或搬运困难；如果不考虑材料的工艺性能和使用性能，则可能造成加工费用昂贵，增加制造成本。合理地选择和使用材料是一项十分重要的工作，它不仅要考虑材料的性能能够适应零件的工作条件，使零件经久耐用，而且还要求材料有较好的加工工艺性能和经济性，以便提高机械零件的生产率，降低成本。因此，必须根据检具的工作条件、被测产品的类型，以及各检具材料的可加工性，并与设计中零件的各项技术指标结合起来，进行认真的分析比较，合理选择材料，购买材料，然后进行必要的加工处理、装配及校核。这是降低生产制造成本的主要环节。检具选材的一般原则是：先满足使用性能要求，再考虑功能性能好、材料来源方便、经济合理，具体考虑因素如下。

（一）满足零件的力学性能要求

检具上的每个零件都有其功用，比如有辅助支撑、定位、检测、压紧、连接等。每个功用都代表着一种属性，比如有定位作用的零件，在工作状态下会直接和产品接触，那么其必须具备耐磨、耐腐蚀性，还要能够承受一定的冲击载荷，这样才能保证产品的稳定性。有检测作用的零件，一般有固定式（如模拟块）和活动式（如检测块），固定式的零件，要具备一定的表面硬度，良好的机械加工性能和热处理性能等，活动式的零件要具备一定的柔韧性，良好的切削性能、强度和硬度等。选择材料首先要考虑材料能否满足零件的使用性能，应根据零件的结构、使用条件、使用环境等因素综合分析其可能出现的失效形式，找出零件对材料的主要力学性能要求，合理选择材料，例如以下几种情况：

① 以综合力学性能为主时的选材，如轴、杆、衬套类零件等，在工作时均不同程度地承受着静、动载荷的作用，其失效形式可能为变形失效和断裂失效，所以这类零件要求具有较高的强度和较好的塑性与韧性，即良好的综合力学性能。

② 以疲劳强度为主时的选材要求材料有较好的耐疲劳性，疲劳破坏是零件在交变应力作用下最常见的破坏形式，如弹簧、滚轮轴承等零件的失效，大多数是因疲劳破坏引起的。

③ 以磨损为主时的选材要求材料具有较高的耐磨性，如各种通止规、卡规、螺纹规等磨损较大、受力较小的零件，其主要失效形式是磨损，选用高碳钢或高碳合金钢，进行淬火和低温回火处理，获得高硬度的回火马氏体和碳化物组织，即能满足耐磨的要求。

（二）根据检具结构选择材料

大型检具的结构较复杂，比如综合匹配样架、螺钉车检具、功能主模型检具、白车身检具等。各种承重部件需要很好的刚度和强度，尤其是检具底板要具有较强的抗变形能力。材料的强度是指材料在不同影响因素下的各种力学性能指标，是零件抵抗破坏力的能力，是对零件最基本的要求，根据外力的作用方式不同，材料会受到抗拉强度、抗压强度、抗剪强度、屈服强度、抗弯强度、冲击强度、疲劳强度、蠕变强度等的作用。在相同情况下，材料的强度越高，则构件的承载力越高，影响因素包括材料的化学成分、加工工艺、热处理工艺、应力状态、载荷等。越是结构复杂的检具，选材必须慎重，必须综合考虑各种零件的受力载荷。

（三）根据检具的设计因素选择材料

大型、复杂的检具可应用组合和镶嵌结构以节约材料，在定位面、检测面部分或某些经受强烈磨损、冲击的部位应采用贵重的高性能材料。其他非功能检具部位，性能要求不太高时可采用较低级的材料，应用低级的材料可用表面强化的方法在型面或局部进行离子渗入、堆焊或其他涂覆处理以获得高性能的表层。

（四）根据材料的经济性和安全性选择材料

应尽量选用性价比较高的材料，从材料本身的价格考虑；从材料的加工费用考虑；从资源替代条件考虑，比如圆棒料代替方料，金属材料代替非金属材料等；从材料的利用率考虑，如板材、型材、棒料等的合理加工利用。应尽量选择安全性较高、环保、可回收的材料。减少材料对环境的污染。

三、检具选材的步骤

着手选材时，可以先进行适当的初选，进行综合的评价，如果对材料的性能无法确认时，可准备相关试验来测试。大致的选材步骤如下：

① 综合分析零件的工作模式及失效形式确定零件的性能要求（包括使用性能和工艺性能）和最关键的性能指标，一般主要考虑力学性能、必要时还应考虑物理、化学性能（耐腐蚀）等。

② 对同类检具的用材情况进行调研。

③ 查手册或进行试验验证。

④ 初步选择。

⑤ 审核通过。

上述选材步骤只是一般过程，并非一成不变。若对材料选择与热处理方法有成熟的经验和资料，则可不进行试验和试制，可直接使用。

四、检具主要材料的性能及热处理

（一）检具主要材料

检具作为使用工具，结构必须要轻巧耐用，这样就需要尝试使用新型材料，包括新型碳纤维、铝镁合金、复合材料等。与之对应使用新的加工工艺，可满足快速高效生产的要求。这一方面要求检具企业尽量缩短检具生产周期，尽快向检具用户交付检具，更重要的是使用户能用检具企业提供的检具快速高效地生产制品。随着检具工业的发展，一些新型的材料试用成功，建议检具企业根据实际情况，积极推广使用，以提高检具寿命，尤其是一些精密检具。表 3-1 为检具主要零件材料，供设计者借鉴。

表 3-1 检具主要零件材料

检具零件	说明	材料	表面处理	热处理
定位销、检测销	常规销子	Cr12MoV	镀硬铬	整体淬火，58～62HRC
		T10、T12		整体淬火，58～62HRC
		9SiCr、CrWMn、GCr15		整体淬火，58～62HRC
		20CrMnTi		整体淬火，58～62HRC
	定位拧紧销（前端带螺纹）	Cr12MoV	镀硬铬	整体淬火，58～62HRC
	定位拧紧销（主模型）	NAK80		
衬套	常规圆形衬套	SKS3		55～60HRC
	D 型衬套	M310		55～60HRC
	衬套（精度要求较高的检具）	M310		55～60HRC
	百分表衬套	SKD11	镀硬铬	58～62HRC
	台阶打表衬套（用于百分表检测）	M310		55～60HRC
	脱卸镶块（2 钉 2 销法兰）	4Cr13		调质，28～32HRC
插销手柄、通止规手柄		六角 6061 铝棒	阳极氧化	定位销手柄与插销手柄有颜色区分，按实际要求
		不锈钢 304		
通止规	止端、通端	Cr12MoV	镀硬铬	整体淬火，58～62HRC
基准块		不锈钢 304		
		GCr15		淬火，60～64HRC
滑移机构	滑块	4Cr13		滑配部分局部淬火，40～45HRC
	滑块座（与滑块有磨配要求）	4Cr13		调质，28～32HRC

续表

检具零件	说明	材料	表面处理	热处理
翻转机构	翻转块	45钢	镀硬铬	磨配部分局部淬火，40~45HRC
	翻转支座与翻转块有磨配要求	45钢	镀硬铬	调质，28~32HRC
调整垫片	常规垫片	4Cr13	喷砂镀镍	主模型上需要表面处理
	有发黑要求的垫片	45钢	发黑	
耐磨片	建议厚度在3mm以上	4Cr13		调质，整体淬火，50~55HRC
铰链	铰链（主模型、四门两盖检具）	4Cr13		淬火，50~55HRC
定位块（与产品接触）	常规检具	45钢	镀硬铬/喷砂镀镍	
	主模型镶块（常规）	45钢	镀硬铬/喷砂镀镍	
	主模型镶块（薄壁最小壁厚≤2mm）	40Cr	镀硬铬/喷砂镀镍	调质，28~32HRC
	定位贴片（冲压检具、PCF）	Cr12MoV	镀硬铬	整体淬火，58~62HRC
	薄壁镶块（最小壁厚≤2mm）	40Cr	镀硬铬/喷砂镀镍	调质，28~32HRC
	卡扣（两片定位块有磨配要求）	65Mn	镀硬铬	调质，28~32HRC
检测断面样板	塑料件产品检具	6061/7075	喷砂亮光、阳极氧化	
模拟块	常规检具	6061/7075	喷砂亮光、阳极氧化	
	主模型模块	进口6061（门外板、窗框盖板）、6061、5083铸铝、主模型专用铸铝	—	
	钣金件检具	45钢	镀硬铬/喷砂镀镍	
	钣金件检具整体加工模块	BM5166/WB1600/RS460/RS470	按需喷漆	
	钣金件检具整体加工模块（低成本、技术要求允许）	DQ5166树脂	按需喷漆	
高频次检具（如零件100%全检检具）	定位块\定位销\检测销	Cr12MoV	镀硬铬	整体淬火，58~62HRC
	模拟块、断面样板	4Cr13	发黑	调质，氮化500HV0.3
	模拟块、断面样板	40Cr		调质，氮化500HV0.3
底板、框架	小型检具（底板最大尺寸≤600mm）	6061/7075/2A12	—	
	内外饰检具（仪表板、保险杠等尽量焊接钢框）	ZL104	表面喷漆	去应力时效
	钣金件检具	Q235A	表面喷漆	去应力时效
放置盒	尼龙	黑/白/蓝/绿色尼龙		

注：以上材料及热处理要求为常规标准。

(二)检具主要材料性能

在检具材料中应用较多的材料为铝合金、模具钢、高分子有机复合物等,使用最广的当数模具钢。一般的碳素结构钢、碳素工具钢、合金结构钢、合金工具钢、弹簧钢、高速工具钢、不锈耐热钢等都可作为模具钢。

1. 铝合金

重量轻和耐腐蚀是铝的两大突出性能,纯铝的密度约为 $2.7g/cm^3$,仅为铁、铜密度的 1/3;铝及铝合金的表面易生成一层致密、牢固的 Al_2O_3 保护膜,这层保护膜只有在卤素离子或碱离子的激烈作用下才会遭到破坏,因此具有良好的耐蚀性、较高的比强度和导热性以及在低温下能保持良好的力学性能等特点。铝合金可分为变形铝合金(又分为非热处理强化铝合金、热处理强化铝合金两类)和铸造铝合金。铝合金的分类见表3-2。

(1) 变形铝合金 变形铝合金又分为不可热处理强化型铝合金和可热处理强化型铝合金。不可热处理强化型铝合金不能通过热处理来提高力学性能,只能通过冷加工变形来实现强化,它主要包括高纯铝、工业高纯铝、工业纯铝以及防锈铝等。可热处理强化型铝合金可以通过淬火和时效等热处理手段来提高力学性能,它可分为硬铝、锻铝、超硬铝和特殊铝合金等。

(2) 铸造铝合金 铸造铝合金按化学成分可分为铝硅合金、铝铜合金、铝镁合金、铝锌合金和铝稀土合金,其中铝硅合金又有过共晶硅铝合金、共晶硅铝合金、单共晶硅铝合金,铸造铝合金在铸态下使用。

表 3-2 铝合金的分类

分类		合金名称	合金系	示例
变形铝合金	不可热处理强化型铝合金	防锈铝	Al-Mn	3A21
			Al-Mg	5A05
	可热处理强化型铝合金	硬铝	Al-Cu-Mg	2A12
		超硬铝	Al-Cu-Mg-Zn	7075
		锻铝	Al-Mg-Si-Cu	6061
			Al-Cu-Mg-Fe-Ni	2A70
铸造铝合金		简单铝硅合金	Al-Si	ZL102
		特殊铝硅合金	Al-Si-Mg	ZL104
			Al-Si-Cu	ZL107
			Al-Si-Mg-Cu	ZL105
			Al-Si-Mg-Cu-Ni	ZL109
		铝铜铸造合金	Al-CuZL201	ZL201
		铝镁铸造合金	Al-Mg	ZL301
		铝锌铸造合金	Al-Zn	ZL401
		铝稀土铸造合金	Al-Re	—

以下为一些铝合金的性能

(1) 2A12 2A12(原牌号为LY12)为铝-铜-镁系中的典型硬铝合金,其化学成分比较合理（表 3-3，2A12 化学成分比例），综合性能较好（表 3-4，2A12 力学性能）。这是一种高强度硬铝，可进行热处理强化，在退火和淬火状态下塑性中等，点焊焊接性能良好，用气焊和氩弧焊时有形成晶间裂纹的倾向；合金在淬火和冷作硬化后其可切削性能良好，退火后可切削性低；抗蚀性不高，常采用阳极氧化处理与涂漆方法或表面加包铝层以提高其抗腐蚀能力。该硬铝合金的特点是：强度高，有一定的耐热性，可用作 150℃ 以下的工作零件。硬铝合金 2A12 通常用来制造高负荷零件，比如飞机骨架、框隔、小型检具的底板、支撑架、模拟块等。

表 3-3　2A12 化学成分比例

牌号	化学成分/%								
	硅 Si	铁 Fe	铜 Cu	锰 Mn	镁 Mg	锌 Zn	钛 Ti	镍 Ni	铁+镍
2A12	≤0.5	≤0.5	3.8～4.9	0.3～0.9	1.2～1.8	≤0.3	≤1.5	≤0.1	≤0.5

表 3-4　2A12 力学性能

合金牌号	电导率 20℃(68°F) /S·m^{-1}	密度 /g·cm^{-3}	抗拉强度 (25℃) /MPa	屈服强度 (25℃) /MPa	硬度 500kg 力 10mm 球/HB	伸长率 1.6mm (1/16in) 厚度/%	最大剪应力 /MPa
2A12	30～40	2.78	472	325	120	10	285

（2）6061　6061 合金的主要元素是镁与硅，并形成 Mg_2Si，中等强度，具有良好的塑性和优良的耐蚀性。6061 属热处理可强化合金，具有良好的可成型性、可焊接性、可机加工性，同时具有中等强度，在退火后仍能维持较好的操作性。特别是无应力腐蚀开裂倾向，其焊接性优良，耐蚀性及冷加工性好，是一种使用范围广、很有前途的合金。铝合金（6061）参数见表 3-5。

表 3-5　铝合金（6061）性能参数

序号	检测项目	性能参数
1	抗拉强度	524MPa
2	屈服强度	455MPa
3	弹性模量	71GPa
4	硬度	150HB
5	密度	2.81g/cm^3

（3）7075　7075 属于铝镁锌铜合金，属于可热处理的超硬铝合金，有良好的耐磨性。7075 消除内应力后，加工不会变形、翘曲。合金的屈服强度接近抗拉强度，屈服比高，比强度也很高，但塑性和高温强度较低，宜作常温、120℃ 以下使用的承力构件，有较好的耐腐蚀性和较高的韧性。该合金广泛用于航空航天领域。

（4）ZL104　ZL104（ZAlSi9Mg）系铝硅镁锰系列四元合金，适用于铸造形状复杂、薄壁、耐腐蚀和承受较高静载荷及冲击载荷的大型铸件，如气缸体、气缸盖、检具底板、支撑架等，但是其工作温度不能超过 200℃。一般铸造方法为砂型、金属型、壳型和熔模铸造。该合金铸造性能好、流动性高、无热裂倾向、气密性高、线收缩小，但吸气倾向大，易形成针孔。它可热处理强化，退火、时效或回火温度在175℃±5℃，10～15h空冷。耐腐蚀性能好，可切削加工性能和焊接性能一般，室温力学性能见表3-6。

表3-6 ZL104力学性能

牌号	抗拉强度R_m/MPa	硬度/HB	伸长A/%
ZL104	≥195	≥65	≥1.5

2. 模具钢

模具钢按合金元素的含量一般分为碳素工具钢、低合金模具钢、高合金模具钢；按用途一般分为冷作模具钢、热作模具钢和塑料模具钢。

(1) Cr12MoV　Cr12MoV是高碳高铬莱氏体钢，属于冷作模具钢，适用于形状复杂、工作条件繁重下的各种冷冲模具和工具，如标准工具和量规、检测销、定位销、衬套等。Cr12MoV钢是在优质Cr12钢的基础上加入了Mo、V元素而降低了C元素含量。Cr12MoV钢材淬透性、淬火回火后的硬度、强度、韧性比Cr12高，直径为300～400mm以下的工件可完全淬透，淬火变形小，但高温塑性较差。普通淬火和回火热处理规范是：淬火温度1000～1050℃，淬油或淬气，硬度不低于60HRC；回火温度160～180℃，回火时间2h，或回火温度325～375℃，回火次数2～3次。

(2) SKD11　SKD11为日本工具钢牌号，其化学成分与Cr12MoV类似，属于在国际上广泛应用的空冷硬化热作模具钢。此钢易于车削，适宜制作锋利刀口、剪刀、圆锯、冷或热作修整模、精密规、形状繁杂的冷压工具、心轴等。它淬火性佳，淬火变形量少，具有较高的耐磨性，其优点是：①进行了真空脱气精炼，因此内部质量极为清洁；②机械加工性良好；③淬透性良好，空冷就能硬化，无需担心淬裂；④热处理变形非常小，淬火偏差极小，最适合有精度要求的模具；⑤耐磨性极为优秀，最适合用作锈钢或高硬材料的冲裁模；⑥韧性良好。其化学成分见表3-7。

表3-7 SKD11化学成分

牌号	化学成分/%							
	碳C	硅Si	锰Mn	铬Cr	钼Mo	钒V	磷P	硫S
SKD11	1.50	0.25	0.45	12.0	1.0	0.35	≤0.025	≤0.01

(3) 4Cr13　4Cr13是马氏体铬不锈钢，属于合金结构钢，其化学成分见表3-8，该钢机械加工性能较好，经热处理（淬火及回火）后，具有优良的耐腐蚀性能、抛光性能，较高的强度和耐磨性，该钢抗氧化性好，可在600～650℃长期使用，但是该钢的可焊性差，通常不作为焊接材料。4Cr13含碳量高（0.35%～0.45%），防水性能差，防酸能力几乎没有的不锈钢，由于空气和水的酸污染，此类不锈钢在很多场合都容易生锈，而且硬度较高，容易脆性裂断。4Cr13的热处理规范是：①退火，800～900℃缓冷或约750℃快冷；②淬火，1050～1100℃油冷；③回火，200～300℃快冷。

表 3-8 4Cr13 化学成分

牌号	化学成分/%						
	碳 C	硅 Si	锰 Mn	磷 P	硫 S	铬 Cr	镍 Ni
4Cr13	0.36～0.45	≤0.60	≤0.80	≤0.035	≤0.03	12.0～14.0	≤0.60

(4) NAK80　热作模具钢 10Ni3MnCuAl，代号是 NAK80，产于日本，是预硬耐蚀不锈钢塑料模具钢。该钢未加硫，具有良好的镜面加工性和放电加工性。经特殊熔炼生产，洁净度高，性能稳定。有很好的抛光性能与雕饰性，无须热处理，有良好的可加工性和较低的表面粗糙度，硬度分布均一。预硬化处理采用"热加工锻造成型→淬火→回火"三步法工艺流程。本预硬化处理工艺有效解决了模具钢预硬化处理时间长、生产效率低的问题。该钢具有良好的焊接性，在焊接部位硬度出现下降，焊接后经 500℃×5h 的时效处理和风冷后，焊接部位和热影响区的硬度均与基材的硬度相同。该钢经气体软氮化后，其表层硬度可达 750HV，可提高使用寿命。

(5) GCr15　高碳铬轴承钢 GCr15 综合性能良好。球化退火后有良好的切削加工性能。淬火和回火后硬度高而且均匀，耐磨性能好，接触疲劳强度高，热加工性能好，含有较多的合金元素，价格比较便宜。GCr15 钢是高碳铬轴承钢中使用和生产量最多的钢，被世界广泛采用。但是 GCr15 钢白点敏感性强、焊接性能较差。GCr15 钢具有高而均匀的硬度，良好的耐磨性，用于制作承受负荷较大的小截面调质件和应力较小的大型正火零件。

3. 高分子有机复合物

在检具材料中应用较多的高分子有机复合物是合成代木，代木是一种高分子有机复合物，它具有良好的抗压强度、耐冲击、耐高温、可塑性强、耐化学性；还具有易切削、易雕刻、不开裂、不变形等优点。代木可用 CNC 加工，制成各式各样的模型，并且模型不会因操作时所产生的高温高热等现象，造成缩水变形导致尺寸改变等问题，保证了检具制作时的高精准等要求。由于代木会热胀冷缩，所以必须有缝隙。加工聚氨酯代木模块的毛坯时选用刃口锋利、前角大的刀具快速进给，高转速切削，切削深度可以取铝合金切削参数的 5～8 倍。切削时加强排屑，避免聚氨酯代木屑堆积。聚氨酯代木可以通过粘接修补而且不影响性能，并可以在加工中任何时间段进行更改或修补。型面采用可加工树脂材料，要求组织致密、均匀、无裂缝、夹生。经过加工后的型面光顺、无麻点，每 $100cm^2$ 内的气孔不得多于 3 处，气孔不得大于 0.5mm。

代木一般按照材料形态可分为环氧代木（固态）和糊状代木两种。环氧代木根据材料的成分可分为 BM5166、RP460 等，环氧代木一般用作实心检具，检具外形不能太大；糊状代木一般由两部分组成，包括环氧树脂（白色）和固化剂（红色）。糊状代木是利用特殊的树脂混合形成化学代木，这样既可以制作检具的雏形，同时又节约了大量的材料，另外检具出现破损或调试时，也经常使用糊状代木修复。糊状代木既可以降低材料成本，又适合 CNC 加工，在检具制造过程中扮演着重要角色。鉴于使用起来没有固态代木操作方便，机械加工性能不佳，糊状代木一般用于检具维修材料，也可用于大型空心检具。代木材料的性能参数见表 3-9。

表 3-9 代木材料的性能参数

牌号	状态	密度/g·cm⁻³	硬度/HBA	热胀系数/10⁶℃	热变形温度/℃	颜色
460	块状	0.77	64	50～55	104	棕红色
470	块状	1.7	85～90	40～45	75～80	青色
5166	块状	1.7	85～90	45～50	75～80	米黄色
7156	块状	1.4～1.5	80～85	40～45	85～90	米黄色
TB2075A/B	糊状	0.96	75	30	95	

第三节 检具典型零件的制造工艺

检具的种类较多，每种检具的加工制造方法各异。加工制造方法的选择与检具要求的精度、制造工艺密切相关，也需要结合现场的加工条件。每一种加工方法均有其合理的使用范围，工艺人员要综合考虑被加工零件的表面形状、尺寸范围、材料硬度、可达到的经济精度、表面粗糙度、加工效率及费用等因素，选择最佳的加工方法。加工时常采用切削效率较高的铣床、车床、磨床及较先进的加工中心等机床进行加工，检具成型表面从大的分类上可分为有屑加工和无屑加工，后者还包括各种材料的精密铸造等方法，前者则主要包括各类金属切削机床的切削加工和利用电、超声、化学等能量的特种加工方法。

一、铸铝底板的加工

（一）铸铝底板的结构特点

铸铝底板为承力部件，是整副检具的安装基础，它是检具的测量基准面，也是检具或其他零件加工装配时的基准面，如图 3-1 所示，外表面强度好、硬度高、耐磨性好。铸铝

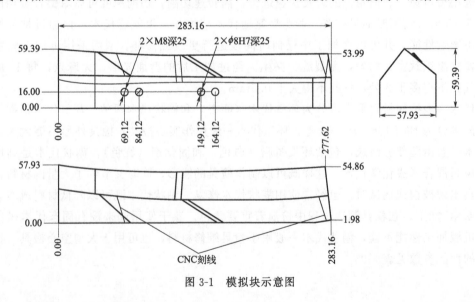

图 3-1 模拟块示意图

底板主要用于大中型检具，稳定性和可靠性好，其铸造和生产加工周期长。铸铝底板不允许出现裂纹，在外观面不允许出现气孔和砂眼，非机械加工外观表面须打磨或喷丸处理，表面粗糙度 $Ra12.5\mu m$。某些底板为了减重，其背面会设置减重槽，在减重槽粗加工完成后进行一次自然状态下的时效处理，释放切削产生的内应力，以保证最终精加工后底板尺寸的稳定性。

（二）技术要求

其主要加工为底板表面的光面加工、孔加工、周边的基准边加工、百位线和标识加工。铸铝底板的一般制造技术要求如下：

① 底板零件安装面平面度要求为 0.05mm/1000mm，0.10mm/1000～2000mm；

② 底板上下两面平行度要求为 0.10mm/1000mm，0.20mm/1000～2000mm；安装面、零位面长边、零位面短边（零位角50mm范围内）之间相互垂直度为 0.02mm/1000mm；

③ 销钉孔位置度为 ±0.05mm/300mm 内，±0.10mm/1000mm 内，±0.12mm/2000mm 内，±0.15mm/2000mm 以上；

④ 螺钉孔位置度为 ±0.30mm，相邻螺钉孔（300mm 范围内）相对位置度 ±0.25mm/300mm；

⑤ 其他机加工尺寸未注公差要求为 ±0.5mm；

⑥ 底板刻线、刻字，宽 0.3mm，深 0.5mm，刻线位置公差 ±0.2mm，不允许手工刻线、敲钢印；

⑦ 安装基准 A 面 $Ra1.6\mu m$、零位基准的表面粗糙度 $Ra3.2\mu m$；

⑧ 销钉孔内壁的表面粗糙度 $Ra1.6\mu m$；

⑨ 其他机加工表面（含倒角面）粗糙度 $Ra3.2\mu m$；

⑩ 螺纹孔必须保证螺纹牙完好，不能有明显裂纹；

⑪ 所有孔口必须倒角处理，孔径≤4mm，倒角 $C0.5$，4mm＜孔径≤10mm，倒角 $C1$，孔径＞10mm，倒角 $C2$；

⑫ 底板四角倒角尺寸为 $C10$，其他上下面等四周棱线边倒角尺寸为 $C3$；

⑬ 底板上不得有明显磕伤、划痕，尤其安装基准面、零位基准面不得有磕伤、划痕。

（三）加工工艺

为了提高工作效率，在加工底板表面时根据底板大小选用刀具半径较大的盘刀，刀片选用刃口锋利的无涂层专用铝用切削刀片。因为铝的比热低，切削时容易产生热量，应喷淋切削液带走表面热量保护表面，避免因发热加速氧化。铝合金底板加工制造流程为：

（1）底板的铸造

（2）CNC 开粗　两平面光出（两平面没有浇铸面即可），支撑脚平均高度需注意。

（3）时效处理　自然时效，放置24h，释放开粗应力。

（4）CNC 精加工

① 先光平面底部支撑脚；

② 翻过来将正面光出；

③ 压板压好后将基准角和基准边铣出；

④ 底板安装面周边加工到位；

⑤ 底板上所有孔按照三维数模加工到位，控制公差；

⑥ 最后松开压板，进行精光面加工，去除打孔、翻边、刻线、刻字毛刺，并控制平面度公差。

（5）QC 检验

二、模拟块的加工

（一）模拟块的结构特点

底板是检具的安装基础，模拟块是检具的主体，是待检测零件安装、检测的核心。因检具类型不同，常规的中小型检具模拟块采用 6061T6 铝合金作为模拟块主材；中大型检具，尤其整车检具，根据汽车零件随形设计，外围零件比较大，为节约成本，采用 ZL104 铸铝作为模块主材；汽车顶棚车仓地毯等材质较软的毛毡类零件检测时因对检具磨损小，目前新兴材料聚氨酯代木凭借密度低以及性价比高等优点，广泛应用在这类结构大且待检测产品柔软的检具中。图 3-1 为模拟块示意图。

（二）技术要求

模拟块的一般制造技术要求如下：

① 安装面、零位面长边、零位面短边相互垂直度为 0.02mm/100mm，0.04mm/200mm，0.05mm/300mm；

② 销钉孔位置度要求为 ±0.07mm/200mm 内，±0.10mm/500mm 内；

③ 模拟定位块零件的定位面轮廓精度（−0.02～+0.05mm）/500mm 内；

④ 模拟检测块零件的检测面轮廓精度（−0.05～+0.10mm）/500mm 内；

⑤ 有 2 个以上销钉孔的任一功能面相对零位基准的尺寸公差 ±0.02mm；

⑥ 螺钉孔的位置度 ±0.3mm，同一个面的螺钉孔的相对位置度 ±0.25mm；

⑦ 有 H7 级公差的销钉孔（长度 ≥25mm），要求相对零位基准面的平行度为 0.03mm 及垂直度为 0.03mm，或者角度公差 ±0.1°；

⑧ 其他机加工尺寸未注公差要求为 ±0.2mm/200mm，±0.3mm/200～400mm，±0.5mm/400mm 以上；

⑨ 基准面、销钉孔内壁的表面粗糙度 $Ra1.6\mu m$；

⑩ CNC 加工曲面、公差 ≤±0.15mm 的功能面表面粗糙度 $Ra1.6\mu m$；

⑪ 其他机加工表面（含倒角面）粗糙度 $Ra3.2\mu m$；

⑫ 螺纹孔必须保证螺纹牙完好，不能有明显裂纹；

⑬ 所有孔口必须倒角处理：孔径 ≤4mm，倒角 $C0.5$，4mm < 孔径 ≤10mm，倒角 $C1$，孔径 > 10mm，倒角 $C2$；

⑭ 零件尺寸 ≤10mm 以内须去毛刺、倒钝，零件尺寸 > 10mm 以上直边均须倒角处理，倒角尺寸为 $C0.5$～$C1$（各处须均匀），$C1$ 以上的功能倒角（如避让）尺寸见图纸要求；

⑮ 钢印不允许在基准面上及在公差 ≤0.05mm 的功能面（定位、检测）上；

⑯ 零件其他标识刻字、功能刻线位置按图纸要求，线宽 0.3mm，线深 0.2mm；

⑰ 零件不得有明显磕伤、划痕,尤其安装基准面、零位基准面不得有磕伤、划痕;
⑱ 模拟块的功能曲面周边圆角、倒角处理均须 CNC 加工,不允许手工修边。

(三)加工工艺

(1) 备料　锯床,毛坯尺寸:287mm×61mm×63mm(已放余量)。
(2) 开粗　铣床开粗:铣床加工六面体,长宽高各放留 0.3～0.5mm 余量,控制垂直度 0.1mm。
(3) 精磨　磨床精磨基准面,控制垂直度、平行度 0.02mm。
(4) 精铣　铣床精加工所有孔位,控制公差。
(5) CNC 加工　CNC 精加工型面,控制公差 0.02mm。
(6) 表面处理　表面处理:白色阳极氧化。
(7) QC 检验

三、基准球的加工

(一)基准球的结构特点

基准球作为测量基准,功能面有较高的表面粗糙度要求,而且垂直度要求严格。图 3-2 为基准球。

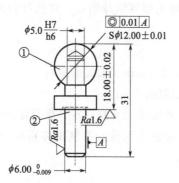
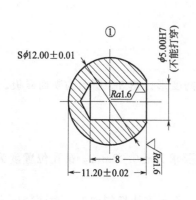
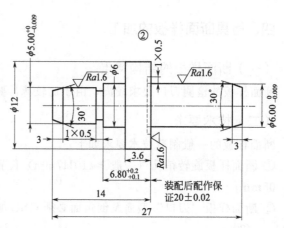

图 3-2　基准球

（二）技术要求

基准球的一般制造技术要求如下：

① 零件功能段（定位、检测）相对于导向段基准的同心度要求为 0.015mm；

② 功能尺寸（定位、检测、导向）长度直径比＞10∶1 的零件直线度要求为 0.01mm；

③ 零件导向段、功能段（定位、检测）表面粗糙度要求为 $Ra0.8\mu m$；

④ 其他机加工表面（含倒角面）粗糙度 $Ra3.2\mu m$；

⑤ 零件棱线必须倒角处理（图纸要求不倒角除外），轴径≤5mm，倒角 $C0.5$，5mm＜轴径≤10mm，倒角 $C0.8$，轴径＞10mm，倒角 $C1$；

⑥ 零件导向段＜45°的倒角，不允许出现尖角棱线，须圆角过渡处理；

⑦ 成品零件不允许在导向段、功能段（定位、检测）上刻字，无手柄的零件须装在透明袋流转；

⑧ 轴类零件须保证两端的顶针孔完好；

⑨ 零件表面不得有明显磕伤、划痕。

（三）加工工艺

(1) 仓库领取标准钢球。

(2) QC 检验　按照图纸检验钢球球面精度是否合格。

(3) 磨床　磨床精磨销边到位。

(4) 铣床　铣床借助工装加工标准钢球销孔，并控制公差。

(5) 表面处理　镀硬铬。

(6) 车床加工

① 下料件①毛坯：$\phi12mm\times27mm$（未放余量）。

② 将标记①处尺寸精加工到位。

③ 车床将件①、②组装，并使用厌氧胶固定，保证牢固可靠。

④ 借助工装，将②处尺寸精加工到位，控制整体精度公差，加工时注意避免零件旋转，防止镀铬的钢球表面划伤。

(7) QC 检验。

四、检具断面样板的加工

（一）断面样板的结构特点

断面样板的检测刀口要求较高，由于比较薄，要预防变形。图 3-3 所示为断面样板。

（二）技术要求

断面样板的一般制造技术要求如下：

① 断面样板旋转销孔（一般≥$\phi10H7mm$）位置度要求为±0.02mm，销孔位置度为±0.05mm；

② 断面样板"刀口"型面及倒角面必须 CNC 加工，不允许线切割加工，型面精度±0.03mm/200mm；

③ 断面样板配合面相对旋转销孔的 200mm 以内区域的平面度要求为 0.02mm；

④ 断面样板厚度，有磨配要求厚度公差为 $-0.01\sim 0$ mm，无磨配要求厚度公差为 ± 0.05 mm；

⑤ 断面样板两侧面的粗糙度 $Ra0.8\mu m/400$ mm，$Ra1.6\mu m/400$ mm 以上，销孔内壁表面粗糙度 $Ra1.6\mu m$；

⑥ 其他机加工表面（含刀口倒角面）粗糙度 $Ra3.2\mu m$，不允许有明显线切割纹路；

⑦ 断面样板零件倒角尺寸为 $C0.5\sim C1$（各处须均匀），$C1$ 以上的功能倒角（如避让）尺寸见图纸要求；

⑧ 仅零件号允许手工敲钢印（不允许电笔手工刻），钢印不允许造成面"凸起"或磨削去除；

⑨ 断面样板零件其他标识刻字、功能刻线位置按图纸要求，线宽 0.3mm，线深 0.2mm；

⑩ 零件不得有明显磕伤、划痕，尤其安装基准面、零位基准面不得有磕伤、划痕。

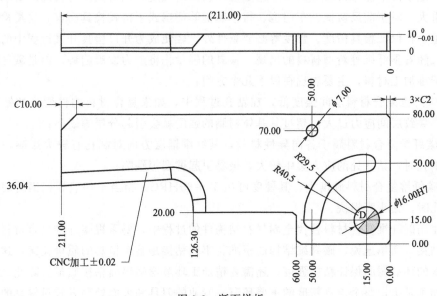

图 3-3　断面样板

（三）加工工艺

(1) 锯床加工　毛坯尺寸：211mm×80mm×10mm（长宽高放 3mm 余量）。

(2) 铣床加工　铣床加工六面体，控制垂直度 0.1mm，所有倒角加工到位。

(3) 磨床加工　磨床精磨基准面与厚度公差，控制垂直度、平行度 0.02mm。

(4) 铣床加工　铣床精加工俯视图旋转销孔与过孔，控制公差。

(5) 线切割　线割俯视图弧形槽到位。

(6) CNC加工　CNC加工刀口与型面，控制公差 0.02mm。

(7) 表面处理　镀硬铬。

(8) QC检验。

第四节 碳纤维检具的加工

碳纤维是一种兼具碳材料高抗拉强度和纤维柔软可加工性两大特点的新材料,是新一代的增强纤维。它的密度不到钢的 1/4,但抗拉强度却是钢的 7~9 倍;与传统的玻璃纤维相比,杨氏模量(指表征在弹性限度内物质材料抗拉或抗压的物理量)是其 3 倍多,而且在有机溶剂、酸、碱中不溶不胀,耐腐蚀性强。总之碳纤维是一种十分重要的结构材料,具有高比强度、高比模量、质轻、耐高温、耐腐蚀、耐疲劳和热胀系数小等一系列优点,正是由于兼具优异性能,碳纤维在国防和民用领域有广泛的应用前景。

在碳纤维材料没有应用于检具之前,铝合金、钢材、树脂等材料是检具的主要材料,虽然在一定条件下能保持较好的尺寸稳定性和较高的强度,但对温度有较高的要求,并且材料比重大,对于前风窗框、车门框、行李厢框等便携式手持式检具而言,这类检具显得比较笨重。在保证检具精度、强度等必要条件外,轻便成为开口检具开发过程中的重要影响因素。随着碳纤维等新型材料的出现,检具的轻量化将成为发展趋势。但是碳纤维复合材料属于难加工材料,主要表现在以下几个方面:

① 碳纤维复合材料层间强度低,在钻孔过程中,如果复合材料构件所受的钻削轴向力过大,导致层间应力过大,超过其基体树脂的强度就会引起分层等缺陷;

② 碳纤维复合材料属于各向异性材料,其纤维铺层方向对制孔有较大影响,特别是单向板制孔时,钻孔处的应力集中较大,极易引起劈裂等缺陷;

③ 碳纤维复合材料硬度大,其硬度可达 53~65HRC,相当于一般高速钢的硬度,因此在钻孔时,钻头磨损快。

在使用碳纤维复合材料替代金属材料结构件的过程中,要重视碳纤维复合材料与检具整体的粘接,简单地说,碳纤维结构的精准、牢固粘接是整个检具的质量关键,这不仅需要高强度的环氧树脂保证粘接强度,还需要精加工环节增强界面粘接质量。除此之外,后期数控加工是决定整个检具精度的重要环节,专业的刀具和表面处理方式对检具的精度以及表面质量的影响都很大。

(一)检具结构及工艺性分析

根据检具本身性能及轻量化的需要,汽车前风窗框检具以碳纤维材料为主材料制作骨架,并在骨架上粘接用于安装检测块的安装平台,并以此为基础,将检测块固定于安装平台上,实现整副检具的检测功能。

在工艺方面,碳纤维骨架的精准牢靠粘接是整副检具的关键,所以每根碳纤维管在根据图纸要求准备料的同时,还应配用高强度环氧树脂用于粘接,确保粘接强度。同时为减少钳工调试工作量,保证检具的整体精度,各检测块单独粗加工后统一装配到骨架上,并通过数控加工中心一次加工成型。

(二)工艺流程

工艺流程:备料及粘接前准备→骨架粘接固化→骨架数控加工→钳工装配→检具整体

数控精加工→三坐标测量机检测。

1. 备料及粘接前准备

碳纤维的整体框架制作，具体工艺可分为三部分：①管架的搭接；②碳纤维连接板与加强板的粘接，基准块和安装块的粘接；③检查。

根据图纸要求裁剪出长度适当的碳纤维管，在每根碳纤维管粘接处外围用打磨机修磨掉其光滑表面，使其表面粗糙，以便增强附着力，保证粘接效果，此外根据图纸要求，还要裁剪用于支撑碳纤维管的碳纤维板以及用于加强碳纤维管强度的碳纤维布条若干作为备料。碳纤维连接板与加强板是把每个小板拼图，用整块合适厚度的碳纤维板，上 CNC 机床一次性切割成型，外形公差保证在±0.2mm 范围内。如图 3-4 所示。

根据设计尺寸备好碳纤维管料，长度根据设计尺寸分别做到位，每一个搭接关节处需做一个接头（接头采用模具成型），然后通过接头把每根管子进行拼接，再用胶水加固。如图 3-5 所示。

图 3-4　碳纤维连接板和加强板的加工

2. 骨架的粘接固化

除准确裁剪出碳纤维管的长度外，碳纤维管的粘接也是整个骨架质量的关键之一。选择平整的工作台，按照从内到外、从小到大的顺序搭接骨架底面和骨架底面上的加强块以及用于安装检测块的安装平台。先固定整个骨架，将之前调制好的高强度环氧树脂均匀涂抹于各粘接处，待树脂固化后再搭建骨架大平面以外的加强支架，确保整个骨架准确地固定在一起，整个骨架牢固后应对其进行完善，去除溢出的树脂，修磨粘接表面，部分无加强块的管与管锐角粘接处应用碳纤维布仔细缠绕，以增加强度，不可有开裂和脱落现象。

(a) 接头　　　　　　　(b) 接头模具　　　　　(c) 拼接示意图

图 3-5　管架搭接结构

（1）主框架的粘接定位　将各个零件与主管框架通过工装定位，找到正确的位置，然后用胶水粘接固定，方法如图 3-6 所示。

（2）检测块粘接方式　检测块是根据型面放余量用糊状代木粘接在连接板上面成型的，糊状代木的具体配方为：树脂、金属粉、环氧树脂、固化剂按一定比例组成。具体方法是：先用一个靠板按照预先刻好的线位置固定，然后用一个方盒做型腔，把糊状代木灌进去，等凝固后，把盒子拆掉。成型后的糊状代木不能有气孔，要保证 2mm 以上的余量，配方比例要稳定，颜色一致。如图 3-7 所示。

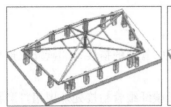
(a) 框架在工装上的定位

(b) 小零件在工装上的定位

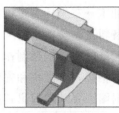
(c) 粘接定位

图 3-6　主框架的粘接定位

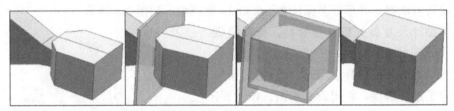

图 3-7　检测块粘接

3. 数控加工

对于完善后的碳纤维骨架，应对整体进行数控加工，加工出整个检具的精基准，精加工所有安装平面以及安装平面上用于安装定位块的螺钉孔、销孔底孔，以便安装检测块。

加工时应在碳纤维骨架正反安装面反复加工安装平面，减小粘接时留下的误差量，确保纤维骨架正反两面的安装平面平行，然后固定骨架，加工骨架的基准边、基准孔以及螺钉孔，销孔只需加工底孔。待整体数控精加工完成以后，通过三坐标检测无误后再与检测块上的销钉孔一起手动加工，此外，还需单独粗加工各检测块以及检测块上的螺钉沉孔、销孔底孔。

4. 钳工装配

为便于安装并确保检具的精度和美观，需通过钳工对碳纤维骨架以及各检测块去毛刺、倒角、攻螺纹等，还需根据图纸要求在骨架上安装各定位块，并用六角平头螺钉锁紧予以初定位，为数控精加工做准备。

5. 整体数控精加工

碳纤维框架的加工类似于翻砂件的加工，要预先通过试余量的方法修出加工基准，再以修出的基准加工所有型面。

(1) 试刀确定修出加工基准　首先，利用 CAM 软件以设计好的基准为零点，根据碳纤维连接板的边缘线画出试刀刀路，如图 3-8 所示，操作工利用框架上的 4 个基准块，在下面垫等高块初步找正装夹，走试刀程序，检查余量是否均匀，如果发现余量落差比较大，那么通过偏坐标或微调工件的装夹，使余量调到均匀，然后打硅胶固定，把精基准修出。

(2) 加工型面、打孔、刻线　首先，以修出的精基准找正装夹，可根据工件的跨度距离，适当增加辅助支撑点，确保在加工时不会震刀，工件不会动、掉，然后以其中的 1 个固定的基准角分中、对零，加工所有的型面、孔、刻线、刻字。如果是两工位加工，为了减少误差，基准要选用同一个角分中、对零。为保证检具的最终加工精度和表面质量，精

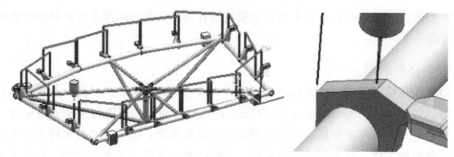

图 3-8　试刀确定修出加工基准

加工过程中采用专用切削精油润滑刀具和工件表面,并以喷油雾的方式对检测块进行冷却,刀具选用大前角鳞片端球头铣刀,转速达 10000r/min,且配以 0.1mm 的切削间距,精加工后检测块表面粗糙度值可达 $Ra1.6\mu m$。

6. 三坐标测量机检测

首先检查框架的外观、材料、粘接的牢固性,其次检查所有粘接块的相对位置偏差与需要加工面的余量。外观除了后续需要加工的都要经过喷光油处理,粘接处不能出现裂痕。

精加工后的汽车前风窗检具还需三坐标测量机进行检测,以碳纤维骨架上加工好的测量基准为实际测量基准,对支架上的每个检测块依次进行检测,对尺寸超差的检测块进行调整,并依次进行铰孔,装入销钉以固定检测块,所有检测块检测完成后整体复测,确保每个检测块均在公差范围之内。最后,要在检测块上贴好检具使用时检测块与零件之间的理论间隙值标签,做好铭牌工作,这样,一副完整的以碳纤维为材料的轻量化汽车检具就完成了。

第五节　功能主模型检具——车门模块的加工

汽车功能主模型检具是根据汽车外形 CAD 数据制成的标准车身检具,主模型检具中的主要标准件模块有前保险杠、发动机盖、翼子板、前后门、后备厢以及后保险杠等。这些标准件模块存在许多复杂的曲面,厚度远小于长宽尺寸,平均厚度 4mm,局部区域只有 0.8mm,是典型的大型复杂形状薄壁件,具有刚度差、强度低、易变形的特点。在加工中受夹紧力、切削力、切削热等因素的影响,极易产生翘曲变形和震动,从而影响其尺寸精度、形位精度及表面粗糙度。标准件模块是主模型检具的关键部件,其技术性能要求较高,制造加工难度大。

主模型检具根据制造特点主要分为两类:

(1) 铸造型　主模型检具中的大型部件主要是铸造而成,其技术难度体现在铸造和加工两个方面。铸造的结构复杂、壁薄、加强筋多、工艺基准多;其加工部位主要集中在部件表面,内腔处理较少,相对而言,制造难度稍低。

（2）整体型　整体型是指所有涉及主模型检具的部件全部采用整块铝材抠挖而出，其制造难度高。

（一）材料选择

发动机盖和后备厢模块作为整体件加工时，因为结构问题难以拼接，只能采用超大超厚的材料。对于尺寸约为 1400mm×1200mm 的工件，最薄处可能仅为 3~5mm 时，工件加工后变形量大，虽可采用适当的热处理方式降低变形量，但如果基材选择不合理，只会增加材料费和加工费，且使制造周期延长。当前，欧美车型主要采用铝件，而日本车型则采用树脂材料较多，因为欧美车型更新换代频次较低，而日本则频次很高，树脂材料方便修改和加工，另外，铝材较重，不便于使用和操作，而树脂材料较轻，操作工操作简单，但使用铝材不易变形，而树脂每年变形 0.02mm，国内目前采用铝材的较多，两种材料的优缺点对比如表 3-10 所示。综合考虑以上几点，材料一般会选择 6061/7075 铝合金型材。也有检具制造商选择树脂和铸铝（ZL104），这个需要根据实际情况合理选择。

表 3-10　检具材料优缺点对比

项目材料	航空铝	树脂
设计难度	高	低
制作难度	高	低
耐磨性	耐磨	不耐磨，易损坏
外观	美观	不美观
寿命	8 年	3 年
投资	前期投资大后期维护费用低	前期投资少后期维护费用高
日常维护	简单	复杂

（二）车门模块的加工难点

① 车门模块形状复杂，某些局部厚度在 1mm 以内，外形尺寸和加工余量较大，刚度差，无固定的定位基准，加工时容易产生变形、翘曲等现象，加工工艺差，加工精度难以控制。

② 车门模块由整块铝合金经整体切削而成，加工部位多，由于较大的切削力、切削热和机械振动等因素的影响，易发生加工变形。

③ 车门模块正反两面的加工要素多，各要素之间具有较高的位置精度要求，由于加工基准的不同，会产生加工误差。

④ 车门模块的材质具有较低的屈服应力和杨氏模量，整体加工时易产生积屑瘤，会出现较大的弹性恢复。

（三）加工设备的选择

与普通机加工一样，结合汽车匹配主模型的精度要求，主模型检具的加工也分粗加工、半精加工、精加工和清根等几个步骤，在粗加工与半精加工过程中，采用刚度好、功率大的三轴数控机床进行加工，但当被加工工件深度超过 400mm 时即便使用非常好的三轴机床和切削刃具，Z 轴（即深度方向）还是很难保持刚性，且还有许多清根的部位需要小直径的刀具完成。因此，在精加工车门这类主模型检具的大型薄壁工件时，必须采用合适的大型五轴数控机床进行定轴整体加工，保证精加工时一次装夹，可加工到所有部位，保证了模块各部位之间的位置精度，并采用少背吃刀量轻切削的高速加工方法，以控制精加工时产生的变形量。

（四）工艺路线的制定

车门模块的工艺方案设计至关重要，只有合理地进行工艺设计，严格制定各项技术要求，制造过程中利用先进的加工和检测手段，才能保证制造出高精度的模块，以保证主模型的后续应用。如图 3-9 所示为车门模块。

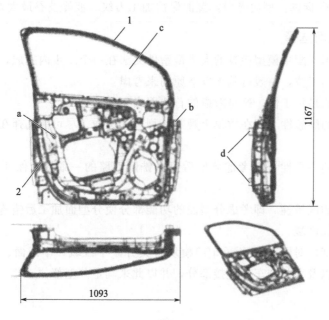

图 3-9　车门模块
1—窗框；2—车门本体；a,b—基准孔；c—中空部分；d—安装台

工艺路线决定了该部件所需材料的大小和加工周期，常用的工艺路线主要有斜放基准方式和平置基准方式。如果基准面是平置方式，其加工方式要容易许多，可采用盘铣刀通过粗、精铣削加工而成。然而一旦采用斜放基准方式，由于需采用层切的方式加工成型，所以加工难度大且难以保证平面度，对于这种方式，基准面粗加工时通常利用三轴机床加工，精加工时则使用五轴机床采用法向加工的方式，可保证平面度在 0.02mm/1000mm 以内。

车门模块包含门内板、门外板两部分。主要用于匹配门防雨条、门限位器、门锁、门线束、门外拉手、门摇机、门玻璃、外后视镜、门框内饰盖、门玻璃导槽、门 B 柱饰板、门内饰板等零件。其加工过程分为粗加工、半精加工、精加工和清根等几个步骤，由于在加工后容易产生残余应力，导致翘曲变形，甚至因加工余量不足，造成模块报废，所以需在工序间穿插适当的热处理工艺以消除加工后的内应力。机械加工工艺过程如下：粗加工—自然时效处理—整修粗加工基准平台—半精加工—自然时效处理—整修粗加工基准平台—半精加工—自然时效处理—整修精加工基准平台—精加工—三坐标测量—二次精工—三坐标测量—装配。

车门模块主要技术要求如下所示。

(1) 总体要求

① 模型型面平整光滑，轮廓清晰，可准确真实反映设计结构。

② 模型尺寸稳定性好，便于长期存放。

③ 模型骨架应有足够的刚度和强度。

④ 需设置测量复位基准点，便于装配检测。

(2) 分块模型及装配要求

① 模型型面上无裂纹、气泡、印痕和碰伤等缺陷。

② 轮廓线清晰挺拔，型面光滑，型面保留加工刀纹（波峰波谷最大差值 0.03mm）。

(五) 分型面选择

由于面向汽车匹配主模型检具的大型薄壁件无法在一个工步内完成，分型面的选择决定了车门板加工的工位，一般可基于以下原则来考虑：

(1) 分型面的易加工性　这是考虑的首选因素。

(2) 分型处的隐蔽性　即在数模上观察其型面的交线，尽可能选择在棱角处，这样保证分型面不显现。

(3) 分型面的一贯性　即考虑分型后刀具铣削刀路的一致性，保证加工表面的整体质量。

(4) 分型面的区域性　即考虑分型面的功能部分使分型面加工后错落有致，能体现同一零件的不同功能区域。

基于上述原则，对图 3-10 所示车门模块将其分 4 个区域，车门面、车窗部分、车门与车窗连接部分以及车门与车身连接部分，并以此来确定分型部位。

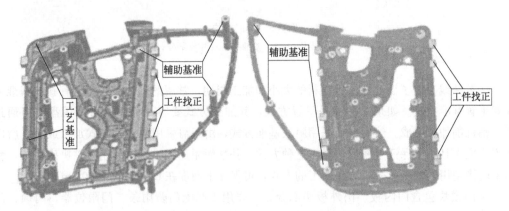

图 3-10　带有辅助基准的门内板

(六) 辅助基准选择及原则

在加工车门模块的时候，由于选用的是斜放基准的工艺路线，车门自身的工艺基准已不能满足加工的需要，需添加辅助基准使加工能顺利进行。在此过程中，可制作简易专用夹具，多处增设支撑，可有效增强薄壁处的加工刚度，提高大型薄壁件在加工中的稳定性，从而控制其在加工后的变形量。从图 3-10 可以看出，其中增加了许多圆柱形的辅助基准以及方形的工件用以找正基准。

1. 增加辅助基准

辅助基准的增加，主要是为了便于加工，因此其设计和选用一般应遵循以下原则：

（1）可加工性 辅助基准一般是在粗加工阶段产生的，在粗加工阶段采用三轴机床加工，这样就必须使辅助基准容易加工，要有良好的可加工性。

（2）放置原则 辅助基准是工件不需要的部分，在放置时应尽量使其对工件的影响最小，一般要求辅助基准放置在工件厚度较厚的地方，这样在去除基准时其对工件的影响最小，有时候甚至可以放在工件外部或某些便于加工的特征体上（如原有的工艺基准），另外还应注意尽量不要放在曲面上，而要放置于平面上。

（3）稳定性 辅助基准的作用主要是用于固定工件，使工件方便加工，因此工件的稳定性非常重要，基准应尽量拉开，均匀分布。

（4）易装夹 由于工装夹具的一些局限，在设计辅助基准时应注意尽量满足工装夹具的要求。

2. 合理分配辅助基准

辅助基准不是产品所需，在加工进行到最后一步，需将其清除。去除辅助基准需利用原有的工艺基准，对于车门模块，应先利用外侧的辅助基准固定车门，去除内侧多余基准，再通过内侧原有的工艺基准，去除外侧的辅助基准。

3. 工件找正选择

由于选择了辅助基准，加上原有的工艺基准，在加工门内板时就有 2 套基准，原有的工艺基准所在的坐标成为汽车坐标系，产品数模中使用的是该坐标，但在加工时，所使用的是辅助基准所确立的坐标系，与汽车坐标系不同，可称为加工坐标系。为了让设备能确定新的坐标系位置，需要对工件进行找正，在各向加工出一个辅助基准面，从而使设备能够定位。最后，在精加工去除辅助基准后，回归到汽车坐标系下。切削温度控制与刀具的选择如下。

（1）切削温度控制 切削温度对加工影响较大，为控制切削时温度对加工变形的影响，将精加工放在恒温的加工车间，切削液采用油质切削液，加工时瞬间温度控制在 30℃以下，以免材质瞬间氧化，从而控制加工变形。

（2）刀具选择 在模块加工中，合理的刀具角度对切削力的大小、切削热变形、表面粗糙度都至关重要，一般采用整体合金的圆角铣刀，此类刀具特点是：①超细晶粒硬质合金基体；②采用 45°螺旋角，且为了增加排屑空间，常用 2 刃或 4 刃铣刀；③独特底刃圆角设计，刀柄短，增加切削强度，刃口极其锋利，以减少挤压加工，以免产生发热变形；④精加工或侧壁加工时都必须采用锋利的铝合金专用硬质合金球头刀或立铣刀。

（七）粗加工

粗加工时以效率为主，优先选用大直径刀具，快速去除多余材料。以 50R3 的刀片式粗加工刀具为例，切削宽度可以设置为刀具净切削尺寸的 80%，为了实际安全取 32mm，Z 进刀量可以设置为 4～5mm，主轴转速为 1800r/min，进给速度为 3500mm/min，为避免切入时冲击力太大,刀具切入材料时采用轮廓外斜向切入。因为刀具是刀片式,刀具底端刀片以外区域为刀具切削盲区,所以在加工型腔类区域时,为避免刀具盲区和材料碰撞,应设置盲区筛选值,盲区筛选值一般在刀具直径的 1.6 倍以上。设置了盲区筛选值后,小于 1.6 倍刀具直径尺寸的型腔区,刀具不进行加工,避免刀具盲区刀具切削不充分和加工材料碰撞,没有加工的盲区是半精加工的主要加工内容之一。数模型面上有较多圆弧角,在粗加工时,有些圆弧角半径小于刀具半径,为避免切削时刀具拐弯处切削阻力的突变,在这些小圆弧角区域采用 3~5mm 的圆弧拐角过渡,或者增加辅助造型,使数模型面上的圆弧半径大于刀具半径,粗加工刀具经过这些拐角时会有圆弧过渡。以 50R3 牛鼻开粗铣刀为例,在辅助造型时,设置 1 个半径大于刀具半径的圆弧面(如 $R28mm$),以保证刀具在拐角处切削方向不会突变,减少由于刀具挤压对型腔侧壁造成的冲击,这种刀具路径能保证型腔侧壁不会过切,延长刀片使用寿命,节约加工成本。因铝合金硬度低、黏性大,为避免铝屑粘在刀片上,增加切削阻力、影响切削,粗加工时应采用切削液淋浇刀具切削区域,既能润滑刀片避免铝屑黏结刀片,还可以冲掉铝屑,带走切削产生的热量,避免散热不及时导致零件温度过高,造成零件变形。

为提高材料的利用率与开粗的加工效率,也减少因大区域余量铣削造成不必要的材料变形,采用电火花切割机床进行毛坯切割。首先分别将模块正反两面开粗,第一次开粗加工后正反两面各留 5mm 余量,然后进行自然时效(大约 1 周),释放加工产生的内应力,再次对正反两面二次粗加工,两面各留 3mm 余量。由于车门模块为自由曲面,表面无平面可作为定位基准,所以正反两面粗加工时均要预留精基准平台和用于吊装和支撑的支撑平台。

(八)自然时效处理

粗加工后放入恒温室进行人工时效,进一步释放内应力。

(九)整修粗加工基准平台

对粗加工后的模块进行自然时效处理后,模块会有少量变形,将模块固定于机床台面,用平底铣刀铣去工艺柱上表面的变形量,确保所用工艺柱上表面在同一平面上,翻转模块,并以工艺柱上表面为基准固定于机床台面,留 1.5mm 加工余量进行半精加工,且继续保留精基准平台,留着精加工时对刀使用。

(十)半精加工

半精加工主要是为了进一步去除粗加工在拐角与盲区留下的余量,使模块所有表面余量均匀,为精加工做准备。半精加工过程中主要采用中、小号硬质合金刀具,以小切削量快速加工的方式将所有面余量加工至一致。为了保证模块的强度,半精加工后仍需对铸件进行自然时效处理,去除残余应力。且须再一次修整精基准,提高精加工时的定位精度。在对车门模块反面精加工时,去除用于吊装和支撑的精基准平台,把精基准转换到模块设计时给定的测量基准孔上,并控制第一次精加工后的加工余量为 0.3mm。

(十一)精加工

对半精加工后的模块进行自然时效处理后,模块仍有少许变形,将模块固定于机床台面,用平底铣刀铣去所有工艺柱的上表面变形量,确保所有工艺柱的上表面在同一平面上，并加工精基准面，为精加工做准备。

为保证模块的最终加工精度和表面质量，精加工过程中采用专用切削精油润滑刀具，并以喷油雾的方式对模块进行冷却，冷却的同时使细小的油雾分子浸到模块内部形成保护膜，防止其氧化变色。刀具选用大前角鳞片端球头铣刀，由于刀具前角大所以受挤压和摩擦小，同时鳞片铣刀选用圆柱形刀刃形成圆弧刃切削，其刀口锋利，对铸件直接切削时配以 10000r/min 转速，精加工后铸件表面粗糙度值可达 $Ra1.6\mu m$。

为保证车门模块最终尺寸精度和形状要求，其外侧用于辅助支撑的工艺柱在精加工过程中被一并切除，因此，翻转模块加工内侧面时，模块上框无支撑而容易抖动，所以通过安装仿形工艺柱来支撑上框，以最大程度控制变形，保证车门模拟块精度和表面质量。

（十二）质量检测

将精加工后的车门模块检测后分析，如果检测的加工余量均匀，则对精加工后的模块正面进行第 2 次精加工至所要求的型面，在对模块的正面进行加工时，在模块反面的原有精基准定位平台位置上粘贴树脂材料作为定位平台，如果检测余量不均匀，则根据具体误差情况，利用反面预留的 0.3mm 余量，在厚度方向偏置加工余量进行适当补偿，再对模块正面进行二次精加工。通过在正反两面加工时多次穿插时效处理和对精基准多次整修，有效地消除了加工后产生的内应力，从而控制力变形量，使模块达到设计要求。

第六节 检具零件的检验

在检具制造中，检具零件加工以及装配质量好坏，对检具的使用寿命有较大影响，加强检具装配前后及检具零件各工序之间的质量检验，是确保检具质量的重要手段。因此在检具生产中，要建立健全检具零件以及装配后的检验与验收制度，也就是根据产品要求和生产工艺水平，编制切合实际的质量检验规程，实行以检验员专职检验与生产工人自检互检相结合的检验方法，严格按照技术条件和工艺文件进行必要的检验。在检验中，除了进行工序检验和装配后的检验外，还要加强各工序实际操作的检查，防止和减少废品的产生。检具零件检验是检具制造中不可分割的一部分。如图 3-11 所示为检具零件检验的流程。

检具零件质量检验包含的内容有主要零件的材料、尺寸公差、形状公差、位置公差、表面粗糙度和热处理等技术要求，均应符合图样的设计要求，各零件工作表面不允许有裂纹和机械损伤等缺陷。尺寸公差要求是为了保证零件的尺寸准确性，配合尺寸公差要求

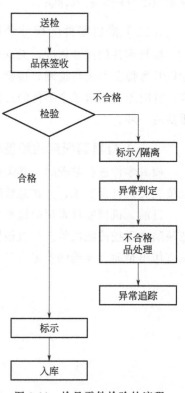

图 3-11 检具零件检验的流程

是为了保证零件的互换性、运动副的配合精度、配合间隙及偏差，尺寸公差有两种：线性尺寸公差和角度公差，几何公差要求是为了保证检具的精度和工作性能。形状公差是针对单一要素而言的，包括直线度、平面度、圆度、圆柱度、线轮廓度和面轮廓度等。位置公差是针对关联要素而言的，包括平行度、垂直度、倾斜度、同轴度、位置度和对称度等。表面粗糙度是表现微观形貌的误差指标。螺纹检测包括单一内容检测（如螺距、牙型面、中径等）和综合检测。综上所述，检具零件的检验主要包含三个方面：检具材料及热处理性能的检验、检具零件的尺寸精度测量、检具装配后的质量检验。

（一）检具材料及热处理性能的检验

检查确认零件材料，特别是成型工作零件材料，是否符合检具设计要求。同时，必须检查确认零件经调质、淬火或渗碳等热处理或表面处理工艺后零件的表面硬度符合零件技术要求和工艺标准。检具材料一般为合金钢或硬质铝，其外观和重要尺寸对检具的精度有很大的影响，主要检查内容如下：

① 钢件的表面不得有肉眼看得见的裂纹、折叠、结疤和夹层，表面刀纹要求一致、有序。

② 钢件表面有无锈迹、腐蚀麻点、刮痕，有较好的金属光泽。

③ 钢件所有倒角最好以机械倒角方式进行（特殊无法加工除外），同一批次零部件上相同尺寸倒角和倒圆的尺寸公差参照IT14，除特殊要求外，检具外观锐角倒钝1×45°。

④ 对于复杂的检具，零件较多，装配的零件须有钢印或机械自动打印标记（气动打标或激光刻字），一般零件非工作面有明显的零件号或组件编号信息，便于钳工识别，避免相似零件的错装或漏装。

（二）检具零件的尺寸精度测量

检具零件的尺寸精度，无论采用哪种加工方式，都应根据工艺规程，对零件的线性尺寸以及形位公差进行检测，检验是否符合要求，以保证后续工序正常进行。对于结构件检修，有时不是追求单个零件的几何尺寸，而是要求相对的配合精度，这往往是检查工作中重要的一环。

（三）检具装配后的质量检验

检具零件进行装配时，必须按照装配工艺规程进行装配，以保证各零部件的连接及相互位置关系符合要求，并在总装配后，进行产品试装。

目前，机械零件常用的检测方法有检视法、测量法（通用量具或三坐标测量仪）和隐蔽缺陷的无损检测法等。一般根据生产具体情况选择相应的检测方法，以便对零件的技术状态作出全面、准确的鉴定。

第四章 汽车检具的装配

检具装配是检具开发过程的中间环节，其装配质量的优劣将直接影响检具的精度、寿命和各部分的使用功能。好的装配质量不仅能节省后续测量调试时间，还能缩短交付验收前的收尾工作时间。所以要制造出一副合格的检具，除了要保证零件的加工精度外，合理的装配工艺和装配经验也是非常重要的。同时检具装配阶段在检具开发过程中的工作占比较大，又将影响检具的生产制造周期和生产成本，因此，检具装配是检具开发的重要环节。检具装配工作复杂烦琐，为了提高装配质量，必须熟练掌握装配工艺和方法。

第一节 汽车检具的装配概述

根据汽车检具装配图样、制造精度标准及结构特点，将独立的符合设计要求的通用件、标准件及成型零件按照图纸要求进行安装、配合成为组件、部件，最后将所有的零部件连接或固定起来装配成合格的检具的工艺过程，称为汽车检具装配。如图4-1所示，其装配的整个过程称为检具装配的工艺过程。检具装配的工艺过程是按照检具技术要求和各零件之间的位置关系，将合格的零件按一定的顺序连接固定，按照检具装配的工作顺序划分为相应的工序和工步，一个装配工序可以包括一个或几个装配工步。检具零件的组件装配和总装配都是由若干个装配工序组成的。

检具装配精度的高低及质量的好坏，直接或间接影响三坐标（CMM）测量调试的效率、人工成本、检具自身的工作状态和使用寿命。在装配的过程中，既要保证组合零件的配合精度，又要保证关联零件之间的位置精度。对于有相对运动的零部件，还需要保证它们之间的运动精度。因此，汽车检具的装配是检具制造过程中的重要环节，是研究检具制造工艺，提高装配工艺技术水平，检验检具结构设计的正确性和合理性，并确保检具装配精度与质量的关键工艺措施。

一、检具装配的特点

检具装配属于装配工艺中的一种，但有其固有的特点，它一般属于单件小批量生产，

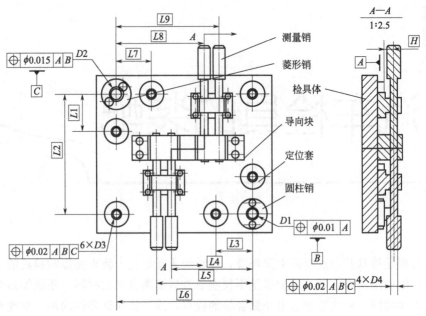

图 4-1 变速器上盖综合检具

装配精度要求高且装配调试时间较长，因此检具装配适合采用集中装配的模式。检具装配手工操作比重较大，要求工人有较高的技术水平和多方面的工艺知识。检具装配与调试同一般的机械产品的装配相比有以下特点：

① 检具属于单件小批量生产，常用修配法、调整法、互换法进行装配，由于标准件种类较多，采购周期长，导致生产制造率低。近几年，随着检具标准件的规范化，门类更加齐全，采购周期长这一短板，将会慢慢发生改变。

② 检具属于精密设备，零件的装配不仅要求高，外观质量也不能忽视。所以不能采取野蛮式装配法，如果零件有问题，需要钳工细致的修理，不能将其留到下一环节。

③ 装配精度虽然不是衡量检具装配质量的唯一标准，但是其影响着后续测量调试的工作效率，高质量的装配精度可以有效提升检具使用寿命。

④ 检具装配技术要求主要是根据检具功能要求提出来的，用以指导检具装配前对零件组件的检查，指导检具装配工作以及指导检具的检查验收。

⑤ 检具的检查与修配是指按检具图样和技术条件，检查检具各零件的尺寸、表面粗糙度值、硬度、检具材质和热处理方法等，检查与修配检具组装后的外形尺寸、运动状态和工作性能等。

二、汽车检具装配的工作内容

检具装配质量的好坏，对整个检具的质量起着决定性的作用，并保证它具有规定的修复精度及预定的使用功能以及质量要求，如果装配不当、不重视装配工作、不按工艺技术要求装配，即使调换和修复零件质量都合格，也不一定能够装配出完好的检具。检具装配工作是一项非常重要而又细致的工作，必须认真按照检具装配图，制定出合理的装配工艺规程。

　　汽车检具的装配内容主要包括两个方面：一是将加工好的检具零件按照图纸要求有步骤的分装乃至总体的装配；二是在装配的过程中进行部分的修正或补充加工，如配作和配修等。具体可细分为：选择装配基准、组件装配、调整、修配。为保证有效地进行装配工作，一般以汽车检具底板为主体，将检具划分为若干个装配单元，装配单元的划分可确定各级装配单元的装配顺序，从而构成汽车检具装配的工艺系统。检具的装配工艺系统首先需要选择装配的基准件，基准件可以选择一个零件，也可以选择低一级的装配单元。基准件先进入装配，然后根据装配结构的具体情况，按照先下后上、先内后外、先难后易、先重后轻、先精密后一般的规律确定其他零件或装配单元的装配顺序。要保证装配质量，主要是应按照规定的装配技术要求去装配，不同检具装配技术要求虽不尽相同，但在装配过程中有许多工作要点是必须共同遵守的。在装配时，零件或相邻装配单元的配合和连接，必须按照装配工艺确定的装配基准进行定位和固定，以保证它们之间的配合精度和位置精度，从而保证检具零件间的精密、均匀的配合，以及检具结构的开合运动、直线运动或曲线运动等的精确性，保证检具使用性能和寿命。

　　装配工作的基本内容包括以下几部分。

　　（一）零件外观的清理

　　零件外观的清理是一项耗时的工作，主要包括去除残留的型砂、氧化物（铁锈、铝锈等）、切屑（因某些零件定位销孔的钻、铰或攻螺纹等加工，是在装配过程中进行的）等以获得所需的清洁度，对于孔、槽、沟及其他容易藏污纳垢的地方，必须进行仔细的检查。零件加工后的去毛刺、倒角工作应保证做到完善，以不损伤人的身体为原则，但要防止因操作鲁莽而损伤其他表面而影响精度。在图纸上没有特别注明倒角的零部件，也需要做好毛刺清理，利用锉刀、刮刀对零部件尖锐部分进行倒钝。清理毛刺这项工作非常重要，细小的毛刺肉眼一般很难发现，后期装配使用的过程中，安装基面接触会产生间隙，还有可能对测量精度造成影响。在进行清理时，应注意将所有待装的零部件按零部件的图号分别进行清点和整理放置。

　　（二）零件的清洗去污

　　一般来说，检具需要清洗的零件较少，主要是高精密的进入装配的特殊零部件，装配前要经过认真的清洗去污，对检具上的关键部件，如轴承、密封件、紧密耦合件、活动导轨等，清洗尤为重要，其目的是去除黏附在零件上的灰尘、铁屑、油污，根据不同的情况，可以采用清洗液，如有机溶剂、碱性溶液、化学清洗液等进行擦洗、浸洗，或用柔软洁净的抹布干洗等不同的方法。其清洁的程度，可视相配表面的精密性高低而允许有所差别，特别要注意的是：对于已经仔细清洗的零件，装配时若随意拿棉纱再去擦拭，反而是一种不清洁的做法。

　　（三）结构件的润滑

　　高精度的配合结构件、组合件在装配或连接前，一般需要在零件配合表面注油润滑或密封。因为如果在配合或连接之后再加油润滑，往往不方便和不均匀，会导致零件在工作状态不能及时供油而加剧摩擦。对于过盈连接件，配合表面如缺乏润滑，则当敲入或压合时极易发生拉毛现象，活动连接的配合表面当缺少润滑时，即使配合间隙准确，也常有卡滞而影响正常的活动性能，造成运动初期的拉毛现象，有时会被误认为配合不符合要求。

（四）零件连接固定

检具在装配过程中，单个的零件需要通过大量的连接组合固定，连接包括可拆卸连接和不可拆卸连接两种，可拆卸连接常用的有螺纹连接、键连接和销连接，不可拆卸连接常用的有焊接、铆接和过盈连接等。只有连接固定，检具才会成为一个整体，整个系统才能牢靠，保证正常的使用功能。

（五）校正、调整和配作

校正是指通过总装图进行核对，对相关零件相互位置的初步找正、找平及相应的调整工作，在大型检具的基本件装配中应用较多。

调整是在装配过程中对相关零件相互位置、配合间隙、结合松紧程度等所进行的具体调节工作以及为保证运动部件的运动精度而对运动副间隙进行调整的工作，其目的是使机构或机器工作协调。例如轴承间隙、导轨间隙、检测衬套与检测销间隙等。

配作是指配钻、配磨、配铰等，这是装配中附加的一些钳工和机械加工工作。配钻用于螺纹连接，配铰多用于定位销钉孔的加工，配磨则多用于运动副的结合表面。配作通常与校正和调整结合进行。

（六）复验相配零件的配合尺寸

装配时，对于某些重要的配合尺寸进行复验或抽验，这是很重要的一项工作，尤其是当需要知道实际配合间隙或过盈时，过盈配合的连接一般都不宜在装配后再拆下重装，所以对实际过盈量的准确性预检更要十分重视。

（七）装配过程检查

在装配比较复杂的检具时，一般采用的是"搭积木"的方法，如果下一级的装配出现了问题，很大可能会影响上一级的装配。这时应边装配边检验，每装完一部分应检查一下是否符合要求，而不要等大部分或全部装完后再检查，再发现问题往往已晚，有的甚至不易查出问题产生的原因，无法改变装配结果。装配检查的过程必须要细致，对于影响人工操作的部分，该避空的就要避空，比如活动件的移动范围较小，两组配合件没有初限位，运动过程出现干涉现象，这些都需要在检查的过程中及时发现识别。两零件装配时，在同一方向上一般只应有一对接触面，否则就会给装配带来困难。为了使两配合零件的端面接触好，应在轴肩或孔端面处设计成退刀槽或倒角。

（八）控制装配零件移位和变形

零件在连接固定的过程中，由于对螺纹拧紧力的控制不精准，会对其他邻近的零件产生一定的影响。比如随着螺纹连接件的逐渐拧紧，有关的零部件位置也可能有所变动，此时要防止发生卡住、碰撞的情况，以免产生附加应力而使零件变形或损坏。一般此情况常发生在柔性材料的装配上，如尼龙、树脂等材料。

（九）智能检具的试机

智能检具的试机包括机构或机器运转的灵活性、稳定性、可靠性、密封性、振动、噪声、转速、功率和效率等方面的检查。

（十）喷漆，涂油

以上两项工作常被称为后装配，喷漆是为了防止不加工面的锈蚀和使机器外表美观；涂油是使工作表面及零件已加工表面不生锈。

三、检具装配精度要求

检具的装配精度是确定检具零件加工精度的依据，一般由设计人员根据相应的检具制造技术标准、检测精度要求、生产使用频率（考虑检具磨损量）等确定。检具的装配精度包括零部件间的距离精度、相互位置精度（如平行度、垂直度等）、相对运动精度、配合精度和接触精度等。主要装配精度要求是定位装置要保证定位准确可靠，装配后的检具必须保证检具各零件间的相对精度，零件的配合应符合规定的等级要求，其间隙应均匀。

① 相关零件的位置精度，主要是各检测孔、定位孔、检测面与定位面与测量基准之间的位置度。

② 相关零件的运动精度，主要是直线运动精度、圆周运动精度以及传动精度等，如导轨和推拉结构、检测销与导套的运动灵活度、翻转机构的旋转运动等。

③ 相关零件的配合精度，主要指相互配合的零件间的配合关系（间隙或过盈量）是否符合技术要求。

④ 相关零件的接触精度，主要是开口件与cubing件之间接触状态吻合的一致性，各检具零件的装配面接触平面度和垂直度。

四、汽车检具装配的技术要求

检具装配技术要求，主要包括检具外观、安装尺寸和总体装配精度等方面的内容。检具装配时，要求相邻零件或相邻装配单元之间的配合与连接均按照装配工艺确定的装配基准进行定位与固定，以保证配合精度和位置精度。零部件装配时必须使用铜棒、铝棒、橡皮锤等软质材料工具，避免碰伤零部件。底板与检具型体连接时，必须采用螺栓固定，螺栓旋入深度≥20mm，一般螺栓杆部不产生弯曲变形，螺栓头部、螺母底面与被连接件接触良好，被连接件应均匀受压，互相精密贴合，连接牢靠。检具型体尺寸偏差允许采用底部烧焊返修，不允许塞片返修。装零件时有销孔的需用顶杆初定位再螺纹锁紧，零件安装面不能有毛刺和垃圾影响安装平面度。装配时的螺纹紧固扭矩严格按照图纸规定值进行，部分精密结构必要时先进行素组，确保安装连接结构可靠后再进行正式安装。装配前后的检具支架、型体等棱边应无明显毛刺，锐角需要倒钝，避免操作人员使用时划伤身体。安装基准面应保证光滑、平整、无锈蚀、无击伤和明显的表面加工缺陷等，所有螺钉的头部、圆柱销端部不能高出安装平面，一般应低于安装平面1mm以上。考虑安全及外观因素，检具突出工作台部分，外露运动部件及管路等应有防护罩。评定检具精度等级、质量与使用性能的技术要求如下：

① 通过装配与调整，使装配尺寸链的精度完全满足封闭环的要求。

② 装配完成的检具，可直接进行三坐标（CMM）的精度调试。

③ 装配完成的检具的使用性能与寿命，可达到预期设定的、合理的数值和水平。

第二节　检具钳工装配基础

检具钳工的工作是利用台虎钳及各种手工工具、电动工具、钻床、磨床、铣床及检具专用设备来完成手工操作，并将加工好的检具零件按检具总装图进行装配、调试，最后制造出合格检具的过程。目前虽然有各种先进的机械加工方法，但是由于检具结构的特点，大部分是单件小批量生产，钳工大多数是在钳工台上以手工工具为主对工件进行修配加工，它具有工具简单、加工多样灵活、操作方便、适应性广等特点，在加工过程中劳动量大，要求检具钳工的技能水平较高，所以一名优秀的钳工首先要了解检具的结构类型，具有识图读图的能力。

随着机械加工技术水平的不断提高，机械不能加工的部分将是更难、更复杂的工作，特别是检具工作表面的修磨、检具的装配和调试等，这些对检具钳工的技能都有很高的要求。因此检具钳工应具备钳工操作各项技能，并能够掌握检具加工的一些现代化软件的使用，掌握检具零件的加工方法，检具的装配、修理、调试等技能，以适应现代检具行业对检具人才的要求。

检具钳工的基本操作技能有：划线、测量、锉削、锯销、钻孔、扩孔、铰孔、攻螺纹、套螺纹等。所以检具钳工应能够了解钻、铰所使用的设备和相关刀具、夹具，掌握设备的操作技术，能够根据检具图纸熟练地掌握钻床设备的操作及刀具的选择。

一、检具钳工常用的设备及使用常识

表 4-1　检具钳工常用的设备

名称	说明
钳工工作台	钳工工作台主要用来安装台虎钳、放置工具和工件等，钳工工作台的高度为 800～900mm，装上台虎钳后，钳口高度以恰好与人的手肘平齐为宜，长度和宽度随工作需要而定
台虎钳	台虎钳用来夹持工件，分为固定式和回转式两种结构类型
砂轮机	砂轮机用来磨刀具、快速磨削零件表面的设备，它由电动机、砂轮、砂轮机座托架和保护罩组成
钻床	钻床主要由电动机、机头、带轮、立柱、底座和回转工作台等组成，主要用来钻孔或扩孔

（一）台虎钳的安装操作注意事项

① 夹紧工件时，可依靠手的力量扳紧手柄，尽量不要用锤敲击手柄或随意套上长管扳手，以免台虎钳的螺杆、螺母或钳身因受力过大而破损。

② 在强力作业时，应尽量使力朝向固定钳身，否则台虎钳的螺杆和螺母会因受到较大的剪切力而导致螺纹失效而损坏。

③ 最好不要在活动钳身的光滑平面上用锤或重物敲击工件，以免降低它与固定钳身的配合性能，有可能会破坏固定钳的齿身。

④ 台虎钳的螺杆、螺母和其他活动表面应经常清理杂质保持清洁，并经常加油润滑

以防锈,以延长使用寿命。

(二) 砂轮机的安全操作注意事项

砂轮机主要由砂轮、机架和电动机组成,工作时,砂轮的转速较高,系统的不平衡会造成砂轮机的抖动,所以必须要做好平衡调整工作,使其稳定的工作。由于砂轮质硬且脆,如果使用不当,砂轮容易碎裂而造成事故。因此,使用砂轮机时,要严格遵守以下的安全操作注意事项:

① 砂轮机的旋转方向要正确,使磨屑向下飞离,减少伤人的概率。
② 砂轮机启动后,不能急于工作,待砂轮机转速平稳后再进行磨削,若发现砂轮机抖动明显,应及时停机修整。
③ 砂轮机的搁架与砂轮间的距离应保持在 3mm 以内,以防止磨削件扎人,造成事故。
④ 磨削过程中,操作者应站在砂轮的侧面或斜面,不要直接面对砂轮。

(三) 钻床操作注意事项

① 操作钻床时切记不能戴手套,袖口必须扎紧,戴好安全帽,做好相应防护措施。
② 工件必须夹持牢固可靠,特别是小工件上钻较大直径的孔时装夹必须稳固,孔钻穿时要减小进给力。
③ 开动钻床前,应检查是否有紧固扳手或斜铁插在转轴上,避免开机卡死,造成设备损伤。
④ 钻孔时不可用手和棉纱或用嘴吹来清除切屑,必须用气枪或短毛刷清除切屑。
⑤ 加工铝件时,要不定时添加切削液或水进行冷却,避免粘刀。
⑥ 操作者的头部不可与旋转的主轴靠太近,停车时应让主轴自然停止,不可用手接触还在旋转的部位,也不能用反转来制动。

二、锉削

锉削是用锉刀对工件表面进行磨削加工,使工件达到规定要求的尺寸、形状和表面粗糙度的一种方法。锉削是检具钳工的重要工作内容之一,它的工作效率较低,但是应用却十分广泛,例如:对装配过程中个别零件进行修整,去除零件表面热处理后的杂质,手工去毛刺、倒角、倒圆角、扩孔、锉槽等或对配作的零件进行细微的修饰,使零件作相对运动时更加顺畅。总之,一些不能用机械加工方法完成的表面,采用锉削的方法加工更加简便、经济,且能达到较小的表面粗糙度值。

三、孔加工

1. 钻孔

用钻头在实体材料上加工出孔的过程称为钻孔,钻孔是孔的粗加工工序,可以达到的标准公差等级为 IT10~IT11,表面粗糙度值为 $Ra12.5 \sim 50\mu m$,只能钻出加工精度要求不高的孔。

(1) 刀具 钻头是钻孔用的切削工具,常用高速工具钢制造,其工作部分经热处理淬硬至62～65HRC，钻头一般由柄部、颈部及工作部分组成，麻花钻的直径为0.1～80mm。

（2）工件的装夹　钻孔时，要求工件表面平整，锋利的边角要倒钝，然后将其平稳地放在工作台上，具体装夹方法如图4-2所示。

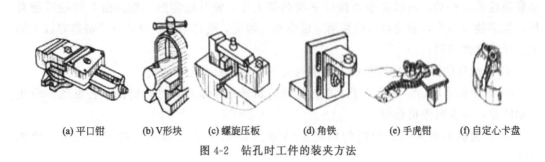

　　(a) 平口钳　　(b) V形块　　(c) 螺旋压板　　(d) 角铁　　(e) 手虎钳　　(f) 自定心卡盘

图4-2　钻孔时工件的装夹方法

（3）钻孔的方法　钻孔开始前，先调整钻头和工件的位置，使钻尖对准钻孔中心，然后试钻一浅坑，通孔在将要钻穿时，必须减小进给量，如果采用自动进给，则应改换成手动进给。钻不通时，可按钻孔深度调整挡块，并通过测量实际尺寸来控制钻孔深度。

钻深孔时，一般在钻进深度达到钻头直径的3倍时，要退出钻头排屑，以后每钻进相同深度便提起钻头排屑一次，以免切屑阻塞而扭断钻头，钻直径较大的孔（一般直接大于30mm）时，可分两次钻削，先选用直径为孔位50%～70%的钻头钻底孔，然后再用所需直径的钻头扩孔。

在斜面上钻孔时，可先用立铣刀在斜面上加工出一个小平面，然后用中心钻或相同直径钻头在小平面上钻出一个锥坑或浅坑，最后用合适直径的钻头钻出符合要求的孔。

2. 扩孔

用扩孔钻和麻花钻对工件上已有的孔直径进行扩大，并提高孔的精度和减少表面粗糙度的加工方法，称为扩孔。扩孔的孔径尺寸精度比钻孔的精度要高，较少影响位置精度。扩孔的特点：①背吃刀量较钻孔时大大减少，切削阻力变小；②避免了麻花钻横刃所引起的一些不良现象；③产生的切屑体积小，排屑容易。

3. 铰孔

用铰刀从已经加工的孔壁上切除微量金属层，以提高其尺寸精度和降低表面粗糙度的操作称为铰孔。铰孔精度一般可达IT9～IT7，表面粗糙度可达$Ra3.2～0.8\mu m$，主要用于装配时的配钻和配铰。

铰孔属于孔的精加工，铰孔的精度和表面粗糙度要求都很高，若操作不当，所用铰刀质量不好，铰削余量及切削液选择不当，都会造成铰孔报废。所以操作的过程中要注意以下步骤。工件要找正、夹紧，夹紧位置、作用力方向和夹紧力方向应合理适当，防止工件变形，以免铰孔后零件变形部分回弹，影响孔的几何精度。手铰时，两手用力要均匀，保持铰削的稳定性，避免由于手用力不平衡使铰刀摇摆而造成空口喇叭状和孔径扩大。随着铰刀旋转，两手轻轻加压，使铰刀均匀进给，同时不断变换铰刀每次停歇的位置，防止连续在同一位置停歇而造成的折痕。铰削过程中或退出铰刀时，都不允许反转，否则将拉毛孔壁，甚至使铰刀崩刃。铰孔过程中，按工件材料、铰孔精度要求合理选择切削液。手铰过程中若铰刀被卡住，不能猛力扳转铰刀，此时应取出铰刀、清除切削、检查铰刀，继续铰孔时应缓慢进给，以防在原处卡住。

四、钳工配打孔

为了方便测量调整、降低加工成本、减少加工周期、提高加工效率，钳工需要针对某些功能孔（如销孔）和非功能孔（如过孔、螺纹孔）按实际情况进行配打。钳工配打孔，控制孔的位置度 0.2mm，垂直度 0.1mm，圆度 0.1mm。下列情况需要进行配打孔：

① 模块上安装镶块的销孔。
② 零件上安装 T 形衬套（四钉两销）的安装销孔。
③ 需要五轴加工的安装孔，CNC 点孔。
④ 铝平板侧面无精度的孔（加工时不能一工位加工的）。
⑤ 铝型材上的所有销孔。
⑥ 安装标准件的孔（小车把手、底板把手、底板垫脚等），加工时不能一工位加工的。
⑦ 修改类零件（零件已加工完成，在钳工现场），需要增加孔，但数量不多，过孔钳工配打，销孔待检具测量好后钳工配打。
⑧ 测量时零件超差，做垫片补救，支架上安装垫片的孔。

五、攻螺纹

用丝锥在工件孔中切削出内外螺纹的加工方法称为攻螺纹。

1. 攻螺纹工具

（1）丝锥　丝锥是检具钳工加工内螺纹的工具，丝锥的外形和螺钉相似，为了承担切削工作，在丝锥的端部磨出螺纹切削部分，并沿纵向开槽以容纳切屑，它是加工内螺纹并能直接获得螺纹尺寸的一种攻螺纹工具。丝锥有手用丝锥和机用丝锥两种，有粗牙和细牙之分，丝锥常用高速钢、碳素工具钢或合金钢制成，其结构简单，使用方便，所以应用十分广泛，对于中小尺寸的螺纹孔，丝锥往往是唯一的加工刀具。

丝锥按照加工螺纹的种类不同分为普通三角螺纹丝锥、圆柱管螺纹丝锥和圆锥管螺纹丝锥，按照使用方法的不同分为手用丝锥和机用丝锥两类。手用普通螺纹丝锥分为粗牙和细牙两种，可攻通孔或不通孔的螺纹，它常用于单件小批量生产或各种修配工作中。将 2 支或 2 支以上丝锥为一组，依次使用一组丝锥完成一个螺纹孔的切削加工，这样的一组丝锥叫成组丝锥。

（2）铰杠　铰杠是用来夹持丝锥柄部，带动丝锥旋转切削的工具，铰杠有普通铰杠和丁字铰杠两类，各类铰杠又分为固定式和活络式两种。

固定铰杠上方孔的尺寸与导板的长度应符合一定的规格，使丝锥受力不致过大，以防止其折断，一般在攻 M5 以下的螺纹时使用；活络铰杠的方孔尺寸可以调节，故应用广泛。丁字形铰杠在攻工件台阶旁边或机体内部的螺纹孔时使用；丁字形可调节铰杠通过一个四爪的弹簧夹头来夹持不同尺寸的丝锥，一般用于 M6 以下的丝锥，大尺寸的丝锥一般用固定式，通常是按需要制成专用的。

2. 攻螺纹方法

（1）攻螺纹前螺纹底孔直径的确定　攻螺纹前，必须先钻出螺纹底孔，螺纹底孔直径应比螺纹内径稍大些，攻螺纹时，丝锥的切削刃除起切削作用外，还对工件材料产生挤压作用，被挤压的金属材料会凸起并向工件螺纹牙型的顶端流动，嵌在丝锥刀齿根部的空隙中，从而使攻螺纹后螺纹孔小径小于原底孔直径。如果攻螺纹前，底孔直径与螺纹小径相同，则攻螺纹时，丝锥刀底根部与工件螺纹牙顶之间没有足够的容屑空间，丝锥就会被挤压出来的材料卡住，容易造成崩刃和折断。如果底孔直径钻的过大，会使螺纹的牙型高度达不到要求，使强度降低。所以攻螺纹时，螺纹底孔直径的大小必须根据材料性质、塑性的好坏、钻孔时的扩张量和螺纹直径大小等方面进行考虑，使攻螺纹时，有足够的空隙来容纳被挤出的材料，还能保持所加工的螺纹牙型的完整。

查表 4-2，用经验计算得出螺纹底孔直径公式如下：

$$d = D - P \quad \text{（适用钢和韧性材料）}$$

$$d = D - (1.05 \sim 1.1)P \quad \text{（适用于铸铁和脆性材料）}$$

式中　d——内螺纹底孔直径，mm；

　　　D——螺纹的公称直径，mm；

　　　P——螺距，mm。

攻不通孔螺纹时，由于丝锥切削部分不能攻出完整的螺纹，所以光孔深度（H）至少要等于螺纹长度（L）和丝锥切削部分长度之和，丝锥切削部分长度大致等于内螺纹的 0.7 倍，即 $H = L + 0.7D$。

表 4-2　普通粗牙螺纹攻螺纹前钻底孔直径　　　　　mm

公称直径		3	4	5	6	8	10	12	14	16	20
螺距		0.5	0.7	0.8	1	1.25	1.5	1.75	2	2	2.5
底孔直径	铸铁	2.5	3.3	4.1	4.9	6.6	8.4	10.1	11.8	13.8	17.3
	钢	2.5	3.3	4.2	5.0	6.7	8.5	10.2	12.0	14	17.5

（2）手动攻螺纹

① 攻螺纹前工件的装夹位置要正确，应尽量使螺孔中心线置于水平或垂直位置，在攻螺纹时便于判断丝锥是否垂直于工件平面。

② 攻螺纹前螺纹底孔的孔口要倒角，通孔螺纹两端孔口都要倒角，这样便于丝锥切入，防止攻螺纹出口处崩裂。

③ 在开始攻螺纹时，要尽量把丝锥放正，然后用手压住丝锥使其切入孔中，当切入 1~2 圈时，再仔细观察和校正丝锥的位置，用目测或角尺检查和校正丝锥的位置，一般在切入 3~4 圈螺纹时，丝锥位置应该正确，这时应停止对丝锥施加压力，只需平稳地转动铰杠攻螺纹，靠丝锥上的螺纹自然旋进。

④ 扳转铰杠，两手用力要平衡，无需太用力，防止左右晃动，防止牙型撕裂和螺孔扩大。

⑤ 攻螺纹时，每扳转铰杠 1/2~1 圈，就应倒转 1/2 圈，使切屑碎断后容易排出，对塑性材料，攻螺纹时应经常加入足够的切削液，以减少阻力，提高螺孔的质量和延长丝锥的使用寿命。

⑥ 攻不通孔螺纹时，要经常退出丝锥，清除孔中的切屑，尤其当要攻到孔底时，更应及时清除切屑，以避免丝锥被轧住，攻通螺纹时，丝锥校准部分不应全部攻出头，否则会扩大或损坏孔口螺纹。

⑦ 在攻螺纹的过程中，换用另一只丝锥时应先用手旋进已攻出的螺孔中，直到手旋不动时再用铰杠攻螺纹。

(3) 机动攻螺纹 为保证攻螺纹的质量和提高生产效率，应积极使用机器攻螺纹，机动攻螺纹要保持丝锥与螺纹底孔的同轴度要求，当丝锥即将进入螺纹底孔时，进刀要慢，以防止丝锥与螺孔发生撞击，在丝锥切削部分开始攻螺纹时，应在钻床进刀手柄上涂抹润滑油。

(4) 丝锥折断后的取出方法

① 当折断的丝锥有部分露出孔外时，可用尖嘴钳子将其拧出；也可以在断锥上焊一个六角螺母，然后用扳手轻轻地扳动六角螺母将断丝锥退出；也可以通过黏结剂粘接的方法，将锥与断裂部分粘接起来，通过铰杠将其退出。

② 当丝锥折断部分在孔内时，可在带方柄的断丝上拧 2 个螺母，将钢丝（根数与丝锥槽数相同）插入断丝锥和螺母的空槽中，然后用铰杠按退出的方向旋转，把断丝锥取出。

丝锥的折断往往是在其受力很大的情况下突然发生的，致使在螺纹孔中的半截丝锥的切削刃紧紧地锲在金属里，一般很难将丝锥的切削刃与金属脱离，为了使丝锥能够在螺纹孔中松动，可以用振动法，振动时用一个尖锐的洞抵住断丝锥，用锤子按螺纹的正负方向反复敲打，直到丝锥松动为止。

③ 用氧乙炔焰使丝锥退火，然后用钻头去钻，此时钻头直径应比底孔直径小，钻孔要对准中心，以防止将螺纹钻坏，孔钻好后打入一个扁形或方形顶杆，然后用扳手旋出丝锥。

3. 螺纹的失效及其原因

螺纹对检具的连接紧固起着十分重要的作用，螺纹被破坏以后会失去应有的转动、紧固和自锁等能力，会破坏检具的稳定，造成零件松动、相对位置发生转移，导致检具失效。螺纹损坏的原因很多，几种常见的损坏原因如下：

(1) 螺纹磨损 这是引起螺纹失效的主要形式，在反复的使用过程中，由于螺纹承受各种载荷，使得螺纹的接触面磨损，引起螺纹结构尺寸变化等，导致螺纹不能使用而失效。

(2) 超载损坏 通常称为"滑牙"，各种螺纹具有一定的承载能力，当螺纹超过了规定的承载能力时螺纹部分就会损坏，甚至会造成螺纹零件整体断裂，如在紧固螺钉时采用了过长力矩的扳手，使螺钉的螺纹烂牙损坏。

(3) 腐蚀损坏 一些螺纹件会接触到一些腐蚀性的物体，表面会产生腐蚀，导致螺纹结构变化和材质的变化而失效。

(4) 外力损坏 在超过螺纹强度的外力作用下，用铁锤或其他重物不小心敲击到螺钉或螺栓，导致螺栓受力弯曲变形，通过力的传递会引起螺纹变形失效。

第三节　检具零件的定位与固定

　　检具的装配就是按照图纸要求，将各个零件、组件通过定位和固定，合理、可靠地连接在一起，确定其相对位置，达到装配技术要求。零件的精确、可靠定位与固定是检具装配工艺中最基本的装配技术与技能，也是保证检具装配精度、质量与使用性能的重要工艺内容。零件的固定方法会因具体情况而不同，有时会对检具的装配工艺路线产生影响，因此，必须掌握合理的零件固定方法。常用的检具固定方法有机械固定法、物理固定法、化学固定法。

一、机械固定法

　　在检具中有相当多的零件需要彼此连接，连接件间不能作相对运动的称为固定连接，如图4-3所示，能按一定运动形式作相对运动的称为活动连接。机械固定法是借助机械力使检具零件固定的方法，固定连接一般分为可拆连接和不可拆连接两大类，根据其固定的方式不同又分为紧固件固定法（螺纹连接）、压入法（销连接）、焊接法。

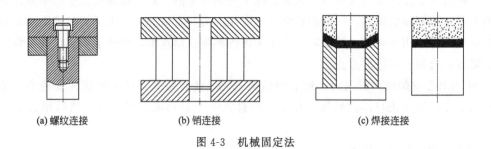

(a) 螺纹连接　　　(b) 销连接　　　(c) 焊接连接

图 4-3　机械固定法

1. 紧固件固定法

　　紧固件固定法是利用紧固零件（如螺钉、压板、钢丝等）将检具零件连接的方法，特点是工艺简单、紧固方便、操作容易、对钳工技术要求不高。常用的方式有螺钉与销钉紧固、斜压块紧固、钢丝紧固，如图4-4所示。

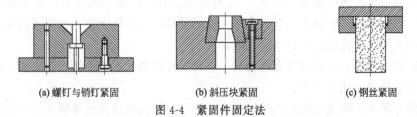

(a) 螺钉与销钉紧固　　　(b) 斜压块紧固　　　(c) 钢丝紧固

图 4-4　紧固件固定法

(1) 螺钉与销钉紧固　是一种可拆的固定连接,其种类多、形状各异。如图4-4(a)所示,将垫板固定,然后将支撑板调整好位置,螺钉放在对应的沉头孔中,将其固定。通常有精度要求的零件采用两销钉定位、两螺钉紧固的方式确定其位置,该方式安装简便、稳定性好,但要求牢靠不松动。

(2) 斜压块紧固　如图4-4(b)所示,斜压块紧固是将固定零件放入固定板带有锥度的孔内,调整好位置,然后用螺钉压紧斜压块将其固定。此种固定方式一般不常用。

(3) 钢丝紧固　如图4-4(c)所示,钢丝紧固是通过钢丝作为绳索将两个零件贴合在一起,一般是采取补救措施,作为临时使用的办法。

2. 压入法

压入法是过盈零件间常用的连接方法之一,它是利用配合零件的过盈量将零件压入配合孔中,使其固定的方法。压入法的缺点是拆卸零件困难,对零件配合表面的尺寸精度和表面质量要求较高,制造加工成本也高。定位配合部位常采用 H7/m6,H7/n6 或 H7/r6 配合。

3. 焊接法

通过加热、高温或者高压的方式结合金属,使两个零件固定。这种固定方法会产生局部变形,一般适用于精度不高的零件结合。

二、物理固定法

物理固定法是利用金属材料热胀冷缩或冷胀的物理特性来固定零件的方法,检具上常见的是热膨胀法。热膨胀法又称热套法,它利用热胀冷缩的物理特性,常用于固定检测衬套、镶块。具体方法是将零件加热到一定温度,然后套装在未加热的零件中,加热零件冷却后即紧固在零件中(图4-5)。

三、化学固定法

化学固定法是利用某些化学物质的粘接性能使零件结合起来而固定的方法,常用的有环氧树脂粘接固定方法、环氧树脂AB胶填充固定、厌氧胶固定(图4-6)。

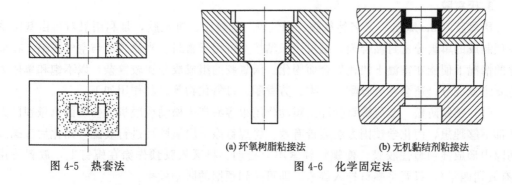

(a) 环氧树脂粘接法　　(b) 无机黏结剂粘接法

图4-5　热套法　　　　图4-6　化学固定法

1. 环氧树脂粘接固定法

用环氧树脂作为黏结剂来固定检具上代木和代木、代木和铝制品之间的连接,具有强度高、工艺简便、粘接效果好、零件不发生变形等优点。但是其具有不耐高温、有脆性、硬度低、在小面积上不能承受高的压力的缺点。环氧树脂黏结剂使用方法：

① 板料粘接面先用丙酮清洗干净并干燥。

② 调配黏结剂 AW106/HV953U（1∶0.8），胶水要搅拌均匀［爱牢达（Araldite）黏结剂由两种物质混合而成，分别是 AW106 和 HV953U 环氧树脂］。

③ 根据图纸中检具材料的相对位置，准确将材料位置划线（位置公差±2mm）。

④ 用刮刀涂抹，薄匀为准，粘接面刷胶。反复推研，确保接触面全部挂胶，以利于材料更好的粘接，从调配到操作完成控制在 45min 内。

⑤ 小型检具可用重物压紧，促进材料两面接触，大型检具（长度超过 500mm）需用夹具夹紧，夹紧时间大于 5h，防止错动变形。

2. 环氧树脂 AB 胶填充固定

AB 胶是双组分胶黏剂的叫法，它是两液混合硬化胶的别称，一液是本胶，一液是硬化剂，两液相混才能硬化，是不须靠温度来硬化的。A 组分是丙烯酸改性环氧或环氧树脂，或含有催化剂及其他助剂，B 组分是改性胺或其他硬化剂，或含有催化剂及其他助剂，按一定比例混合。催化剂可以控制固化时间，其他助剂可以控制性能（如黏度、刚性、柔性、黏合性等）。它除具有一般环氧树脂胶所具有的高粘接强度、高硬度、高抗化学性外，还具有抗黄变效应。其使用方法如下：

① 室温下（25℃）将被粘物处理洁净，然后将 A 胶和 B 胶以目测 1∶1 比例重叠涂布或在一个被粘件涂 A 胶，另一被粘件涂 B 胶，然后粘在一起，前后做 2～3 次磨合后固定 5～10min。

② 室温下（25℃）将被粘物处理洁净，然后将 A 胶和 B 胶以目测 1∶1 比例用涂塑胶料片混合后，3min 内涂于待粘合的表面，固定 5～10min 即可定位。

该胶在贴合 30min 后可达到最高强度的 50%，24h 后达最高强度。在 −60～100℃ 的环境可使用。清洗方法是将酒精倒在需处理的物体或皮肤上，然后用布轻轻擦拭，在擦拭的过程中，物体或皮肤上必须是湿润的，看到酒精快干的时候继续倒，直到 AB 胶水被完全擦掉。注意，使用时不可一次大量混合胶液，切记应保持通风良好，胶液中有丙烯酸酯气味，切勿入口。

3. 厌氧胶

厌氧胶（anaerobe）又名绝氧胶、嫌气胶、螺纹胶、机械胶，是利用氧对自由基阻聚原理制成的单组分密封黏合剂，既可用于粘接又可用于密封。当涂胶面与空气隔绝，在催化的情况下便能在室温下快速聚合而固化。厌氧胶的组成成分比较复杂，以不饱和单体为主要组成成分，还会有芳香酮、酚类、芳香酮、过氧化物等。其作用如下。

（1）锁紧防松　金属螺钉受冲击震动作用很容易产生松动或脱机，传统的机械锁固方法都不够理想，而化学锁固方法廉价有效。将螺钉涂上厌氧胶后进行装配，固化后在螺纹间隙中形成强韧塑性胶膜，使螺钉锁紧不会松动。将厌氧胶预先涂在螺钉上，放置待用（有效期四年），只要将螺钉拧入旋紧，即可达到预期的防松效果。

（2）固持定位　圆柱形组件，如轴承与轴、带轮与轴、齿轮与轴、轴承与座孔、衬套与孔等孔轴组合配件，以前无一例外地采用热套、冷压等尺寸过盈方法进行装配，再辅以键和销子等。这种固定方法加工精度要求严格，而且因热胀系数不同，产生磨损和腐蚀，很容易产生松动。使用厌氧胶可填满配合间隙，固化后牢固耐久、稳定可靠。以厌氧胶固持的方法使加工精度要求降低、装配操作简便、生产效率提高、节省能耗和加工费用。

其使用方法如下：

① 表面处理，除锈—除油污—清洗—干燥。除锈可用机械或化学方法进行；除油污、清洗使用适当的有机溶剂（如丙酮、溶剂汽油）浸泡清洗两至三次即可。

② 涂厌氧胶，施以足量的厌氧胶以填满空隙。

③ 装配，应尽快定位，定位后不能再移动工件。

④ 固化，一般1h厌氧胶可达到使用强度，24h达到最大强度。

第四节 检具装配

检具的装配方法是根据不同的生产方式、加工条件、检具的结构特点、检具的复杂程度和检具的装配精度要求等因素确定的，通常情况下，检具的装配精度越高，则检具零件的精度越高，成本也越高。但是，根据检具生产的实际情况采用合理的装配方法，也能够用较低精度的零件装配出较高精度的检具，所以，选择合理的装配方法是检具装配的首要任务。

一、检具的装配方法

检具的装配方法和模具的装配方法有异曲同工之处，一般的工艺方法有互换装配法、修配法和调整法。检具生产属于单件小批量生产，具有成套性和装配精度高的特点。所以，目前检具装配常用修配法和调整法，今后如果采用模块化的检具标准件，互换装配法的应用将会越来越广。无论是修配法或调整法装配，都要处理好基准问题。为了使检具的装配、测量具有良好的工艺性，应遵循基准统一原则，以检具的基面为统一基准，以便于装配、测量，保证检具的制造精度。

1. 互换装配法

在装配时各配合零件按规定的公差加工后，不需要经过修理、选择或调整即可达到装配精度的方法称为互换装配法。互换装配法的特点是装配质量稳定可靠、装配工作简单、经济、生产效率高，但是要求零件的加工精度高。零部件的互换性，便于组织流水装配和自动化装配，是一种比较理想和先进的装配方法，因此，只要各零件的加工在技术上经济合理，就应该优先采用。互换装配法是通过控制零件的制造误差来保证零件的装配精度，按照互换程度可以分为完全互换装配法和部分互换装配法。

（1）完全互换装配法 是指检具装配时各零件不经选择、修理和调整，直接组装后就能达到装配精度的方法，该方法具有装配工作简单、质量稳定、生产效率高、对装配工人技术要求低、检具维修方便等特点，但也存在一定的困难，比如装配精度要求高时，各个零件要求的公差严，因而会使零件加工困难，增加制造成本。这种装配法在检具装配上有局限性，比较适用于大批量的自动化设备和其他机器制造行业。完全互换法的原则是各相关零件的公差之和小于或等于允许的装配误差。用公式表示如下：

$$T_\Sigma \geqslant T_1 + T_2 + \cdots + T_{n-1} = \sum_{i=1}^{n-1} T_i$$

（2）部分互换装配法　是指装配时各零件的制造公差有少部分不能达到完全互相装配的要求但是大部分能够组装达到装配精度的方法，该方法与完全互换方法相比较，具有零件公差大、制造比较容易、容易实现专业化生产导致成本较低、备件供应方便的特点，但由于是部分互换，又存在装配后超差的可能。超差的概率较小，只有少数零件不能互换，所以要进行相关的测量，通过机械加工的调整，使其精度得到提高。这种方法的原则是各有关零件公差值平方和的开方根小于或等于允许的装配误差，用公式表示如下：

$$T_\Sigma = \sqrt{\sum_{i=1}^{n-1} T_i^2}$$

2. 修配法

对于高精度、功能性较强的检具，如果采用互换法，则会增加相关零件的制造成本，此时常考虑采用修配。对于修配法的零件可在图纸上注明：装配时精加工或装配时与××配合的字样。也就是要求在现有工艺条件下按比较经济可行的精度进行制造。

修配装配法是指零件加工过程中没有一次性达到尺寸要求，而是预留一定的加工量，装配时再根据实际装配情况修去零件的预留修配量，使之达到装配精度要求的装配方法。该方法能获得很高的装配精度，零件的制造公差可以放宽，缺点是增加了修配工作量，工时不好计算，且装配质量需要依赖工人的技术水平，相对生产效率比较低，该方法广泛应用于检具的装配。检具上检测销和滑配机构常常采用修配法，常用的修配方法有以下两种。

（1）指定零件修配法　在装配尺寸链的组成环中，首先指定一个零件作为修配件，并预留一定的加工余量。其他相配零件可一次性加工到位，在装配的过程中，通过对修配件的切削或磨削加工，使之达到装配精度要求。指定的修配件应该易于加工，而且装配时它的尺寸变化不会影响其他尺寸链。采用指定装配法时应注意：要选择与装配精度有关，易于装拆且修配面不大的零件作为正确的修配对象；合理确定修配件的尺寸和公差，保证有足够的修配余量且修配量适中；采用机械加工方法代替人工修配。

（2）合并加工修配法　将两个或两个以上的零件装配后作为一个整体再进行机械加工，以期达到装配精度的要求。两个及以上零件进行装配后，可以将其尺寸作为装配尺寸链中的一个组成环对待，从而使尺寸链组成环数减少，公差扩大，这样容易保证装配精度要求。

3. 调整装配法

调整装配法也可以称为公差补偿法，通过改变检具中可调整零件的相对位置或尺寸，来达到装配精度，这种方法通常是在装配时将调节件（如垫片、垫圈、套筒等）加入尺寸链中进行补偿。这种方法较简单，如果调整件选择得当即可补偿其他元件的误差，提高检具的制造精度。此方法在检具装配调试中实用性强，应用非常广泛。

4. 分组装配法

在检具标准结构件装配中，将各配合副的零件按实测尺寸大小分组，装配时按组进行互换装配以达到装配精度的方法，称为分组装配法。如某一轴孔配合时，若配合的间隙公差要求较小，则轴和孔分别要以极其严格的公差制造才能保证装配间隙要求，这时可以将轴和孔的公差放大，装配前实测轴和孔的实际尺寸并分成若干组，然后按组进行装配，即大尺寸的轴与大尺寸的孔配合，小尺寸的轴与小尺寸的孔配合，这样对于每一组的轴孔来说装配后都能达到规定的装配精度要求。由此可见，分组装配法既可以降低对零件加工精度的要求，又能保证装配精度，在相关零件较少时比较方便，但是由于增加了测量分组等工作，当相关零件较多时就显得烦琐。

二、检具装配尺寸链

1. 检具装配尺寸链的概念

在检具装配中，将与某项精度指标有关的各个零件的尺寸依次排列，形成一个封闭的链形尺寸，这个链尺寸就称为装配尺寸链。组成装配尺寸链的每一个尺寸都称为装配尺寸链环，装配尺寸链环可分为组成环和封闭环两大类。如图4-7所示，要保证的装配精度称为尺寸链的封闭环，影响封闭环的尺寸 A_1、A_2 称为尺寸链的组成环。利用装配尺寸链，可以根据装配的精度要求确定零件的制造精度或验算零件的制造精度能否满足装配的精度要求。合理选择装配方法，能在一定生产条件下，经济合理地达到装配精度要求。

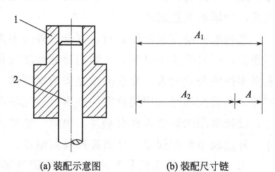

(a) 装配示意图　　　(b) 装配尺寸链

图4-7　导柱与导套装配及装配尺寸链

1—导套；2—导柱；A_1—导套的内径；

A_2—导柱的外径；A—装配间隙

(1) 封闭环　是指检具装配中，自然形成的那个尺寸，一般用 A_0 表示，它是尺寸链中其他尺寸互相结合后形成的尺寸，其实际尺寸会受到尺寸链中其他尺寸的影响。

(2) 组成环　是指检具装配过程中直接得到的尺寸，一般用 A_i 表示，组成环又可分为增环和减环两类。在其他组成环不变的情况下，若某一组成环的尺寸增大（或减小），封闭环的尺寸随之增大（或减小），该组成环就称为增环；在其他组成环不变的情况下，若某一组成环的尺寸增大（或减小），封闭环的尺寸随之减小（或增大），该组成环就称为减环。

2. 检具装配尺寸链的极值解法

装配尺寸链确定后，需要计算具体的数值，其目的是求出装配尺寸链中某些环的基本尺寸及其上下偏差，生产中一般采用极限计算法。在尺寸链计算时，将组成尺寸链的所有尺寸都取极限尺寸进行计算。计算极限尺寸的公式如下：

$$A_{\Sigma \max} = \sum_{i=1}^{m} \vec{A}_{i\max} - \sum_{i=m+1}^{n-1} \overleftarrow{A}_{i\min}$$

$$A_{\Sigma \min} = \sum_{i=1}^{m} \vec{A}_{i\min} - \sum_{i=m+1}^{n-1} \overleftarrow{A}_{i\max}$$

式中　$A_{\Sigma \max}$、$A_{\Sigma \min}$——封闭环的最大、最小尺寸；

$\vec{A}_{i\max}$、$\vec{A}_{i\min}$——增环的最大、最小尺寸；

$\overleftarrow{A}_{i\max}$、$\overleftarrow{A}_{i\min}$——减环的最大、最小尺寸；

m——尺寸链的增环数；

n——尺寸链的总环数。

三、检具装配积累误差的调整

检具是由若干个零件装配而成的，由于各种因素的影响，每个零件在加工过程中都会产生制造公差，所以零件在进行组装的过程中会有误差累计现象。误差累积较大时会出现装配失败或零件卡死等问题，导致检具无法正常使用。装配积累误差可通过控制装配链上各零件的尺寸公差来消除，也就是在加工条件允许时，合理地限制有关零件的加工误差，使它们累计起来不超出装配精度的要求，这样在装配时就可以任意取用一个合格的零件进行装配，不需要任何的调整和修配就可以保证装配的精度。但是这对零件的加工精度要求较高，会增加制造成本。

当装配的精度要求较高时，完全靠提高零件的加工精度来直接保证装配精度便显得很不经济，有时甚至不可能。在影响装配精度的相关零件较多时，矛盾尤其突出，此时，常常将零件的公差放大，使它们按经济精度制造，在结构设计的时候，通过设计适当的调整零件，在装配的时候用调整零件来满足装配精度要求，调整零件一般有固定尺寸和可调尺寸，设计常用的调整零件有垫片、垫块、垫圈、衬套和圆环等，用调整零件来控制装配尺寸，补偿调整装配误差，从而提高检具精度，其特点如下：

① 可以获得较高的装配精度，使用调整零件装配时，积累误差可根据实际情况进行调整，最终能够实现较高的装配精度。

② 装配速度快、效率高，调整零件都是装配时已经准备好的，可随时根据实际需要进行更换，不需要现场对某些零件进行处置；非标垫块需要进行简单磨削处理来满足实际装配精度。

③ 零件可按经济精度要求加工，由于装配时有调整零件来闭合装配链，对其他零件的加工要求就可以放宽，从而提高了效率，降低了成本。

四、检具的总装配

1. 检具的总装准备工作

研究和熟悉所装配设备的装配图、工艺文件及技术要求；了解设备的构造，零件的作用以及相互的连接关系，并对装配零件配套品种及其数量加以检查（如标准件、外购件等），特别是对修复的零件，应进行重点检查。

2. 确定总装方法和准备所需的工具

准备工作完成后，需要根据检具的大小、数量和类型，选择适当的总装方法。总装方法的合理运用可大大缩短装配时间，提高装配质量。另外，钳工工具也要提前做好清点准备和摆放，减少取拿时间，提高装配效率。

3. 检具总装过程

在总装前先安排好装配的基准件，安排好装配顺序。先安装检具底板上的零件，然后以此为基础依次安装其他组件。在总装时可先将底板上的支撑板或支撑架作为基准零件，检查无误后拧紧螺钉，打入销钉，所有和底板连接的螺栓必须配置足够强度的弹簧垫圈。钳工在组装检具过程中必须戴好手套，零件及工具不能随意放在底板上，小心轻放，不得碰坏各零件表面。各零件需按图组装，不得随意组配，销子螺钉不得有松动滑牙，原则上螺纹孔攻螺纹深度不得少于螺纹直径的 1.5 倍，装配面不得有灰尘油污，镶套等匹配要考虑容易拆装，销子与固定套先配合好无松动后再进行装配，每个定位机构及滑动机构配合都必须丝滑、顺畅、无明显晃动。检测块交接处都需平整过渡，所有镶套都需低于模拟块表面 3mm，镶套孔周边干净顺滑，所有螺钉都需要安装弹垫和平垫，所有销钉都必须低于安装面 1mm 左右。总装配过程如下所示：

① 选择装配基准件。根据检具工作零件的互相关系、装配方便以及易于保证装配精度要求等确定基准件。

② 确定装配顺序。根据零件和装配基准件的关系及远近关系确定装配顺序，要保证先装零件有利于后装零件的定位和固定。

③ 自检。检具装配完成后，在现有生产条件下进行产品试装，用来检测检具在使用过程中存在的一些问题。

④ 检验。

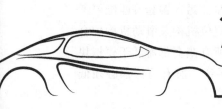

第五章 汽车检具的测量

检具模拟块型面和定位面需要按照车身零件的 CAD 数据进行铣削，定位孔、检测孔的功能装置需要按照车身零件的相应位置进行制作，以上结构和装置具有一定的精度要求。在检具零部件的机械加工中，不可避免地会出现各种载荷和干扰，如零件变形、内应力等，它们以不同形式、不同程度反映为各种加工误差。在检具组装的过程中，装配公差会通过零件的加工误差进行累计放大，进而影响检具的整体制造精度。使用检具的首要目的在于保证产品的质量，具体来说，使用检具必须首先要保证检具自身的尺寸精度、形状精度和位置精度。所以检具装配完成后，需要在三坐标（CMM）测量设备上进行精度误差验证和调整，保证测量结果达到规定的制造精度要求。

第一节 检具的精度

检具的精度误差分为静态误差和动态误差两部分，其中静态误差占重要比例，因此，检具的精度在无特殊注明时是指检具的静态误差或称静态精度，即指检具非受力状态下的精度（也就是检具非工作状态的精度）。根据检具结构的划分，检具精度检测范围包括：定位孔、定位销、检测孔、定位面、检具型面本体、断面样板、活动样块等，并不是每套检具均包含以上结构，但若包含以上结构均需精度检测。根据检具的测量公差划分，检具的精度检测主要包括以下一组完备的数据。

① 检具的底板精度要求：检具底板的平面度及平行度。

② 孔位精度：检测孔位置精度，检测孔径尺寸精度，检具定位孔位置精度，检具定位孔的尺寸精度，检测孔与定位孔之间的位置精度。

③ 型面及配合精度：定位活动件配合精度，模块的匹配缝隙精度，模块的功能区表面精度，模块的非功能区表面精度，一般安装匹配部位的位置精度，检具型面车身坐标网格线精度。定位及定位支撑原件的工作表面对检具底板安装面的位置度（平行度、垂直度）精度。

④ 检具底座的网格线和基准孔精度：网格线位置精度，基准孔的尺寸精度和相对位

置精度。

⑤ 各独立校量块的尺寸误差：如百分表校零块、量块。

检具的静态精度就是用这些测量项目来描述的，完整地检定出这些项目是控制检具精度的必要条件，由于每个测量项目都是各自独立的，都是直接或间接影响检具加工精度的因素，因此检具的精度就是这些测量项目的多元函数。检具的精度主要依靠零件的精度保证，所以在前期设计和制造中对零件的制造精度做适当控制。

一、检具零件制造的平均经济精度

检具的整体制造精度主要由各个零件的精度保证，为了使检具的制造尽量达到成本低、精度高的目的，需要研究检具零件制造的平均经济精度的问题。由机械制造工艺学知识可知，零件的加工精度和加工费用是成正比关系的，即加工精度越高，误差越小，费用就越高。所谓平均经济精度，就是对某种加工方法而言，费用较低而加工精度最高的一种合理加工精度，也就是说对某种加工方法规定零件的加工精度比平均经济精度高，则加工费用会急剧增加；规定零件的加工精度比平均经济精度低很多，而加工费用也不会明显减少，检具零件属单件小批量生产，精度要求较高，设计时应该十分重视零件加工的平均经济精度问题，否则将会急剧增加制造成本。

为了保证制造精度，必须将工件定位在一个合适的位置，并在一个或多个工序加工中保持位置不发生变化，零件结构设计时首先应选择好定位表面（基准），其次应考虑定位点的合理分布，定位件的位置不准确，必然造成工件定位和方位的变化，进而使工件产生几何误差，因此设计时必须认真分析、综合考虑各方面的因素，包括受力变形、受热变形、磨损等动态因素对定位的影响。

检具测量图上标注的测量项目中的尺寸，都是由两个或两个以上零件尺寸组合而成的，属于两组组合件之间距离的称为双组合；属于一支撑和一组组合件之间距离的称为单组合。由于每一个零件都存在制造误差，组合后各零件的误差会以不同的形式累计起来，这就形成了组合后的累计误差。累计误差直接影响检具的精度，正确估计组合件的累计误差对检具的设计具有十分重要的意义。正确估计累计误差，一方面不会因为设计公差不合理而使检具无法按图样要求制造出来，发生设计与制造之间的矛盾，另一方面能使设计者掌握所设计的检具能达到的精度极限，如果工件精度的要求过高，即加工误差小于累计误差时，则应从结构设计上另想办法，如减少组合件的数量，利用配磨法等提高组合件的精度等。

用装夹工具对零件进行机械加工时，影响加工公差的因素有三大类，即安装误差、对定误差和过程误差。

(1) 安装误差 Δaz　由定位误差和夹紧误差组成，以 Δaz 来表示，$\Delta az = \Delta D + \Delta J$

① 定位误差 ΔD。定位误差产生的原因大多数是因为工件在夹具上逐个定位使各工件的位置不一致。这主要是因为基准不重合，而基准不重合又分为两种情况，一是定位基准与限位基准不重合产生的基准位移误差，二是定位基准与工序基准不重合产生的基准不重合误差。

检具设计中，当定位基准与设计基准和测量基准不重合时，必须利用工艺尺寸链来分析和估算加工误差，然后决定检具设计应选取的公差值。

② 夹紧误差 ΔJ。夹紧机构的作用是使工件在加工过程中始终保持正确的定位状态，以确保加工精度，但是如果夹紧机构的结构不合理或使用不当，夹紧力也会导致工件偏离定位状态，使工件产生弹性变形，定位副产生接触变形，即产生夹紧误差。

一般情况下可视夹紧误差为零。

（2）夹具的对定误差 Δdd　为了保证工件相对刀具及切削成型运动处于规定的正确位置，除了使工件得到正确的定位之外，还要使夹具相对刀具及切削成型运动处于规定的正确位置，这种过程称为夹具的对定。由此产生的误差称为夹具的对定误差，以 Δdd 来表示，夹具的对定包括三个方面：夹具与机床的对定、夹具与刀具的对定、分度与转位的对定。

① 夹具与机床的对定误差 Δjc。根据机床的工作特点，夹具在机床上的对定有两种基本形式。一种是夹具安装在机床的工作台上，如铣床、刨床、钻床、镗床、平面磨床等，该类夹具是依靠夹具底平面、定向键与机床工作台和 T 形槽相接触或配合实现的。安装夹具时，使定位键靠向 T 形槽一侧，以消除间隙造成的误差。夹具定位后，用螺钉将其压紧在工作台上，以提高连接刚度。为了保证夹具底平面与机床工作台面有良好的接触，对较大的夹具应采用周边接触、两端接触或四角接触等方式，夹具的安装基面依次同时磨出或刮研出，以提高其接触精度。另一种是夹具安装在机床的回转主轴上，夹具在回转主轴上的安装取决于所使用机床的主轴端部结构。

夹具与机床的对定精度直接影响工件的加工精度，且最终以夹具定位元件的工作表面相对夹具安装（找正）基面的位置精度体现出来。这种误差发生在车床夹具和磨床夹具在机床主轴上安装时。

② 夹具与刀具的对定误差 Δjd。夹具在机床上定位后，还需保证夹具与刀具的相互位置正确即进行夹具对刀，刀具相对于对刀或导向元件的位置不精确而造成的加工误差，称为对刀误差。例如钻模中钻头与钻套间的间隙，会引起钻头的位移或倾斜，造成加工误差。

③ 分度与转位的对定误差 Δfz。多工位加工时，各工位所得到的加工表面之间的位置精度与分度装置的分度精度有关，而分度精度取决于分度装置的结构形式与制造精度。

（3）过程误差 Δgc。因加工设备的精度、刀具的精度、刀具与设备的位置精度、工艺系统的受力变形和受热变形等因素造成的加工误差，统称为加工过程误差，用 Δgc 表示，因该项误差影响因素过多，又不便于计算，所以通常根据经验留出工件公差的 1/3，即通常取

$$\Delta gc = \delta/3$$

式中　δ——工件尺寸的公差。

（4）保证加工精度的条件　工件在夹具中加工时，总加工误差 $\Sigma\Delta$ 为上述各项加工误差之和，为了得到合格的产品，必须使各项加工误差之和 $\Sigma\Delta$ 不超过工件尺寸公差 δ，工厂中为三分法不等式：

$$\Delta az + \Delta dd + \Delta gc \leqslant \delta$$

二、检具的制造精度

检具是一种检验装备，其本身具有足够的测量精度，在生产活动中以其为标准来检测

零件是否合格,检具的精度直接影响产品的质量,对于检具的精度基本要求就是在足够的寿命周期内,能够稳定地检验产品的尺寸。

检具在零件制造和装配过程中,都有加工误差和装配误差的存在。为了保证检具的测量精度,需对这些误差加以限制。检具在精度校核的时候,要严格按照检具的制造公差标准,以及检具设计图纸的技术要求。首先要对检具基座的平面度,检具的基准面、基准孔、基准销进行三坐标(CMM)检测,然后再对检具的检测孔、型面、断面样板、量块、电子数据采集装置(EDC)等进行检测。检具精度越高,对产品制造精度就越有利;但同时会增加检具制造的难度及检具的成本。ASME Y14.43M—2003(美国机械工程师协会标准)标准中,关于检具公差分配(公差带的大小和分布位置)的解释比较宽容。一般建议,检具的综合公差是产品公差的10%,检具的制造公差占产品公差的5%,检具的磨损占产品公差的5%,这也就是常说的1/10原则。在检具设计和制造的过程中,检具的制造公差可以遵循3个原则:绝对公差原则(悲观原则)、乐观公差原则和包容公差原则。具体可根据实际情况酌情选择。举例说明,图5-1是一个常见的工件图纸,图5-2是检具的结构示意图。

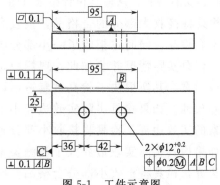

图 5-1 工件示意图

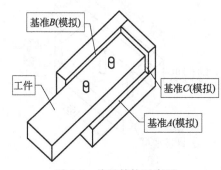

图 5-2 检具结构示意图

(1) 绝对公差原则(absolute tolerance method) 所谓绝对公差原则,就是说检具的公差不超越工件的实效边界,检具从实效边界处加料。这和中国标准类似。在检具使用过程中,将接受绝大部分的合格品,拒收所有的不合格品,同时也拒收了一小部分的合格品,这相当于对工件加严了要求,所以也称为悲观原则。

由于应用了1/10原则,所以检具的计算过程相对简便。根据图5-1可知,工件的综合公差为0.2+0.2=0.4mm,因此检具的公差(制造公差和磨损公差)总共为0.04mm,检具的垂直度、平面度等形状和位置公差均为工件的1/10。

图5-3是应用绝对公差原则为图5-1中工件设计的检具。需要说明的是,如果不考虑磨损公差,检具的设计图纸如图5-3,如果考虑磨损公差,只需要将图5-3中检具的公差减为一般即可。

(2) 乐观公差原则(optimistic tolerance method) 所谓乐观公差原则,就是检具的公差超越了工件的实效边界,从实效边界处减料。检具使用过程中,将接收所有的合格品,拒收大部分的不合格品,同时也接收了一小部分不合格品。这也相当于放宽了对工件的要求。应用乐观公差原则为图 5-1 中工件设计的检具如图 5-4 所示。

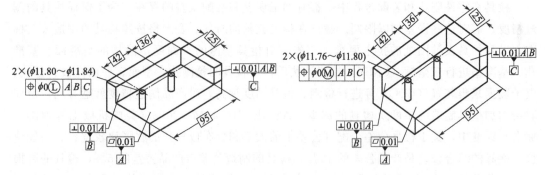

图 5-3　应用绝对公差原则设计的检具　　　　图 5-4　应用乐观公差原则设计的检具

（3）包容公差原则（tolerant tolerance method）　所谓包容公差原则，就是检具的公差和工件的实效边界部分重合，在实效边界处既有增料、又有减料。从检具设计图纸（图 5-5）看，检具将接收大部分的合格品，拒收大部分的不合格品，同时也拒收了一小部分的合格品。但是实际情况并非如此，现场中是否加严或放宽，其实取决于检具被制造出以后的实际尺寸。如果检具实际实效边界小于被测要素的实效边界，检具将接收小部分超差品；如果检具实际实效边界大于被测要素的实效边界，检具将拒收小部分合格品。应用包容公差原则为图 5-1 中工件设计的检具如图 5-5。

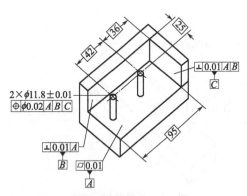

图 5-5　应用包容公差原则设计的检具

由于每家主机厂产品质量控制策略不同，不同的技术要求，不同产品质量标准，导致检具的制造精度有差异，见表 5-1，但是力求要做到检具精度和检具成本的最佳平衡，进行适应性的制造。

表 5-1　检具制造精度比较　　　　　　　　　　　mm

内容	上海通用	上海大众	长安福特	克莱斯勒	福特汽车	江淮汽车
定位面	±0.10	±0.10	±0.05	±0.05	±0.05	±0.10
定位销/孔	±0.10	±0.05	±0.05	±0.05	±0.05	±0.05
检测销/孔	±0.15	±0.10	±0.075	±0.125	±0.125	±0.15
功能面	±0.15	±0.10	±0.15	±0.15	±0.15	±0.15

表 5-2 为某主机厂的检具精度要求，以下参数值仅供参考。

表 5-2　主机厂对检具的精度要求

内容	位置公差要求/mm	表面粗糙度/μm
底板平行度	0.1/1000	
基准面平行度、垂直度	0.05/1000	
基准孔位置	±0.05	
基准孔相对位置公差	0.03	
定位孔	±0.05	$Ra \leqslant 1.6$
定位面、支撑面	±0.05	$Ra \leqslant 1.6$
齐平面或刻线	±0.1	
间隙面	±0.1	
所有造型面（非功能面）	±0.2	$Ra \leqslant 3.2$
检测孔	±0.05	$Ra \leqslant 1.6$
划线孔	±0.15	$Ra \leqslant 1.6$
目测孔	±0.2	
百位线位置相对基准误差	0.1/1000	
形状规或卡规	±0.15	$Ra \leqslant 3.2$
百分表对零块	±0.02	
固定打表点位置度	±0.05	
活动打表点位置度	±0.1	
检具重复性精度	±0.1	

注：当某一产品特性偏离上述规范时，检具可采用产品公差的 1/10 准则。

三、检具精度的校验

综上所述，检具制造精度是用一组独立的测量数据来描述的，要在过程中控制检具的精度，首先需明确测量项目的内容，应逐一检查，不可遗漏，这是控制检具精度的必要条件。检具测量计划中每个测量项目的名义尺寸标注正确，公差选取合理，即按平均经济精度取值（在没有检具制造精度要求的情况下，采用此方法），否则会增加制造成本，甚至无法制造出来。

检具精度的校验，就是借助三坐标测量机（CMM），然后根据有效的产品图纸和 CAD 数据来合理地对检具的所有测量项目进行检定的过程。精度校验时，主要根据不同客户的制造精度要求进行校验。但是一些电子产品，由于结构简单，主要为铆接和螺钉连接，所以对精度要求较不明确。针对这些情况，检具测量中广泛应用的控制精度的方法有如下两种：

（1）公差分解法　这种方法是将检具整体的制造公差分解到单个零件上，适用于结构简单、检测内容单一的检具。该方法简单，一般不建议使用，它缺乏系统的理论指导，各项公差数值的选取可能缺乏合理性，主要根据零件图样的设计要求和工艺规程，将总的制造公差分解为各个零件的加工公差，再对加工误差分解成每次安装的误差进行分析，由定位基准的变化造成的尺寸变化，可根据检具结构和工件的几何尺寸通过尺寸链换算进行估算。通过相关的校验，综合估算出检具可能出现的最大误差，如果最大误差值小于零件图样的设计值，则可以确定该检具的设计方案是合理的，否则应该采取必要的工艺措施或结构修正措施。

（2）高精度测量设备校验　借助三坐标（CMM）等高精密测量设备，对检具各检测项目进行打点测量，通过对输出的校验结果分析从而进行有效的针对性调整。检具的校验结果是通过检具的测量系统综合输出的测量数据得到的。测量数据不仅能直观得出超差部分，还能指导相关调试人员快速准确制定措施改善检具精度问题。

（一）检具精度校验过程构成要素

检具的校验过程实质上是各要素相互作用的结果，校验系统是指在具体测量过程中的检具、检测方式和检测方法，与之相关的其他设备、所用软件、测量人员等的总称，如图 5-6 所示为检具校验系统的构成要素。

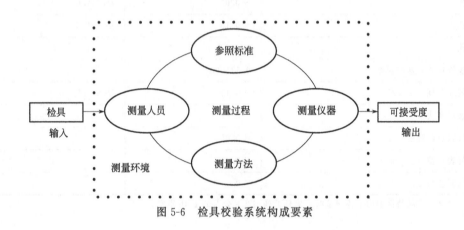

图 5-6　检具校验系统构成要素

检具校验系统的分析是基于对过程数据的研究分析，而最终检具校验系统得出的结论是否能被接受所参考的数据正是在检具测量过程中得到的测量结果，即测量数据。测量数据的用途有以下两个方面：

（1）用于判断和决策　对于检具制造质量，是否进行调整或采用其他措施，要依据测量数据决定。将检测数据计算得出的一些统计量，与参照标准的极限相比较进行判断，如果在此极限之内则可以接受，如果在此极限之外，则认为该系统不能接受，需要进行调整。

（2）确定变量之间的关系　对检具测量数据进行分析比较可以得出检具的接受与否是由校验系统的哪一个环节所致的。例如，为了能够得出检具变形与温度之间的关系，检测人员可以对不同温度下的测量结果运用某种方法进行相关的分析比较，最终可确认检具变形与温度的关系曲线。由于检具质量评估都是以数据为基础的，所以最终输出的可接受度的质量高低对使用厂家判断和决策影响较大，而最终输出的可接受度质量的高低与检具校验系统在稳定条件下多次测量结果的统计特性有关，测量数据与标准值之间的差值则是由校验系统各要素的相互作用造成的，如果这些要素的相互作用产生了太大的变差，那么测量所得到的数据质量就低，最后导致校验系统不能被接受。

（二）影响检具精度的因素

1. 检具的原始精度

检具的原始精度即检具的设计和制造精度，它是保证检具具有较高精度的基础，检具只有具备足够的原始精度，才能充分发挥其效能，保证有足够的使用寿命，在较长的时间内精度始终保持稳定。

2. 检具的类型和结构

检具的类型和结构对检具的精度有一定的影响。例如，单件检具结构单一，其精度要高于结构复杂的总成检具，有导向滑配装置的检具，其精度要高于无导向滑配装置的检具。检具结构牢固可靠，会使检具在受到冲击时得到保护。

3. 检具的磨损

在高频次使用过程中，产品与检具接触的过程中，会产生摩擦烧蚀，这种磨损直接导致检具一些功能型面尺寸发生变化，当磨损量达到一定程度时，检具的精度就会失效。检具的定位零件、导向零件和其他有相对运动的零件也都会摩擦磨损，这些零件的磨损会降低自身精度，恶化工作状态。

4. 检具的变形

检具受力零件在刚度、强度不足时，会发生弹性变形或塑性变形，降低检具的精度。例如，检具的设计结构出现应力集中的现象时，一旦发生意外碰撞，检具受到冲击，就会发生精度失衡现象。

5. 检具的使用条件

检具主要由钢件组成，会有一定的热胀冷缩现象，如果放在温差较大的环境中，检具的精度也会受影响。

6. 测量环境的影响

受零件膨胀系数的影响，检具测量须在恒温（20℃±2℃）的条件下进行，冬季和夏季的温差较大，冬季一般需要对检具恒温8h以上，夏季可在3h左右。如果没有恒温检具直接测量，检具精度重复性较差。

7. 测量人员操作问题

生产人员在线检测的时候，受到理论知识及测量经验的约束，误操作会影响测量数据的采集，如柔性检具操作流程里，没有及时地控制测头、测头座、控制器等，所得数据与实际尺寸会有很大的差异。

第二节 检具精度检测设备

精密检具校验时一般应选择三坐标检测或相适应的通用量具，选择原则是所使用标准器具的示值误差在被检测产品尺寸公差的1/10～1/3内。检具在进行精度检测时，需要根据实际情况选择合适的测量设备，例如，由于功能主模型型面为曲面，可采用三坐标测量机进行检测，精度及效率较高；一般主模型检测点可多达数百至数千个，采用先进的激光扫描可高速采集型面点云，经后续处理可直接与三维数模拟合对比，快速得到检测数据，大大缩短检测周期。

一、三坐标测量机

三坐标测量机（coordinate measuring machining，CMM）就是通常所说的三坐标检测仪、三次元测量仪，只不过名称不同而已。三坐标测量机是20世纪60年代发展起来的一种新型高效的精密测量仪器。测量方式大致可分为接触式与非接触式两种。它的出现，一方面是因为自动机床、数控机床高效率加工以及越来越多复杂形状零件加工需要有快速可靠的测量设备与之配套；另一方面是因为电子技术、计算机技术、数字控制技术以及精密加工技术的发展为三坐标测量机的产生提供了技术基础。现代三坐标测量机不仅能在计算机控制下完成各种复杂测量，而且可以通过与数控机床交换信息，实现对加工的控制，并且还可以根据测量数据，实现反求工程。三坐标测量机的三维坐标测量方法具有极大的柔性，能够便捷地进行数据处理与过程控制，其在新产品设计开发、生产过程控制、检具检测、工装夹具、模具制造与调试等方面起到越来越重要的作用，目前，CMM已广泛用于机械制造业、汽车工业、电子工业、航空航天工业和国防工业等各行业，成为现代工业检测和质量控制不可缺少的万能测量设备。

当今主要使用的三坐标测量机有桥式测量机、龙门式测量机、水平臂测量机和便携式测量机。其中水平臂测量机又分双水平臂和单水平臂两种，主要用于对车身和大型钣金件的测量，也可测中小件。活动桥式测量机精度较高，主要用于对形状复杂的薄壁工件进行测量，特别适用于在生产现场对中小型冲压件和焊接件进行在线测量。固定龙门式测量机的精度高于水平臂测量机，主要用于如航空、汽车等细长件的测量。图5-7为常见的几种结构形式的三坐标测量机。

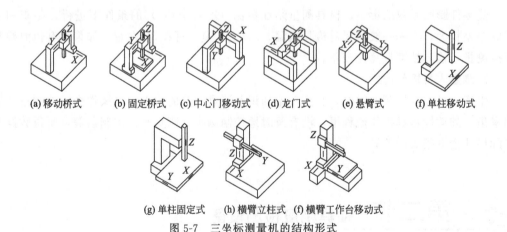

图5-7　三坐标测量机的结构形式

二、三坐标测量机的应用

三坐标测量机是通过探头系统与工件的相对移动，来探测工件表面点三维坐标的测量系统。除测量机主体部分外，系统还包括输送、装夹等辅助环节，并必须在测量软件的配合下才能完成要求的测量任务。三坐标测量机经常用于零件测绘、工装夹具的检测、产品开发过程中间测量、模具以及检具的复杂曲面检测、数控机床以及柔性生产单元或生产线在线测量等方面。

三坐标测量机普遍具有高精度、高速度、很好的柔性、很强的数据处理和适应现场环境的优点,尤其是丰富的、不断扩展的软件功能,这一切使三坐标测量机在车身质量控制中发挥了愈来愈大的作用。尤其在今天的轿车生产车间里,三坐标测量机已使用在生产线上,而不是使用在远离现场的测量间内。在冲压件生产车间,采用三坐标测量机检测的比例已过一半,一些大型的复杂工件受检比例更高。焊接件并不是每种都需要进行检验的,但在必须受控的那些车身总成中,利用三坐标测量机进行检查的比例甚至达到三分之二。用于生产过程中检测的三坐标测量系统事实上已成为工艺过程的一个组成部分。

三、三坐标测量机的工作原理

三坐标测量机是在一个六面体的空间范围内,能够表现几何形状、长度及圆周分度等测量能力的仪器,又可定义为"一种可作三个方向移动的探测器",可在三个互相垂直的导轨上移动,此探测器以接触或非接触等方式传递信号,测量机的采点发信装置是测头,在沿 X、Y、Z 三个轴的方向装有光栅尺和读数头。其测量过程就是当测头接触工件并发出采点信号时,由控制系统去采集当前机床三轴坐标相对于机床原点的坐标值(X,Y,Z),再由计算机系统对数据进行处理。通过自动生成的报告可显示尺寸精度、定位精度、几何精度及轮廓精度等信息。其工作原理如下:

三坐标测量机是基于坐标测量的通用化数字测量设备,它首先将各被测几何元素的测量转化为对这些几何元素上一些点集坐标位置的测量,在测得这些点坐标位置后,再根据这些点的空间坐标值,经过数学处理方法求出其尺寸和形位误差。如图 5-8 所示,要测量工件上一圆柱孔的直径,可以在垂直于孔轴线的截面 I 内,触测内孔壁上的三个点(点 1、2、3),则根据这三点的坐标值就可计算出孔的直径及圆心坐标 O_1;如果在该截面内触测更多的点(点 1、2、…、n,n 为测点数),则可根据最小二乘法或最小条件法计算出该截面圆的圆度误差;如果对多个垂直于孔轴线的截面圆(I、

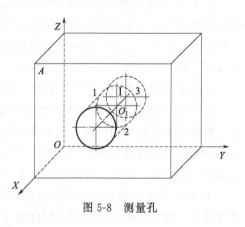

图 5-8 测量孔

II、…、m,m 为测量的截面圆数)进行测量,则根据测得点的坐标值可计算出孔的圆柱度误差以及各截面圆的圆心坐标,再根据各圆心坐标值又可计算出孔轴线的位置;如果再在孔端面 A 上触测三点,则可计算出孔轴线对端面的位置度误差。

四、三坐标测量机的构成

目前市场上三坐标测量机种类繁多、形式各异、性能多样,而且所测对象和放置环境条件也不尽相同。但是在总体结构上都是由具有一定功能的部位组合而成的,主要分为机

械系统和电气系统两个重要单元。作为一种标准的测量仪器设备，三坐标测量机主要是比较被测量要素与标准量，并将比较的结果用数值直观地表现出来。三坐标测量机需要3个方向的标准器（标尺），利用导轨实现沿相应方向的运动，还需要三维测头对被测量进行探测和瞄准。此外，测量机还具有数据处理和自动检测等功能，需由相应的电气控制系统与计算机软硬件实现，其结构如图5-9所示。

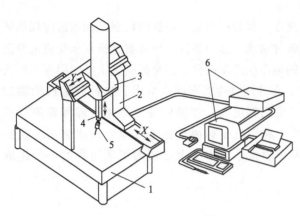

图5-9 三坐标测量机结构
1—工作台；2—移动桥架；3—中央滑架；4—Z轴；
5—测头；6—电子系统

三坐标测量机可分为主机、测头、电气系统三大部分。

（1）主机 结构分为框架、标尺系统、导轨、驱动装置、平衡部件、转台与附件。

① 框架是指测量机的主体机械结构架子，主要起支撑作用。它主要由工作台、立柱、桥框、壳体等机械机构组成。早期的三坐标测量机测量平台一般是铸铁或铸钢制成，比较笨重，不耐磨。今年来，随着技术和新材料的使用，各生产厂家已广泛采用花岗岩作为材料来制造测量平台，主要是花岗岩的变形小、稳定性好、耐磨损、不易生锈，而且价格低廉、易于加工。花岗岩测量平台容易清洗，在使用的过程中便于更换。

② 标尺系统是测量机重要的组成部分，主要用来度量各轴的坐标值，是决定仪器精度的重要环节。三坐标测量机所用的标尺有线纹尺、精密螺杆、感应同步器、光栅尺、磁尺及光波波长等，该系统还应包括数显电气装置。目前三坐标测量机上使用的标尺系统种类很多，按其性质可以分为机械式标尺系统、光学式标尺系统和电气式标尺系统，目前市场上使用最多的是光栅，有些高精度CMM采用了激光干涉仪。

③ 导轨是测量机实现三维运动的重要部件，它稳定可靠的运行是测量精度精确的保证。测量机多采用滑动导轨、滚动轴承导轨和气浮导轨，而以气浮静压导轨为主要形式。气浮导轨由导轨体和气垫组成，有的导轨体和工作台合二为一。气浮导轨还应包括气源、稳压器、过滤器、气管、分流器等一套气体装置。

④ 驱动装置是测量机的重要运动机构，可实现机动和程序控制伺服运动的功能。在测量机上一般采用的驱动装置有螺杆螺母、滚动轮、钢丝、齿形带、齿轮齿条、光轴滚动轮等，并配以伺服电动机驱动。但是，目前市场上直线电动机的使用正在增多。

⑤ 平衡部件，主要用于Z轴框架结构中。它的功能是平衡Z轴的质量，使Z轴上下运动时无偏得干扰，使检测时Z向测力稳定。如更换Z轴上所装的测头时，应重新调节平衡力的大小，以达到新的平衡。Z轴平衡装置有重锤、发条或弹簧、气缸活塞杆等类型。

⑥ 转台与附件，转台是测量机的重要元件，它使测量机增加一个转动运动的自由度，便于某些种类零件的测量。转台包括分度台、单轴回转台、万能转台（二轴或三轴）和数控转台等。坐标测量机的附件很多，视需要而定。一般指基准平尺、角尺、步距规、标准

球体（或立方体）、测微仪及用于自检的精度检测样板等。

（2）三维测头　三维测头是三维测量的传感器，它可在三个方向上感受瞄准信号和微小位移，以实现瞄准与测微两种功能。测量的测头主要有硬测头、电气测头、光学测头等，此外还有测头回转体等附件。测头有接触式和非接触式之分。按输出的信号分，有用于发信号的触发式测头和用于扫描的瞄准式测头、测微式测头。

（3）电气系统　分为电气控制系统、计算机硬件部分、测量软件、打印与绘图装置。

① 电气控制系统是测量机的电气控制部分，是动力控制系统，对气源和电源进行智能控制。它具有单轴与多轴联动控制、外围设备控制、通信控制和保护与逻辑控制等功能。

② 计算机硬件部分。三坐标测量机可以采用各种计算机，一般有 PC 机和工作站等。

③ 测量软件，包括控制软件与数据处理软件。这些软件可进行坐标交换与测头校正，生成探测模式与测量路径，可用于基本几何元素及其相互关系的测量，形状与位置误差测量，齿轮、螺纹与凸轮的测量，曲线与曲面的测量等。具有统计分析、误差补偿和网络通信等功能。

④ 打印与绘图装置，此装置可根据测量要求，打印出数据、表格，亦可绘制图形，为测量结果的输出设备。

五、三坐标测量机的保养与维护

三坐标测量机作为一种精密的测量仪器，对环境要求非常严格，它的工作温度是 $20℃±2℃$，湿度要求是 55%～65%，工作场所要干净、无灰尘。根据以上情况我们要求做到工作中对温度、湿度进行查看并做好记录，根据季节不同，对温度和湿度进行控制。如果能对三坐标测量机制定合理的维护保养计划，就能延长机器的使用寿命，并使精度得到保障、故障率降低。精度高的三坐标测量机才能确保检具的精度高，在开机前、测量工作中、测量工作结束后三个阶段遵守以下注意事项。

（一）开机前的准备工作

① 三坐标测量机使用环境要求比较高，首先要严格检查温度和湿度是否达到规定的要求。

② 检查机床的气源，并放水放油，定期清洗过滤器及油水分离器，而且还应注意机床气源的空气来源，空气压缩机或集中供气的储气罐也要定期检查。三坐标测量机上的气浮轴承，理论上是永不磨损结构，如果气源不干净，有油、水或杂质，就会造成气浮轴承阻塞，严重时会造成气浮轴承和气浮导轨划伤。

③ 开机前应清洁机器的导轨，金属导轨用航空汽油擦拭（120 或 180 号汽油），花岗岩导轨用无水乙醇擦拭，避免三坐标测量机气浮轴承和导轨在使用中被划伤。

④ 在规定的周期内给光杆、螺杆、齿条上少量防锈油，切记在保养过程中不能给导轨上其他性质的油脂，避免造成损伤。

⑤ 如果三坐标测量机长时间没有使用，在开机前应做好充分的准备工作：控制室内的温度和湿度在规定的要求，保持时间在 24h 以上，例如在南方湿润的环境中还应该定期把电控柜打开，使电路板也得到充分的干燥，避免电控系统由于受潮后突然加电时损坏。

然后检查气源、电源是否正常。

⑥ 开机前对电源进行检查，如果有条件的话可配置稳压电源，电源应接地，接地电阻小于 4Ω。

（二）测量工作中

① 被测零件放置在测量平台检测之前，应先对被测零件作清洗去毛刺处理，防止零件表面残留的冷却液及加工残留物影响测量机的测量精度及测尖使用寿命。

② 如果测量室内和室外温差较大，被测零件在测量之前应在室内恒温，避免由于温度相差过大影响测量精度。

③ 为了保护测量平台，大型及重型零件在放置的过程中应轻拿轻放，防止出现剧烈碰撞的情况，致使工作台或零件损伤。必要时可以在工作台上放置一块厚橡胶作缓冲保护。

④ 零件放置牢靠可以克服测头的弹力。小型及轻型零件放到测量平台上，需要进行固定后再进行测量，否则会影响测量精度。

⑤ 在测量工作过程中，测座在转动时（特别是带有加长杆的情况下），要与被测零件保持一定的距离，以避免撞到测头。

⑥ 在测量的工作中，机器设备出现问题如发生异常响声或突然暂停，不能私自进行拆卸及维修，应及时与生产厂家联系。

（三）测量工作结束后

① 将 Z 轴移动到右下方，此时应避免测头撞到测量平台。

② 测量工作结束后，及时清理台面，将被测物体及杂物、调试工具等移走。

③ 仔细检查导轨，如有水印，可先检查过滤器。有划伤或碰伤的情况应及时联系生产厂家进行维修，避免造成更大损失。

④ 以上事项处理完成后，将机器设备总气源关闭。

第三节 检具精度测量方法

检具在测量的过程中应当遵守阿贝原则（共线原则）、最小变形原则、最短测量链原则、封闭原则、基准统一原则（产品设计、工艺规划、测量），遵守同一被测对象，同一时间、地点和环境等因素。

一、检具三坐标测量取点

检具的测量方式有两种：一种是先在检具上采点后输入 3D 模型对比误差，得出结论；另一种是先在 3D 模型上取点后再与检具上对应点进行比较检测。第二种测量方式由于具有精确、高效的特点，使用较为广泛。它在 3D 模型上取点后自动生成测量程序，测针就可以按检测程序自动在检具上采点，然后通过电脑的超级终端把检测情况送入电脑中自动分析误差形成检测报告。

检具测量取点时按照测量指示书要求，从定位→检测→型面→断面的标示顺序开始，对于需要打开某些特定部件才能测量的特征元素做好注释，编程结束后核对元素名称和位置。使用向量创建测量孔或槽时，必须把圆偏移到理论功能关闭（非常重要），编程时应多添加安全提示语句，避免危险情况发生。在测量程序中，评价元素前，按照 NOM，MEAS，+TOL，-TOL，DEV，OUT 的顺序设置文本格式。

（一）测量检具前的准备工作

(1) 数模的确认　在进行三坐标测量之前，测量人员需要相关部门提前提供被测检具的数模，并根据 PC-DMIS 软件的特性，将数模转化成 .igs、.stp 等格式。

(2) 新建一个程序文件　打开 PC-DMIS 测量软件，选择文件→新建程序，新建一个以零件号为名称的程序，程序的格式为 .PRG。这里一定要注意，在单位命令栏里勾选的单位是 mm，否则进入新程序后，无法改变单位。

(3) 测头的选择　进入 PC-DMIS 后，软件自动弹出测头选择对话框，选取测量当前检具相应的测头文件，如没有相适应的侧头文件，新建侧头文件，添加预计要使用的角度，进行校验，校验结束后使用该测头。

（二）建立检具坐标系

要对检具进行三坐标的测量，首先我们要做的就是建立检具坐标系，只有正确地建立检具的坐标系，才能正确地对检具进行测量。PC-DMIS 测量软件常用的建系方法有两种。第一种是三二一法建立坐标系，第二种是迭代法建立坐标系。下面介绍常用的三二一法建立坐标系的方法。三二一法建立直角坐标系具体操作方法：手动测量检具上的 3 个基准圆，3 个圆的圆心构成 3 个点，用 3 个点拟合一个平面来确定直角坐标系的第一轴向，点 2 和点 3 拟合成一条直线，将拟合成的直线方向作为直角坐标系的第二轴向；根据笛卡儿直角坐标系，符合右手定则的三条互相垂直的坐标轴和三轴相交的原点，构成了三维空间坐标系，因此，两个轴向确定了第三个轴向自然也就确定，再将点 2 作为直角坐标系的原点，至此，直角坐标系就建立完成了。

二、检具测量流程

三坐标测量人员将检具测量程序编好后，就可以进行检具的测量了，在测量前、测量中、直到测量结束，都需要按照规定的操作步骤，认真仔细处理过程中的异常，确保检具的精度校核是合格的。检具测量温度为标准室温 20℃，一般至少恒温 8h 以上，温度变化导致的检具变化量：

$$\Delta L = L\alpha(t - 20℃)$$

式中　L——被测工件长度；

α——膨胀系数；

t——感应计温度。

（一）检具测量前的检查和准备

准备好常用的工具，如砂纸、补土、螺钉旋具、若干不同规格销钉、若干不同规格螺钉、圆规、尺子、划线针、黏结剂、手电钻等，然后注意以下事项。

① 确认需要调测的检具零件是否齐全和对应，清理检具底脚上的胶水和毛刺。底平面必须保证平整，以便于测量时使用标准垫块来垫高检具。对于中大型检具应保证有足够的面积（一般尺寸要求不小于150mm×200mm），以便于测量时使用4块标准垫块来垫高检具。

② 准备好相应的图纸，导入测量的3D数模，仔细确认检具各部位的检测功能。

③ 根据所调测的检具情况，将测头角度校验好，避免中途追加测头角度的情况。注意测量一个检具的所有测头角度，必须是同一次校验的。

④ 检查检具底脚是否有悬空，测量底板上表面平面度。如果整体在0.05mm/1000mm以内，可以继续测量，超过1000mm平面度为±（0.15＋对角线长度/50000）mm，若超出公差应予以调试或返工合格后方可继续测量，对于复测的检具，平面度不能比起始测量超0.03mm/1000mm，当偏差较大时应将平面度调至接近起始测量0.03mm/1000mm以内开始测量。（以上平面度的参数仅为参考，具体以实际为准。）

⑤ 将检具固定在测量机方便调测的区域，大理石平台不能接触502胶水，根据检具类型和加工方式决定是否使用等高块垫高。

（二）检具坐标系的建立和确认

检具的测量基准有固定式基准和可调式基准。固定式基准有基准孔、基准套和基准边，可调式基准有基准块、基准球。检具的基准多样式在一定程度上影响了建立测量坐标系的多样性。具体可分为以下几种情况：

① 基于检具加工基准的迭代法；
② 基于检具加工基准的拟合法；
③ 基于检具设计基准的迭代法；
④ 基于检具设计基准的拟合法。

坐标系建立方法，原则上统一采用"三二一"法（迭代法）建立坐标系（如因特殊情况，无法三二一建系，需提前与检具使用方共同确认），保证自检、预验收、终验收方法一致。迭代法一般采用3个基准进行建标，通过找正、旋转和原点三步完成建标过程，建立的标准特征如图5-10所示。

$$1\# \begin{cases} X \text{ xxx. } 0000 \\ Y \text{ xxx. } 0000 \\ Z \text{ xxx. } 0000 \end{cases} \quad 2\# \begin{cases} X \text{ xxx. } 0000 \\ Y \text{ xxx. } 0100 \\ Z \text{ xxx. } 0000 \end{cases}$$

$$3\# \begin{cases} X \text{ xxx. } 0100 \\ Y \text{ xxx. } 0200 \\ Z \text{ xxx. } 0000 \end{cases}$$

图5-10 迭代法建立的坐标特征

从数据上可以发现，2#基准与1#基准对比中有一个值在变化，3#基准与1#基准对比有2个值在变化，这些变化都是相对理论值而定的（文中所述的"1"和"2"用来表明坐标值之间的变化，无实际意义）。大中型检具的主要特征是底板形状普遍较大，受到检具自身的测量行程限制，一般会通过采用4点拟合法建标，主要的过程如下：

① 在三维数模中选取加工基准，三坐标机床自动采点，使用迭代法建标。

② 在三维数模中选取检具基准，三坐标机床自动采圆，评价出基准圆的偏差值，基准圆之间的相对位置采用拟合法建标。

③ 四点拟合法建标结束后，采点测加工基准的偏差值。

以上诸多步骤进行迭代拟合，就是要寻找制造基准和测量基准之间的差异，并判断差异的趋势，最终采用最佳拟合的方法，以获取最佳的状态。

（三）测量过程中的注意事项

① 第一遍执行程序时，必须首先保证单块部件上的所有元素可以连续安全执行。尽量保证整副检具的连续性执行，对于需要打开的某一翻转或者滑动部件，在程序中要务必注释清楚，从而保证测量的安全性，测量期间放下操纵盒顺便将速度降至零，转角前确认测头位置是否安全。对于较大的检具，测量时要注意打开遮挡物，否则会阻碍测量机的运行。

② 测量销套时应留意直径误差，相差 0.03mm 以上即测量存在异常或零件异常。

③ 测头发生碰撞时（除测针部分），必须重新校验测头，并重建检具自动坐标系。

④ 使用向量创建测量孔或槽时，必须把圆偏移到理论功能关闭（非常重要）。

⑤ 对运行自动测量程序没有百分百的把握时，不要让手离开机器急停按钮。

⑥ 测量矢量点时，接近和回退距离不应小于 5mm（特殊情况除外，如断面样板测点）。

⑦ 调试半圆孔时，必须在销子检测段测量不少于 4 个测点，以确认孔位是否合格。

（四）检具本体和分件的修整

① 测量检具本体的间隙面、切齐面和断面样板基准面，对超差的边面进行修整到：矢量误差＋0.03mm/-0.1mm 范围内（如不需要喷漆，公差为±0.06mm）。

② 代木分件的调试：清理分件上的胶水和毛刺，用铲刀在分件的黏合面和本体的安装面上铲出交叉的胶水预留槽，然后将分件对齐到安装位置，测量分件的功能面，修整至公差范围内；然后将 AB 胶搅拌均匀并涂抹在分件和本体上，黏合对齐分件，快速调整到合适位置后，在分件四周滴少许 502 胶水，防止分件滑动，分件黏合 30min 后使用自攻螺钉固定。注意：粘接代木分件时注意胶水用量，溢出的胶水应及时清理。

调试检具的时候，一般不能使用薄垫片，因为使用薄垫片可能会使检具在运输、使用过程中精度丧失，而且难以察觉。对于特殊结构的需要，可以使用 5mm 以上的钢调节块。

（五）检具零件的调试

① 活动零件调试前须确认零件配合是否正常。

② 安装零件和打定位销必须遵守从下到上的顺序原则，不可调完后一次性打定位销。

③ 零件精度合格范围：客户要求的 1/2 为调试时的公差，零件固定必须保证稳固可靠。

④ 活动零件需要验证精度的重复性。

⑤ 调试检具的时候，不能使用薄垫片，因为使用薄垫片可能使检具在运输、使用过程中精度丧失，而且难以察觉。对于特殊结构的需要，设计者可以增加调节环节，使用 5mm 以上的钢调节块，并同时打定位销是可以的。

（六）调试完毕的工作

① 从自动建坐标开始运行程序测量报告元素，确认精度全部合格（手动机也需要重测）。

② 测量检具基准，并修改好基准理论值，保存并打印基准值。

③ 制作测量报告，并转存到三坐标主机。

④ 盘点检具的零件，检具已调试完成。

调测全部完成，报告已经制作，检具移交到后处理，三坐标的工作才算完成。

第四节 检具测量报告的制作

检具测量完成后，需要对被测元素进行尺寸的评价，以便用于数据分析和查漏补缺。根据元素类型不同评价的内容也是不同的。通常孔类需要评价孔中心位置和孔径，矢量点需要评价位置和法向偏差"T"，棱点只需要评价位置偏差即可。根据公差要求进行特征评价后，需要出具终验收的检测报告，测量软件 PC-DMIS 会生成图形报告。

测量报告的封面内容包括标题、客户名称、项目名称、检具名称及图纸号、测量机型号及精度、检测人、测量日期、审核、单位公章等，具体可见图 5-11。

产品尺寸检验报告
CHECKING FIXTURE DIMENSION INSPECTION REPORT

供应商名称supplier：
产品零件号：5306420
产品名称：中央出风口面板
CMM型号CMM Model： Infinite 2.0 2.4
检测温度Insp.Temperature：20℃±℃

车型Car & Style：
GD&T图号GD&T DWG#
检具名称：中央出风口面板
测量精度Accuracy：2.5μm
检测湿度Insp.Humidity：40%-60%RH

检测Check by：
检验机构名称Name of Insp.Source：

审核Approved by：蒋兵

提交日期Submission Date：   检测结果Insp.Result：OK   总页数Page

图 5-11 检具尺寸报告封面

为统一报告格式，便于分析检测数据，根据设计出的测量计划，大部分报告内容及顺序为底板平面度、基准套平面度、定位面（A）、定位孔（RPS_B/C）、检测面（JN_n）、检测孔（J_n）、间隙面（GAP）、齐平面（FLUSH）。测量报告内容应全面、明确、清楚，包含所有的测量点的公差和偏差。报告中的数据指示位置应清晰可见，对需要局部放大的部位，需有参照部件，便于查找相对应的位置，对于拉出的指示线不能交叉或无显示，每页数据不能排列过多，且排列需整齐划一。测量报告中必须包含基准坐标信息、平面度、旋转轴、原点以及所有基准孔的坐标值。

测量数据指示线要与图片对应，至少包含理论值、实测值、公差、偏差、超差等内容。测量数据应当有序分类别进行排列（如依次按基准、定位孔、定位面、检测孔、检测面等进行排列）。各定位测量点的名称按照测量计划中的内容命名，如图 5-12 所示。报告完成后，对比测量计划，认真核实检测部件名称和所设置的公差是否正确。

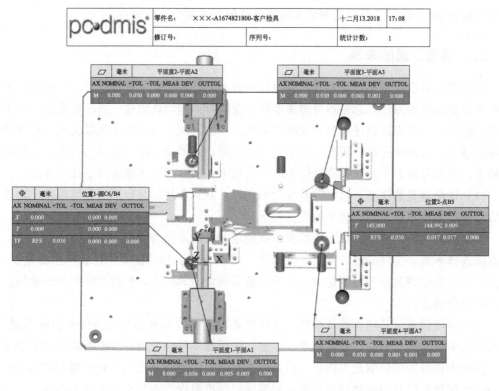

图 5-12 测量数据

第五节 检具的测量误差

一、测量误差的基本概念

对于任何测量过程来说，由于测量器具和测量条件的限制，不可避免地会出现或大或小的测量误差，因此，每一个实际测得值往往只是在一定程度上接近被测几何量的真值。这种实际测得值与被测几何量真值之间的差值称为测量误差。只有正确认识误差的性质和来源，才能减少测量误差，合理制定测量方案，正确选择测量方法和测量仪器，以便在允许的条件下得到理想的测量结果。

测量误差可以用绝对误差或相对误差来表示，一般来说，真值是难以得到的，在实际测量中，常用约定真值或不存在系统误差的情况下的算术平均值来代替真值。

绝对误差 δ 是指被测量的实际值与其真值之差，即

$$\delta = X - X_0$$

式中　X——实际值（测得值）；

X_0——真值后约定真值。

绝对误差是代数值，即它可能是正值、负值或零。例如，用外径千分尺测量某轴的直径，若测得的实际直径为 36.005mm，而用高精度测量仪测得的结果为 36.012mm（可看

作是约定真值），则用千分尺测得的实际直径值绝对误差为 -0.007 mm。

二、测量误差的来源

测量器具的误差是指测量器具本身所具有的误差。对于任何测量过程，不管用什么样的测量工具和测量方法，总是不可避免地存在着测量误差，认识这一点非常重要。由于测量误差的存在，测得值只能近似地反映被测几何量的真值。为了减小测量误差，获得理想的测量结果，就必须仔细分析产生测量误差的原因，以便设法减小该误差的影响，提高测量精度。在实际测量中，产生测量误差的因素很多，归结起来主要有以下几个方面。

（1）计量器具的误差　包括计量器具的设计、制造和使用过程中的各项误差，这些误差的总和反映在示值误差和测量的重复性上。

（2）测量方法误差　测量方法误差是指测量方法的不完善（包括计算公式不准确、测量方法选择不当，工件安装、定位不准确等）或不合理引起的误差，它会产生测量误差。例如，在三坐标测量机接触测量中，由于测量头测量力的影响，使被测零件和测量装置变形而产生的误差。

（3）环境误差　环境误差是指测量时环境条件不符合标准的测量条件所引起的误差，它会产生测量误差，例如，环境温度、湿度、气压等不符合标准等的影响都会产生测量误差，其中尤以温度的影响最为突出，例如，在测量长度时，规定的环境标准温度为20℃，但是在实际测量时被测零件和测量器具的温度对标准温度均会产生或大或小的偏差，而被测零件和测量器具的材料不同时它们的线胀系数是不同的，这将产生一定的测量误差。因此，测量时应根据测量进度的要求，合理控制环境温度，以减小温度对测量精度的影响。

（4）人为误差　人为误差是指测量人员的主观因素所引起的差错，它会产生测量误差。例如测量人员技术不熟练或使用检具不正确，安装步骤没有按操作规范，定位压紧时都会产生测量误差。

如果一个零件三坐标测量出来的某个尺寸报告结果是合格的，但是装入检具检测的结果是不合格的，或者说检具检测的零件状态是合格的，但是零件三坐标测量的结果是不合格的，这种情况下，说明检具或者测量支架出现了测量误差，无法判定零件是否合格。对于这种问题的出现，我们可以通过排除法来解决，首先要确认检具的测量方法：零件测量时，三坐标选择的测量基准和检具选择的定位基准是否完全一致，大多数情况下，分析到这一点，问题基本就可以解决了。其次，如果基准一致，则要查看检具的检测尺寸是否符合图纸要求。再次，如果以上都是符合要求的，那么就需要重新再测量一次零件，考察零件测量的重复性，如果，结果和最开始无明显差异，则说明检具存在问题，有可能检具已经失效，精度发生了变化。

第六节　检具后期收尾

检具测量调试结束后应及时从测量工作台上移走，避免工作台长时间处于承载状态。

如果在夏季，检具搬出测量室时，零件表面会因为室内室外温差大产生水滴，此时用干抹布进行擦拭清除。所有的销子、衬套、活动件、钢件抹上防锈油，并去除检具上的所有污垢灰尘，将所有铝件再次进行擦亮和抛光。对所有螺钉进行拧紧固定检查，打完定向孔的打表衬套应去除翻边毛刺。这些细节上的完善和整理和后期收尾工作，都在为检具的下一步验收出货做准备。其主要工作内容如下。

1. 检具型体的喷漆和补漆

从三坐标测量室转移出来的检具，根据检具结构，如钣金内饰件树脂检具，将检具所有不必上模块颜色的夹钳或定位块等零件表面全部用美纹纸或废旧报纸等包裹起后进行上漆（油漆色标按要求执行）。若是钣金件检具，对上漆的零件进行掉漆修补，以确保零件美观。喷漆前必须对检具表面进行清洗，保证无灰尘、无油污、清洁干燥。油漆膜薄而均匀，光滑平整，不出现死角、无流挂、不均匀等缺陷。油漆硬度≥2B，附着力3级，漆膜厚度：0.02~0.04mm。

2. 零件安装面定位销和配装限位销的配打

圆柱销一般靠过盈固定在销孔中，用以定位和连接，圆柱销不宜多次装拆，否则会降低定位精度和连接的紧固程度。检具在初步调试完成后，用销钉定位，销钉状态的好坏直接影响到检具使用的长久性和稳定性。为保证检具的重复性和稳固性相关要求，对于销钉的安装与拆卸有如下要求。

① 根据三坐标测量调试结果，进行插入顶杆检查，调整移动的零件将销子配入销孔内即可。

② 如果零件调试过，根据销孔大小 $\phi 5H7$ 扩成 $\phi 6H7$，$\phi 6H7$ 扩成 $\phi 8H7$，$\phi 8H7$ 扩成 $\phi 10H7$。具体操作，首先选用的麻花钻头直径比已知零件孔径小 0.2~0.3mm，然后采用 H7 的铰刀用手枪钻手动铰孔，保证连接处上下定位销子有效长度 10~15mm。

③ 根据滑动或翻转零件孔位选用合适直径和长度的顶杆配上手柄插入孔内，确保长100mm 前端摆动 0.02mm。

④ 为了保证配合精度，装配前被连接件的两孔应同时钻、铰，并使孔壁的表面粗糙度不高于 $Ra1.6\mu m$，装配时应在销表面涂机油，用铜棒将销轻轻敲入，某些定位销不能用敲入法，可用 C 形夹头或手动压力机把销压入孔内。

⑤ 销钉的下降深度：一般控制在不低于其所控制零件底座的厚度。比如：零件底座厚度为 10mm，即固定在支撑底座上的深度就不能低于 10mm，所以，同时要求销子的长度不能低于其深度的两倍，但不可过长，以防打穿底板或外露过多。

⑥ 销子的松紧程度及深度要求：销钉和销孔配合属于过渡配合，销子太松容易脱落难以起到定位作用，太紧难以配合进去，甚至会触动已经调试好的零件，销子下沉或露出部分不可低于所定位零部件底座最高面 3mm。

⑦ 拆卸普通的圆柱销和圆锥销时，可用锤子或冲棒向外敲出（圆锥销由小头敲击），有螺尾的圆锥销可用螺母旋出；拆卸带内螺纹的圆柱销和圆锥销时，可用与内螺纹相符的螺钉取出，也可以用拔销器拔出；销钉损坏时，一般进行更换，若销孔损坏或磨损严重，可重新钻，铰较大尺寸的销孔，换装相适应的销钉。

3. 铭牌、基准标牌的安装固定

根据检具基准 1、2、3 位置将基准标牌相应放好，用手枪钻按标牌打孔位置进行打孔，用铆钉进行标钉，铭牌固定方法与之类似。

4. 检测销和限位销后续处理

依照图纸将销子手柄用钢印或电刻笔进行刻字识别。根据销子所在位置取合适长度的钢丝绳，穿上等长的皮套。一头固定在带孔平头螺钉上，然后将螺钉拧入销子后端已有螺孔内或固定在销子已有切槽处将销子连接，另一头用无孔平头螺钉将钢丝绳和塑料卡扣连接、固定在底板或支架合适位置。将钢丝绳缠在塑料卡扣上，再将销子卡入卡扣内。

5. 对零块、表盒的安装

将加工好的对零块上下端进行对装，确定下端螺钉过孔位置，然后用钻床配打螺钉过孔，去掉孔内毛刺，然后将对零块组装到已打好孔的位置处，用螺钉固定，并确定对零块有效长度是否正确。依照做好的表盒取 3mm 厚，长宽与表盒相等的有机玻璃根据表盒孔位配打螺钉过孔，然后一端孔用锯子将孔锯开成腰槽；再将一端用螺钉固定，保证可以旋转，腰槽一端用可活动的碟型螺母在合起时保证可以压住。

6. 基准保护套的安装

检具不同的基准（基准球、圆形基准块、方形基准块）使用不同的保护套进行安装固定。基准球可以用车床做的橡胶保护套，将基准套上端用平头螺钉和钢丝绳连接后用皮套套入钢丝绳。钢丝绳另一端用平头螺钉固定在底板上，钢丝绳长度不宜太长，确保保护套可以从基准球上取下即可。圆形基准块可以用订制的黑色橡胶保护套，套上有孔的一个耳朵用螺钉固定在基准块旁边，保证基准套可以盖在基准块上，且翻开时可以旋转。方形基准块可以根据基准块大小用车床车出合适的尼龙保护套，具体安装方法同基准球保护套一样。

7. 吊柄、吊环和叉车脚的安装

（1）根据不同客户对吊柄有不同的要求　国内检具一般采用圆环型吊环和自制扁型两孔吊柄。具体根据检具大小和质量选用吊环、吊柄，安装根据图纸在已打好孔的地方将吊环吊柄拧入或用螺钉固定，圆环型吊柄确保圆环方向一致。出口检具根据客户要求吊环不同，如法国佛吉亚采用的是进口可旋转式吊环，安装方法同国产吊环。将安装好的吊环用塑料卡扣在合适的位置将活动环进行固定。

（2）不同的检具有不同的叉车脚　翻砂底板一般用翻砂 L 形底脚。根据铣床加工好的底脚在检具底板下方确定螺钉孔的位置后，进行配打螺钉孔。然后攻牙将其底脚一一安装在底板上。出口立式底板如德国和泰国检具一般根据检具大小，采用 Q235 钢折弯叉车脚。根据底板上已有的孔位，将叉车脚连接块装在底板上，然后将叉车脚配打螺钉孔、攻牙，将其安装在底板上。

8. 夹钳和卡扣的调整

根据待测产品的厚度，将夹钳压头螺杆与夹钳连接处螺钉进行调试，使夹钳压入产品时以一张 A4 纸可以抽出的力度为合适。将卡扣夹钳推上检查卡扣闭合情况。若卡扣较松，将卡扣组件的导线盘处皮套上的螺钉向外拧；若卡扣较紧，将螺钉向内拧，调到夹钳手柄推上力度合适并保证卡扣能够合紧的状态。

9. 移动小车的安装

在焊接好的小车框架底部安装脚轮，推手下方安装旋转式脚轮，剩下的安装不活动脚轮。根据客户要求和脚轮大小，旁边安装标准可调式地脚，并按要求安装抽屉，然后按照抽屉内部大小铺上50mm厚的白色泡沫，在泡沫上将模块和百分表最大外形用笔描出，然后用刀具进行挖孔，将工件放入孔内。铺设木板垫时，需要将木板与小车进行打孔攻牙用螺钉连接，这样木板不会发生晃动。最后将检具放到已经弄好的小车上居中摆放，确保检具上零件不超出小车，然后将底板脚与小车木板选用尼龙连接用螺钉连接固定。如果须增加加高脚的，先将加高脚与小车木板用螺钉固定，在检具与加高脚间选用尼龙连接块，用螺钉进行连接固定。

10. 产品试装

此项步骤非常重要，只有通过试装产品，才能直观发现检具设计与制造过程中的问题，然后作出针对性的整改，试装的主要目的如下：

① 检查产品与检具是否有干涉或结构是否合理。
② 检查所有零件是否装齐，所有检测销检测位置是否合理。
③ 检查零件倒角或避空是否到位。
④ 检查所有打表孔的间隙松紧度和打表头的工作方向。
⑤ 检查脱卸和互换件的操作是否方便。
⑥ 检查对称件检具，安装的各辅助件的对称性是否完善。

第六章 汽车检具的验收与发运

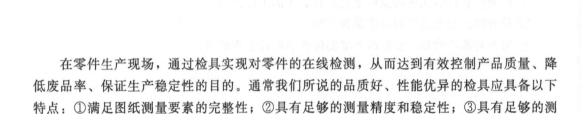

在零件生产现场，通过检具实现对零件的在线检测，从而达到有效控制产品质量、降低废品率、保证生产稳定性的目的。通常我们所说的品质好、性能优异的检具应具备以下特点：①满足图纸测量要素的完整性；②具有足够的测量精度和稳定性；③具有足够的测量效率；④具有足够的设计使用寿命；⑤具有经济性。检具在最后的验收阶段应按照以上特点对检具的效能作综合全面的评估，并给出是否接收的结果。

第一节 汽车检具的验收过程

一、检具的验收流程

在汽车零部件开发的过程中，检具的设计制造精度和综合匹配性，间接决定了汽车匹配零部件的制造精度，是汽车车身精度和汽车感知质量（间隙、面差、质感等）的关键决定因素。汽车检具品质的优劣（如汽车检具结构的合理性、操作的便捷性、制造精度、人机工程等）对零件的生产质量及生产效率有很大的影响。汽车检具精度高，使用性能好，在整车零件安装过程中，可快速直观发现匹配问题；在生产过程中就可以减少调模和焊接调试时间，加快生产的节拍，同时减少零件的返修或报废率，增加汽车检具的使用寿命。影响汽车检具品质的四个环节主要是检具设计、检具制造、检具精度调试、检具验收使用。为了保证检具能够顺利投入生产使用，系统的验收标准是对汽车检具交付使用质量的最佳评判，因此前期的汽车检具验收就显得更为重要。如图6-1所示为汽车检具的设计制造验收流程图。

汽车检具的制造验收总的来说是一个比较系统的过程，有严格的流程要求，它不仅要

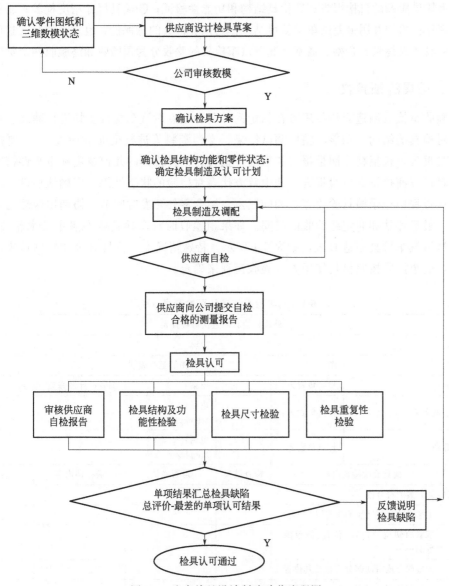

图 6-1 汽车检具设计制造验收流程图

考虑汽车检具成品是否符合最初的设计数据（3D 模型）及关联性资料的完备，更重要的是要看实际发挥的作用，要分别从汽车检具结构、功能、尺寸精度、材料的选择及热处理工艺、测量系统的稳定性、人工操作等方面来进行验收评估。要确保汽车检具上的定位部件（定位面、定位销等）和检测部件（检测销、划线销等）的几何位置精度、定位的重复性、结构的刚性和尺寸稳定性（材质可靠，热处理工艺合理性，防锈处理，应力变形消除等方面来确保检具长期使用不变形等）、可操作性、维修性等方面符合设计制造要求。

汽车检具的验收是对检具设计制造的最终认可，是对汽车检具能否投入到生产现场使用的判定。如果无法通过验收，说明汽车检具在某些要求或功能上还未能达到或是没有满足，需要进行针对性的改善，直至达到合格的要求。一套完整的汽车检具验收认可包含四方面内容：①审核供应商的自检报告；②检具结构和功能性验证；③检具尺寸精度检验；④检具重复性再现性检验。并用最差的单项认可结果作为该套检具的总评价，也就是说只有这四方面合格，检具才最终验收合格。通常情况下汽车检具的验收分为预验收和终验收两个阶段。

二、检具的预验收

预验收是检具制造方和使用方在约定的时间和地点对汽车检具实物进行静态、动态的检验（对检具的结构、功能、精度测试结果、文档资料等进行全面的检查），主要检查检具的检验报告，包括精度测量报告和重复性报告；抽查检具的几何精度和重复性精度，以验证检具供应商提供的检验报告，并由双方代表对检验的状态结果签字确认而进行的验收活动。在过程中记录检具验收存在的问题点，结合零件开发时间节点协商出合理的整改行动计划，最后评估和商定终验收的时间。如果预验收时汽车检具状态满足技术相关要求，双方可签署汽车检具制造B表，如表6-1所示。特殊情况下，检具B表和检具C表可以同时签署，这个需要按照检具使用方的验收流程来确定。

表6-1 汽车检具制造认可检查表（B表）

内外饰件检具制造认可检查表					
零件号：					
车型：	图号：		产品图纸更改级别：		
零件名称：	检具负责人：		电话：	工装设计图张数/图号：	
零件供应商名称：	检具负责人：		电话：telephone		
检具制造商：	检具负责人：		电话：telephone		
项目	检具验收检查内容	检查结果	可否确认	需存档内容	备注
一、与检具方案的符合性					
1	支撑的到位及位置(标牌、专用支撑等)				
2	压紧的到位及位置(位置、简单的、双重的……)				
3	铰接部分或滑动部分到位及其位置				
4	定位部件到位及其位置(定位销、销棒等)				
二、与检具技术标准及验收标准的符合性					
1. 概述					
1.1	需提供检具的支撑、定位部件、比较检测区、检测基准的原始3D测量报告			电子文件存档	
1.2	镶嵌部件的供应商测量报告(销棒、定位销…)			电子文件存档	
1.3	供应商3D测量机的效准、证书的有效性			电子文件存档	
1.4	登记铭牌(更改标记、日期、零件号、名称、生产商标牌)			照片存档	
1.5	重复性报告及证实性资料(原始3D检测结果)			电子文件存档	

续表

1.6	使用的安全性(灵活角度、倒角的影响、检具底座上水平部分没缺陷、压紧钳…)				
2.定位、支撑					
2.1	零件的定位应可靠、稳定(定位面接触无间隙)				
2.2	各个定位点有标识		照片存档		
2.3	定位元件和支撑块的固定应有固定销		照片存档		
2.4	圆柱销棒或定位销:与零件的间隙(必要时进行调整)				
2.5	扁销的防转功能		照片存档		
2.6	定位销、检测销的放置(固定座、小链条、标记)		照片存档		
3.检测基准					
3.1	基准数量(通常为3个)		照片存档		
3.2	固定的牢固程度				
3.3	标注基准坐标(临时用自干胶、最终用标牌)		照片存档		
3.4	基准的位置布置要合理		照片存档		
3.5	3D检测时对基准的可接触性		照片存档		
4.夹紧					
4.1	遵守应力的垂直性(轴的位置及压头平面方向)		照片存档		
4.2	带支撑的压头底端的一致性		照片存档		
4.3	压头在零件上的接触良好(不变形)		照片存档		
4.4	打开或关闭的压紧不超过检具体积		照片存档		
4.5	用销子固定的压紧		照片存档		
4.6	夹头有编号、标牌		照片存档		
4.7	压紧的对称分布(对称件)		照片存档		
5.其他					
5.1	检具的搬运(叉车孔、起吊环、把手)		照片存档		
5.2	检具间隙和面差检测的标识(数值、方向)		照片存档		
5.3	非工作面的油漆喷涂		照片存档		
5.4	与检测工艺卡内容的一致性(定位;夹紧顺序;检测位置)				

确认部门:		零件供应商:		检具供应商:	
确认签名:		确认签名:		确认签名:	
日期:		日期:		日期:	

三、检具的终验收

终验收是在预验收的问题基础上,检具使用方对预验收的结果进行复核审查,待所有问题缺陷全部整改完成并得到一致确认后,检具使用方和制造方在终验收合格 C 表(如表 6-2 所示)上签字确认(也有将终验收放在检具使用方,具体按实际协商为准)。此时就表示检具已具备发货条件了。双方可按照实际情况协商安排检具的发运方式,如陆运、海运或是空运等,将检具运送到使用方指定的位置(一般是零件生产基地),以便生产实测使用,也有的时候检具会优先发到零部件模具制造商处进行调模使用。

表 6-2 汽车检具认可 C 表

检具认可报告(C 表)
Checking Fixture Approval Report

零件号:		零件名:	
G.D&T 图号:		产品图纸更改级别	
总成号:		年型:	
设计方:		制造方:	
检具号:		三坐标检测机构:	

认可依据:符合装车状态(正常供货产品)

1. 产品与检具匹配性

项目 Item	测量数量 Inspection Numbers	合格数 Conforming	不合格数 Non-conforming	备注 Comments
基准 Datum				
孔位 Hole				
型面 Form Contour				
轮廓 Trim Line				
模板 Template				
其他 Etc.				

注:基准包括基准面、孔、销等。Note:Datum is included Pad,Hole,Pin.

2. 所附文件

(1)三坐标检测报告 CMM inspection report	
(2)重复性和再现性报告 Gage R&R report	
(3)检具操作指导书 Operation procedure	
(4)检具图纸 Checking Fixture drawing	
(5)检具设计检查表 Checking Fixture design check list	
(6)检具制造检查表 Checking Fixture build check list	

3. 供应商结论

(供应商检具工程师)审核:		(供应商质量经理)批准:	
Date:		日期:Date:	

在终验收之前，检具制造方要完成对关键技术资料和辅助器材的整理准备，关键资料包含产品图、检具设计概念、检具验收标准书等。辅助器材包括验收时必要的量具（如间隙尺、尖角塞尺、钢尺、游标卡尺、百分表、齐平规等）和三坐标测量机（CMM）等，必要情况下，检具使用方还需准备数量不等的产品，最好有产品的关键尺寸三坐标测量报告，便于对检具测量系统进行稳定性验证。在终验收的过程中，为确保检具后期使用的稳定性、过程功能修复的及时性，验收时主要遵循以下原则。

（1）技术资料——完整性　检查相关的设计技术资料是否齐全，资料内容是否能够明确定位检测信息、指导检具使用和后期维护修理。图纸技术资料应包含 2D 图纸、3D 数模［检具设计图包含 3D 设计方案和 2D 图纸，CATIA 的 3D 方案数据格式为 .CATPART 和 .IGS，UG 的 3D 数据格式为 .prt 和 .IGS，2D 图纸数据格式为 .DWG，并保留设计路径（设计软件应采用国内通用版本，如 CATIA：V5R22，UG：NX8，AUTO CAD 2010 或以下版本）］、设计检查表、制造检查表、三坐标测量报告等签字文件或数字化资料，所有文件应齐全，不能遗漏。所需文件名目可参见表 6-3。

表 6-3　汽车检具验收文件名目

零件图号：		零件名称		
序号	文件名称	资料有无		备注
1	零件图 2D	是□	否□	
2	所有数据资料——刻盘	是□	否□	
3	检具设计概念（签字版）	是□	否□	
4	检具设计 A 表（签字版）	是□	否□	
5	产品数据更改通知单	是□	否□	
6	检具制造 B 表（签字版）	是□	否□	
7	检具三坐标测量报告	是□	否□	
8	检具检测销报告	是□	否□	
9	检具操作指导书	是□	否□	
10	重复性 & 再现性报告	是□	否□	
11	易损件备份清单	是□	否□	
12	检具交付资料清单	是□	否□	

（2）检具实物——完整性　检具制造、装配、测量调试完全按照设计制造要求进行，所有功能零件及易损配件数量没有缺失，外观无缺陷，使用性能有效。检具整体结构符合产品图纸各项定位及检测信息，无遗漏。定位基准包括定位支撑的数量、布置等；检测要素包括检测销、匹配检测面等。

（3）产品安装——可操作性、简便性、可靠性　产品能够顺畅地按设计的理论状态正确地放置在检具上并且全程无障碍，取拿方便，某些零件安装时间可参见表 6-4。检具定位夹紧系统可靠；检测过程中没有支撑、压头及其他部件与产品干涉，包括部件运动干涉、零件圆角干涉等，操作员作业时符合人机工程学，检具操作高度应符合人体要求（GB/T 14776—93 人类工效学　工作岗位尺寸设计原则及其数值），底板轮廓应尽量与工件轮廓相似，不要有突出角，并尽量往里过渡，方便工人接近作业位置。

表 6-4 检具操作时间表

序号	产品类型	安装时间要求/min
1	风管	1
2	柱、板、横梁	2
3	门槛饰条、气格栅	3
4	前端框架、门窗框饰条	5

（4）尺寸精度——符合性 检具的尺寸精度测量符合规定的制造精度要求，没有偏离超差，一般控制在合格范围内，例如有的零件尺寸精度无法通过其他手段进行补偿来保证，某些点位超差是可接受的，但是要得到检具使用方的认可。检具三坐标报告的测量值应该明确给出理论上的三轴（X 向、Y 向、Z 向）方向的坐标值和实际测量所得的三个坐标值，并将偏差值标注在后面，对于超出规定公差的数值要有明显的颜色标记，以便检具使用方能够清楚的识别判断。图 6-2 为检具精度复查流程。

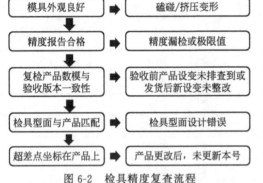

图 6-2 检具精度复查流程

（5）功能检测——有效性 检具的定位原则、检具各结构件配合公差的设定等检具的功能性要满足实际设计要求，具有实用性和有效性，如检具在线检测功能要满足现场生产需要，不能出现无法识别不良产品的现象，也就是说检具不能是失效的，功能不能有缺陷。

（6）稳定性分析——适用性 检具的测量系统分析是验收过程的重要事项，它主要是针对检具的重复性和再现性的验证，重复性指的是同一测量人员对检具同一位置的多次测量所得到的变差值，再现性指的是不同测量人员对检具的同一位置进行测量所得到的变差值。检具测量系统的稳定性，主要是由随机误差是否满足使用要求来判定的，选择合理的评定方法和指标是指导检具验收的重要手段。例如计量型和计数型的测量系统就需要有对应的分析方法，两者不能混淆。

第二节 汽车检具的验收内容

汽车检具的验收主要包括对关键技术资料的审核、外观及功能结构的检查、检具材质和热处理工艺要求的核查、尺寸精度合理的确定、产品三坐标测量结果和检具测量结果的对比检查、测量系统稳定性的评估等多项内容。

一、外观及功能结构的检查

汽车检具外观需要体现的是美感和质感,作为工艺装备,它也可以是一件艺术品,良好的外观说明汽车检具结构件整体布局协调,也可以说明检具干净整洁、可视化强,也可以说明检具的设计细节考虑到位,比如钢结构件的合理性、可靠性、美观性力求兼顾。合理的圆角、弧度不仅使机械产品的应力变小、使用期限延长,还使机械产品的外观趋于流畅、美观。检具外观应具有层次感、各部件摆放位置合理、颜色标识清晰、零件无划伤锈蚀现象,不可以有熔接缺陷及崩角碰伤等问题,避免其强度和耐久性受到影响,并确保在正常使用条件下,不会出现性能下降或失效等异常现象。

汽车检具外观主要包括结构件外观的质量、检具标识(定位、检测等信息)、检具主体颜色、检具铭牌等几个方面。

(1)检具结构件外观质量 检具的外观缺陷一般通过目视检查发现,比如功能区域有毛刺、飞边、锈蚀、焊疤等;测量基准表面有磕伤、划痕、点蚀等;各检测销、可拆卸模块等活动件的存储和摆放等;金属件表面涂层有损伤或生锈等。整体外观要求可参见表6-5。

表6-5 汽车检具外观要求

序号	内容	序号	内容
1	材料表面应平整光滑,干净整洁,无明显划伤,不允许有补焊、缺料等缺陷。底板上表面作为检具的测量基准时应无明显的走刀痕迹	10	焊接件无焊渣,非功能区域有防锈油漆(有色标要求的按标准执行)
2	机加工表面和边缘不允许有飞边和毛刺等现象,不存在未按3D数据加工的零件,不能少做或漏做检具配件	11	检具的标准件须按照相关标准采购(无指定供应商除外),不能采用不符合规范的标准件
3	百格网线、刻线及附件涂装油漆颜色符合色标要求,应清晰无误	12	所有检测零件的检测数值不能与销检报告不符,内容应一致
4	所有螺钉、销钉、垫片等紧固件无松动。无漏打销钉现象,确保销钉不是盲销,销钉的螺纹口应朝外,有利于后期的更改拆卸	13	所有锁紧螺栓配备平垫和弹簧垫片,确保螺栓牢固可靠、不松动。尤其在运输的过程中不能产生抖动,从而影响检具精度
5	所有的铁件需要表面保护处理或有保护涂层,以保证防锈、防腐、硬度等要求	14	检具本体及附件不得超过底板边界,如翻转机构的弧形运动轨迹超出底板范围,需要增加限位装置
6	模拟块、支撑块等接触部位需锐角倒钝,避免割伤操作人员	15	检具需要有防尘装置(防尘罩可以用一定厚度的透明塑料或帆布)和搬运装置
7	所有可活动件和可互换件如定位销、固定螺栓,可拆卸检测工具如检测棒、样板、模拟块等松散件应有防止损毁和遗失的放置盒或连接装置,建议使用自固装置直接固定在检具上的适当位置	16	测量基准表面不得有外力敲打、手工修磨痕迹,表面不得有胶水油漆残留
8	铸铝底板及框架不得有大于2mm气孔、砂眼、结疤等缺陷	17	测量表和对零块需固定在底板上,并设置防尘机构,对零块的理论高度数值保留到小数点后两位,并刻印在非功能面上。在检具底板上应设置测量表存储盒
9	定位销、检测销、模拟块上有具体定位符号或检测值、零件代码和顺序编号,后端有弹簧绳或钢丝绳,防止遗失。连接绳不扎手、不伤手,钢丝绳必须有橡胶套防护。通止规通止端有颜色区分,通端止端尺寸清晰无误	18	检具基准需设置基准保护套,如果基准边在底板边缘,其基准定位必须制作铝制保护块避免底座边缘被碰伤

(2) 检具的标识　检具标识的直观醒目便于使用者快速、准确识别定位检测等相关信息。根据不同的用途，检具的检查表面与工件间会留有不同的间隙值，在检具的检查表面会刻画出坐标刻度线及坐标值。这些都属于检具的标识区域。一般情况下，检具的标识区域主要包括基准线、检测点、测量表面、栅格线及其数值；零件外形轮廓形状线、塞规、卡规、定位块、检测块、模拟块、底板等设计标识（间隙值、面差值、公差值、基准名称、百位线数值等）；夹钳及翻转机构的编号。这些检测系统或定位系统的序号和标识便于确认位置，明确操作步骤，标识要清晰整齐、大小适当，且不易脱落和磨损，标识不允许被其他保护盖覆盖，孔位及检测销标识需和产品图纸保持一致。以上标识的规范可参见下列要求。

① 检具上的检测点按照零件检测表的顺序，采用阿拉伯数字（1、2、3、4 等），字体为宋体四号加粗油印（颜色：黑色），激光刻印或贴纸在检具上标识（注：具体刻印方式按设计要求）。

② 检具上的主副定位孔、检测孔、定位面均按照产品图纸的编号和顺序，字体均采用宋体一号加粗油印（颜色：主定位红色、副定位黄色），激光刻印或贴纸在检具上标识，方向必须与基准方向保持一致（注：具体刻印方式按设计要求）。

例，主定位孔：B；副定位孔：C；检测孔：J1、J2、J3…；定位面：A1、A2、A3。

③ 检具上夹钳编号与相对应定位面编号保持统一，字体均采用宋体一号加粗油印（颜色：黑色），激光刻印或贴纸在检具上标识（注：具体刻印方式按设计要求）。

④ 检具上的检测面（面差检测和间隙检测）的标识，如图 6-3 所示，用 0mm、3mm、5mm 标识；中间数字四号字加粗油印（颜色：黑色），激光刻印、贴纸或 CNC 数控刻印在检具上标识（注：具体刻印方式按设计要求）。

⑤ 检具底座上表面的百位线的标识，采用 X100、X200，Y100、Y200，宋体一号字加粗，一般情况是 CNC 数控刻印在检具上标识。

⑥ 检具断面样板上的标识，采用 T-01、T-02，宋体小四号字，断面样板与 L 座都应刻有相对应的标识。

⑦ 检具油印标识需采用专用油墨。保证标识保持长久、可靠；如果检具型体材料为金属，基准、检测点及坐标刻线，全部采用 CNC 数控刻印或激光刻印；检具本体检测点以及 0 位面和 5mm 面标示如图 6-4 所示。

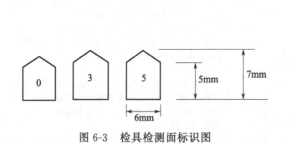

图 6-3　检具检测面标识图　　　图 6-4　检具本体检测点以及 0 位面和 5mm 面标识图

(3) 检具的主体颜色　为了检具美观和对检具非功能面进行防护（防锈、防腐），便于使用者快速区分基准面、汽车面、非汽车面。检具型体及底板的外观涂色根据具体的车型决定，通常不同的车型配置不同的涂色，从而有利于在使用时准确地区分不同类的检具。检具结构体需要涂色的区域主要有检具本体（树脂类）非功能面、框架以及支持架、焊接搬运小车、模拟块（树脂类）的 0mm 和 5mm 检测面、本体划线孔、切边检测线等，具体参见表 6-6。

表 6-6 某汽车检具主体颜色标准

检具区域	材料	颜色标识（仅供参考）	符号刻字标识
底板及四个侧面		蓝色	
定位面、支撑面	铝、钢	不喷涂或古铜色	按色标要求
	树脂	本色	
定位销		活动销用红色（主定位销）和黄色（副定位销）手柄	按色标要求
检测销		蓝色手柄	刻理论尺寸（活动检测销还应刻上对应的检具编号）
"0"位面	铝、钢	不喷涂或古铜色	
	树脂	本色	
间隙面（GAP）	铝、钢	不喷涂或古铜色	
	树脂	本色	
齐平面（FLUSH）	铝、钢	不喷涂或古铜色	
	树脂	本色	
目视孔检测面		黑色	
公差中位线		黑色	
公差边界线		红色	
非检测面	铝、钢	本色	
	树脂	本色	
通规（go pin）		绿色手柄	刻理论尺寸和"go"
止规（nogo pin）		红色手柄	刻理论尺寸和"nogo"

(4) 检具的铭牌

① 检具制造铭牌

检具制造铭牌又称检具主标牌，主要用来记载生产厂家及检具的基本信息，以供查询使用。检具制造铭牌内容包含车型、零件名称、零件号、图纸版本号、检具号、检具总质量、制造日期、制造商、检具使用方等信息。这些信息须准确无误，主铭牌用螺钉或铆钉（不允许采用贴纸、透明胶粘贴）平整地固定在检具底板的右上角或较明显的空置处，主铭牌详细信息内容可参见表 6-7，大多数主铭牌采用白底黑字的格式，也有蓝底白字、黄底黑字等格式。

表 6-7 检具铭牌信息

序号	名称	定义	序号	名称	定义
1	客户名称	检具使用方名称或主机厂	8	图号	图纸的编号
2	承制厂商（制造单位）	检具加工的制作厂商	9	日期	检具加工制造的完成日期
3	零件件号	检具所检测的零件号	10	质量	检具的净重（含固定脚和支座）
4	零件件名	检具所检测的零件名称			
5	车型	车型代号	11	外形尺寸	检具的最大外形尺寸
6	更改级别	零件图纸的版本号	12	检具编号	一般为客户内部编号（财产编号）
7	基准坐标	检具加工制造的三坐标基准			

检具使用方的验收标准按照主机厂的要求也有细微的差异，比如检具非功能区域喷漆的颜色、底板的框架形式、铭牌的格式、搬运方式等。检具供应商在制作检具的时候要分清各个主机厂的标准，以免混淆。如图 6-5 和图 6-6 所示的大众汽车检具铭牌和延锋伟世通汽车检具铭牌。

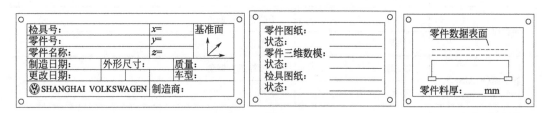

图 6-5 大众汽车检具铭牌

×××××××××××××××			
检具名称		检具编号	
零件号		图纸号	
车型		更改级别	
外形尺寸	长mm×宽mm×高mm	质量	××××kg
制造单位		制造日期	××××年××月××日

图 6-6 常规检具铭牌

② 检具测量基准坐标值铭牌

检具测量基准坐标值以三坐标测量的实际值为准，坐标铭牌可制作成白底黑字形式（铝制 1mm），通过铆钉或螺钉（不允许采用贴纸、透明胶粘贴）平整地固定在检具底座上的指定位置（基准方向），要求醒目且不易损坏。铭牌上需要区分基准顺序号，基准坐标值要精确到小数点后三位以上，如图 6-7 所示为 3 个基准，中间的为第一基准，长边方向的为第二基准，短边方向为第三基准。

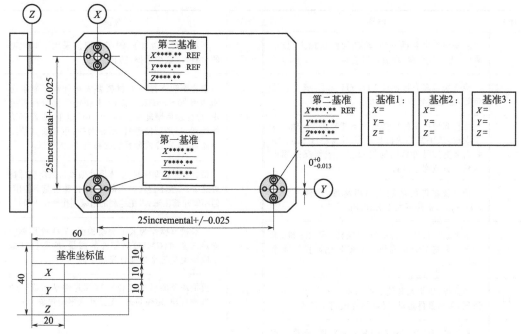

图 6-7 基准坐标值铭牌

二、检具功能性的验收

检具的功能性验收也是验收过程中的一个重要部分，它主要包括检查被测零件在检具上安装的便利性、检测人员的操控性、各活动件运动的灵活性、活动机构重复运动精度、检具的吊运及叉运情况、操作安全性、可维修性、测量机和测量臂的接近性等。在这个验收过程中，要确保上述内容可靠执行，尤其是一些断面样板、模拟块和夹紧装置，它们灵活准确的运行是保证准确测量的基础。检具的机能可操作性主要通过试装产品来评价，如果产品取放困难，每装一个产品需要花费很长时间，说明检具的机能可操作性差，从而影响在线检测的效率。如果产品能够快速完成检测，各功能机构可操作性强，工作状态无明显异常，取放时产品外观没有明显划伤，说明检具的机能可操作性好。机能操作的具体要求见表 6-8。

表 6-8 检具机能操作要求

序号	内容	序号	内容
1	主副定位销、检测销、划线销等均按产品图纸公差要求制作且标识清晰，与衬套配合无晃动，插入拔出顺畅，无憋气现象(有排气孔)	3	夹紧器夹紧动作顺畅圆滑，运动过程中无干涉现象，夹紧力可靠适当，既保持工件不移动、晃动，又不因夹紧力过大使工件表面损伤、变形。夹紧力应沿着定位面的方向。塑料件等易变形的产品夹头需采用软质柔性材料，如橡胶、聚氨酯等
2	各滑移机构、翻转机构、活动导轨等机构工作时加入润滑油，活动顺畅，不易卡死且不能与产品干涉，不能超出其活动范围	4	截面样板开闭合顺畅，零位销、插销插入拔出顺畅，打开无倾斜，无晃动

续表

序号	内容	序号	内容
5	活动检测块装拆方便,移动检测块插入、拔出顺畅,无憋气现象,存放位置合理	12	活动部件相互接触的部分应该采用不同硬度的材料,以减少摩擦,防止卡死
6	检查块是左右件须有 LH、RH 标示,或有防错装置,避免错装或方向装反	13	定位面和支撑面的材料要求热处理后硬度必须达到 30~38HRC 以上,卡扣定位部分材料要求,热处理后硬度要达到 50HRC 以上,表面需防锈处理,与产品接触时,不易磨损,可延长其使用寿命,保证定位检测系统的稳定
7	可拆卸模拟块的质量单件不能超过 4~5kg,易于取放,双手拿持的检具质量不能超过 8kg。所有需要拆卸部件紧固螺钉根据负载情况采用内六角螺钉或蝶形螺钉		
8	检具及零件的功能表面粗糙度,铝件不大于 $Ra1.6\mu m$,钢件不大于 $Ra0.8\mu m$	14	检具制造和调整时,型体尺寸偏差可采用底部烧焊返修,一般不建议使用薄垫片(特殊情况下使用,但不能裸露出来,以免锋利的边缘划伤操作人员)
9	卡扣联动机构开合等动作顺畅,定位正确,卡扣定位带刹车线总成开关最多只允许控制 4 个卡钩机构	15	一般检具操作为人工手动检测,某些检具必须满足三坐标(CMM)对零件的测量,所有检测型块应避免与三坐标探针发生干涉
10	各支撑、压头及其他部件和零件不存在干涉等情况,包括部件运动干涉、零件圆角干涉等	16	模拟块及测量表孔位装置等附件平动或转动应方便合理,定位可靠,无晃动或窜动现象
11	检具结构件要有良好的强度和刚度,起重要支撑的零件需加强筋,无明显翘曲变形现象		

三、尺寸精度的验收

汽车检具的精度验收就是对检具进行第二次复测标定,唯一不同的是客户代表会在场监督,在规定环境进行三坐标测量并观看测量的过程,根据测量室出具的检具测量报告,给出是否接受测量结果的意见。检具尺寸精度的验收主要针对检具加工基准、定位基准、汽车面、百格线、定位及检测销尺寸等进行全尺寸测量。

如果在对检具的精度无法判定的情况下,客户代表会指定第三方测量机构。该机构必须是具备国家相关资质的计量/几何量的鉴定和检测机关,最好是各地质量监督局下面的计量检测研究院或计量站,检测工具应该比已经送交的检具精度高出两个或相应的精度等级。检测环境需要符合国家或行业及国际通用的检测环境标准,具体鉴定时间应该听从第三方检定人员的安排,必须符合科学规范,使用有效的最准确的第三方检定工具。第三方检定完毕后应该由该机构提供规范的检定文字报告和加盖该机构的检定公章核准。检具测量原则及注意事项如下:

① 检具在检具制造厂家的全尺寸测量不少于三次,分别为装配调整的测量、配打销钉后的自检、预验收的全尺寸测量。

② 预验收时测量评价的尺寸 100%符合公差要求。

③ 汽车检具制造厂家应当有严于主机厂标准的精度要求,建议尺寸偏差调整至公差 60%以内。有明显的同侧偏差,无粗大(接近公差边缘)的异侧偏差。通过这些要求减少由于测量再现性误差造成的验收测量超差,提高检具尺寸精度。

④ 测量数据真实可靠。

在尺寸精度验收的过程中，经常出现的问题如表 6-9 所示，针对这些问题需要检具制造商有内控措施，加强和规范自检流程，降低或减少低级性的错误。

表 6-9　检具尺寸精度验收的问题

序号	内容
1	检具测量报告中的基准值与检具实物基准铭牌值不一致
2	检具工程更改后，检具制造商没有对其他尺寸复验，验证理论值有错误
3	检具测量点位置与测量计划图示标识无法一一对应
4	检具上测量点并非实际需要的位置，如重要的匹配面漏测
5	检具三坐标验证基准建立的方法不能满足实际验证的需求

四、测量系统稳定性的评估

在汽车检具的实际使用过程中，操作者会发现，一些检具既符合设计要求，也符合三坐标（CMM）测量的制造精度要求，但是在检测零件的时候，测量结果总是会有较大的波动。如果测量结果出现问题，那么合格的产品可能被判为不合格，不合格的产品可能被判为合格，此时便不能得到真正的产品或过程特性。如果要保证测量结果的准确性和可行度，就必须对整个测量系统进行统计分析判断，以此来解决使用过程中出现的数据波动问题。

我们知道测量系统变差是永恒存在、不可避免的，检具的精度合格未必用着适合，如果不对测量系统能力进行综合评估和验证，那么你就无法得知测出的数据是否准确可信。正因为此，许多质量体系都明确要求，对监视和测量资源必须进行必要的分析和验证。就是为了确保选配检具形成完整的测量系统之后，仍然能够满足预期使用要求。验证的方法很多，目前最常用的是 MSA（measurement system analysis）。MSA 是测量系统分析的英文缩写，起源于美国三大汽车公司（克莱斯勒、通用、福特），是 TS16949 五大核心工具之一，也是公认的专业性比较强、难度比较高的一个工具。MSA 是使用数理统计和图表的方法对测量系统的分辨率和误差进行分析，以评估测量系统的分辨率和误差对于被测量的参数来说是否合适，并确定测量系统误差的主要成分。

MSA 的本质是通过准备样本件，按要求进行数据采集，对数据的波动和差异进行统计分析的方法，来评价验证测量系统的相应质量特性指标。

从整个汽车行业检具的使用情况看，在不断完善检具检测性能的过程中，已经从单一的重视检具材料、耐久性、耐变形性、制造精度及质量/产品特性控制点选择等方面过渡到对检具测量系统稳定性的考量。其中比较重要的转变就是越来越多的主机厂开始意识到检具自身测量系统的重要性，只有这样才能从系统上预防检测数据的波动。同时，为了预防在前期检具设计制造过程中造成这种测量波动，很多零部件厂或主机厂已经将测量系统稳定性要求，向前延伸到检具制造供方的预验收要求中。检具作为一个检测系统，其中包括多种影响检测结果的因素，检具最终能否被检具使用厂家接受是基于对这些影响因素分析的结果——可接受度的判定而决定的。测量系统（计数型或计量型）的分析方法可对检具进行客观的评估，得出检具的可接受度。主要是验证测量系统能否满足设计规范要求，并对变差的主要原因提供持续监控。

汽车检具的检测过程可以看作是一个独立的测量系统（measurement system），测量系统是对测量单元或对被测的特性进行评估，集合了所使用的仪器或量具、操作、方法、软件、人员、环境等因素。也就是说，用来获得测量结果的整个过程。数据误差来自系统误差，是所有变差源的累计。图6-8为在检测的过程中潜在的变差源的因果图。进行检具检测系统分析的目的在于分析检具系统本身的误差能否满足公差要求，测量系统误差可以分为五种类型：偏倚（bias）、重复性（repeatability）、再现性（reproducibility）、稳定性（stability）和线性（linearity）。其中稳定性主要是考虑检具的检测特性随时变化的情况，而偏倚则是指检具测量的平均值与基准的差值，线性是指在不同量程范围内，测量所得到的偏倚值的差值。其中偏倚和线性是表示测量数据质量较常用的统计特性，可靠的稳定性和具有线性特征是检具检测系统的基本要求，重复性和再现性（R&R）反映检具测量系统数据波动的统计特征。我们知道基本型测量系统可分为两大类，变差类的叫作计量型，属性类的叫作计数型。GR&R可以对检具测量系统精度进行分析评估，得出检具的可接受度，作为检具验收工作的一个重要依据指标。本书主要对重复性和再现性进行分析，通常应用统计技术对检具的测量数据进行统计分析，对重复性和再现性进行评估来衡量检具的能力，减少检具的误差。

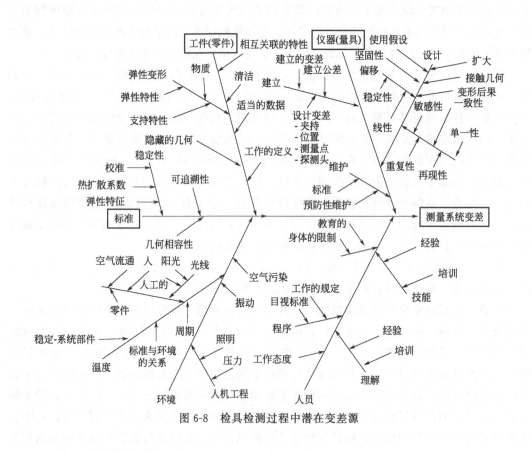

图6-8 检具检测过程中潜在变差源

（一）汽车检具的重复性

传统上把重复性看作"评价人内差异"。重复性是指由一个评价人用同一种测量仪器，多次测量同一零件的同一特性时获得的测量变差，它是检具本身固有的变差（EV），如

图 6-9 所示。在汽车检具检测中，重复性是指一位测量人员采用一套检具，借助其他更高级的工具（如三坐标等高精度测量仪），对相应的产品多次测量同一处的同一特征时测量数据的差异。它是设备本身固有的变差和性能，通常是在确定的测量条件下连续试验得到的普通原因（随机变差）变差。当测量环境固定和已定义时，即确定了固定的零件、仪器、标准、方法、操作者、环境和假设条件时，对于重复性最佳的术语是系统内部变差。重复性也包括在特定测量误差模型下任何情况的内部变差，主要由以下变差组成：

① 在固定的和规定的测量条件下连续（短期）实验变差；

② 通常指设备变差；

③ 仪器（量具）的能力或潜能；

④ 系统内变差。

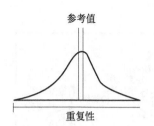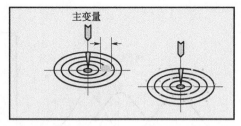

图 6-9 检具本身固有的变差

检具自身结构和外在因素影响是测量数据产生差异的主要原因，也是导致重复性误差的主要原因。由于一组重复测量值的极差代表了重复性的大小，因此可以利用极差控制图来显示检具测量过程中的一致性，若极差控制图失控，则说明该检具测量系统一致性有问题，因此在对检具测量系统进行分析前，需要查找原因，引起检具重复性较差的可能原因有：

① 检具在制造出来后，没有进行很好的维护保养，引起了某些变化，如变形、磨损等；

② 检具本身的制造精度没有达到规定的要求；

③ 借助其他仪器（如 CMM 等高精度测量仪）进行测量时，仪器的精度不符合要求；

④ 产品没有正确放置在检具上；

⑤ 检具自身的夹紧定位系统松动或夹紧力不均匀，部分可移动部分没有置于正确位置，或存在有其他外在因素干扰的原因。

如果在检测过程中发现检具测量重复性较差，应进行细致的检查，排除外在因素，使各个组件置于其正确的位置，对照设计数模进行整改，使检具达到其测量精度，然后进行多次测量可提高其重复性。目前大多数零部件供应商会提供两套检具，一套自己使用，另一套作为上游总成零部件厂商的来料检验，所以两套检具的重复性尤为重要，其定位夹紧系统的一致性对产品重复性会造成极大影响。在检具进行重复性评估时，可认为同一测量人员使用同一套检具重复测量同一被测零件时，所得的测量数据服从正态分布，所以要分析重复性的大小可以通过对正态分布进行估算得到。

（二）汽车检具的再现性

传统上把再现性看作"评价人之间"的变异。再现性通常定义为由不同的评价人，对同一套检具运用相同的测量工具，测量同一产品的同一特性时获得的测量数据平均值变差，如图 6-10 所示。由于每位测量人员使用测量工具的方法不同、读数方式不同等原因，决定了每位测量人员所得的平均值将会不同，我们可以通过比较测量人员对每个零件的测量平均值，计算他们之间的差异得到测量数据平均值变差。通常我们采取将一组测量人员得到的最大平均值减去最小平均值得到的极差来估计该检具检测系统再现性的大小，再现性主要由以下变差组成：

① 由不同的评价人使用同一量具，测量一个零件的一个特性时产生的测量平均值的变差；

② 对于产品和过程条件，可能是评价人，环境（时间）或方法上的误差；

③ 通常指评价人的变差；

④ 系统间（条件）变差。

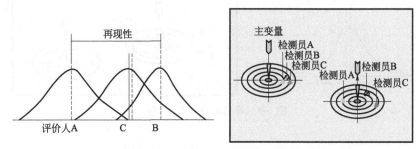

图 6-10　测量同一零件的同一特性时测量平均值的变差

引起检具再现性较差的原因可能有：

① 测量人员彼此间使用测量工具的方式、读数的方法、操作的步骤不同；

② 检具的定位系统有磨损，导致不同测量人员在测量时检具与产品的放置位置不同。

（三）检具的重复性与再现性

检具的重复性和再现性是重复性和再现性合成变差的一个估计值。换句话来说，GR&R 等于系统内部变差和系统之间变差的和，如图 6-11 所示。

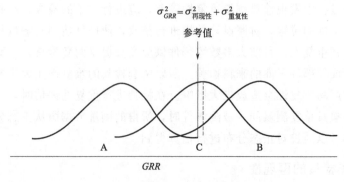

图 6-11　检具的重复性和再现性

（四）检具的重复性和再现性分析研究

在测量系统的范围内，重复性和再现性的分析是针对计量型数据的离散性分析，由于重复性分析（多次测量）和再现性分析（不同评价人），针对的变差不同，如果单独进行往往花费的时间和精力较多。常用的检具重复性和再现性的分析方法有多种，计量型检具主要有极差法、均值极差法（包括制图法）、ANOVA法（方差分析法）等，计数型检具有风险分析法等。

(1) 极差法　这是一种改进的计量型量具研究方法，可以迅速提供一个测量变异的近似值。但这种方法只能提供整个测量系统的整体情况，不将变异性分解为重复性和再现性，所以在检具的验收中此方法不常用。

(2) 均值极差法　这是一种提供测量系统重复性和再现性估算的数学方法，将测量系统分为重复性和再现性，同时提供有关测量系统或量具误差的信息。

(3) 方差分析法　这是一种标准的统计技术，可用来分析测量误差和测量系统中数据的其他变异源。方差分析中，变异源可分为四种：零件、评价人、零件与评价人的交互作用及量具造成的重复误差。

均值-极差分析法虽然是一种简易计算测量系统重复性与再现性的方法，但是因为忽略了测量系统中各因素之间可能存在的交互作用影响，所以对测量系统的可接受度的判别不是很准确。为了更好地对测量系统进行分析，需要对测量系统中的交互作用的影响做出较为准确的研究。方差分析法可以对测量系统各影响因素的显著性进行识别，并利用方差分量法来估计各影响因素的方差，运用在检具测量系统中可以充分确定检测系统的可接受程度，为检具的验收提供有力证据。在方法选择上，方差分析法的优点是：它适用于任何试验调试，可更精确地估计方差，可以从试验数据中分离更多的信息（例如零件和评价人之间的交互作用），反映一个数据集的离散程度（平均数相同的，标准差未必相同）。下面以汽车车门玻璃升降器导轨为例，采用计量型检具均值极差法，来分析该检具的重复性和再现性。如果检具和操作者之间存在交互作用，可以采用方差分析法。由于方差分析法计算量大，鉴于篇幅限制，本书主要介绍在生产活动中运用较为普遍的均值-极差分析法。

均值-极差分析法是一种改进的测量系统研究方法，算法较为简单，由于验证方法数据多、计算多，可通过各种数据处理软件来处理。其中典型代表有Minitab、Q-DAS、GMP等。常用的内嵌函数计算公式的办公软件Excel，也因其先天亲民性及自带的计算功能、图表功能等，便于数据收集和电子表格软件进行简单的编译，可以大大减轻计算的工作量。自己利用Excel开发数据处理模板，最大的好处是：一可以深入了解数据计算评定规则；二可以利用条件函数自动生成分析结论。该方法的原理是通过分析得出一个测量变异性的近似值，对整个测量系统的总体误差特性进行判定。图6-12为某车型汽车车门玻璃升降器导轨的产品图纸。

产品图纸上的MP1～MP10为重要的曲率点，该曲率点的波动会导致车门玻璃在升降的过程中产生异响或抖动，所以在实际生产中，要按生产频次对其进行数据分析，来了解产品在生产活动中的稳定性。汽车检具在使用之前，需要对其进行重复性和再现性验收。

具体操作步骤如下。

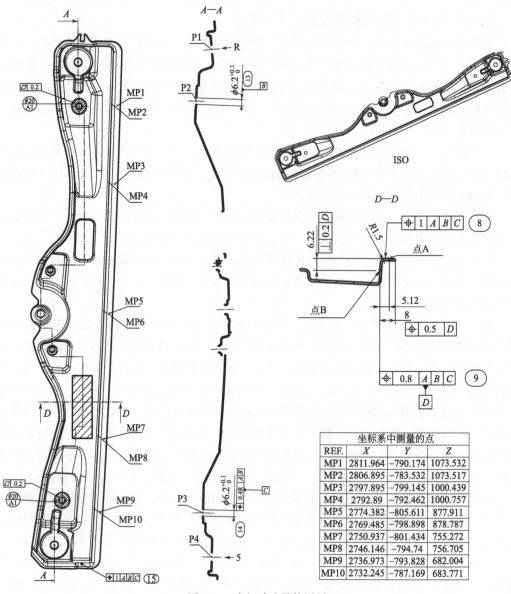

图 6-12 车门玻璃导轨图纸

① 确保汽车检具精度经过了校核,且满足使用要求。

② 在测量系统使用者中选出 3 个评价人,代号可编为 A、B、C。

③ 由评价人挑选 10 个零件,该 10 个零件在产品公差带内应遵循 12421 原则,以此代表实际或期望的过程变差,如某零件尺寸要求为 25mm±0.1mm,所挑选的零件应为表 6-10 所示。

表 6-10 挑选零件尺寸

尺寸/mm	24.90	24.95	25.00	25.05	25.10
零件数量	1	2	4	2	1

如现场无法挑出某些范围的零件，可联系相关生产部门专门制作，对于极限状态的零件要适当保存留用。零件需要专用的工位器具进行存放运输，防止在存放运输过程中产生变形，影响测量数据。

④ 测量点按照检测表中取点位置测量；保证车身 X、Y、Z 三个方向都有测量点，点的选取尽量放在稳定面，避免圆角处；如：X 方向为零件最大型面，此面上至少选取 3 个测量点；Y 方向为其次大小型面，选取至少 2 个测量点，Z 方向测量点只需选取 1 个（若零件较大，可根据实际需要增加检测点数量）。测量点选取要求：在进行检具重复性和再现性研究时，应选择数量足以评价三个定位基准面的每一个面的点。在被测零件上选取的点应是尽可能远离定位基准的点；有可能需要更多的测量点，这取决于被测零件的大小和被测零件的刚度。

⑤ 分析人把零件从 1 至 10 编号，但对于零件的编号不能让评价人知晓。测量过程应保持盲测，先由一个评价人 A 随机地对 10 个零件进行测量，分析员记录测量结果再分别由其他两个评价人 B、C 分别随机地对 10 个零件进行测量，分析员记录测量结果。再由 A 进行第二次测量，然后由 B、C 进行第二测量，依次测量三次，每当一个评价人在测量时，分析员应隐藏其他评价人所测量的读数。

⑥ 收集数据，采用三坐标检测，测量点录入按照使用方的 GR&R 的格式进行录入。由于数据多，录入时要仔细，防止数据录入错误导致 GR&R 不合格，并通过软件计算出所需的各种结果。

数值计算过程如下所示。

① 分别计算 3 人测量平均值 $\overline{X}_A$、$\overline{X}_B$、$\overline{X}_C$。

② 分别计算 3 人测量值极差（最大值减去最小值）及极差平均值 $\overline{R}_A$、$\overline{R}_B$、$\overline{R}_C$。

③ 计算 10 个零件间所有测量平均值的极差 R_{PART}。

④ 计算 3 人测量极差值的平均值如下：

$$\overline{R}=(\overline{R}_A+\overline{R}_B+\overline{R}_C)/3（评价人个数）$$

⑤ 计算 3 个人测量平均值中的极差如下：

$$\overline{X}_{DIFF}=[\max(\overline{X})_{ABC}]-[\min(\overline{X})_{ABC}]$$

⑥ 计算极差的上控制限（UCL_R）和极差的下控制限（LCL_R）如下（D 为依赖于抽样数的系数）：

$$UCL_R=\overline{R}\times D_4$$
$$D_4=2.58$$
$$LCL_R=\overline{R}\times D_3$$
$$D_3=0$$

如果极差结果大于上控制限 UCL_R 的任何读值，要求原来的评价人对原来的零件进行重新测量，或者剔除那些值，重新选取新的样本并重新计算 R 和 UCL_R 值。

⑦ 重复性——设备变差（EV）计算如下：

$$EV=\overline{R}\times K_1$$

$$K_1=0.5908（参看 MSA 手册样表）$$

⑧ 再现性——评价人变差（AV）计算如下：

$$AV=\sqrt{(X_{\text{DIFF}}\times K_2)^2-(EV^2/nr)},K_2=0.5231(参看 MSA 手册样表)$$

式中，n 为零件数；r 为测量次数，如果根号下的值为负，评价人的变差（AV）为 0。

⑨ 重复性和再现性（GR&R）计算如下：

$$R\&R=\sqrt{EV^2+AV^2}$$

⑩ 零件变差（PV）计算如下：

$$PV=R_{\text{PART}}\times K_3$$

$K_3=0.4030$（参看 MSA 手册样表）

⑪ 总变差（TV）计算如下：

$$TV=\sqrt{R\&R^2+PV^2}$$

⑫ 检具重复性和再现性占过程总变差的百分比计算如下：

$$\%EV=100\times(EV/TV)$$
$$\%AV=100\times(AV/TV)$$
$$\%R\&R=100\times(R\&R/TV)$$
$$\%PV=100\times(PV/TV)$$

每个因素所占的百分比的和不等于 100%，如果分析是以公差为基础而不是过程变差，则 TV 可以用产品公差值除以 6 来替代。

分析评价的结果有如下 4 种：

① R&R<10%且数据级数≥5，测量系统可接受。

② 10%≤R&R≤30%，且数据级数≥5，测量特性为一般产品特性，测量系统可接受。

③ 10%≤R&R≤30%，且数据级数≥5，测量特性为产品特殊特性，测量系统不可接受。如果重复性（EV）大于再现性（AV）时，则对检具进行调整；如果再现性（AV）大于重复性（EV）时，则对其进行分析并规定人员使用方法，规范更好的操作定义。

④ R&R>30%，或数据级数<5，测量系统不可接受，必须改进检具系统，尽力找出问题并纠正。

表 6-11 为重复性和再现性报告模板。

表 6-11 重复性和再现性报告模板

重复性和再现性报告

检具名称：	×××			检具编号：		×××			编制人：×××		
量具名称：	×××			量具编号：		×××			日期：×××		
评价人数 3 人				样品数量 10 件					试验次数 3 次		

	样品	1	2	3	4	5	6	7	8	9	10		均值
A	1	0.250	0.205	0.193	0.194	0.206	0.207	0.189	0.194	0.194	0.198	A_1	0.2030
	2	0.210	0.240	0.192	0.193	0.207	0.208	0.190	0.194	0.193	0.198	A_2	0.2025
	3	0.209	0.206	0.193	0.195	0.207	0.207	0.190	0.194	0.194	0.197	A_3	0.1992
	均值	0.223	0.217	0.193	0.194	0.207	0.207	0.190	0.194	0.194	0.198	$\bar{X}_A$	0.2016
	极差	0.041	0.035	0.001	0.002	0.001	0.001	0.001	0.000	0.001	0.001	R_A	0.0084

续表

样品		1	2	3	4	5	6	7	8	9	10		均值
B	1	0.210	0.206	0.192	0.193	0.208	0.208	0.190	0.194	0.194	0.197	B_1	0.1992
	2	0.209	0.206	0.193	0.193	0.208	0.208	0.191	0.194	0.193	0.198	B_2	0.1993
	3	0.210	0.206	0.193	0.194	0.207	0.209	0.190	0.193	0.194	0.198	B_3	0.1994
均值		0.210	0.206	0.193	0.193	0.208	0.208	0.190	0.194	0.194	0.198	X_B	0.1993
极差		0.001	0.000	0.001	0.001	0.001	0.001	0.001	0.001	0.001	0.001	R_B	0.0009
C	1	0.209	0.205	0.193	0.194	0.208	0.208	0.190	0.194	0.194	0.198	C_1	0.1993
	2	0.210	0.205	0.192	0.193	0.207	0.207	0.190	0.195	0.194	0.197	C_2	0.1990
	3	0.209	0.204	0.192	0.194	0.207	0.208	0.189	0.194	0.193	0.198	C_3	0.1988
均值		0.209	0.205	0.192	0.194	0.207	0.208	0.190	0.194	0.194	0.198	X_C	0.1990
极差		0.001	0.001	0.001	0.001	0.001	0.001	0.001	0.001	0.001	0.001	R_C	0.0010
零件均值		0.21400	0.20922	0.19256	0.19367	0.20722	0.20778	0.18989	0.19400	0.19367	0.19767	$X_{PART}=$	0.2000
												R_{PART}	0.0241

极差均值 $\bar{R}=(R_A+R_B+R_C)/$评价人数	=	0.0084	+	0.0009	+	0.0010	/	3	$\bar{R}=$ 0.0034
最均值差 $X_{DIFF}=[Max(X)_{ABC}]-[Min(X)_{ABC}]$	=	0.2016	−	0.1990					$X_{DIFF}=$ 0.0025
均值上限 $UCL_X=X_{RAPT}+A_2\bar{R}$	=	0.2000	+	0.0035					$UCL_X=$ 0.2035
均值下限 $LCL_X=X_{PART}-A_2\bar{R}$	=	0.2000	−	0.0035		试验次数	2	3	$LCL_X=$ 0.1965
极差上限 $UCL_R=\bar{R}*D_4$	=	0.0034	+	2.5750		A2	1.8800	1.0230	$UCL_R=$ 0.0088
极差下限 $LCL_R=\bar{R}*D_3$	=	0.0034	+	0.0000		D4	3.2670	2.5750	$LCL_R=$ 0.0000

备注：超出控制限的值，查明原因并纠正，同一评价人采用最初的仪器重复这些读数，或剔除这些值由其余观测值再次平均。

来自数据表数值： $\bar{R}=0.0034$　　　 $X_{ORT}=0.0025$　　　 $R_{PART}=0.0241$

测量系统分析	%总变差(TV)	试验次数	K_1	
重复性—设备变差(EV) $EV=\bar{R}\times K_1$ $EV=0.0105$	%EV=100[EV/TV] %EV=25.56%	2 3	4.560 3.050	$K_1=3.05$
		评价人数	K_2	
再现性—评价人变差(AV) $AV=\sqrt{[(X_{DIFF}*K_2)^2-(EV^2/nr)]}$ $AV=0.0066$	%AV=100[AV/TV] %AV=16.03%	2 3	3.650 2.700	$K_2=2.70$
		样品数量	K_3	
重复性和再现性(R&R) $R\&R=\sqrt{EV^2+AV^2}$ $R\&R=0.0124$	%R&R=100[R&R/TV] %R&R=30.17%	2 3 4	3.650 2.700 2.300	
零件变差(PV) $PV=R_{PART}=K_3$ $PV=0.0391$	%PV=100[PV/TV] %PV=95.34%	5 6 7	2.080 1.930 1.820	$K_3=1.62$
总变差(TV) $TV=\sqrt{R\&R^2+PV^2}$ $TV=0.0410$	有效分辨率(ndc) ndc=1.41[PV/R&R]=4.46	8 9 10	1.740 1.670 1.620	

续表

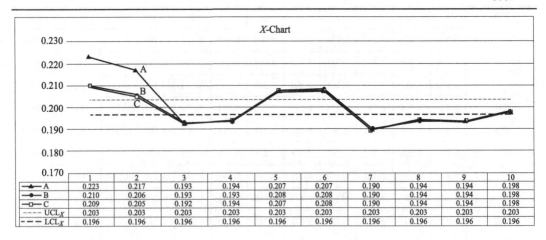

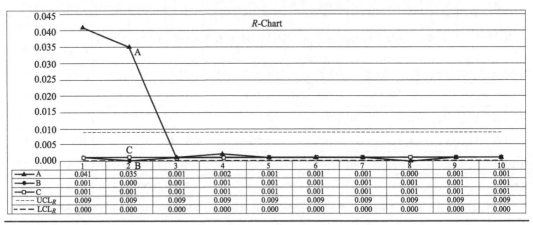

第三节　检具的发运

　　汽车检具在包装之前需要做清理，不得有加工过程中的金属屑、胶水、油污等痕迹残留，灰尘和杂物需清扫干净，然后对金属部件均匀喷洒防锈油，做表面防护。每副汽车检具都要配备独立的防尘罩，并单独固定，汽车检具摆放禁止叠加、碰触。包装箱采用坚固的符合中国免疫标准的密封木质箱或铁皮箱，包装箱应能够将汽车检具完全包装，确保短途或长途运输安全并保证防尘、防雨、防振、防潮、防碰撞（图6-13为三防标识）。适于海洋，陆路运输，当整体吊装和叉运时，可保证检具的安全及完整。包装箱底面结构要足够承重，方便叉车搬运，周围及顶面结构上最好不要采用钉子固定，可以采用螺栓或螺钉锁紧，以便包装箱重复利用。

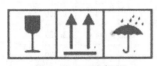

图6-13　三防标识

　　包装箱上表面、外侧围应有明显检具名称和检具编号等清晰的标识，如图6-14所示，其内容必须与相应检具铭牌上的内容一致。包装箱材料和结构最好保证能够重复利用，以一副检具一个包装箱为最优原则。短途大型检具（如保险杠检具）的运输，可以使用一副检具一辆卡车的方式替代完整的木箱包装。小型检具以及需要中长途运输的大型检具，必须使用牢固的木箱和金属结合的方式包装，以确保安全。

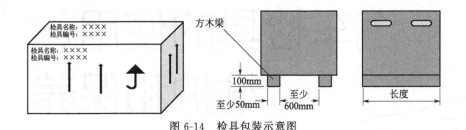

图 6-14　检具包装示意图

包装箱在使用的过程中，应根据实际情况，做最优化的搭配，可参见以下包装规范：

① 如果包装箱低于 1.5m，使用带铰链可翻转侧板和快速扣结合的方式包装。

② 如果包装箱超出 1.5m 的高度，使用带两个把手的可拆卸侧板（质量小于 15kg）并使用快速扣固定。

③ 汽车检具在包装箱内必须被固定，且有防水的保护材料包覆，如防水布（材质要求满足 GB/T24139—2009 PVC 涂覆织物防水布规范），布罩尺寸依检具大小而定，但必须完全将检具遮盖。

④ 大中型汽车检具的包装必须带有便于叉车搬运的垫脚，高度不低于 120mm，且包装箱垫脚的位置需要与汽车检具自身垫脚位置一致，以确保检具质量不传递到悬空的木板上，垫脚相互之间至少相距 600mm，如图 6-14 所示。对于较大的箱子，需要 3 根垫脚。

⑤ 小于 25kg 的汽车检具可以使用活动上盖的箱子代替侧翻开启式的结构。

⑥ 汽车检具放置到木箱后，需要有牢固的木条、高强度尼龙带或钢丝捆绑住检具，以防止检具在运输过程中跳动。检具与木箱周边间隙不小于 50mm。

第七章 汽车检具的使用、维护和保养

检具作为检测工艺装备是监督控制生产过程和产品质量的眼睛和手段,一台机器由几十种、成百上千个零部件组成,生产过程的检测,不但能够准确地判断产品是否合格,而且更重要的是,通过对检测数据的分析处理,能够正确判断产品的性能指标和技术参数,并通过检具的信息反馈,可以为工艺设备进行及时调整、有效改进提供可靠的科学依据,从而达到保证产品质量和稳定生产过程的目的。由于检具的重要性,对其正确使用、精心维护与保养及修理是保证连续生产高质量产品和延长检具使用寿命的重要因素。

第一节 汽车检具的辅助量具使用方法

在检具检测中,各种辅助量具的使用非常重要。量具的合理使用、正确操作、科学管理是延长其使用寿命、保证量值准确和统一的关键。相反,就会加快磨损和损坏,导致量值失去精度和灵敏度。量具使用是否合理,不但影响量具本身的精度,而且直接影响零件尺寸的测量精度,甚至会引发质量事故,造成不必要的损失。所以必须重视量具的正确使用,对测量技术精益求精,务使获得正确的测量结果,确保检测的正确性。检具使用过程中,辅助量具主要有钢直尺、间隙塞尺、尖角塞尺、面差规、百分表、游标卡尺、千分尺、螺纹规、光滑极限量规等。其中某些辅助量具的使用,如图7-1所示,用途和功能如下:

图 7-1 测量工具使用示意图

（1）直尺　用于测量长度，例如：修边线长度（trim line）等；

（2）斜塞尺　用于测量间隙，例如：修边面间隙（trim surface）等；

（3）千分尺　用于测量精确长度、直径、深度等，例如：翻边间隙、孔直径及孔面精度等；

（4）面差规　用于测量高度差（段差），例如：翻边面段差、包边面即修边面段差等。

一、钢直尺的使用

钢直尺又称不锈钢直尺，是常用量具中最简单的长度量具，其尺边平直，尺面有米制或寸制的刻度，它的长度有150mm、300mm、500mm和1000mm四种规格。图7-2是常用的150mm钢直尺。

图7-2　150mm钢直尺

钢直尺用于测量零件的长度尺寸（图7-3），在检具检测时可用来检测产品剪切边的长度。但是它的测量结果精确度不够，这是由于钢直尺的刻线间距为1mm，而刻线本身的宽度就有0.1~0.2mm，所以测量时读数误差比较大，只能读出毫米数，即它的最小读数值为1mm，比1mm小的数值，只能估计而得。所以钢直尺只能检测公差较大的产品尺寸。

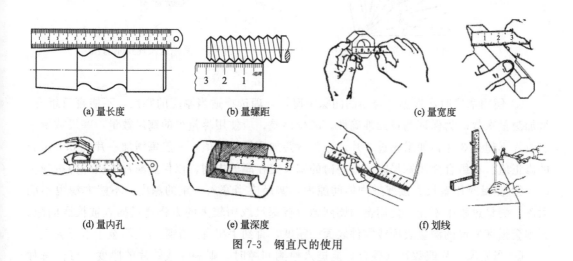

图7-3　钢直尺的使用

钢直尺在测量以前，应养成首先检查测量工具即刻度尺的习惯，对刻度尺的检查包括三点：①仔细查看刻度尺的尺身是否平直无弯曲，刻度是否均匀，刻线是否清晰无污迹；②检查刻度尺的零刻度的位置，若零刻度在刻度尺的端头，应检查端头是否已磨损或有毛边；③弄清楚相邻两条刻线所代表的长度（刻度尺的最小刻度值）以及刻度尺一次能测出的最大长度。钢直尺测量时，刻度尺零刻度的一端要紧靠被测物体，并且不要歪斜，最好是垂直于被测物体；在读数时，操作人员的视线与尺面刻度的一边要垂直，不要偏左、偏右，也不要偏高、偏低，要能根据刻度尺的最小刻度，正确读出测量结果的准确值和估计值。

二、塞尺的使用

塞尺又称厚薄规或间隙片，用于检查两物体之间的缝隙大小，不适用于较大缝隙的测量。它是由许多厚薄不一的薄钢片组成（图7-4），按照塞尺的组别可以自由组合成不同测量规格的塞尺，每把塞尺的每片具有两个平行的测量平面，且都有厚度标记，以供组合使用。塞尺有两个平行的测量面，其长度有 50mm、100mm 和 200mm 三种。厚度为 0.03～0.10mm 时，中间每片相隔 0.01mm，厚度为 0.1～1mm 时，中间每片相隔 0.05mm。

塞尺在测量时，尝试着根据结合面间隙的大小，用一片或数片重叠在一起塞进间隙内，如图7-5。例如用0.05mm的一片能插入间隙，而0.06mm的一片不能插入间隙，这说明间隙在0.05～0.06mm之间，所以塞尺也是一种界限量规，它不能准确测量出间隙的大小，只能测出具体的范围。使用塞尺时应先确保塞尺和被测量的物体表面干净、无杂质，并遵守以下注意事项：

图7-4　间隙塞尺示意图

图7-5　间隙塞尺使用示意图

① 使用塞尺时应根据结合面的间隙情况，合理选择适当厚度的塞尺，不能盲目组合，增加测量次数。为保证测量的准确性，减少误差，应使用尽量少的塞尺数量，塞尺数量一般最好不超过3片，如果超过3片，通常就要加测量修正值，一般每增加一片加0.01mm的修正值。在组合使用塞尺时，应将薄的塞尺夹在厚的中间，以保护薄片不被外力折损。

② 测量时用塞尺直接塞进物体间隙内，塞尺应当塞入一定的深度，不能太浅也不能太深。测量过程中不允许使用蛮力剧烈地弯折塞尺或用较大的力将塞尺插入被检测间隙，否则会损坏塞尺的测量表面或零件表面的精度，直到手感有一定阻力又不至于卡死为宜。

③ 当塞尺一片或数片（叠合）能进入检测间隙时，则一片或数片的厚度（可由每片上的标记读出），即为两物体之间的间隙值范围。当某些塞尺片上刻度值不明显，看不清或塞尺片数较多时，可用千分尺测量塞尺厚度，测量完成后进行数值记录。

④ 塞尺使用完后，必须擦拭干净，并抹上机油进行防锈保养，然后将塞尺折回夹框内保存。

三、斜塞尺的使用

斜塞尺又名刻度塞尺、锥形间隙尺、孔尺、间隙尺，如图 7-6 所示，用于测量各种深度间隙。其结构简单合理，测量方便、快捷，省时省力。斜塞尺的测量精度比塞尺低，一般适用于尺寸公差较大的产品，它的主要参数见表 7-1。

图 7-6 斜塞尺

表 7-1 斜塞尺参数

测量范围/mm	分度值/mm	外形尺寸/mm×mm
0.4～6	0.05	160×9
1～15	0.10	150×9
2～26	0.20	160×1.8

使用斜塞尺时先确保斜塞尺和被测量的物体表面干净、无杂质，并遵守以下注意事项：

① 将斜塞尺插入被测间隙或孔径内，与被测间隙面接触，插入时不能使用蛮力，斜塞尺的一边紧靠物体，慢慢向前推进，直到无法向前推接触到产品边缘为止，读数即为被测间隙。使用时一定要保证斜塞尺的刻度线与待测部位的检具面垂直，读数以靠近产品一侧的为准。如图 7-7 所示。

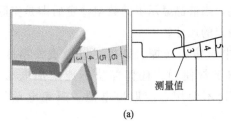 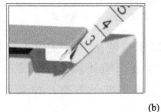 

图 7-7 斜塞尺使用方法

② 测量完毕后，将斜塞尺擦拭干净，并抹上机油进行防锈保养，然后装袋保存。注意不能将斜塞尺与腐蚀性物质混放。

四、面差规的使用

面差规又叫面差尺、段差尺，是用于测量两平面之间的平面差或阶梯差的工具。其主要结构形式分为机械面差尺、数显面差尺、面差表等，如图 7-8 所示。由于数显面差尺具有操作简单、读数直观的特点，常作为定量型检具的测量工具，下面以数显面差尺为例，介绍其构成和使用方法。数显面差尺的结构示意如图 7-9 所示。

数显面差尺主要用来测量产品面的轮廓度，首先将面差尺放置在检具"0"mm 平齐面上，然后按照如下使用步骤进行测量，如图 7-10 所示。

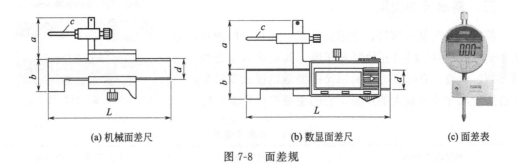

(a) 机械面差尺　　(b) 数显面差尺　　(c) 面差表

图 7-8　面差规

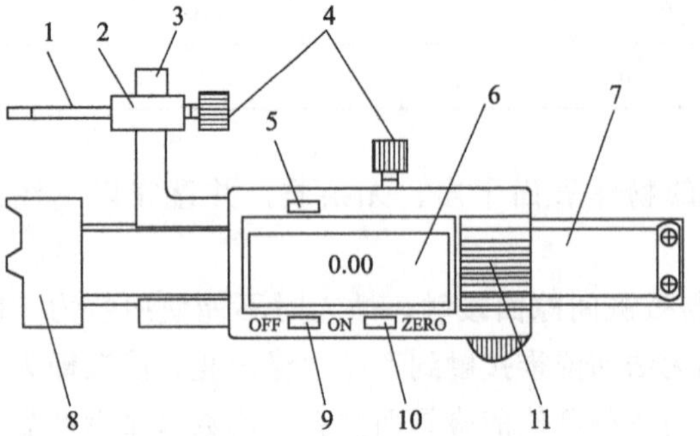

① 数显面差尺先按开关键（ON/OFF）打开电源，按单位转换键（IN/MM）选择所需单位制式；

② 把数显面差尺测量基面和测量杆放在同一平面上对齐按 ORIGIN 或 ZERO 清零即可完成零点校正；

③ 当数显面差尺零位校正后即可进行工件测量，通过微动框调节测量头与被测基面的左右距离。测量高低差时，测量头应在产品接触面的法向，不能两面摇晃，当液晶显示屏的数据稳定后即是实际面差的尺寸。

图 7-9　数显面差尺结构示意

1—测杆；2—微动框；3—爪臂；4—紧固螺钉；5—mm 键；
6—液晶显示屏；7—尺身刻度膜；8—基面；
9—OFF/ON 键；10—ZERO 键；11—电池盖

由于数显面差尺属于精密量具，使用过程中应防止碰撞、跌落，以免丧失精度，应保持清洁，避免水等液态物质渗入表内影响正常使用，任何部位不能施加电压，不要用电笔刻字，以免损伤电子电路，如果长期不使用，应取出电池，避免电量的损耗。

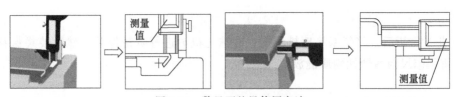

图 7-10　数显面差尺使用方法

五、百分表的使用

百分表是一种精度较高的量具，和面差规一样在定量型检具中应用非常广泛，它既能测出相对数值，也能测出绝对数值，主要用于测量形状和位置误差。百分表分为机械百分表和数显百分表，其工作原理是通过齿轮或杠杆将一般的直线位移（直线运动）转换成指针的旋转运动，可以在刻度盘上或是在显示屏上进行读数。百分表只有经过正规第三方单位的校核贴好合格标签后才能使用,使用前必须对百分表进行认真的检查,以免读数值不准确,造成测量错误。由于数显百分表的使用操作,简单易学,所以不做具体介绍。

机械百分表是利用机械结构将测杆的直线移动,经过齿条齿轮传动放大,转变为指针在圆刻度盘上的角位移,并由刻度盘进行了读数的指示式量具。常用的刻度值为0.01mm,机械百分表结构示意如图7-11所示。

百分表使用前,应首先检查测量头有无磨损和测量杆活动的灵活性。当用手轻轻地推动测量杆时,测量杆在套筒内活动顺畅,没有任何卡滞现象,每次手松开测量杆后,指针能回到原来的刻度位置。百分表使用时应遵守以下注意事项:

(1) 检查外观的完整性 检查表盘是否透明,刻度值清晰可见,不允许有破裂和脱落现象;后封盖要封的严密紧固;测量杆、测头、装夹套筒等活动部位不得有锈迹、划痕,表圈转动应平稳,静止要可靠。

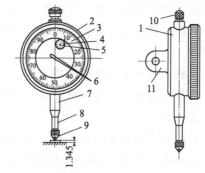

图7-11 机械百分表结构示意图
1—表体;2—表圈;3—表盘;4—转数指示盘;
5—转数指针;6—主指针;7—轴套;8—测量杆;
9—测量头;10—挡帽;11—耳环

(2) 检查指针的灵活性 推动测量杆,测量杆的上下移动平稳灵活,无卡滞,指针随着测量杆的上下移动做圆周运动与表盘不得有摩擦现象,字盘无晃动现象。

(3) 检查测量杆的稳定性 推动测量杆多次,观察指针是否能够回到原位,其允许误差不能大于±0.003mm。

百分表测量时,应轻轻提起测量杆,把工件移至测头下面,然后缓慢下降,测头与工件接触,不准把工件强迫推至测头下,也不得急剧下降测头,以免产生瞬时冲击测力,给测量带来误差。测头与工件的接触方法如图7-12所示。

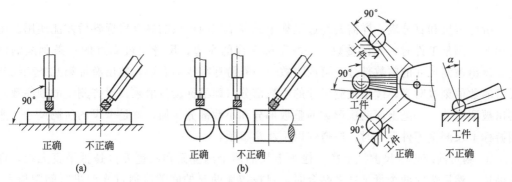

图7-12 测头与工件的接触方法

在测头与工件表面接触时,测量杆应有0.3～1mm的压缩量,使指针转过半圈左右,然后转动表圈,使表盘的零位刻线对准指针。轻轻地拉动手提测量杆的圆头,拉起和放松几次,检查指针所指零位有无改变。当指针零位稳定后,再开始测量或校正工件的工作。

如果是校正工件，此时开始改变工件的相对位置，读出指针的偏摆值，就是工件安装的偏差数值。为方便读数，在测量前一般都让大指针指到刻度盘的零位。

六、游标卡尺的使用

游标卡尺是一种用途非常广泛的量具，具有结构简单、使用方便、测量的尺寸范围大等特点。它能直接测量工件的外径、内径、长度、宽度、深度和孔距等。游标卡尺按结构可分为数显游标卡尺和机械式游标卡尺。由于数显游标卡尺使用操作较简单，所以不作具体介绍。

机械式游标卡尺结构如图 7-13 所示。卡尺的内量爪带有刀口形，用于测量内尺寸；外量爪带平面和刀口形的测量面，用于测量外尺寸；尺身背面带有深度尺，用于测量深度和高度。

游标卡尺（分度值为 0.02mm）的刻线原理，尺身每 1 格的长度为 1mm，游标总长度为 49mm，等分 50 格，游标每格长度为 49/50＝0.98mm，尺身 1 格和游标 1 格长度之差为 1－0.98＝0.02mm，所以它的分度值为 0.02mm，如图 7-14 所示。

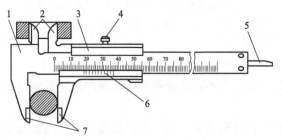

图 7-13 机械式游标卡尺结构示意图
1—尺身；2—上量爪；3—尺框；4—紧固螺钉；
5—深度尺；6—游标；7—下量爪

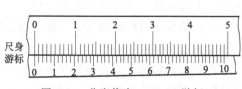

图 7-14 分度值为 0.02mm 游标卡尺的刻线原理

游标卡尺和百分表一样需要经过正规第三方单位的校核贴好合格标签后才能使用。用游标卡尺测量工件时，先读整数——看游标零线的左边，尺身上最靠近的一条刻线的数值，读出被测尺寸的整数部分；再读小数——看游标零线的右边，数出游标第几条刻线与尺身的数值刻线对齐，读出被测尺寸的小数部分（即游标读数值乘其对齐刻线的顺序数）；得出被测尺寸——把上面两次读数的整数部分和小数部分相加，就是卡尺的所测尺寸。使用游标卡尺测量零件尺寸时，应遵守以下注意事项：

① 测量前应把卡尺擦拭干净，检查卡尺的两个测量面和测量刃口是否平直无损，没有毛边，然后观察两个量爪紧密贴合时，目视应无明显的间隙或通过光照进行间隙检查，同时游标和主尺的零位刻线要相互对准。这个过程称为校对游标卡尺的零位。

② 移动标尺框时，活动过程中要灵活自如，不应有过松或过紧，更不能有晃动现象，以免造成读数不准确。用固定螺钉固定标尺框时，卡尺的读数值不能有所变动。在移动尺框时，要记得松开固定螺钉，但是不能太松，以免丢失。

③ 在游标卡尺测量零件时，不能过分地施加太大的力使两个量爪接触零件的表面。

如果测量压力过大，不但使量爪产生弯曲和磨损，而且量爪在压力作用下产生弹性变形，使测量的尺寸不准确。

④ 在游标卡尺上读数时，应把卡尺水平的拿着，朝着光线较强的一面，人的视线应尽可能和卡尺的刻度线表面保持垂直，以免由于视线的歪斜造成读数误差。

⑤ 为了获得较为准确的测量结果，可以重复测量多次。即在零件的同一截面上的不同方向进行测量。对于较长零件，则应当在全长的各个部位进行测量，然后取测量结果的平均值。

七、螺纹规的使用

螺纹规又称螺纹通止规、螺纹量规，通常用来检验判定螺纹的尺寸是否正确。螺纹尺寸由螺纹直径与螺距组成。螺纹规根据螺纹的形式分为螺纹塞规和螺纹环规。螺纹塞规是测量内螺纹尺寸正确性的工具，可分为普通粗牙、细牙和管子螺纹三种。螺纹环规用于测量外螺纹尺寸的正确性，通端为一件，止端为一件。螺纹规有双头和单头之分，其中双头的螺纹塞规和单头的螺纹环规较适用，如图 7-15 所示，其功能特性参见表 7-2。

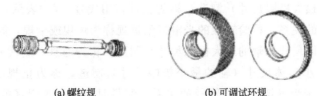

(a) 螺纹规　　(b) 可调试环规

图 7-15　螺纹规及环规

表 7-2　螺纹量规的功能特性

螺纹量规名称	功能	特征	代号
通端螺纹塞规	检查工件内螺纹的作用中径和大径	完整的外螺纹牙型	T
止端螺纹塞规	检查工件内螺纹的单一中径	截短的外螺纹牙型	Z
通端螺纹环规	检查工件外螺纹的作用中径和小径	完整的内螺纹牙型	T
止端螺纹环规	检查工件外螺纹的单一中径	截短的内螺纹牙型	Z

螺纹规使用时应注意被测螺纹公差等级及偏差代号与螺纹塞规标识的公差等级，偏差代号相同。螺纹规的测量面不应有锈迹、黑斑、毛刺或划痕等明显影响外观和使用质量的缺陷，其他表面不得有锈蚀和裂纹。螺纹规测量的标准条件：温度为 20℃，在实际使用中很难达到这一条件要求。为了减少测量误差，尽量使用螺纹规与被测件在等温条件下进行测量，使用的力要尽量小，不允许把螺纹规用力往螺纹中推或一边旋转一边往里推，螺纹规推入方向必须与被测尺寸方向垂直。根据螺纹规质量、使用方向等，只要恰好可以将螺纹规拨动即可。如果螺纹规是从上往下推入，则仅靠螺纹规的重力旋转即可，即国际要求零测量力，即在没有力量驱使下的理想状态，螺纹规可自由完成相关动作。螺纹规推入后不得旋转、摇摆，以避免加速磨损量规测量面。若螺纹通规顺利完全通过所有螺纹牙，

而螺纹止规完全不通过或通过螺纹全牙数的 1/4，则判定为螺纹合格，若通规不能旋入或旋入一部分，则判定为该螺纹不合格。塞规在每次使用后，须立即用清洁软布或细棉纱将塞规表面擦拭干净，涂上一薄层防锈油后，放入专用存储盒内，存放在干燥处，螺纹规要实行周期检定，检定周期由计量部门确定。

八、光滑极限量规的使用

光滑极限量规是一种没有刻度专门检验光滑圆柱孔直径和圆柱轴直径极限尺寸的定值测量工具，它不能测定工件的实际尺寸，只能测定工件是否处在规定的极限尺寸范围内，从而判断工件是否合格，用它检验工件既简单又迅速，省时省力。光滑极限量规用于检验国家标准《公差与配合》（GB1800—79）规定的基本尺寸至 500mm 公差等级 IT6～IT16 级的孔与轴，量规的标准是按泰勒（Taylor）原则（即极限尺寸判定原则）制定的。

光滑极限量规的工作原理是根据极限尺寸的判断原则，用量规的通端（通规）和止端（止规）分别检验零件的尺寸是否超出了最大、最小实体尺寸，从而判断被测零件的尺寸是否合格。检验孔径的光滑极限量规称为塞规，塞规一般有两端，一端按被测孔的最大实体尺寸（孔的最小极限尺寸）制造，称为通规，用代号"T"表示；另一端按被测孔的最小实体尺寸（孔的最大极限尺寸）制造，称为止规，用代号"Z"表示，图 7-16(a) 所示为塞规直径与孔径的关系。检验轴径的光滑极限量规称为环规或卡规，同样，卡规的一端按被测轴的最大实体尺寸（轴的最大极限尺寸）制造，称为通规，用代号"T"表示，另一端按被测轴的最小实体尺寸（轴的最小极限尺寸）制造，称为止规，用代号"Z"表示，图 7-16(b) 所示为卡规尺寸与轴径的关系。测量时应先检查通规的前端不能进行倒角处理，通规和止规必须联合使用，只有当通规能通过被测孔或轴，同时止规不能通过被测孔或轴时该孔或轴才是合格品。

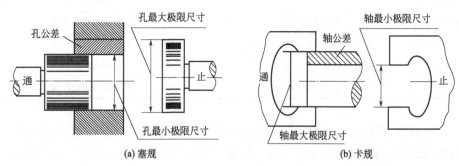

图 7-16　量规

国际上对光滑极限量规的使用是有明确规定的，使用塞规的通端检验工件时，手应拿着塞规的手柄部位悬于孔的正上方，一般应不施加任何压力，让塞规在其本身的作用力（重力）下，轻轻滑进孔里并通过孔的全部长度，或稍微加一点力，用手轻轻地把塞规送进孔里。通端塞规应能和孔完全配合，孔的整个长度都应受到检验。使用塞规止端检验工件时，严格地说只允许其倒角部分放到空口边缘上，塞不进去，才算是检验合格。即使止端只有一小部分能塞进孔内，也应当认为孔是不合格的。但在实际使用中，深度小于10mm的允许塞规止端进入小于1mm，深度大于10mm的口部允许进入1～2mm。如果可能，孔的两端都应该检验。通端卡规用于检验水平放置的轴时，借助于量规的本身质量应能完全通过轴的直径，非全形塞规检验时应沿着和围绕着轴在不少于四个位置上进行检验。通端环规当用手操作而不施加很大的力时，应能通过轴的全长。

第二节 单件检具的使用

检具测量系统验证稳定后，就可以正常使用了。使用前，要熟悉和掌握检具的性能、结构、维护保养及使用技能。为确保检具测量出的数值或结果更接近真实状态，要正确规范地严格按照规程规定的操作方式进行检定。首次使用检具，要先对检具和产品进行检查，应遵守以下注意事项：

① 检查使用场所应该有足够的光线，检具放置应平稳、无晃动；
② 将产品的杂质或油污擦拭干净，目测产品是否与待测零件号一致；
③ 目测产品有无碰伤、扭曲、变形；
④ 确认主副定位的完好性及与销套的配合是否良好，检查检具各部位有无松动及其他异常现象，检查所有检测装置是否完好无损，各活动机构处于非工作状态。

由于检具的复杂程度不一（如图7-17所示单件检具），检具的检测步骤也有差异，大致有以下主要的操作流程：

打开检具→零件的装夹和定位→测量产品（钣金）回弹量→孔和销柱直径及位置度检测→产品打表点检测→重要型面及剪切边轮廓检测→目视刻线检测→检测完毕，记录结果。检测内容不一定全有，但必须将各检测步骤分开，不能混合在一起。

（1）打开检具　确保检具所有机构处于开合状态，如夹钳、翻转机构、活动导轨等。

（2）零件的装夹和定位　先将所有夹紧器打开，将要检测的零件放于检具上（注意放置方向与产品一致），对准主副定位销（或孔），零件放置的过程中一定要做到轻拿轻放，使得周边间隙均匀。先将主定位销插入，再将副定位销插入，待定位销完全进入零件后，观察零件在自由状态下与定位面（零贴面）的贴合情况，此过程可通过间隙塞尺的测量数据来判断产品定位面的变形情况。

（3）测量产品（钣金）回弹量　测量回弹量时，检查产品与检具（型面或边界）无干涉，产品回弹测量结束后，按规定的压紧顺序（压紧器编号）进行压紧（大型的冲压件要对角夹紧，以避免板件偏移），注意压头只允许用作零件夹持（夹紧力小于5kg，不允许出现过分夹紧现象和采用强制的方式使零件处于额定值位置）；若无压紧装置，则用手按住零件。在检具使用操作的过程中应遵守以下注意事项：

① 外形定位，首先确认定位面贴合，侧面型面尺寸符合要求，保证轮廓度精度真实；
② 定位不稳定时可适当增加支撑面，保证产品定位稳定；
③ 检具原有支撑点安装在搭接面上判定不能反映真实状态的，可在非搭接面型面上加支撑点；

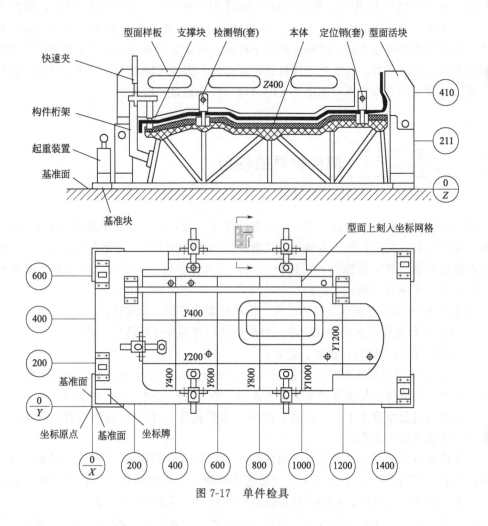

图 7-17 单件检具

④ 外板零件料回弹≤2.0mm 时可压紧检测，超过自由状态检测（包边类外板回弹压紧检测）；

⑤ 钣金件 0.8mm＜料厚≤1.2mm，产品回弹≤1.0mm 时可压紧检测，超过自由状态检测；

⑥ 钣金件 1.2mm＜料厚≤1.5mm，产品回弹≤0.5mm 时可压紧检测，超过自由状态检测；

⑦ 所有结构件＞1.5mm 以上料厚，自由状态检测；

⑧ 所有加强件，产品回弹≤0.5mm 时可压紧检测，超过自由状态检测（注：高强板件中的柱类、梁类自由状态检测）。

(4) 孔和销柱直径及位置度检测　孔和销柱直径可用游标卡尺直接测量或采用光滑极限量规检测来提高检测效率，孔位置度的检测分为两种，一种为检测销检测，一种为划线销检测。

① 检测销检测。佩戴工作手套，按检具上的标识，取出相应的检测销插入导向衬套中来检测产品孔或销柱的位置度，通过产品为合格，否则不合格。

② 划线销检测。将划线销插入产品相对应孔的导向衬套内，直至划线销的尖角紧贴产品表面，然后稍微用力按住销柄旋转一圈，然后用卡尺测量划线后的轨迹圆与产品孔位置一周偏移是否在要求范围内。具体计算方法如下：$(X-Y)/2=\Delta$ 或 $(X+Y)/2=\Delta$ 所得数据为产品孔位置的偏移量。如图 7-18 所示。

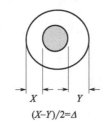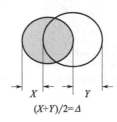

图 7-18 孔偏移计算

（5）产品打表点检测 在打表检测之前，必须先将百分表在对零块上对零。将打表支架处于工作状态，使用百分表检测产品打表点，通过百分表读数来判断产品检测点的轮廓度。百分表读数在轮廓度要求之内的，为合格，读数超出轮廓度要求，则为不合格。

（6）重要型面及剪切边轮廓检测 重要型面的检测方式有多种，主要有通过断面样板间隙面配合通止规或间隙塞尺检测、测深断面样板和游标卡尺配合检测、模拟块齐平面配合平齐块检测、模拟块齐平面配合面差规检测等；剪切边轮廓检测方式有模拟块间隙面配合通止规或间隙塞尺检测、模拟块间隙面配合直尺检测等。

① 断面样板间隙面配合通止规或斜塞尺检测。将通止规放在断面样板与产品之间的间隙内，通规能够进入间隙，止规无法进入，则产品合格。或者采用读数的斜塞尺进行检测，此种方法适用于公差较大产品，一般不常使用，检测时，间隙尺的直边需与检具台面贴合，读数时以零件与间隙尺的接触点为读数点。

② 测深断面样板和游标卡尺配合检测。清理干净测深断面样板卡槽部位的灰尘或异物，测量时，卡尺要与产品面贴合，然后与测深断面样板面贴合，最后读数即可。

③ 模拟块齐平面配合平齐块检测。图 7-19 所示，使用固定偏置间隙的平齐规与通止规或间隙尺一起检测产品周圈轮廓度，首先要确定检测面与检具面必须是同一基准面，然后目视确认齐平规与检具台面之间无缝隙后再测量，检测方法是一手操作平齐块，一手操作通止规或间隙尺，通过通止规的通过与否或间隙尺的读数来判断产品的合格性。

④ 模拟块齐平面配合面差规检测。图 7-20 所示，采用面差规检测，将面差规与模拟块齐平面贴合，读数表架在标准平面上校准调"0"，当面差规底座与标准型面相接触并按所需测量方向移动时，测量头与零件型面相接触，进行读数并记录数值，此时表针指示正、负值为零件误差值。

⑤ 模拟块间隙面配合通止规或间隙塞尺检测。此种检测方式与断面样板的检测方式类似。

⑥ 模拟块间隙面配合直尺检测。用直尺配合检具检查，测量时直尺须与检具台面贴合且垂直于产品，读数时以切边线与直尺的重合点作为读数点。

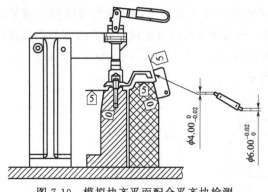
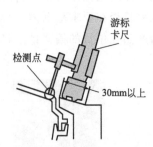

图 7-19 模拟块齐平面配合平齐块检测　　　图 7-20 模拟块齐平面配合面差规检测

（7）目视刻线检测　非重要的剪切边或工艺孔，如非圆孔、椭圆孔、正方形孔及长方形孔都可通过观察目视刻线的方式来判定其边缘是否在规定的公差范围内。

（8）检测完毕，记录结果　零件在检查完精度后，一般要检查其表面状态，如有开裂、起皱、拉伤、叠料以及变形等缺陷问题，需要进行记录并查找原因。依次测量型面、边界及孔位的尺寸，根据实际要求填写数据（实测值或偏差值）（填写检测报告时要先看报告上的基准，以免将方向搞反，导致模具越修改越差）。总合格率、边界合格率、型面合格率、孔合格率分开计算。其中所测得回弹量的点计入面的合格率中，一个孔按 2 个点计算（孔径算一个点，孔位算一个点），具体合格率计算方式按规定标准执行。最后在检测报告和冲压件上注明检测日期、检测者和合格率。

第三节　螺钉车检具的使用

具备车身总成检测及车身组装功能的检具可称为螺钉车，它的主要功能是通过铆接或螺接的方式代替焊接工艺来装配车体（图 7-21），在零部件装配连接过程中可以发现单件

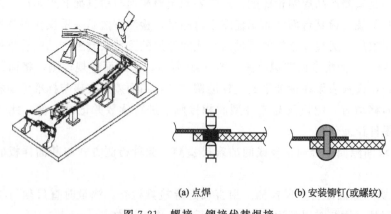

(a) 点焊　　(b) 安装铆钉(或螺纹)

图 7-21　螺接、铆接代替焊接

对焊接总成造成的影响，应用于产品、模具、夹具的修正和调整分析，这种方式可以缩短白车身质量检测过程（螺钉车功能参见第八章第三节）。螺钉车检具的使用可以制作检具流程图，检具流程图主要是对检具所需检测的零件信息如零件编号、名称、数量及材质等做出说明，同时对可检测的分总成数量及检测顺序和方法进行说明并附带检测分解图。

一、螺钉车制作人员准备

（1）人员准备　核心小组人员一般由 6～7 人组成，由车身专家领导整个螺钉车小组活动，成员由模具工程师、夹具工程师、品质工程师、工艺人员、产品设计工程师共同参与。

（2）品质目标设定　品质目标主要分为白车身、螺钉车总成、单件的精度设定和白车身间隙、面差、几何尺寸、外观品质设定。

（3）小组任务　验证白车身装配工艺，反馈调试中发现的冲压件、焊接夹具及车身结构设计问题点，提出产品问题反馈单和设备问题反馈单，以推进白车身品质的提高。

二、样件的准备

螺钉车制造所需要的样件必须是全序件，一般来说，冲压件总体精度要求为 A 类零件合格率需要在 95% 以上、B 类在 90% 以上、C 类需要达到 85%，所有零部件经检测记录数据入库。但限于国内模具厂商的水平，可以允许用于螺钉车制作的零件在手工返修后达到精度要求再送样，一定要提供零件刚取样（未手工修理）的检测数据。具体要求如下：

① 用于螺钉车的零部件精度要满足公差要求。

② 对于达不到要求的零件，必须标出公差位置及测量值，以便于手工修正及分析。

③ 对划线的要求是 0.2mm/m 以内的误差，最少需要划两个方向上的百位线，不可重复划线，以避免精度误差。

图 7-22 所示为样件准备流程。

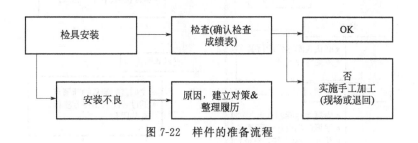

图 7-22　样件的准备流程

三、工具的准备

螺钉车制作辅助工具准备：螺钉车的测量工具，钻孔工具及辅助工具需要配齐。检测工具有塞尺、直尺等；钻孔工具有风枪；其他辅助工具及设备有锤子、二氧化碳焊机等。具体工具和设备可参见表 7-3 和表 7-4。

表 7-3　螺钉车检测工具

序号	工具名称	序号	工具名称
1	锥度仪	7	塞尺
2	钢板尺	8	R角量规
3	间隙尺	9	块规
4	面差尺	10	锥度规
5	高度规	11	厚度规
6	游标卡尺	12	划线针

表 7-4　螺钉车作业设备

序号	设备	序号	设备
1	气动拉铆枪	12	铆钉
2	手动电钻	13	钻头
3	气动砂轮机	14	工具箱
4	手动夹钳	15	锤子
5	钣金用特殊工具	16	吊钩
6	手工作业平台	17	电缆
7	磨床	18	固定式焊机
8	扳手类	19	便携式焊机
9	扳钳类	20	零件台
10	气路软管	21	钳子
11	叉车	22	手动提升机

四、螺钉车制作流程

螺钉车制作流程如图 7-23 所示。

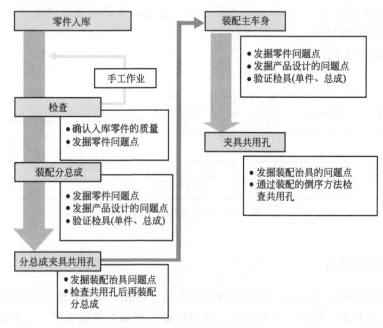

图 7-23　螺钉车制作流程图

五、螺钉车装配方法

第一轮螺钉车装配流程如下。

① 按照螺钉车制作流程图规定的铆接工序将所有单件放置在螺钉车检具上,检查制件与螺钉车检具之间有无干涉,制件与制件之间有无干涉。检测单件之间的匹配关系,检查钣金件间的接合部位是否不良。用划线销进行划线,检测孔位的偏差量。对定位困难、未划线的小件在需要保证的位置标注坐标,以夹具基准为依据,手工划线,装配以基准孔为准,其次为基准面,最后为修边线。通过测量间隙、面差、孔位置度检查钣金件在单件检具与总成检具间的变化量,记录制件变化的数据及制件搭接部位间隙量。

② 钻孔前对制件铆接点位置用颜色笔进行标记,标记点的位置按照焊点布局图内容进行。

③ 在钣金件上进行钻孔,进行相关单件的螺栓连接或铆钉连接。操作完成后去除周边毛刺。当出现单元与铆枪干涉等问题时可根据具体情况增加或减少铆接或螺接点(前提是不影响装配精度),铆接或螺接时制件之间不允许存在间隙。钻孔和铆接时注意事项见表 7-5。

表 7-5 钻孔和铆接时注意事项

钻孔注意事项	铆接注意事项
1. 钻孔时容易变形的部位用大力钳固定 2. 可能造成铆钉干涉的部位使用 CO_2 焊机点焊 3. 钻孔、铆接时要垂直于工件	铆接位置必须按照车身焊接点布置

④ 按照小总成—大总成—白车身的顺序完成第一轮螺钉车的装配。装配完成后确认其精度,并与单件或分总成精度做对比,记录精度变化量,超差部分通知模具厂修改模具。然后检查并确认检具和夹具各工位的定位区域是否保持一致。由于螺钉车制作是螺栓或铆钉代替焊点,螺栓和铆钉有厚度,因此制作下一个总成时可能出现干涉,这时需要将干涉的螺钉或铆钉去除。螺钉车钣金件匹配问题见表 7-6。

表 7-6 螺钉车钣金件匹配问题

序号	类型	问题描述	序号	类型	问题描述
1	间隙	制件翻边折边线位置不良或产品设计时未在影响车宽部位设置移动公差,导致制件搭接不良	3	干涉	制件相对应的搭接面与规定形状不同,超出极限尺寸
2	面差	冲压拉延面过深或过浅或两个制件搭接型面公差走极限偏差,导致制件搭接面产生面差	4	R 角接触不良	搭接部 R 角大小不同导致间隙的出现
			5	分型线不良	搭接部 R 角大小不同导致间隙的出现

续表

序号	类型	问题描述	序号	类型	问题描述
6	均匀度不良	剪切边线条不够通顺,凸凹不平	11	形状不良	制件与图纸上的形状不一致
7	基准位置不良	单件检具、总成检具、夹具间的基准位置错误或不合理	12	孔位不良	孔位置度发生偏移,孔径大小不正确
			13	豁口偏移	接合的豁口相互发生偏移
8	扭曲变形	制件产品整体发生扭曲变形	14	表面质量不良	制件表面凹凸,微弱弯曲
9	翻边长度不足	制件搭接部位翻边长度不足,在焊接的过程中影响焊点质量,易出现半点问题	15	褶皱	制件搭接的部分发生褶皱导致接触不良
10	回弹变形	冲压件成型后因自身弹性出现回弹变形			

第二轮螺钉车装配与第一轮螺钉车装配方法一样,除了验证第一轮螺钉车问题整改效果外,主要是调试焊接夹具。螺钉车的制造约 25 天,一般制作两台螺钉车,其中一台用于确认量产夹具的精度品质的共用孔调试,另一台为确认整车品质,电泳涂装后保管。制作流程如下。

① 按照小分总成—中分总成—白车身总成的顺序在螺钉车组件上加工出共用孔,用记号笔做好标记。螺钉车共用孔制作流程如图 7-24 所示。

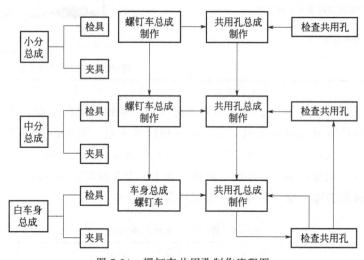

图 7-24　螺钉车共用孔制作流程图

a. 共用孔。共用孔是将冲压件在螺钉车上按照夹具上同样的装配顺序和基准单元位置固定,在铆钉(螺钉)连接状态下用电钻在制作贴合部位钻的孔,共用孔及共用孔总成见图 7-25。

b. 共用孔钣金件。共用孔是在螺钉车上装配钣金件,螺钉车检具与夹具定位基准一致,然后在配合面上钻孔,这种钣金叫共用钣金件。

c.共用孔制作。共用孔一般在需要拆解部件的位置均匀分布，要求不同坐标平面不能少于一个，最好选定可以确认 X/Y/Z 坐标的点钻孔。作业后，搭接部件发生间隙时，在问题记录表上记录部件及装配问题，穿孔加工完成后，清除周边毛刺，穿孔加工公差（零件之间的偏差）可控制在 0.2mm 范围内。螺钉车共用孔制作方法如图 7-26 所示。

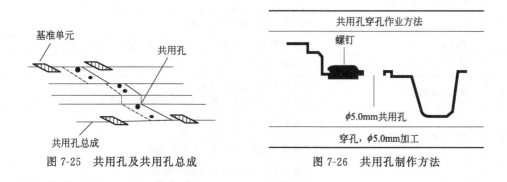

图 7-25 共用孔及共用孔总成　　　　图 7-26 共用孔制作方法

② 螺钉车总成合格率达到 95% 以上（包括基准事项、面轮廓、孔位置等），将装配好的螺钉车组件分解，放在相应的焊接夹具上，按照白车身—中分总成—小分总成的顺序，进行共用孔调试。螺钉车共用孔调试流程见图 7-27。

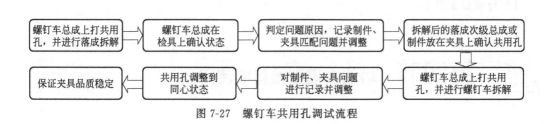

图 7-27 螺钉车共用孔调试流程

a.共用孔调试。通过共用孔的偏差量来对夹具精度、定位合理性、焊接性、可操作性等方面进行评价，并对评价出的问题进行调试与整改，通过问题的描述不断提升夹具的精度，从而达到提升车身精度与品质的目的。共用孔检测方式见表 7-7。

表 7-7 共用孔检测方式

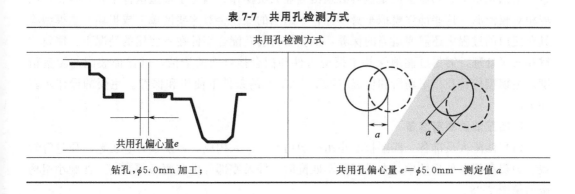

b. 共用孔调试方法。共用孔调试的时候需要专人进行操作，对发现的不良状态进行纪录分析，判断不良原因，建立对策。共用孔调试方法见表 7-8。

表 7-8 共用孔调试方法

序号	步骤	确认项目
1	制件安装在夹具上	①按照设备确认清单将总成分解（主线夹具→分线夹具） ②将产品在自然状态下放置于夹具上 ③目测确认产品安装后与夹具基准面是否零贴 ④将分总成放置于夹具上确认精度
2	消除基本干涉	消除制件与夹具干涉部分，如剪切边缘、倒角、圆弧等部分
3	基准比较(检具 & 夹具对比)	检查检具和夹具的定位基准(面和孔)一致性
4	确认基准位置	①确认夹具定位销的尺寸、精度、长度是否满足设计要求 ②检查定位孔的选定和定位销的控制方向与图纸的一致性
5	确认夹具定位块的匹配	①确认基准面和零件有无干涉 ②确认产品是否采用最新状态 ③确认共用孔调试用钣金件变形情况
6	确认夹紧器	①确认夹紧器的夹紧力、位置及数量 ②夹紧器夹紧顺序是否合理,夹紧后制件是否变形,共用孔是否产生偏差

通过制作螺钉车及时发现产品总成的搭接、装配性及匹配性问题，实现对夹具精度及功能性的调整，可减少后续产品及夹具的变更调整成本，提高了整车生产准备效率，促进了白车身质量提升。

第四节 功能主模型检具的使用

功能主模型检具作为尺寸匹配分析的先进工具，通过模块的合理组合对零部件、车身覆盖件进行匹配验证，判断零部件或车身件偏差对配合尺寸的影响。功能主模型检具是接近理论数模的标准车身，不能模拟车身偏差对零部件尺寸匹配的影响，因此零部件在功能主模型检具上匹配完成后，还需要结合装车情况进行分析，得出最佳尺寸配合方案，提升整车精细化水平。功能主模型检具必须由专业人员操作，因为主模型组件中，一些特殊区域相对较薄弱，这些部件模拟车身零件，不适当的操作会对这些区域造成损坏。主模型检具在使用的过程中还需要适当的保养，如金属衬套及配合零件在不使用的情况下，需要防锈和防腐处理，需尽可能地保持主模型组件和配合接触面的清洁，以保证装配与测量精度。主模型检具在指定场所和恒温（20℃±2℃）的条件下使用和保存。主要的操作步骤如下。

1. 匹配活动事前准备

（1）匹配人员准备　匹配核心小组一般由 9～12 人构成，涉及设计、工艺、质量等领域。为提高问题处理效率，在进行整车匹配时，涉及零部件供应商必须参与。匹配小组构架图见图 7-28。

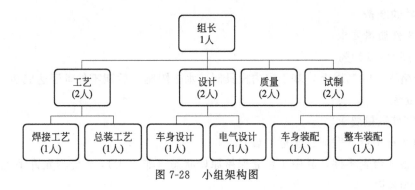

图 7-28 小组架构图

(2) 职责划分 为实现合理的组织分工,各司其职地发挥最大的组织效能,匹配小组成员各自的职责见表 7-9。

表 7-9 匹配小组成员职责划分

序号	人员	职责划分
1	组长	负责 cubing 匹配活动方案策划,制定 cubing 匹配活动计划及过程监控,组织 cubing 匹配活动
2	焊装工艺人员	负责车身开闭件匹配确认,负责实施匹配问题解析及对策,负责匹配问题报告整理、检具问题发放及问题监控
3	总装工艺人员	负责总装件匹配确认,负责实施匹配问题解析及对策,负责匹配问题报告整理
4	车身设计/电气设计人员	负责设计问题确认及整改
5	质量人员	负责匹配活动中的测量工作
6	试制人员	负责零件装/拆操作
7	零件供应商	参与匹配活动过程,负责零件测量,参与零件问题解析及对策,零件问题整改实施

(3) 工装/工具准备 功能主模型匹配活动需要的工装/工具,见表 7-10。

表 7-10 工装/工具准备清单

序号	类别	名称	数量
1	检具	cubing	1 个
2		单件/分总成检具	—
3	工具	间隙尺	2 个
4		钢板尺	2 个
5		游标卡尺	2 个
6		段差表	2 个
7		气动扳手(各尺寸)	1 套
8		手电筒	2 个
9	设备	便携式三坐标	1 台

2. 零件的准备

(1) 零件质量要求

① 工序率：100%。

② 合格率：90%以上，基于国内模具制造水平限制，后期零件难于达成90%的情况，允许手工处理。

(2) 零件数量要求

① 白车身1台（完成三坐标测量）。

② 准备3台套零件，其中1台套保持原始状态（非手工），2台套允许手工处理，合格率要求90%以上。

(3) 零件的测量要求

① 零件在自然状态下测量基准面，如在3~4个面或者其中某一个重要基准面间隙≥0.2mm时，判定零件不合格。

② 在夹紧状态下测量搭接面间隙。

③ 检测数据采用偏差形式记录。

④ 所有检查数据记录在零件上，同时录入到计算机中。

3. 资料准备

实施匹配需要准备以下资料：①装配爆炸图；②cubing精度检测报告；③车身精度报告；④零件检查成绩书；⑤3D数模，BOM；⑥检具清单；⑦匹配零件清单；⑧装配工艺指导书。

4. 匹配互动实施

整车匹配手法因人而异，但是一般都经过几个过程，如图7-29所示。

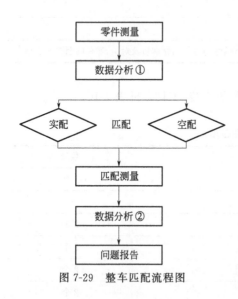

图7-29 整车匹配流程图

(1) 零件测量 分别将需要匹配的零件在单件、分总成检具上测量，并将所有测量结果写在零件上或记录在表格中。

(2) 数据分析 分析每个需要匹配零件的测量数据，整体把握匹配零件状态，预判可能出现的问题。

(3) 匹配 匹配分为空配和实配两个过程。空配：在不装配的情况下，通过人扶着，在cubing上进行对比分析，实物对照图纸，核对尺寸关系，检查面是否贴合，孔是否居中，记录分析。大部分匹配问题是在这个步骤发现的。实配：理论居中位置，用定位螺栓或螺母或划线等方法，使零件的基准处于理论坐标位置，检查安装顺序的影响，三坐标测量检查匹配全尺寸，理论居中位置装配，符合要求。

① 匹配测量：根据匹配检测方案，对匹配后的结果进行测量，具体匹配过程可参见附录3。

② 数据分析：结合零件的测量结果，匹配测量结果以及尺寸链，逐项分析，找出偏

差来源,确定改进方案。

③ 问题报告:记录所有问题的过程,并提出问题整改方案,形成问题报告书,为了达成整车外观尺寸而需要对某个零件实物进行修模(偏离设计要求)时需要慎重,需要经过充分分析研讨后才能出具报告。

第五节 检具的使用寿命

检具的使用寿命是直接影响产品质量、生产效率和成本的重要因素之一,也是衡量检具设计制造水平的重要指标。检具寿命低、精度保持性差、测量系统不稳定、故障率高必将影响产品质量,还会造成检具材料和制造工时的巨大浪费。检具的使用寿命是指检具从开始投入使用到尺寸精度失效,终至不可修复,致使无法实现对产品进行合格与否的判定的一个生命周期,理想情况下,随着产品的开发周期结束而结束。

检具在使用过程中,其零部件会由于锈蚀、磨损、扭曲变形或损坏而失效。如果磨损或损坏严重,导致检具无法进行修复使用,检具就应该做报废处理。如果检具的零件具有互换性,零件失效后能够得到及时的安装更换,那么检具的寿命在理论上是无限的。但是,检具在长时间的使用过程中,受各种因素的影响,其零部件逐渐趋于老化,损坏概率会大大增加,修理维护费用随之增加,而且会扩大产品尺寸不合格的误报率,影响产品批量生产时的检测,同时检具经常修理也会直接影响产品的生产效率,因此,当修理检具在经济上不合理时,也应考虑将其报废。

如果排除外力作用的影响,检具的设计寿命一般由自身的结构、零件材料及热处理等因素决定,所以检具设计初期就应该考虑检具的寿命,降低设计缺陷,合理选材。国内某些检具设计公司已开始利用 CAE/CAM 等分析软件对检具模型进行受力分析,对不合理的部分进行完善,在不增加成本的情况下,延长检具的使用寿命(大多数情况下,检具的理论设计寿命在 6~10 年)。另外还可以通过对检具失效残骸的研究,查明失效的机理和形式,并对失效的原因做出分析判断,从而可有针对性地采取改进和预防措施,切实加强检具的操作规范性,进一步达到改进检具结构、提高服役安全性和可靠性的目的。在正常的使用频率和良好的保养维护情况下,想要确保检具在相应产品的生产周期内的使用寿命,必须要先了解检具的失效模式。检具的失效分类如下。

① 正常的耗损失效:检具的使用时间已到寿命终止期,属于正常失效。

② 检具缺陷失效:检具未达到设计使用规定的期限,期间发生塑性变形、局部磨损严重等情况,这属于检具质量问题,一般与检具结构或后期制造有关。

③ 非正常使用失效:属于未按规定的使用环境,未按规范操作使用或搬运而造成的失效,如检具发生碎裂、折断等情况。

一、检具的失效形式

检具种类繁多,结构千差万别,工作状态差别很大,损坏部位也各异,但是正常的检具损耗失效的基本形式归纳起来大致有四种，即磨损失效、疲劳失效、塑性变形失效、断裂失效。

（一）磨损失效

检具作为一种检测设备，在零件不发生位移的情况下，检具上的功能件需要以相应的姿态移动和调整或在其他辅助工具的配合下，才能到达产品的检测区域，进行有效的质量判定。尤其是螺钉车检具、开口检具、功能性主模型，可拆卸模块较多，每一次的装拆和搬运都会产生振动和零件之间的摩擦。检具在使用过程中，活动件之间的相互运动、手持件与产品接触等都会导致零件轻微的磨损，检具使用时间越长，则磨损量也越大，磨损也就越严重。

磨损的形式有疲劳磨损、腐蚀磨损、黏着磨损。判断检具是否是因磨损而失效的主要标准是三坐标测量，当测量报告显示检具尺寸超出允许的公差范围时即宣告检具失效。检具上发生磨损频率最高、对精度影响最大的部分是定位销、检测销、划线销、翻转机构、平移装置、可拆卸模块、滑动导轨、燕尾槽机构、打表机构、检测模拟块等，这些部件需要经常检查，是日常维护保养的重点区域。

（二）疲劳失效

检具一般都是以间歇工作的方式进行工作，频繁地反复加载和卸载使检具受力零件处于交变应力的作用下。一部分检具的活动件，比如导轨、滑块、翻转机构等，还有一些自动化程度较高的检具，配有气缸、电动机等，这些活动件在运动的过程中，会带有一定的载荷，这种冲击力的转移会通过其他零件进行传递。检具经过一定的服役期，由于交变应力的作用，在零件表面和内部存在微观缺陷及应力集中的部位将会萌生许多微小裂纹。检具继续使用时，这些微裂纹将会逐渐扩展，当微裂纹扩展到一定程度时，检具零件的承载能力将被严重削弱，最终导致检具开裂或破损。

（三）塑性变形失效

当检具零件承受的载荷使零件内部的应力超过其自身材料的屈服强度时，零件就会产生塑性变形，常见的塑性变形失效有工作零件出现表面皱纹、局部塌陷和棱角倒塌等。检具产生塑性变形的危害非常严重，轻微的塑性变形不易察觉，如果在运输、移动、受到外力的作用下，检具的塑性变形会放大，严重的时候整个定位系统会处于失衡的状态，最终导致检具失效。一般塑性变形会出现在支撑零件上，如底板、支架、支撑板等承重型基础件，如果承重零件设计的比较薄弱，加强筋少，检具的测量系统稳定性就差，将会直接影响重复性再现性的评测。

（四）断裂失效

检具在正常工作时，因为某种原因而突然出现较大裂纹，甚至分裂成几个部分，使检具整体或部分区域立即丧失工作能力的失效形式为断裂失效，这种突发情况一般发生时间短，造成危害也最大。还有一种情况是检具某些部位经过一定的服役期，萌生了细小的裂纹，并逐渐向纵深扩展，裂纹扩展到一定的尺寸后，严重削弱检具的承载能力而引起断裂。常见的断裂失效有脆性断裂、疲劳断裂、韧性断裂、蠕变断裂、应力腐蚀断裂等。很多情况下，检具断裂的部分受到过外力的冲击，短时间内零件无法将能量转换，从而导致断裂。零件受力的方向一般有两种，一种是径向受力，一种是横向受力。横向力目前是导致检具零件断裂的主要原因，所以，使用检具时，要尽量避免在应力集中的区域施力（尺寸过渡、缺口、刀痕、磨削裂纹等）。

二、检具失效的基本影响因素

检具失效的基本影响因素主要有五种，即前期设计、零件制造工艺、安装调试、零件材质及热处理、后期维护保养。

（一）前期设计

设计图纸和设计计算说明书的核心内容是定出合适的材质、热处理方式、零件尺寸、检具结构。如设计有缺陷，则检具或结构件将不能使用或过早失效。如定位销及检测销导向端直径不能太细，在反复的插拔过程中容易折断；单个零件固定销钉和螺钉位置排布不合理，会导致零件安装稳定性差。检具的标准件选择也是影响检具失效的一个因素，如标准件型号选择不当，导致使用参数达不到设计要求，会对其他结构件造成破坏。检具设计过程中，结构设计的刚度考量是比较重要的环节，结构设计时应根据具体使用情况，选取不同的检具材料及热处理要求。对于横放的方框结构作为支撑件，如果没有竖直的筋板加强，则可能产生平动而影响精度。铝合金结构件的筋板厚度，根据实际情况应在 5~20mm 之间，太厚则显得比较厚重，而且，由于铸造时冷却的时间较长，容易产生组织疏松，使效果适得其反。

（二）零件制造工艺

零件制造工艺是确保检具使用精度的基础条件，而工艺制造条件达不到设计要求是导致工件失效的一个重要因素。如工件在制造的过程中产生冷热裂纹；焊接过程的未焊透、夹渣、弧坑、焊瘤、偏析等；铸造过程的缩松、砂眼、夹砂、胀砂等；机加工过程的尺寸公差和表面粗糙度不合理；热处理工艺产生的缺陷，如淬裂、硬度不足、回火脆性、硬软层硬度梯度过大；精加工磨削中的磨削裂纹等。

（三）安装调试

在安装的过程中，如达不到所要求的质量指标，如啮合传动件（齿轮、杆、螺旋等）的间隙不合适，连接工件必要的"防松"不可靠，润滑与密封装置不良，电源线的排布没有遮挡防尘保护，结构件边缘毛刺或凸出清理不彻底等，在初步安装调试后，未按指定规范进行试装或必要的实验验证等。检具在装配调试中，各个零件不能产生松动且每个工件在表面处理前必须倒角 1~3mm 以减少应力集中。

（四）零件材质及热处理

检具零件的材料以钢材为主，但是钣金检具和塑料检具也常用铝合金、树脂、碳纤维等材料。钢材有型材（板材、棒材）、铸件及焊接件等。需要根据零件的形状尺寸、材料种类、力学性能及技术要求等因素选用。选材不当，或选材正确，热处理工艺选择不当，零件硬度、耐磨性、韧性达不到工作要求是导致失效的重要因素。比如有相对运动的零件，材质不能为软料，可选择硬度较高的材质，以减少摩擦力。

（五）后期维护保养

定期检查制度是否合理、周期性精度校核是否执行到位、润滑条件是否保证、包括润滑剂和润滑方法是否选的合适、润滑装置以及电传动等功能系统是否正常，后期维护保养主要强调人的因素，要有严格的流程来规范人的行为。

第六节　保证和提高检具使用寿命的途径

检具结构稳定性、检具材料的合理选用、正确运用热处理技术、检具功能表面强化技术等检具的合理设计、检具的正确使用、检具的维护和保养都是提升检具使用寿命的有效途径，主要表现在如下几个方面。

一、检具的合理设计

通过对检具失效模式的分析，检具设计时要考虑到检具的正常磨损、检具结构的稳定性两大因素。

（一）降低检具磨损

检具磨损的根本原因是零件与零件之间的相互摩擦作用，能够降低这种摩擦作用或者提高检具零件的耐磨性的途径，都是降低检具的磨损速度、提高检具寿命的有效途径。提高检具耐磨性的途径如下。

1. 合理选择检具材料

材料的耐磨性是决定检具零件磨损速度的主要因素之一，材料的耐磨性主要取决于材料的种类和热处理状态。常用的检具材料中，一般情况下，需要耐磨的检具零件都应通过淬火或其他热处理方法提高材料的硬度，材料越硬，耐磨性越好。此外检具材料可多采用钢结硬质合金和硬质合金，它们具有硬度高、机械加工性能好、耐磨性好、热稳定性和耐热疲劳性好等特点。

2. 提高检具零件的表面质量

首先，要提高零件表面的精加工质量，零件加工越精细，表面粗糙度值越小，则磨损的速度就越慢，使用寿命就越高。其次，要尽力避免零件表层材料在加工过程中发生软化现象，防止材料耐磨性降低。例如，在磨削加工时，如果工艺条件选择不当，就会产生磨削烧伤，使表层材料的硬度降低，大大降低零件的耐磨性。最后零件在加工时要尽量避免刀伤和划痕，这些细微的裂纹在使用频率较高或使用环境恶劣的情况下，会慢慢扩展，要么被腐蚀，要么会疲劳开裂。

（二）检具结构牢固可靠

检具结构不合理引起检具失效的比例较大，检具的设计原则是保证足够的强度和刚度，受力均匀。检具设计时要充分考虑受力区域的载荷情况，而且要保证薄弱的部分有足够的强度和刚度，尤其是承重零件，一般都需要做筋板加强。检具结构牢固可靠可以抵御外部载荷的冲击，保证自身的稳定性，而且还能降低塑性变形的风险。但我们要避免因强度过剩，带来的结构臃肿、检具布局和比例不协调。

二、检具的正确使用

检具的精度决定着产品批量生产时的质量，可以用"失之毫厘，谬以千里"来形容，操作时一定要由检具规范作指引，符合章程，按先定位后检测的步骤有条理的作业。不可私自拆卸，自由组装零部件，如果需要零件移动调整，必须经过三坐标的测量，确认结果合格。检具98%以上为钢件制作，如果活动件的使用周期较长，保养不当，都会导致活动件"卡死"现象，此时，不能人工用铁锤等硬物对检具进行修复，故障发生后应报请专业人员处理。使用人员操作不当，极端情况下会导致检具零件发生变形、断裂，导致精度失效。在现场使用人员都需要经过一定的培训，佩戴相关劳保用具，安全、规范作业才能降低检具人为的损坏，确保检具良好的使用状态。

三、检具的维护和保养

在生产车间，装配车间尤其是焊接车间，一般会有粉尘或细小颗粒，这些杂质会依附在检具的运动零件表面，如果强行使用检具，颗粒物会与零件产生摩擦，造成零件表面损伤。而润滑介质，可以对摩擦副起到冷却、清洗和防止污染的作用。检具的检测销、定位销及其他有相对运动的部位，如导轨、燕尾槽结构等应经常加注润滑油和防锈油，降低摩擦系数，减少零件之间的摩擦阻力。

检具未使用时，需要将检具移至指定区域，放置环境要干燥，避免高温、高湿、灰尘，防止日光照和沾染汽油、甲苯等有机溶剂。严格执行定期保养和日常检查、维护工作，将故障消灭在萌芽状态，检具使用到规定的时间，就必须进行精度复核，检定周期长短应根据使用频率、使用环境、量具本身结构等确定。一般情况下一年一次校核，使用频率较高的检具需要半年一次精度校核。校核完成后，在检测合格证上应注明检验日期、检定周期及有效期等，以便列入正常周检计划。

第七节　检具的维护和修理

检具作为专用检测工艺装备，需要专人保管、使用，在温度、湿度等满足要求的规定环境下，按检具使用说明的规定步骤操作检验零件或进行匹配测量。对其正确使用、维护、保养及修理是保证生产高质量产品和延长检具使用寿命的重要因素。检具的定期维护，主要是定位孔销及各活动部件的润滑、内外功能面的防锈、磨损部件的更换、型体底板各处除尘等。检具的周期复检，类似计量器具，由计量部门进行周期性的检定，做好校验合格标识。

在实际生产中，既要避免只重视零件而不重视检具的概念，也要纠正只重视检具设计与制造而不重视检具使用和维护的思想，即使曾经花费大量人力、财力、物力配备检具，但日后将其尘封角落，无人会用或使用不当，或者有人能正确操作但不在日常生产中应用它,那就没有正确发挥检具测量和评价零件应有的作用,违背了开发检具的初衷,这不仅是一种资源的浪费,也是一种掩耳盗铃的做法。

总之,要配备合格的检具,正确有效的使用检具,要在零件生产中经常性地正确使用检具来检测评价零件,每次都要做好相关记录,严谨细致控制产品质量。检具的精准度离不开平时的规范使用和正确的维护保养,所以检具在使用前后都遵循以下注意事项。

一、检具使用前的注意事项

检具使用前,操作人员需提前对本次检测工作所需的检具进行了解,详细参照检具操作说明书,重点了解检具定位、夹紧、检测和装卸等内容。对于复杂的检具,操作人员需经过专门的操作培训后才可以使用检具。对于树脂类内外装检具,单件检具强度差,特别注意安装或拆卸时禁止撬取和捶打。检具凸缘部强度低,容易损毁,安装玻璃或密封条时要注意,另外在安装金属部件时要轻拿轻放,避免碰伤检具。检具使用前,需要对其状态进行自查,主要从以下几个方面进行:

① 检查检具的合格证标签是否在检定有效期内,应把检具的测量面擦拭干净,以免有脏污存在而影响测量精度;

② 检具工作型面有无破损;

③ 定位装置是否失效,导向部分是否磨损或是残缺;

④ 夹紧装置是否完好,是否有晃动现象;

⑤ 断面样板装置是否松动,检测刀口是否碰伤;

⑥ 检测销是否齐全,防丢连接是否牢固;

⑦ 标示是否清晰、完好、无污迹;

⑧ 检具必须保持清洁,特别是测量基准面及运动部位不得有铁屑或其他杂质;

⑨ 如果有条件的检具使用方,检具使用前可用极限样件对检具精度进行复核。

检具通过自查达到使用要求,方可投入使用,否则不可投入使用。

二、检具使用中的注意事项

检具是精密的检测工艺装备,是控制零件质量的重要工具,在日常的使用和维护当中,如果操作不当,会对检具的精度产生很大的影响,导致零件检测结果错误,从而丧失检具本身的意义。操作检具时原则上应佩戴工作手套,严禁直接用手拿取、触碰检具工作面,在操作检具活动部件时应轻拿轻放,不能大力碰撞,检具不能作为校正夹具使用,不能在检具上修正零件。检具使用中,需要注意以下几个方面:

① 检具使用部门应指定专人负责检具的使用和日常维护保养工作;

② 检具使用应文明操作,合理使用,摆放有序,不乱拿乱放;

③ 检具使用过程中要严格按照操作指导书的内容进行规范操作,不允许野蛮操作造成检具的损坏,如发生故障时,不得用硬物敲击检具的关键部位(如定位面、检测面、活动装置等);

④ 检具使用过程中需要人工直接操作的零件,须轻拿轻放,以免磕碰;

⑤ 底板不能作为零件的放置摆放区域,尤其是钣金件检具,使用的过程中,使用者

经常会将底板误作为台面，对底板表面造成磕伤和破坏；

⑥ 工具和刀具等其他工具不能堆放在检具上，以免对检具表面造成划痕；

⑦ 检具作为测量设备，不能作为其他工具的代用品；

⑧ 发现检具有不正常现象时，如表面不平、有毛刺、弯曲变形等，不要自行修理，更不允许用榔头敲、锉刀挫、砂纸打磨；

⑨ 检测工件时，用力不能过猛，不允许强行操作，对检具造成损伤；

⑩ 检具零件必须保证完整，无关人员不得随意拆卸检具的零件，发现有问题须呈报给相关技术人员；

⑪ 检具必须保证清洁，特别是测量基面及运动部位不得产生铁屑或其他杂质；

⑫ 检具运动部件操作时，动作应平稳、可靠，不能快速，以免对其他结构产生撞击；

⑬ 机加类检具使用中，不能在机床还在转动时就去测量工件，以防测量人员发生危险和损坏检具，应待被测工件处于静态后进行。

检具使用完毕后，取出产品，然后将检具表面清扫干净，合上夹紧装置，断面样板放回原处，检测销归位，检测销、通止规、定位面等铁质固件要擦拭干净涂油做防锈处理。

三、检具使用后的注意事项

检具整个型体完成清理后，需要搬运至库房或其他存放地点进行保管。在搬运和放置的过程中需要注意以下事项。

（一）检具搬运要求

检具应尽量避免搬运，如确实需要搬运应做到如下几点：

① 搬运前应对检具进行检查，确认检具没有和其他设施相连，各连接机构处于关闭状态；

② 检具搬运或吊装时应避免撞击，小心轻放，如果采用滚轮小车搬运检具，移动的时候注意避免小车侧滑，平稳匀速前进；

③ 短距离搬运检具可以用叉车搬运，用叉车搬运检具时使检具侧面靠紧叉车架，检具重心位于叉车货架中间，防止发现侧滑，做到慢升慢降，在移动过程中，检具离开地面不要太高，匀速移动，同时由专人监护，发现障碍物时要示警避让；

④ 长距离搬运检具不得使用叉车，应使用平板车或厢底平整的货车运输，装车可以使用叉车或天车、吊车等起重机械，检具装车后应固定良好必要时进行防震包装，避免检具在运输过程中出现滑移；

⑤ 使用天车、吊车等机械起吊检具时，起吊检具专用吊耳，使用柔性绳索，并保证绳索足够长，使起吊过程中绳索不得接触检具任何检测工作部件，以免损伤检具，起吊机械起吊钩位于检具正中心的正上方才可起吊，并做到升降速度缓慢匀速；

⑥ 检具到达指定地点后由专人指挥慢慢放下。

（二）检具放置要求

① 检具实行定点放置，应有明显的标示，摆放整齐划一，便于查找；

② 检具之间应保证有足够的间隙，便于使用人员或管理人员检测零件、维护保养和校准等操作，且能有效避免磕碰划伤；

③ 检具的各个支撑点均应着力，不允许有架空现象，大型检具重心不稳会出现倾斜

的情况，容易引发安全事故；

④ 不经常使用的检具应用塑料布或帆布等遮盖物实施严密防护，达到防尘、防水等要求；

⑤ 小型的检具最好放置在搁物架上，不仅节省空间，还便于取放。

（三）检具存放区域环境要求

① 检具存放区域应平整，地表经过硬化处理，不允许出现沉降现象；

② 检具存放区域应远离高温热源、强振动源和污染源，不允许出现扬尘，保持干净、干燥，通风良好；

③ 检具存放区域应避免日光照和沾染汽油、甲苯等有机溶剂，不易受到外界因素的破坏，避免有腐蚀性的物质与之接触；

④ 保持环境干燥，存放温度保证在 $-10\sim60℃$ 之间；湿度在 60% 以上；微粒不能超过 2%。

四、检具日常登记管理，精度周期检定

检具的领用、归还需做及时登记及入账，并由专人管理，严格遵循借还制度。管理人员需按周检计划将检具送检，换取新的合格证。在使用中发现检具出现异常或不能确认时，及时送计量室或联系专业检具供应商检测确认。使用者平时要负责对检具的日常维护、保养。

检具功能主要是保证产品生产时，质量有保证，如果精度不够的检具投入使用，会对产品的尺寸、几何、形状位置公差误判，可能会产生大量的废品。为了将这种损失防患于未然，就必须对检具的精度进行周期性的检查。

（一）检具制造过程的精度检查

为了保证检具具有良好的原始精度，在检具的制造过程中就要注意检具的精度检查，首先应严格检查和控制检具零件的加工及检具的装配精度，简单有效的方法是通过三坐标（CMM）测量设备检验的极限值产品试装来反向检查检具的精度。这种方法只能作为一种参考，对检具精度做大致判断。

（二）新检具入库前的精度检查

新检具在办理入库手续前必须进行精度检查，首先进行外观检查和测量检具成型零件的工作尺寸、表面质量及其他有关指标是否达到设计要求。在判断检具精度是否合格时，主要通过测量设备对检具的制造精度进行复验校核。新检具精度检查结果应记入有关档案，检具入库时应附带结果合格产品一同入库。

（三）检具使用过程中的精度检查

检具使用时的精度检查包括首件检查、中间检查和末件检查。产品成批生产前需要经过首件的检查合格后才能进行下一个环节，有时检具在移动搬运，或是人员操作不当时会产生影响检具的误差。所以首件产品三坐标（CMM）测量后，在检具上试装进行初步验证。最好是极限尺寸不良的制件，对检具精度的验证很重要。

在生产作业过程中，间隔一定时间或生产一定数量的制件后，应对制件进行抽样检

查,即进行中间检查,中间检查的目的是了解检具在使用过程中的磨损速度。

生产作业结束时,应对最终产品进行检测,同时结合对检具的外观检查,来判定检具的磨损程度和检具有无修理的必要。此外,通过对首件和末件的检测结果比较,来测算检具的磨损速度,以便在下次使用时提前做好备件,避免因修理而中断作业从而造成损失。这种情况对100%全检检具尤为重要。

（四）检具修理后的精度检查

检具在修理时,更换零件和对检具进行拆卸、装配、调试等工作,都有可能使检具的精度发生变化,因此在检具修理结束后必须进行精度检查,检查的方法要求与新检具入库前的精度检查相同。

检具校准周期应视具体情况而定。精密的、新投入使用的检具,极易磨损、变形的检具校准周期一般不超过1年,其他检具校准周期一般不超过2年。在检具经过了2个周期的运行后,计量室可根据检具的使用情况验证周期的合理性做出适当调整,普通精度的检具可在使用现场校准,校准时周围无强烈震动、照明适宜。在使用现场应将产品样件与检具摆放在一起,使用人员可随时用产品样件做检查,若出现问题及时校准、变更校准日期。

五、检具的报废、回收利用

检具的报废弃用,须有规定部门的认可并收回存储,防止流入生产现场。对于某些检具因设计复杂,加工制造难度大或成本较高,而仅因少许零件不符合要求而报废的,或可以进行修复的,为减少浪费,企业可由专业人员进行专门处理,如可再利用则必须通过计量认可并开具合格证。实践证明,对自制检具如注意严格管理,可以有效地保证产品质量。

六、检具的维护保养

任何机器设备使用后,都会因为磨损、操作及保养维护不当等原因使其性能和精度下降,甚至发生故障,导致不能使用。维修时更换不良的零部件,是使机器设备保持或恢复其使用性能、延长使用寿命的重要手段。检具作为一种工艺设备正常使用一段时间后,也有可能因人为或其他原因,出现一定的故障和问题,从而影响产品生产的正常进行,甚至会造成检具的破坏导致质量隐患,为了保证生产与开发的安全可靠,必须重视其维护保养工作。工厂应建立检具的维护保养制度,如表7-11,其范围应包括检具本体、检具底板、检具功能性结构件、检测元件等,内容应包括预防性维护和修复性维护。

表 7-11 检具的维护保养规范

序号	维护保养项目	维护保养	维护保养方法	维护保养周期	异常处理
1	作业指导书及标识	产品操作指导书文件附在检具上,检具技术状态标识清晰完整,符合最新的工程更改状态	目视	特殊检具:1次/月,其他完好检具1次/2月,停用、封存、限制检具1次/3月	更换

续表

序号	维护保养项目	维护保养	维护保养方法	维护保养周期	异常处理
2	型面本体	完整,清洁无锈蚀,无异物	目视,擦拭		更换,清洁
3	基准	基准孔,基准块,基准边完整,清洁无损坏	目视,防护	特殊检具:1次/月,其他完好检具1次/2月,停用、封存、限制检具1次/3月	更换,报修
4	底座框架及支架	1. 牢靠,无脱落的销钉,垫片等物体 2. 无开焊,无变形,起吊装置无松动	目视,触摸,紧固	特殊检具:1次/月,其他完好检具1次/2月,停用、封存、限制检具1次/3月	更换,报修
5	检测机构	样板、样规、断面样板无变形,无锈蚀,无损坏,无脱落,无遗失;检测销、划线销、通止规等齐全,无遗失,无变形,无损坏	目视,润滑,更换	特殊检具:1次/月,其他完好检具1次/2月,停用、封存、限制检具1次/3月	更换,报修
6	定位机构	定位型面、主副定位销、销套无磨损和损坏,有适当滑动配合	目视,试操作,更换		清洁,更换
7	可移动部件(翻转块、导轨、滑动部件等)	运动轨迹与其他部件无干涉,开启状态不超过基座范围,观察孔能确定孔位位置,有适当的滑动配合	试操作	特殊检具:1次/月,其他完好检具1次/2月,停用、封存、限制检具1次/3月	清洁,报修
8	夹紧机构	夹紧块和夹钳动作灵活,夹紧点与受压点一致,夹紧力可调	试操作,调整	特殊检具:1次/月,其他完好检具1次/2月,停用、封存、限制检具1次/3月	更换,报修

(一)预防性维护

预防性维护一般只需通过外观检查或测量检查,采用专用或简易工具,即可使检具保持或恢复良好的工作状态,它包括保养和点检。

1. 保养

保养一般由操作工实施,分为日常保养和定期保养,日常保养是在每天使用完成后进行,定期保养则是一般节假日或停产检修期间开展。保养标准如下:

① 清除检具台面上的杂物、污垢、锈蚀,确保固定定位销无凸起或凹缩。

② 保证夹紧装置完整齐全,夹持位置与受压点位置一致,无偏移。

③ 检具识别标识,如制造铭牌、测量基准铭牌,内容清晰可见。

④ 清除检测销套上的污迹、导轨上的油污,检测各部位紧固件应牢固,无缺损,检测检测块和定位块无松动或位移。

⑤ 检查检测销/定位销数量完整,标识清晰可见,功能部分无磨损、松动、弯曲、断裂。

⑥ 检具各部件应完整无缺,精密滑道无松动现象,并对各润滑点进行加油润滑。

⑦ 保证检具模拟块的外部清洁,插销、检测销、底板等位置一定要保持干净;把需要拆卸的活动零部件放置在对应的位置上。

⑧ 及时检查划线刻度与涂层有没有磨损和脱落。

2. 点检

检具在使用的过程中，由于磨损、变形、松动等原因，会导致测量误差增大。所以，必须根据检具本身的结构和使用特点，定出合理的点检周期，并按点检周期对使用过程中的检具进行周期点检。点检一般由检具使用部门实施，也分为日常点检和定期检查。日常点检在每次产品生产使用前进行，内容和保养差不多。定期检查则是检具使用一定次数后，送测量部门进行精度校核。主要检查以下几项内容：

① 定位结构、检测结构是否精度超差；

② 检查几何形状和尺寸精度；

③ 检查活动部件的磨损程度；

④ 检查定位点、定位面的位置准确度和尺寸精度；

⑤ 检查检测销、型面断面样板、检测型面的磨损程度及变形程度。

（二）修复性维护

由于精密检具的制造工艺复杂、加工周期长、成本高，在制造和使用过程中，时常由于制造错误或检具磨损、变形、断裂甚至受到撞击而产生尺寸精度超差现象；又由于当今产品更新速度越来越快，各项功能指标越来越严格，质量上对检具的尺寸精度要求越来越高，因此生产中必须经常对检具进行形状更改和尺寸修复，使其重获使用价值，从而延长检具的使用寿命，这不仅可以节约昂贵的检具制造费用，而且节省了大量的制造时间，经济效益和社会效益均很显著，因此检具的修复在检具使用过程中占有十分重要的地位。对于检具的修复，首先要对检具问题进行初步的分析，熟悉了解各零件的位置、作用和配合关系，找出检具损坏的原因，明确维修对象，确定维修方案，制定维修工艺。按照修复方法修理或更换受损的零件，装配时，对修理后的零件应按照原装配的关系，并按照先后次序进行调整、配合；最后经过精度校核后，才能重新投入使用。

检具修复主要包括制造缺陷的补救、检具磨损及以外损坏修复等内容。在实际生产中，应针对不同情况，采用灵活的方法和相应的修补手段来对检具进行快速修复，缩短故障维修时间。目前检具的修复手段主要有焊补、镶块、粘接、零件互换、垫片等，其中焊补、零件互换、镶块技术最为常用。

1. 焊补

焊补是用焊接的方法，在零件的表面堆覆一层或数层具有一定性能的材料的工艺过程。一般用于检具的小面积修复或者应急修复的场合，常用来修补检具内的局部缺陷、开裂或裂纹等修正量不大的损伤，由于焊接会产生一定的内应力，所以要注意区域性的变形。焊补具有以下特点：①焊层与基体金属的结合是冶金结合，结合强度高，抗冲击性能好；②焊层厚度范围大，一般可在2~10mm范围内调节，适合严重磨损的工况；③节省成本，经济性好。在工件维修的过程中，合理选用焊补合金，对受损零件的表面极限修补，可以大大延长工件寿命，延长维修周期，降低生产成本。常见的需要焊补情况如下：

① 模拟块型面破损、磨损、加工错误导致检测型面低于测量公差，焊补后重新加工；

② 功能型支架需要增高，可在安装基面焊补后用磨床磨平；

③ 操作手柄或非功能零件的断裂修复；

④ 焊接零件的脱焊修补。

常用的焊接方法有氩弧焊和激光焊。

(1) 氩弧焊接修复　利用连续送进的焊丝与工件之间燃烧的电弧作为热源，由喷嘴喷出的气体保护电弧来进行焊接。目前氩弧焊是常用的方法，可适用于大部分金属，包括碳钢、合金钢。熔化极惰性气体保护焊适用于不锈钢、铝及镍合金，由于价格低，被广泛用于检具修复，但有焊接热影响面积大、焊点大、容易使零件变形等缺点，目前在精密检具修补方面已逐步被激光焊所代替。

(2) 激光焊接修复　激光焊接是利用大功率相干单色光子流聚焦而成的激光束为热源进行焊接。这种焊接方法通常有连续功率激光焊和脉冲功率激光焊，激光焊优点是不需要在真空中进行，缺点则是穿透力不如电子束焊强。激光焊能进行精确的能量控制，因而可以实现精密器件的焊接，它能应用于很多金属，特别是能解决一些难焊金属及异种金属的焊接，它焊接时间短，材料本身热变形及热影响区域小，目前已广泛用于检具的形状修复、尺寸修复、功能修复和增强功能修复。

焊补作业顺序为：拆卸→焊补操作→手工或机床加工修正→三坐标或卡尺等设备或工具验证精度→装配打销固定→完成。

2. 镶块

镶块即镶入检具内的零件，为了使检具轻量化，单钣金检具模块一般以铝合金或代木为主材，但是检具和零件配合或定位的部位有一定强度需求，所以该区域一般采用钢材镶件的方式。这类零件特点是尺寸较小、结构简单，同时普通常规的轮廓尺寸和曲面尺寸区分明显。为了提高工作效率、节约成本，镶块类零件加工时一般采用线切割机床、铣床、磨床等常规设备加工零件的基准面和轮廓尺寸，然后在数控机床上加工曲面。

对于大中型的检具或形状复杂、局部薄弱的小型模块，当发生局部损坏时，就会造成整个检具模块的报废。镶块多用于大面积的形状更改或检测销、定位销的移位修复，镶块可采用钢、铁、铝、树脂等材质，因此使用寿命不低于检具本体。镶块结构有镶接和拼接两种，镶接时将局部易磨损部分、壁厚比较薄弱部分另做一块，然后镶入检具体内，拼接是将一个零件的形状按分段原则分成若干块，分开加工后拼接起来。这样不仅具有良好的加工工艺性能，还有足够的强度和合理的材料利用率。

镶块结构，节约了材料，降低了加工难度，使间隙容易控制和调整，检具精度较高，使用寿命长，避免了应力集中，减少或消除了热处理变形与开裂的风险。便于维修与更换已损坏或过分磨损部分，延长检具使用寿命，降低检具成本。

镶块的作业顺序为：镶块座加工/镶块加工/安装孔加工→本体与镶块装配→机床加工→手工修整→精度校核→完成。

3. 垫片

垫片可以用于检具结构性更改、高度的轻微变化，作为补偿尺寸公差的手段，最佳的方法是采用标准规格的垫片，如 3mm 或 5mm 的垫片，这种垫片有一定的厚度，不易变形，重复性使用效果好，特殊情况下可采用标准钢片 0.01~1mm，采用叠加的方法固定在基座下部。这种方法的使用需要得到使用方的认可。

4. 粘接

粘接的方法主要用于螺纹连接件脱落，对于不能松动的部位，常使用这种方法，此种方法有一定的局限性，如果遇到恶劣的环境或人为的破坏，就会失效。

（三）检具维护修理要点

熟悉检具主要零件的修理、修复步骤和方法，掌握这些方法和步骤，才能根据不同零部件的磨损或损坏情况，采用经济、合理、可靠的修理方法，使零件恢复原有的性能及精度，达到修理恢复使用的目的。常见零件的修复方法见表 7-12。

表 7-12 常见零件的修复方法

磨损部位	修复方法	
	达到公称尺寸	达到修配尺寸
孔径	镶套，粘补，堆焊，电镀	镗孔或磨孔，线割孔
螺纹孔	镶螺纹套，移位重钻孔	加大螺纹孔至大一级的标注螺纹。钻孔后镶入尾端为螺纹的标准销钉
圆锥孔	镗孔后镶套	刮研或磨削修整形状
销孔	移位钻孔，铰为销孔，线割孔，镶非标或标准衬套	铰孔至大一级标准销孔激光焊或点焊后，重新线割孔
键槽	堆焊重插键槽 转位另插键槽	加宽键槽
衬套（注意事项： ①胶水不能堆积在零件表面； ②衬套必须低于零件表面； ③D 型类衬套，孔中心偏 0.1mm 以内允许人工调整；金属类衬套，孔中心偏 0.2mm 以内允许人工调整；树脂类衬套，孔中心偏 0.3mm 以内允许人工调整； ④胶水一律使用 AB 胶水； ⑤需调整的衬套外边割 3 条 0.5mm 宽的等分槽，方便调整及胶水粘接更加牢靠）	非标衬套法	将打偏的衬套孔位按正确位置扩大，做非标衬套
	调整法	通过调整螺钉和销钉的位置来实现
	套中套法	将打偏的衬套孔按正确的位置扩大，套中镶套的形式（注意：此方式在不影响功能面的情况使用）
	镶块式	将衬套孔部位与其他检测部位分开做，实现可调

第八章 汽车检具设计案例

第一节 单钣金零件——汽车翼子板检具设计案例

普通轿车一般约由1万多个不可拆分的独立零件组装而成，而结构复杂、性能特殊的特种汽车，如F1赛车、工程车、救援车等，其独立零件的数量可达2万多个。这些独立的零件是汽车制造过程中最基本的单元，典型的闭合型零件有车灯盖、出风口、烟灰缸、组合仪表等；典型的实心型零件有装饰条、后视镜灯罩、车内外把手、拉手、排挡手柄、制动手柄等。大部分汽车零部件中独立的单个零件（主要是冲压成型单件、注塑成型单件及机加工单件）检具就称为单件检具。单件检具（checking fixture）英文缩写为CF，如图8-1所示为侧围检具、出气格栅检具、顶棚检具。

(a) 侧围检具

(b) 出气格栅检具

(c) 顶棚检具

图 8-1 单件检具

一、单件检具的分类

单件检具是汽车检具中的基础构成，按照车身部件大致可分为：管子类单件检具、注塑内外饰类单件检具、冲压类钣金单件检具、玻璃类单件检具、座椅发泡类单件检具、密封条类单件检具、地毯和车顶类单件检具、支撑及支架连接类单件检具以及机加工类单件检具等。

二、单件检具的特点

复杂的车身覆盖件检具（如门内外板、左/右侧围、前/后盖板、前/后保险杠蒙皮）除外，单件检具具有结构简单、功能单一、检测要素少、零件互换性程度高、可操作性强的特点。可对零件实现在线快速检测，不仅效率高，而且结果更加直观、容易辨识。

热成型冲压件检具使用频率高，零件磨损速度快，使用环境复杂，对检具要求比普通检具高。检具的型体材料可采用航空铝或钢，不能采用树脂材料。夹头和定位块必须是经过热处理的钢块，定位面的硬度应当在58HRC以上，定位面材料使用Cr12或更高级别材料，易磨损的工作面、暴露在空气中的金属配件和定位面均需要发黑处理。

鉴于管类零件（以下简称管件）结构的特殊性，如图8-2所示，管件主要包括各类车用制动硬管、空调制冷剂管、冷却水软（硬）管、通气管以及各类油气管等。一般采用两端孔心，借助可插入式定位销固定在检具上，也可以在检具上对两端位置尺寸使用零公差。检具型体的构造必须同时具有容纳/检测各类接头部位的功能，采用树脂或铝合金等不易变形的材料，并直接在NC机床通过CAD/CAM手段将型体检测面加工成型，可采用拆卸式凹字型镶块结构，镶块长度应尽量包容管子整个直段部分，凹形的宽度和高度体现管径和

图8-2 管类单件检具

走向公差，在车身上的装夹位置对应的镶块必须使用零公差位置尺寸。判断管件是否合格应在不施外力的情况下，以管件是否能自然放入槽内/镶块内为准（尺寸零公差位置除外）。

单件检具使用较广泛，主要适用于下列情况：

① 大批量生产条件下，检测频次高且重要的尺寸或参数，需要100%全检。

② 较复杂的零件，无法使用通用工具检测。

③ 尺寸和形位公差的检测，比如非功能孔（穿线孔、工艺孔、排水孔、翻边孔等）的尺寸和功能孔（铆钉孔、螺钉孔、安装孔等）的位置度、面的轮廓度、重要外形尺寸和切边线轮廓等。

④ 和其他零件匹配或搭接的型面的检测，如焊接结合面部位、密封涂胶部位。

三、汽车翼子板检具设计案例

（一）零件类型

翼子板是遮盖车轮的车身外板，因旧式车身该部件形状及位置似鸟翼而得名。按照安装位置又分为前翼子板和后翼子板，前翼子板安装在前轮处，因为前轮有转向功能，所以必须要保证前轮转动时的最大极限空间。翼子板的作用是在汽车行驶过程中，防止被车轮卷起的砂石、泥浆溅到车厢的底部。前翼子板位置如图8-3所示。前翼子板一般由0.6～

0.8mm 厚的高强度钢板拉延成型,其外表形状由车身造型确定,周围边界形状取决于与车身环境件的匹配:

① 前部取决于灯具的样式和布置。
② 后部取决于前门和后部覆盖件的形状。
③ 上部取决于发动机罩的形状和布置。
④ 下部与车轮相配。

后翼子板无车轮转动碰擦的问题,但出于空气动力学的考虑,后翼子板略显拱形弧线向外凸出。

现在有些轿车翼子板已与车身本体成为一个整体,一气呵成。但大多轿车的翼子板是独立的,尤其是前翼子板,因为前翼子板碰撞机会比较多,独立装配容易整件更换。如何有效控制前翼子板的质量就成了车身覆盖件质量控制的一项重要内容。

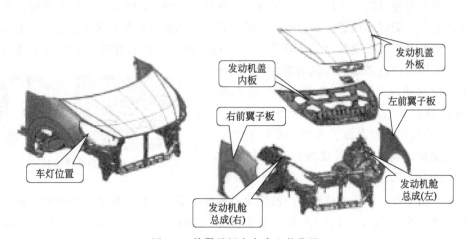

图 8-3　前翼子板在车身上的位置

(二) 翼子板检具

翼子板检具整体结构以车身坐标为依据,按照实际装车状态设计,方便使用人员检测操作和匹配分析,检具功能要适应零部件检测,检具铰链处结构设计模拟整车装配状态。根据尺寸技术规范 (DTS) 要求,识别关键点以及关键匹配面,需要对匹配的区域制作有效的检测面,以确保匹配面能够被测量取值。翼子板检具包括单件检具和焊接件总成检具两类,本章针对单件检具做具体介绍。

(1) 单件检具　指单纯的翼子板钣件(或集成了连接结构如安装孔等)检具。
(2) 焊接件总成检具　指焊接了安装支架等零件的检具。

(三) 翼子板检具结构

按照使用方不同的品质管理理念,早期翼子板检具的放置方式分为两种。一种是平躺式(零件按装车状态旋转 90°设计),另一种是立式(零件按装车状态设计),如表 8-1 所示。随着工艺要求的不断提高,翼子板检具的检测主要以装车状态为主,这样的放置方式更接近零件的安装,更贴近一线生产。

表 8-1　翼子板检具结构

结构类型	图片示例	结构类型	图片示例
焊接钢底板＋支座＋内圈固定式分块型面＋外圈滑动＆翻转活块型面		焊接钢架底座＋上层钢架＋内圈全型面＋外圈滑动＆翻转活块型面	
铸造铝底板＋支座＋内圈固定式分块型面＋外圈滑动＆翻转活块型面		焊接钢架底座＋钢板＋支座＋内圈固定式分块型面＋外圈滑动＆翻转活块型面	

（四）翼子板检具底板

翼子板检具的底板类型，如图 8-4 所示，总体上分为焊接框架底板和铸铝底板两类，底板尺寸取决于零件形状和大小。由于钣金件在取放的过程中，容易碰伤底板，选择钢底板可以避免此类问题，并且焊接底板制造周期短、成本低、结构稳定、不易变形，大多数情况下是首选类型。

（五）翼子板检具的测量基准选择

翼子板检具的基准可采用基准孔或基准球，数量一般为四个，如图 8-5 所示。选择四个的原因是底板尺寸较大，较易产生一定的变形，测量时四个基准可以拟合底板平面度，这样测量数据较为准确，设计时注意需要将标准基准孔保护套设计在三维上面。如果使用方有要求将底板三个角侧边设计成辅助面测量基准，设计时注意设计基准、测量基准、加工基准需要统一。

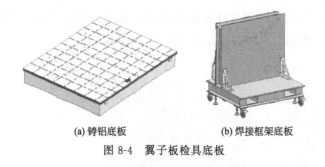

(a) 铸铝底板　　(b) 焊接框架底板

图 8-4　翼子板检具底板

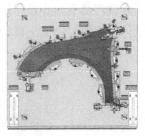

图 8-5　翼子板检具基准

（六）翼子板检具定位系统和检测系统设计

常规翼子板检具定位系统设计分为两套进行定位和检测（通用汽车定位系统为 DA-

TUM系统、大众汽车为RPS定位系统、神龙汽车为CPC要求)。第一套是产品的工装定位(选择时尽量与使用方协商要与夹具定位功能相同),第二套是产品的实际装车定位。检具定位检测常规结构采用标准L形支架或者I形支架搭配方式进行设计,在设计中要注意,通用汽车项目支架必须调用规定的标准件。翼子板检具的定位方式如下所示。

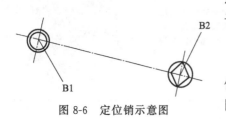

图8-6 定位销示意图

1. 两孔定位

翼子板检具的定位孔分为两种情况:四方位定位孔和两方位定位孔全部为圆孔;四方位定位孔是圆孔,两方位定位孔为腰圆孔。如图8-6所示,B1为四方位定位孔,采用圆锥销,B2为两方位定位孔,采用两头销,一端菱形锥销定位,另一端检测。

2. 定位块的设计

定位块采用可拆卸结构,材料选择优质的不锈钢制作,用螺钉和销钉将其固定在检具本体上。定位面为平面时采用标准块,如图8-7(a);定位面为单弧面时采用线切割加工,如图8-7(b);定位面为双弧面时采用数控加工,如图8-7(c)。

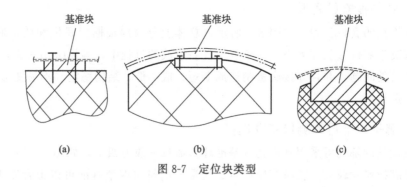

图8-7 定位块类型

3. 检测机构的设计

翼子板外侧常规检测块设计如图8-8(a)所示,在设计时,需要将四周设计成模拟块(轮罩部分一般不需要做模块,具体依据使用方指定要求),保证宽度在30～35mm之间。为了方便产品取出和操作检测需要在模拟块两侧设计成翻转结构,如图8-8(b)所示。同时设计模拟块时,对于翼子板由于是圆角,处理方式见图8-8(c)说明。

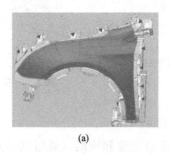 

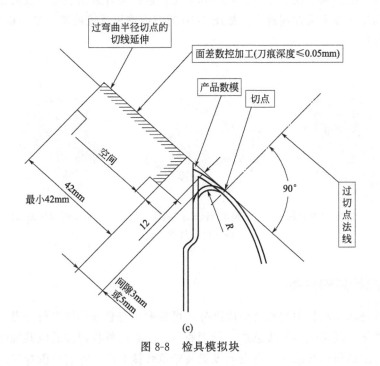

图 8-8　检具模拟块

（七）小基准模块设计

某车型翼子板检具有 3 个小基准模拟块，如图 8-9 所示，分别在前保险杠安装处、前大灯安装处和三角饰板安装处。模拟块的定位和检测按照产品图纸来设计，为了方便操作，定位销可做成固定式的，检测销做成弹簧销（特殊情况除外）。另外在模拟块适当位置设计把手，结构比例要协调、美观，模拟块数量超过 3 个时，需要增加标识，以防混装。在底板上设置拆卸式基准模块的存储位置，不要超出一个成年人手臂的范围。

图 8-9　翼子板小基准模块

第二节　塑料总成检具——前保险杠总成检具设计案例

分总成/总成检具（unit checking fixture）英文缩写为 UCF，是内外饰总成和焊接分总成检具的总称。总成检具开发的目的是控制焊接分总成的精度，可以检验两个以上零件组合后的孔、功能面、焊接接触面及部件间的配合情况；可以在新车型开发阶段用于查找分总成件之间的安装匹配问题，对匹配效果、平整度、间隙的均匀度做出评价。在批量生产之后可以通过对分总成定期或不定期的抽检来监控其质量稳定性。总成检具与冲压单件检具以及白车身的三坐标检测，一起构成了车身精度控制的立体化、多层次手段。总成零件在检具上的匹配结果是校正原设计缺陷和不足，进行设计数据模型更改的依据，这是目前非常先进的设计和质量控制理念。如图8-10为门内饰板总成检具、发动机罩总成检具、前轮罩总成检具。

 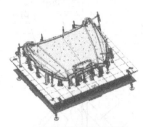 

(a) 门内饰板总成检具　　(b) 发动机罩总成检具　　(c) 前轮罩总成检具

图 8-10　总成检具

一、总成检具的分类

总成检具是汽车检具中的重要组成部分，可按照车身总成部件进行分类。车身焊接总成是由车体骨架、发动机盖焊接总成、行李厢盖、左右门外板焊接总成共同组成的。而车体骨架结构是由地板焊接总成，左右前纵梁及轮罩焊接总成，左右侧围焊接总成，前围焊接总成，顶盖及前后横梁、后挡板、左右后纵梁及后轮罩焊接总成，后围焊接总成所构成的。汽车内饰总成包括以下子系统：仪表板系统、副仪表板系统、门内护板系统、顶棚系统、座椅系统、立柱护板系统、其余驾驶室内装件系统、驾驶室空气循环系统、行李厢内装件系统、发动机舱内装件系统、地毯、安全带、安全气囊、方向盘，以及车内照明、车内声学系统等。汽车外饰总成主要包括以下子系统：前保总成、后保总成、导流板总成、挡泥皮总成、通风盖板总成、外后视镜总成、前后组合灯总成、尾饰灯总成、前挡风玻璃总成、后窗玻璃总成、牌照饰板等。

二、总成检具的特点

总成检具用于检测分总成零件的孔、基准面、接触面以及各部件之间的配合情况。总成检具相对于单件检具结构较为复杂，综合功能强，操作过程相对比较烦琐，某些总成还有子模块以保证检测效果的全面性。不同的总成检具有不同的特点、不同的设计思路，比如下列总成检具：

（1）仪表板总成检具　主要分为本体检具、匹配手持块两部分。本体总成检具主要由挡风玻璃匹配模拟块、A柱匹配模拟块、左右出风口匹配模拟块、膝盖板匹配模拟块、手套箱匹配模拟块组成。通过设计间隙平齐的模拟块等结构实现对产品的检测。匹配手持块主要由后仪表组合手持块、仪表组合盖罩手持块、左右出风口手持块、左右端盖板手持块、左装饰板手持块、中装饰板手持块、HUD装饰板手持块、喇叭盖手持块等部分组成，然后进行匹配安装。

（2）下车身总成检具　下车身总成检具是一套多功能的综合检具，由三个部分组成，分别是前机舱总成、前地板总成和后地板总成。前机舱部分需要的检测点有：左右前大灯安装点、前保险杠安装点、左右前悬置安装点、左右前悬挂安装点、左右翼子板外板安装点、雨刮器安装点、仪表台安装点和一些重要的功能型面；前地板总成需要的检测点：座椅安装点、副仪表台安装点和一些重要的功能型面；后地板总成需要的检测点：后座椅安装点、油箱安装点、后悬挂安装点和一些重要的功能型面。

（3）车门、行李厢盖总成检具　是多功能综合检具，能检测五门一盖的各大分总成。每套车门检具都要具备同时检测车门框总成和车门总成两个部分的能力，需要检测的有：车门铰链安装点、后视镜安装点、前机舱盖检具测点、包边后的精度、机舱盖铰链安装点、栅格安装点和一些重要的功能型面。后背门检具检测点：包边后的精度、后背门铰链安装点和一些重要的功能型面。

（4）前大灯总成检具　检测前大灯与翼子板、机盖、保险杠间隙、面差及相互匹配性，同时检测安装点的尺寸。

（5）后大灯总成检具　检测后大灯与后背门、侧围及后保险杠间隙、面差和相互匹配性，同时检测安装点的尺寸。

三、前保险杠检具方案设计案例

汽车内外饰件一般都是采用化工原料或者纺织面料制成的，其相对于车身零件具有许多不同的特点，它一般具有体型大、型面和结构复杂、零件刚性差、多为空间尺寸的特点。汽车内外饰件的制造质量对整车质量，尤其是对整车造型影响很大，所以对其质量的检测成为汽车生产厂必不可少的工作。一般的检测方式多为型面检测，有匹配要求的塑料件，卡扣和卡脚，定位凸台较多，大部分会检测与其他零件相匹配的面轮廓。

随着汽车工业的发展，现在的轿车基本采用塑料保险杠，它能吸收和减少碰撞能量，起到保护作用，同时还能满足造型要求，达到与汽车的车体造型和谐与统一，同时本身也达到轻量化。保险杠（bumper）是吸收缓和外界冲击力，防护车身前后部的安全装置，分为前保险杠和后保险杠。保险杠是汽车重要的安全防护装置，也是构成装饰外形的重要组成部件。保险杠的作用为：

（1）安全作用　在碰撞时减小汽车损坏程度，降低人的伤害程度，起到保护作用。

（2）外观作用　通过保险杠的造型与装饰，使汽车的外形更美观，更具现代感。

前保险杠总成是汽车非常重要的组成部分，外观要求高，装配尺寸精度较高，结构也随着造型要求愈发复杂化。复杂的结构匹配关系也导致尺寸控制难度的上升，生产工艺复杂化也导致产品不良率提高。而且前保险杠总成是注塑件，虽然有一定强度，但是在外力作用下可产生很大的变形，这类零件在自由状态和装配状态存在很大的差异。采用模拟实际装车状态的总成检具可以直观、准确、快速评价保险杠系统的整体尺寸效果，检查子零件的匹配问题。

（一）前保险杠匹配关系

前保险杠总成位于车身前端，子零件较多。与前保险杠匹配的零件有：发动机盖、前大灯、翼子板、下导流板或塑料支架安装钣金，如图8-11所示。这些匹配关系是总成检具设计的切入点，需要仔细分析，以免遗漏。

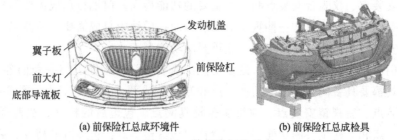

(a) 前保险杠总成环境件　　　　(b) 前保险杠总成检具

图 8-11　前保险杠总成

（二）前保险杠检具的设计要点

前保险杠总成检具底板放置采用了装车状态，测量基准选择与翼子板检具类似。检具的部分区域需要制作子模块来模拟匹配检测，例如：车灯安装位置、发动机盖位置等；前保险杠是塑料件，它自身的变形较大，在装车状态检测中子模块的使用，可以有效地检测出零件实际与相配件之间匹配安装是否合适，以此来确定这个接触部位是否合格。

（三）检具定位系统设计

保险杠检具主定位方式：两孔都为圆孔或者两孔一个孔为圆孔，另一个孔为椭圆孔；两孔都为椭圆孔，然后采用三孔定位；主定位孔为圆孔，次定位为两个椭圆孔。各子模块的定位如下所示。

1. 前保侧支架部分定位

前保侧支架为单独的支架，使用方一般要求设计出侧支架假件，即侧支架真件、假件都需要能安装在检具上，有时不需要设计假件，此处在设计之初需与使用方确认。如图 8-12 所示。

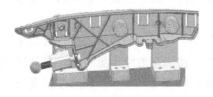 

(a) 侧支架产品　　　　　　(b) 侧支架仿形件

图 8-12　侧支架定位

2. 前大灯下支架部分定位

前大灯下支架和前大灯为一个整体，此处的定位只需要模拟出支架与前保蒙皮有定位关系的部分。如有些特殊的车型也有可能前大灯下支架也是单独的支架，是否需要设计前大灯下支架假件在设计之初需与使用方确认。如图 8-13 所示。

3. 前保中支架部分定位

前保中支架为单独的支架，使用方一般要求设计出支架假件，即中支架真件、假件都

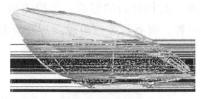

(a) 前大灯凸筋定位　　　　　　　　(b) 前大灯仿形凸筋定位

图 8-13　前大灯下支架定位

需要能安装在检具上，也有不需要设计假件的，此处在设计之初需与使用方确认。如图 8-14 所示。

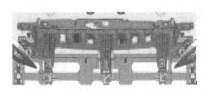

(a) 产品能单独安装在检具上　　　　(b) 前保中支架仿形定位凸包

图 8-14　前保险杠中支架定位

4. 前扰流板部分定位

前扰流板部分的定位一般只有几个定位面，实际装车时用螺钉打紧。所以此处一般用螺钉拧紧或做成推钳夹紧，非功能性孔做成检测结构。如图 8-15 所示。

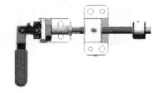

图 8-15　前扰流板定位装置

（四）检具检测系统设计

前保总成检测部分主要分为与翼子板、前大灯、发动机罩处匹配的模拟块检测，轮罩挡泥板处、扰流板处孔检测。

1. 与翼子板匹配处模拟块检测

模拟块一般有两种做法：①模拟翼子板型面；②用保险杠型面做间隙齐平检测。是否两种模拟块都需要设计需要与客户沟通。一般翼子板与前保实际装车都是零贴匹配，所以在设计时一般做成滑动结构（直接做成拆卸式可能对装配有影响），如图 8-16 所示。

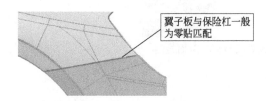
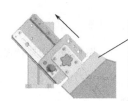

图 8-16　与翼子板匹配处模拟块检测

2. 与前大灯匹配处模拟块检测

模拟块一般有两种设计方法，要满足高强度、结构轻巧的要求：①模拟前大灯型面；②用保险杠型面做间隙齐平检测。具体选择哪一种，需要与客户沟通。一般前大灯与前保实际装车都是间隙匹配，所以在设计时一般直接做成拆卸式，如图 8-17 所示。

图 8-17　与前大灯匹配处模拟块检测

3. 与发动机罩匹配处模拟块检测

模拟块一般有两种做法：①模拟发动机罩型面；②用保险杠型面做间隙齐平检测，由于模拟块较大，可设计为氮气弹簧的翻转机构，如图 8-18 所示。

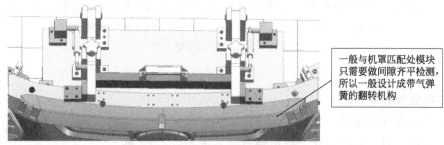

图 8-18　与发动机罩匹配处模拟块检测

4. 轮罩挡泥板处孔检测、型面检测

实际装车时保险杠侧边为轮罩挡泥板的定位安装孔，所以要对挡泥板的安装孔进行检测，如图 8-19 所示。

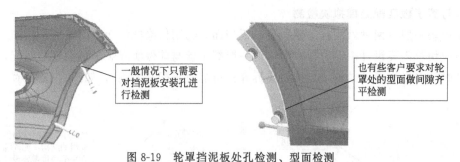

图 8-19　轮罩挡泥板处孔检测、型面检测

5. 扰流板处孔检测

实际装车时保险杠底部用螺钉打紧装在汽车前部扰流板上，所以需要对前保底螺钉过

孔进行检测，孔检测一般与底部定位面压紧做在一起。

6. 型面检测

为了对前保险杠重要型面轮廓进行定量检测，结构设计有如下三种：

① 检测型面采用百分表打表检测；

② 检测型面采用面差表打表检测；

③ 检测型面采用断面样板检测。

第三节　螺钉车检具——前围上部总成螺钉车检具设计案例

众所周知，汽车制造行业中，白车身的制造工艺是重中之重，尤其是逆向开发的白车身，白车身的 SE 分析不到位、特殊公差分配不精确以及制造公差的累积，会造成门盖装配到白车身上产生间隙段差。有效控制白车身的精度及外观间隙段差，降低风噪，提高密封性，提高整车工艺水平是众多厂家研究的重要课题。

在 20 世纪 80 年代末期，汽车市场竞争日益激烈，在没有便携式三坐标和激光跟踪仪等先进测量设备的条件下，为了保持车身质量和缩短开发周期，日本丰田公司最早提出了螺钉车工艺（如图 8-20 螺钉车检具），早期简称为"螺钉和画线"的过程，又称为匹配的过程。之后韩国现代和起亚等企业引进该技术并得到了很好的应用，国内汽车厂家在 2000 年后逐渐引进了该技术，如江淮汽车、广州本田、北京现代、华晨汽车、吉利汽车、长城汽车等企业。通过螺钉车身功能的建造和评估体系的建立，使车身设计更改减少，缩短开发周期，有效控制开发成本，保证了白车身品质，目前广泛应用于新车型的试制初期阶段。

(a) 发动机舱总成螺钉车

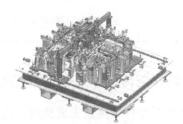
(b) 后地板总成螺钉车

图 8-20　螺钉车

一、螺钉车的功能

螺钉车检具（screw body）用于白车身冲压件匹配的质量控制，是冲压件和焊接夹具之间的一把尺子，在车身开发系统中占据重要地位。主要是在新车型开发阶段，根据白车身焊接流程图在螺钉车检具上依次进行钣金件的装配，组装后利用螺钉螺接或铆钉铆接成的白车身车体，从而排除焊接变形的影响，来验证产品设计的合理性，如结构设计、冲压件制造公差的设定、基准孔和基准面的选择等。有利于判断单件误差对总成造成的影响,通过对单件公差的调整而减少设计变更。螺钉车制作过程的好处在于通过螺钉车的制造,可以提高合理布置焊点以满足实际生产要求的能力,从而提高制造精度。

通过螺钉车检具对产品结构提出改进建议,对冲压件制造公差进行分析,在保证车身精度及相关匹配要求的前提下也对冲压件制造公差给予适当放大,来提高冲压件与分总成的合格率,从而降低成本。同时在螺钉车制作后期阶段,使用已确认质量合格的零件加工共用孔后,进行夹具基准精度和基准适当性的评价,对精度不良及基准设定不良等问题进行整改后,在夹具上重现与螺钉车阶段质量结果相同的质量及装配状态,以确定各工位间的变化,评价因焊接变形和焊点顺序而产生的质量偏差,并调整夹具,进而确认对夹具基准的精度,工位间的焊接变形量和焊点顺序的质量偏差等。主要功能如表 8-2 所示。

表 8-2 螺钉车的主要功能

功能		具体作用
实现早期目标质量	冲压车间	提前确保钣金件质量
		提前发现定位基准上没有标示的部位的问题
		确保清除焊接弯曲、焊接坑包等外部因素的焊接状态精度
	焊装车间	确认定位基准,并提前发现问题
		确认与关键总装件的匹配性,并提前发现问题
	总装车间	确认点焊位置,并提前发现问题
实现以检具为基准的质量目标	实现总装件的目标质量	分析以检具为基准的车体装配性问题
	实现夹具质量	通过公共孔调试,发掘和改善夹具问题,确保夹具焊接质量
缩短生产准备期	生产线停机期间的最小化	缩短生产线内调试时间,减少生产线停机时间,从而减少试量产时间

二、螺钉车制作与传统焊机调试方式的对比

螺钉车检具是在钣金件精度还未成熟时,通过螺钉或铆钉暂时固定,具有可拆分调整的优点。它的制作与传统的车身调试方式相比,在总成的拼接方式、工艺流程、白车身品质、问题分析难易程度方面都存在很大的差别,由于螺钉车检具试制比传统的车身调试方式开始时间提前了 4~5 个月,在模具、夹具制造过程中可识别大量问题,在调试周期及开发成本上占有很大的优势,传统车身调试方式与螺钉车试制对比可参见表 8-3。

表 8-3 传统车身调试方式与螺钉车试制对比

类别	传统车身调试方式	螺钉车检具试制方式
总成焊接方式	夹具拼焊(生产线上)	C/F 钻孔,铆接或螺接(生产线下)
工艺流程	板件—C/F—夹具焊接—C/F 检测	板件—C/F—C/F 钻孔—C/F 检测—螺钉车—夹具验证

续表

类别	传统车身调试方式	螺钉车检具试制方式
白车身品质水平	低	高
问题分析	难度大	简单容易
实施时间	量产前 5 个月	量产前 9 个月左右
问题反馈时间	较晚,在夹具和模具制造完成后	较早,在夹具和模具制造中
总体成本	高	低

三、前围上部总成螺钉车检具设计案例

（一）选定需要开发的螺钉车总成

目前国内开发自主品牌白车身总成需要 25 副左右的螺钉车,如图 8-21 所示,主要总成范围包括:①小分总成;②中分总成:车身下部总成、前车架总成、后车架总成、前围总成、侧围外钣总成（L/R）、侧围内钣总成（L/R）等;③门盖件总成:前门总成、拉门总成（L/R）、发动机舱盖总成、背门总成等。当然螺钉车并不是一定要制造出一台整车,各个汽车厂需要根据成本预算、品质目标设定、螺钉车的功能和结构等确定需要开发的螺钉车检具的总成数量。

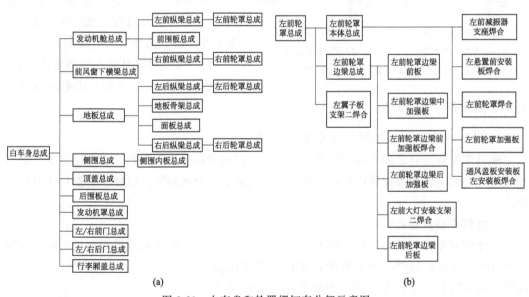

图 8-21 白车身和轮罩螺钉车分解示意图

（二）螺钉车检具设计的输入,输出信息

螺钉车检具的试制首先要明确输入、输出文件及过程关系图,螺钉车检具制作之前设计的输入信息包括三维数据、定位点系统图纸、螺钉车检具制作流程图等。螺钉车检具制作完成后要输出总结报告、冲压件问题反馈单、工装问题反馈单等。螺钉车检具输入、输出关系如图 8-22 所示。

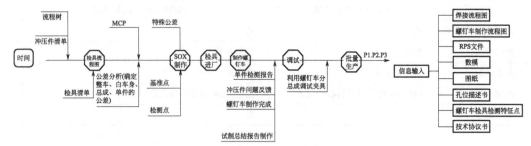

图 8-22　螺钉车制作输入、输出关系图

（三）核查产品图纸信息

螺钉车制造的目的之一是调试焊接夹具，达到早期稳定车身品质的目的。因此，螺钉车设计时必须与夹具的定位基准保持一致，这样钣金件无论在夹具上，还是螺钉车上，定位基准都是一致的，这样才可进行共孔调试。由于以往有些汽车厂家的车型中存在模具、检具、夹具的定位点、检测点不统一，导致批量生产调试阶段寻找问题点的根源难度大，从而造成车体质量稳定性差等缺陷，因此，在螺钉车检具的设计过程中，作为汽车专业检具厂家将严格按照客户提供的夹具式样书，设计检具定位信息和检测信息，如果发现夹具式样书和检具有不正确的地方，如产品有反弹的地方，都要增加定位点信息（如图8-23）并及时与主机厂联系修改相关文件资料。总而言之，螺钉车检具的定位设计必须与夹具的式样书保持一致，这样钣金件无论在夹具上还是在螺钉车上其定位基准都是一致的，方可进行共孔调试。

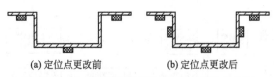

(a) 定位点更改前　　　(b) 定位点更改后

图 8-23　考虑零件反弹螺钉车更改定位点信息

（四）前围上部总成螺钉车检具结构设计

螺钉车检具设计之前要确定零件匹配顺序，同时考虑使用方便性、安全性、零件拆卸和质量等，同时需要考虑螺钉车检具的功能、运输、安装和检测，以便于后期使用过程的稳定。

1. 螺钉车检具底板设计

用于螺钉车检具的底板尺寸较大，考虑到人机工程学，零件最低点到底板的距离一般为 250～300mm，给产品在下侧的定位面、定位孔做压紧及定位时预留出操作空间。前围上部产品放置状态正常情况全部依据汽车坐标系进行摆放，不允许转动角度，如图8-24所示为螺钉车检具摆放方式。

螺钉车检具的基板通常采用焊接底板，不仅节省加工成本，而且可以缩短焊接周期，加工时间易于控制。焊接底座的平面度不超过±0.05mm/m，平面要求精磨，表面粗糙度 Ra 小于 $1.6\mu m$，表面采用清漆防锈处理，大型检具需安装 4～6 个水平尺，小型检

图 8-24　螺钉车检具摆放方式

安装 2~4 个水平尺，便于识别检具是否变形。底板结构设计要求如下。

① 大型总成或开口件：底座台面大于 1800mm×1800mm 时采用双层基板焊接，可采用槽钢、钢板（上层钢板≥25mm）的结构，焊接件不能有焊接缺陷或漏焊现象，槽钢接头处焊缝应封闭，底座加强筋选用 20# 以上的槽钢，并具有一定的强度和刚度（焊接件必须时效处理以消除内应力），在正常使用条件下不得产生任何弯曲变形。

② 中型总成或开口件：底座台面大于 1200mm×1200mm 时可采用槽钢、钢板（上层钢板≥20mm）焊接结构，底座加强筋选用 16# 以上的槽钢。

③ 小型总成或开口件：当底座台面小于 1200mm×1200mm 时，底座加强筋选用 10# 以上的槽钢、钢板（上层钢板≥15mm），采用方管结构必须有斜向加强。

底座周边采用槽钢开口方向向外，中间加强筋用槽钢间距不宜大于 700mm，底座应预留叉车搬用装置，设置 2 个万向轮，2 个定向轮，并在适当的位置安装吊取装置，以实现各种常见的搬运方式。

2. 检具主定位系统及检测系统设计

首先根据前围上部总成螺钉车制作流程图和车身关键控制点及孔位描述图做出前围上部总成检具式样书。如图 8-25 所示为车身关键控制点。一般关键控制点里的定位点分为：总成定位点、分总成定位点、单件定位点。通过利用 3mm 或 5mm 垫片的切换实现总成检测、螺钉车组装两种功能，组装螺钉时将垫片固定在夹紧、支撑面上，总成检测时将垫片取下，夹紧、支撑面转换成检测面。

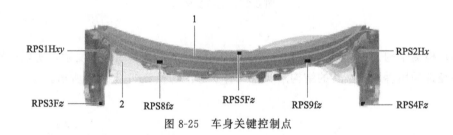

图 8-25 车身关键控制点

（1）定位面，检测面设计

① 第一种是以 3mm 为标准的铜制定位垫片，这个定位片是当作总成钣金件定位面使用，之所以使用黄铜材质是为避免划伤产品外表面。如图 8-26(a)。

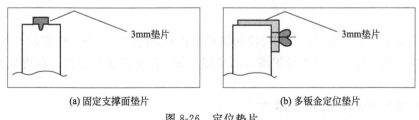

(a) 固定支撑面垫片　　(b) 多钣金定位垫片

图 8-26 定位垫片

② 第二种是以 5mm 为标准的聚乙烯定位垫片，在单件钣金铆接过程中实现其定位

功能，在螺钉车制作的下一级工序中此处变成是 5mm 的检测功能（一般用塞尺进行测量）。

③ 第三种是可以实现快速切换的多钣金定位垫片，这是一种料厚定位垫片与定位支架相搭接的结构，这种料厚定位垫片一般用在两层或多层钣金时候的定位，在上一级定位时是一层钣金，在下一级定位时是两层钣金，如图 8-26(b) 所示。

(2) 定位销　每个单钣金的定位孔都配有 2 个销子（定位销和检测销），组装螺钉车时将定位销插入导向衬套中并锁死，起到定位功能，在总成检测时将检测销插入导向衬套中，通过对产品孔的位置进行划线检测。

(3) 定位支架　定位孔用螺钉和销钉固定。定位面支架，采用焊接结构（焊接材料建议选用 16Mn，因为该材料焊接性能较强，且厚度可以做到 16mm），然后整体加工，如图 8-27 所示。

(a) 定位孔支座采用螺钉固定　　(b) 定位面支架

图 8-27　定位支架

(4) 检测结构　由于螺钉车检具要实现的功能较多，检具结构很复杂，所以在检具设计时要经常采用拆卸或翻转的结构来实现几种状态的切换，如图 8-28 所示。

(a) 可拆卸机构　(b) 可翻转机构　(c) 拆卸互换机构　(d) 翻转互换机构　(e) 滑移机构

图 8-28　检测结构

(5) 安装面检测　由于所有孔位检测都要求其安装面也有检测，检测方式有 5mm 间隙，检测工具是塞尺，如果不能用塞尺测量则要使用高度规进行检测，高度规如图 8-29 所示。

3. 螺钉车检具设计中的注意事项

当多层钣金叠加进行铆接时需要选择其最外层钣金设计 5mm 定位片，如当有三层钣金铆接时，不能在第一层和第二层进行铆接时就设计 5mm 定位片，因为 5mm 定位片设计原则一般是安装到螺钉车上就不准备拆卸下来。所以多层钣金铆接时，除最后一次铆接使用 5mm 定位片外，前几次定位都需要用 L 形定位片代替，如图 8-30 所示。当多层钣金进行铆接时，检测块不能设计在钣金的下表面，以免后期铆铆钉时检测块与铆钉头干涉。

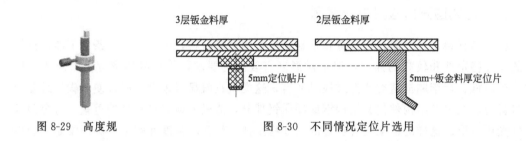

图 8-29　高度规　　　　　　　　图 8-30　不同情况定位片选用

第四节　开口检具——前风窗检具的设计案例

汽车组合件开口就是指相关汽车零部件组装在一起后形成的围合式空腔或孔洞部位，如前风窗、前后门洞、天窗、发动机舱、车灯安装口部等。对于整车身而言，由于车身各种开口部位均将容纳安装相应的零部件，其尺寸大小及形状直接关系到所安装零部件与车身的匹配状态，如可装配性、美学（型面段差、间隙）、密封性等，进而影响整车质量。因此，如何有效控制开口部位的尺寸和形状，自然就成为保证和提高整车质量的重要一环。

为了有效控制汽车组合件开口部位的形状及尺寸，保证其质量，通常做法是根据汽车车身的三维 CAD 数据，设计制造相应的开口检具。普通检具是检测产品的，而开口检具是反过来模拟产品件，来检测产品的周边零件的，同样的前风窗开口检具，不是用于前风窗的，而是模拟前风窗的装车定位点，并模拟前风窗与周边各环境件有匹配关系的型面，仿制一个类似前风窗的标准样件来检测其周边零件在装车时的匹配状态。所以，开口检具有时又被称为"样件"或"样架"。因其功能是模拟产品，所以，一般情况下，开口检具的制造都会有重量限制，其重量尽量接近模拟零件的重量。

一、开口检具的分类

开口检具（open check fixture）英文缩写为 OCF，其在汽车检具中所占比例较小，但是其功能却举足轻重。按照车身部件可分为：前大灯开口检具、组合后灯开口检具、尾饰灯开口检具、前门开口检具、后门开口检具、后背门开口检具、前风窗开口检具、后风窗开口检具、发动机罩开口检具、行李厢盖开口检具等。

二、开口检具的特点

传统检具都是由金属材料制成的，体形较大，整体结构笨重，操作起来费力。白车身开口检具经历了从最初的钢结构骨架到铝材骨架，再到目前流行的碳纤维骨架，模拟块从铝块到树脂块再到目前碳纤维一体式模拟块。碳纤维材料作为开口检具骨架的轻量化检具，不仅结构简单、抗压能力强，而且轻便，同时便于单人操作，降低检测操作工人的劳动强度。

三、前风窗开口检具设计案例

在新型材料出现之前，铝合金和钢材是检具的主要材料，虽然在一定条件下能保持较好的尺寸稳定性和较高的强度，但是对温度有较高的要求，并且材料密度大，对于前风框、车门框、行李厢框这类便携式检具而言，这类检具就显得笨重。通过使用碳纤维复合材料管材、板材及结构件代替结构钢或硬质铝部分，能极大地减轻检具的重量，避免薄壁零件受压变形。这样的框架具有良好的尺寸稳定性，较强的强度和刚度。碳纤维是用天然纤维或人造有机化学纤维经过碳化制成，是一种含碳量在95%以上的新型纤维材料，有碳纤维管、碳纤维板、碳纤维布、碳纤维线等多种型材的变化形式，具有重量轻、刚性好、热胀及变形系数小、强度比钢大、密度比铝小、比不锈钢耐腐蚀及比耐热钢耐高温的特点，表8-4为钢、铝、碳纤维的密度和强度对比，碳纤维具有很好的热学和力学性能，是制作轻量化检具的理想材料。

表8-4 钢、铝、碳纤维的密度和强度对比

材料	密度/(kg/m²)	强度/MPa
钢	7850	1370
铝	2700	100
碳纤维	1750	3530

开口检具的主体结构一般由以下几部分组成：骨架、测量基准、定位块、检测块、夹紧器，如图8-31所示。鉴于开口检具的特点，视检测部位的情况，测量基准系统会跟随骨架与车身坐标系成一定角度（可能非0°、90°、180°），测量基准通常采用带孔基准块。前风框检具以碳纤维材料为主材料制作骨架，并在骨架上粘接用于安装检测块的安装平台，并以此为基础，将检测块固定于安装平台上，实现整副检具的检测功能。检具的骨架由碳纤维管搭建而成，骨架包括主框架和副框架，其中，主框架和副框架的接口处分别采用碳纤维布缠绕并用胶水固定以使相邻的两碳纤维管固定连接。结构的设计原则是轻量化、力学性能优化，具有足够的刚度和强度。

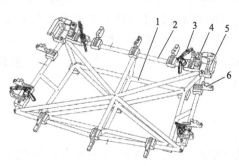

图8-31 开口检具结构
1—副骨架；2—主骨架；3—夹紧器；4—测量基准；
5—检测块；6—定位块

（一）检具安装基准的建立

设计前风窗检具时，使用方会对检具的质量有指定的要求，我们也必须按照指定的质

量来设计。先要在车身上前风窗的位置按斜度画条直线，然后按 Y 向拉伸这条直线，做一个平行于 Y 向的平面，这样就把检具的安装面、加工基准面及基准安装面都平行于这个面。以此来搭接碳纤维框架。由于碳纤维框架是镂空结构，各功能装置的安装通过多个支撑块来实现，为了零件能在空间多方位安装，在不影响加工、不干涉的情况下，支撑块可按照管架管中心线转任意角度。如图 8-32 所示。

图 8-32　支撑块的放置

对于整个框架的检测块、安装面，都需放余量上机床加工的，那么加工时的装夹，基准，包括后期的测量，我们在设计的时候都是要考虑进去的，一般在框架上均匀设计 4 个基准块。基准块的尺寸规格与管子连接设计要求，如图 8-33 所示。基准块的正反面主要是在加工时装夹定位工件和测量时固定工件使用，尽量不要安装零件。

（二）检具定位系统设计

前风窗检具定位系统的设计可以按产品图纸，如果没有图纸需要根据产品的匹配关系和经验选择合适的定位基准。前风窗匹配区域在车前部钣金区域，与其有装配关系的是顶盖前部、侧围前部、翼子板

图 8-33　基准块结构

上端、流水槽区域。定位方式一般是四面两销，面的取点位置要么是侧围两边，要么是顶盖和流水槽处各两个点，需要选两个精度高的产品安装孔来作为定位孔。

（三）检具检测系统设计

前风窗检具的四周匹配区域都需要做模拟块进行检测。模拟块的大小需要根据使用方的要求来设计，模拟块采用间隙面与齐平面结构，间隙大小由使用方指定，通常情况都为 3mm。为了保证碳纤维框架的整体强度、精度的稳定，根据框架的大小尺寸、强度极限，框架搭接方式可参见表 8-5。

表 8-5　碳纤维框架

序号	规格	碳纤维管规格	图例
1	框架最大尺寸<600mm 时	用 φ30mm×φ25mm 管子搭成单层	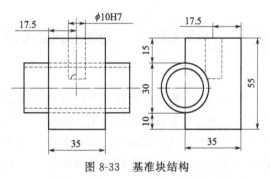

续表

序号	规格	碳纤维管规格	图例
2	框架长度＜1000mm,宽度＜400mm时	可用 φ40mm×φ30mm 管子搭成单层	φ30mm×φ25mm / φ40mm×φ30mm
3	框架 600mm＜长度＜1600mm,600mm＜宽度＜1600mm时	可用 φ30mm×φ25mm 管子搭成雨伞状	φ20mm×φ16mm / φ30mm×φ25mm
4	框架最大尺寸＞1600mm时	用 φ40mm×φ30mm 管子搭成雨伞状	φ30mm×φ25mm / φ40mm×φ30mm

第五节　功能主模型检具——内外饰一体主模型检具设计案例

在现状下，整车匹配检具已经得到逐步的推广。从基本原理的角度来讲，整车匹配检具对于目前的装车状态能够运用实物模拟的手段予以实现，并且借助于现代科技手段来进行整车尺寸的全面验证操作。通过推广运用整车匹配检具，可以给车身质量提供全方位的保障，同时还能达到美化汽车外观的良好效果。在研发新车型的整车匹配检具过程中，应当结合整车检测的基本特征来进行检具的优化设计。

一、功能主模型检具的分类及特点

功能主模型检具结构形式可分为内外饰一体式和内外饰分开式，内外饰一体式是将整车所有内外饰零件、模块检测功能集成于一套检具上，一套检具实现所有检测功能。内外饰分开式是将整车零件、模块按照内饰、外饰或者前部、后部分开制作，由2套或者以上检具来实现整车所有检测功能。内外饰分开式又可按结构形式划分为内饰和外饰主模型、局部式主模型两大类型。

（1）内外饰一体主模型　如图8-34（c）将内饰主模型与外饰主模型检具集中在一个大型的主模型上体现。将外饰主模型需匹配的前后保险杠、前后大灯、发动机罩、行李厢盖、前后车门以及翼子板等外饰零件匹配，同时将内饰主模型需匹配的各种内饰护板（车门内饰护板，A、B、C、D柱护板，后车围护板，门槛护板等）、IP系统、地毯及顶棚等内饰零件进行匹配。

（2）内外饰分开式主模型

① 外饰主模型-内饰主模型。匹配汽车内饰零件的为内饰功能主模型，匹配汽车外

饰零件的为外饰功能主模型。内外饰分开匹配，也通常成为内外饰分开式功能主模型检具。

② 局部式主模型。汽车的外观集中在几个部分，根据汽车外观的重要程度，不同的部分要分开制造功能主模型，其通常又分为：前端主模型、后端主模型和仪表板（IP）主模型等，如图 8-34(a)、(b)、(d)。由于车门系统涉及门锁系统、玻璃升降系统、闭合或滑动系统等，部位重要且制造难度大，因此根据实际需要还要制造车门系统（包括开闭式门系统和滑动式门系统）主模型。

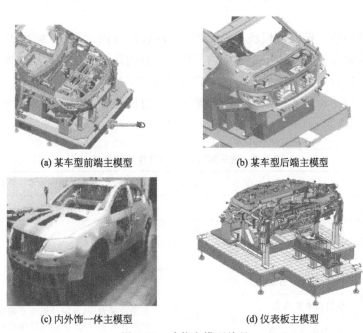

(a) 某车型前端主模型　　(b) 某车型后端主模型
(c) 内外饰一体主模型　　(d) 仪表板主模型

图 8-34　功能主模型检具

二、内外饰一体主模型的结构组成

功能主模型检具的主要结构包含：基座、安装载体、标准件模块、连接件，如图 8-35 所示，具体标准件模块详见附录 2。

图 8-35　汽车检具主模型

(1) 基座　基座一般为钢焊接结构，其功能为承载平台，确定整车坐标系位置，协助实现搬运、起吊及拖曳等功能。底座一般由以下几部分组成：

① 基础支架。包括焊接框架、滚轮、起吊装置、拖曳装置和叉车脚等。

② 水平调节机构。该机构可保证底座在三坐标测量台上可以调整到车身坐标系的水平位置。

③ 模块安装基板。该基板根据车型不同而不同，主要用于安装前后端主模块。

④ 测量基准。测量基准的结构有多种，现在多采用球形基准。

(2) 安装载体　载体模型主要功能是作为内外饰件及部分功能件的安置载体，模拟实际部件的安装。

(3) 标准件模块　标准件模块是根据产品 3D 数据按照 1∶1 比例加工制作出高精度的模型，用来放置在安装载体上，验证内外饰安件的匹配情况，标准件模块对应的实车部件可在检具上进行匹配。模块分为白车身骨架与白车身闭合件两大部分，部分也包含了内外饰模块。模块的设计基础是白车身骨架及白车身闭合件的外表面。主模型标准件模块构成如表 8-6 所示。

表 8-6　某车型主模型标准件模块构成

序号	区域	标准件模块名称	数量	可实现安装零部件名称
1	本体	主车身总成	1	所有部件均可实现安装
2	外饰前端	散热器罩、架总成	1	前风窗玻璃总成、前风窗玻璃、发动机罩总成、前防撞梁总成(加缓冲泡沫)、前保险杠安装卡子、启动撑杆安装点、发动机罩缓冲垫模块、雨刮安装点等
		发动机罩总成	1	
		发动机罩左/右铰链	2	
		保险杠本体总成	1	
		左/右组合前灯总成	2	
		左/右前翼子板	2	
		前风窗玻璃总成	1	
		前舱外装饰板模块	1	
3	外饰后端	后保险杠本体总成	1	后保险杠左/右侧支撑板总成、后挡、鹅颈管外饰件安装点等
		后挡模块下端密封条配合型面	1	
		左/右组合后灯总成	2	
4	中端	左/右 A 柱上护板总成	2	地板：前地毯总成、驾驶员座总成、前座总成、后地毯总成、后排座总成、后排座支架总成、副仪表板等 顶盖：顶盖内饰板总成(天窗/非天窗)、顶盖通风窗总成、左/右遮阳板总成(安装结构)、左/右顶棚拉手总成、后顶灯总成、阅读灯总成、左/右前/左后/右后拉手支架、鲨鱼鳍天线托等 侧围：油箱门盖板总成、充电口盖、左/右前门护板总成、左/右后门槛护板总成、左/右侧围窗玻璃总成、左/右前车身装饰板总成、左/右下车身边梁护板总成、左/右前门窗框外装饰板总成、左/右后门窗框外装饰板总成、组合尾灯装配等
		左/右 A 柱下护板总成	2	
		左/右 B 柱上护板总成	2	
		左/右 B 柱下护板总成	2	
		左/右门槛饰板	2	
		左/右后侧围上护板总成	2	
		左/右后侧围下护板总成	2	

续表

序号	区域	标准件模块名称	数量	可实现安装零部件名称
5	前门	左/右前门钣金总成	2	左/右前门内护板总成、前门框密封条、左/右前门密封条、左/右前门内外水切、左/右前门玻璃泥槽总成、左/右外后视镜总成、左/右三角板本体、左/前门玻璃升降器总成、左/右前门锁总成、外拉手安装点、限位器(只做安装点)等
		左/右前门玻璃前导轨总成	2	
		左/右前门玻璃后导轨上段总成	2	
		左/右前门玻璃后导轨下段总成	2	
		左/右前门内护板总成	2	
		左/右前门上铰链总成	2	
		左/右前门下铰链总成	2	
6	后门	左/右后门钣金总成	2	左/右后门内护板总成、后门框密封条、左/右后门密封条、左/右后门内外水切、左/右后门三角窗玻璃、左/右后门玻璃泥槽总成、左/右后门玻璃升降器总成、左/右后门锁总成等
		左/右后门玻璃前导轨	2	
		左/右后门玻璃后导轨	2	
		左/右后门上铰链总成	2	
		左/右后门下铰链总成	2	
7	行李厢	行李厢钣金总成	1	导流板总成、行李厢框密封条、行李厢盖里衬总成、行李厢扣手护板总成、行李厢锁总成、组合尾灯B灯总成、亮条装配、限位块安装点等
		鹅颈管假件	1	
		行李厢牌照灯塑料件	1	
		行李厢左/右铰链总成	2	
		左/右组合灯总成	2	
8	仪表板	仪表板本体总成	1	中翼扬声器面罩总成、中央吹面风口总成、左/右侧吹面风口总成、组合仪表罩总成等
		左/右侧端盖总成	2	
		左/右侧吹面风口面板总成	1	
		仪表与A柱搭接部位	2	
		仪表板加强梁总成	1	
		副仪表板	1	
		中央出风口	1	
		杂物盒	1	
		CCB支架	1	

(4) 连接件 用来连接标准件模块和安装载体,主要包括铰链、紧固件等。铰链同时为标准件,可以用来做闭合件匹配。

三、设计步骤

(1) 明确设计任务,收集相关资料 方案设计主要依据是整车3D数据、尺寸技术规范(DTS)、GD&T图纸及整车测点图。整车检具上所有车身、内外饰模块间的间隙、段差值均按照尺寸技术规范要求设计。尺寸技术规范上未体现的配合面按照带GD&T信息的产品3D数据设计。所有需安装到实车上的车身、内外饰模块的定位基准、安装基准按照 GD&T 图纸信息进行设计，以保证基准的统一性。产品零件在车体模块上安装时的定位孔、定位面等应与车身实际状况一致。

（2）分析整车身数据，制定总体方案　对功能主模型检具的功能、用途及其所达到的精度有一个总体的认识。熟悉主模型上所有零部件和汽车车身结构，包括它们的定位、安装方式和测量方法。然后进行方案的整体规划设计，再细分到下级模块。总体检具结构方案包括：底座、框架、标准模块、移动装置以及标准模块存放支架等的结构形式，使用材料及热处理方式等。另外要"吃透"检具的制造精度要求，因为它与制造成本息息相关，同时与设计、验收精度相互作用，所以要特别重视，详见表 8-7。

表 8-7　汽车主模型检具制造精度要求

基准面的平面度	≤0.05mm/m
基准孔的位置精度	≤±0.05mm
定位活动件的配合精度	H7/g6 或 H7/f6
产品件的安装孔位置精度	≤±0.02mm
模块的安装孔位置精度	≤±0.1mm
模块的匹配缝隙精度	≤±0.1mm
模块的功能区表面精度	≤±0.2mm
模块的非功能区表面精度	≤±0.5mm
重复安装精度	≤±0.05mm
一般安装匹配部位的位置精度	≤±0.3mm

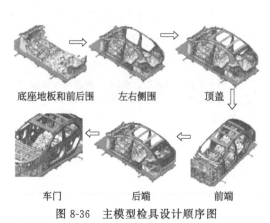

图 8-36　主模型检具设计顺序图

（3）设计组织协调，有效分工　由于整车主模型结构复杂，独立的标准件模块较多，设计任务繁重，为缩短设计时间，可分组分工设计，以提高工作效率保证整体设计进度，具体分工如下：车门可由 1 人设计；底板、前后围和后保，可由 1 人设计；侧围、顶盖、尾灯和背门可由 1 人设计；前端部分（包括发动机罩、翼子板、前框架等）可由 1 人设计；后端部分可由 1 人设计。

（4）确定设计顺序　如图 8-36 所示，一般设计顺序为：底座—地板—前后围—左右侧围—顶盖—前端部分—后端部分—车门。

四、结构模块设计

（一）底座设计

底座主要有承载框架、模块和模块之间的安装基准和确定整车坐标系位置的功能。设计前可以通过软件计算得出主模型检具的总体质量，再选用合适大小的方管搭接成田字形的框架。框架的结构设计必须有足够的强度，保证在承载的过程中不发生变形，也可以通过高性能 CAE/CAM 软件构建受力模型有针对性地对底座的结构进行优化。为了有效地减少框架焊接过程中所产生的内应力引发的焊接变形，在进行机械加工前必须经过处理，目前常用的是回火处理及时效处理。为了便于主模型检具的精度测量，底座需要设计多个水平调整机构，四周根据载重的分布合理布置，中间预留一个，这样可依据中间一个脚作为基准，来调整周边脚。水平调整机构建议设计为球形，便于调整。底板上的基准可采用 4～6 个基准球或基准块，但覆盖面积要足够大，以方便三坐标的测量取数。特别情况下，底座上应设计关节臂检测的安装座，预留使用测量设备（FARO）的基准平面及操作空间。底座的结构如图 8-37 所示。

（二）安装载体的设计

（1）作用　给前部各模块和真实覆盖件提供定位安装基准面。

（2）组成　如图 8-38 所示为框架的结构图，它固定在底板上，与前大灯、发动机罩、保险杠和翼子板等模块连接，它主要由支架、模块接头和定位块组成。

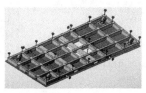
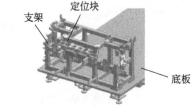

图 8-37　底座的结构　　　　　　　　图 8-38　框架结构

（3）设计要点　安装载体结构设计要考虑制造和测量环境，并注意以下细节：

① 要尽可能将框架设计成立方体，以方便在机床上安装和加工；

② 应避免定位块与模块或真实零件之间发生干涉；

③ 所有可拆模块定位销需设计防掉结构，且将定位销套设计成镶块，后期测量时方便调整；

④ 安装支座要采用一定厚度的调节垫片（尽量不使用铁皮或铜片），如 3mm 或 5mm 垫块，以便于磨损后更换。

（三）可拆卸标准模块设计

可拆卸标准模块包括前后车门总成、发动机盖总成、后备厢盖总成、翼子板总成、前后组合大灯总成、前后保险杠总成、仪表台、副仪表台等。这些模块具有互换性（模拟实车的定位和重要型面），既可以安装在载体模型上检查与周边环境件的配合情况，又可以直接安装在实车上检查白车身的焊接质量。设计前应先熟悉各模块在检具中的位置和作用，还要掌握它们的加工工艺，包括定位基准的选择、加工方法、加工时装夹方式等。模块设计时要确定模块功能面长度，根据使用方要求匹配功能面长度和产品特征线设计模块（通常设计 40mm），在功能满足的前提下，尽可能地提高强度和美观。预留加工平台和基准孔（脱卸件需要测量基准孔，具体形式需要和使用方沟通），以便模块返修及测量，并且将模块上无用的负角面以加工方向切除或作型面优化，便于加工。下面介绍一下尾灯模块和前车门模块的设计。

（1）尾灯模块的设计　尾灯模块按数量可分为两种，第一种是只有一个尾灯，第二种是既有尾灯还有箱灯，如图 8-39 所示。模块设计时要详细分析尾灯的定位方式，尾灯真件安装在后侧围上时，侧围模块要有相应的避空孔和穿孔，便于尾灯真件的安装。在模块边缘包边的地方最好都不要加厚或随意改变造型，以免和周围相匹配的零件发生干涉。模块的安装点在设计时要考虑安装方向是否能安装和拆卸。

（2）前车门模块的设计　前门模块包含前门内板、前门外板两部分。主要用于匹配前门防雨条、前门限位器、前门锁、前门线束、前门外拉手、前门摇机、前门玻璃、外后视镜、前门框内饰盖、前门玻璃导槽、前门 B 柱饰板、前门内饰板等零件，如图 8-40 所示。前门模块设计时完全参照产品钣金数据，将各个零件的安装点以镶块、螺纹套、螺钉的样式模拟出来。

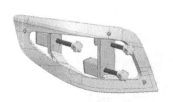
(a) 尾灯模块

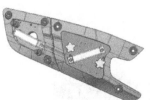
(b) 尾灯模块+箱灯模块

图 8-39　尾灯模块

图 8-40　前车门模块

前门模块型面全仿门内板钣金数据，整体模块厚度为 8mm，两侧厚度需要加强，特别是装铰链的那一侧最好设计到 15~20mm。门外板装门把手处需设计镶块，反面需要做避空。摇升器的安装点如果全仿钣金设计，厚度只有 0.6~0.7mm，强度不太好，一般在反面加厚 2~2.5mm。玻璃导轨条应仿型设计，材料建议用钢件。模块测量基准孔不要选择在门内板边缘，避免破坏边缘圆角型面。模块的加工平面尽量不要凸出门内板型面，优先选择下凹。门模块有两种方式定位在功能主模型安装载体上，一种是靠铰链定位，另一种是靠小车定位。需要铰链定位的前门模块是要求前门模块可以按实车状态自由开关。在前门模块关上的状态需要在门把手处设计一个 Y 向定位。在门模块下部设计 Z 向支撑。当所有标准件模块在基座上拼装完成后，应当可以形成一个有相当刚度，自承载的拼装整体。

可拆卸标准模块质量与后期人工操作便捷性有着直接联系，需配置相应的搬运装置便于模块的反复装拆。按照实际情况，不同质量的模块设计要求也不一样。当工件的质量小于 2kg 时，设置便于手持的挖空结构。质量小于 5kg 时，设置手柄等握持结构。质量大于 5kg 时，尽可能不采用装拆结构，设置成滑动或者翻转式以便于操作。大于 20kg 的设计为起吊装置或多人操作把手。可拆卸标准模块的结构要求包括：

① 模块需有独立的定位基准可供测量。

② 模块的安装锁紧装置必须牢固可靠、安全、不松动。

③ 部分模块可设计成活动式结构，实现不用拆卸模块即可对内外饰零件进行匹配。

④ 考虑到同一零件的不同配置在结构和安装方式上的差异，可根据需要将模块设计成局部区域替换或相互独立的形式。

（四）连接件设计

为了考虑通用性，操作便捷性，减少特制的装拆工具。紧固件螺栓和螺母的外形大小应一致，螺纹根据国际标准制作。功能主模型与连接件接触配合的部分应按环境件1∶1比例模拟仿制。其他连接件如铰链等车身附件，根据三维数模保证按一定精度铣制而成。

整车主模型各模块设计完成后，需要将各模块数据在3D设计软件上进行装配组合在一起，此时要对其进行严格的方案评审，结合类似项目的经验和教训，按局部到整体的顺序，进行细化整理，设计方案检查过程中须注意以下两个问题：

（1）满足互换验证　互换验证主要是功能主模型各独立模块和实物零件之间的相互交换安装，可以验证所有匹配安装信息、功能实现等内容。各模块的安装定位方式、零件干涉、模拟检测型面有无遗漏是重要的过程检查项。

（2）操作方便性　操作方便性除了考虑模块、部件拆装时的便利性，还要考虑到其自身质量、形状，这也是设计前期必须考虑的因素，因为大部分的检测内容必须由操作人员来完成，所以其质量设计、结构设计、材料选取都必须经过充分考虑。

附录1 汽车检具中英文对照表

1. 汽车检具名称方面：

检具	checking fixture/gauge
测试工装	test accessorial tool
量具	measuring tool
白车身分总成匹配检具	PCF（part coordinate fixture）
分总成或总成检具	UCF（unit coordinate fixture）
开口检具	OCF（open check fixture）
白车身	BIW（body in white）
卡规	snap gauge
综合测量匹配样架	matching fixture of BIW
螺钉车检具	screw body
量块	gauge block
光滑极限量规	plain limit gauge
塞规	plug gauge
环规	ring gauge
螺纹规	thread gauge
功能主模型检具	functional master model/cubing/CUBIC/TAC（total assembly checking fixture）

2. 与汽车检具相关方面：

模具	mould
钣金	sheet metal
统计过程控制	SPC（statistical process control）
设备清单	BOE（bill of equipment）

参考定位系统	RPS (reference position system)
设计失效模式后果分析	DFMEA (design failure mode & effects analysis)
电子数据采集装置	EDC (electronic data capture)
注塑装饰件	injection molding decorative parts
检测销	checking pin
定位销	location pin
间隙	gap
平齐	flush
偏置面	offset
断面样板	template
通止规	go/no-go pin
插销	stab pin
夹钳	clamp
衬套	bushing
卡扣	clip
3D数模	3 dimension math data
基准	datum
定位面	locating surface
定位点	RPS points
模拟块	mask/module block/contour block
平齐面	flushness
支撑面	support surface
检测块	checking block
金属卡扣	metallic clip
百分表	dial indicator/caliber
游标卡尺	vernier caliper
外径千分尺	external micrometer
打表点	dial points
磁铁	magnet
塞尺	feeler
弹簧	spring
倒角	rounding chamfer
吊环	lift rings
直尺	steel
把手	handle/grip/hand knobs
垫片	shim
螺钉	screw
螺纹	screw thread
导轨	guide rail

滑块	slide block
小车	movable table/cart
坐标系	coordinate system
校准	calibrate
孔位	position of pins
法线	normal
观察孔	sight hole
倒角	chamfering
斜角	chamfer angle
马蹄形	clevis
干涉	conflictive/interference
菱形	diamond/lozenge
锥形	taper
圆锥形	conical
椭圆形	ellipse
长方形	oblong
环境件	neighboring parts
插入	insert into
骨架	armature
检具出货	gauge release
切边	trim
防锈油	rust preventive oil

3. 图纸及形位公差方面：

尺寸技术规范	DTS（dimensional technical specifications）
几何尺寸和公差	GD&T（geometric dimensioning and tolerancing）
重要产品特征	KPC（key product characteristic）
基本规则	basic rules
符号	symbols
公差	feature
轮廓度	profile tolerance
形位公差	geometric tolerance
绝对公差原则	absolute tolerance method
乐观公差原则	optimistic tolerance method
包容公差原则	tolerant tolerance method
最小实体原则	LMC（least material condition）
最大实体原则	MMC（maximum material condition）
基准	datum

4. 热处理方面（heat treatment）：

调质	aging

淬火	quench
发黑	nigrescence blackening
镀铬	chromeplate
阳极氧化	anodic oxidation
喷漆	painting
洛氏硬度	HRC
镀锌	zinc-coated
电镀	plating
退火	anneal
正火	normalizing
渗碳	carburization

5. 加工设备方面（process equipment）：

线切割	wire cutters
磨床	grinder
铣床	milling machine
车床	lathe
钻床	drill press
刨床	planer
锯床	saw
冲床	punching machine
机械手	robot
刀具	cutter
加工中心	machining center

6. 测量方面（measurement）：

三坐标测量机	CMM (coordinate measuring machine)
测量系统分析	MSA（measurement system analysis）
重复性与再现性	R&R（repeatability & reproducibility）
重复性再现性验证	GR&R（gauge repeatability and reproducibility）
偏倚	bias
线性	linearity
稳定性	stability
投影仪	projector
测量原理	principle of measurement
测量程序	measurement procedure
测量不确定度	uncertainty of measurement
测量绝对误差	absolute error of measurement
相对误差	relative error
随机误差	random error
系统误差	systematic error

位置误差　　　　　　　position error
线性误差　　　　　　　linear error

附录2　功能主模型检具模块明细表

中文名称	英文名称	图片	中文名称	英文名称	图片
总体	assy		后地板模块	rear-floor	
底板	baseplate		前侧围模块	front-bodyside	
前保险杠模块	front-bumper		后侧围模块	rear-bodyside	
前大灯模块	front-lamp		车顶模块1	front-top-cover	
发动机盖模块	hood		车顶模块2	rear-top-cover	
翼子板模块	fender		后围板模块	back-panel	
前框架	front-frame		衣帽架模块	coat-rack	

续表

中文名称	英文名称	图片	中文名称	英文名称	图片
前围前地板模块	front-floor		前车门模块	front-door	
后车门模块	rear-door		中端内饰模块（包含中部区域的所有模块）	mid-end interior trim	
后行李厢模块	decklid		后端内饰模块（包含后部区域的所有模块）	rear interior trim	
后尾门模块	trunk		加油口模块	fuel-filler-lid	
后尾灯模块	rear-lamp		CCB横梁模块	CCB	
厢灯模块	box-lamp		后保险杠模块	rear-bumper	
后框架	rear-frame				

附录3　功能主模型检具产品与模块匹配顺序

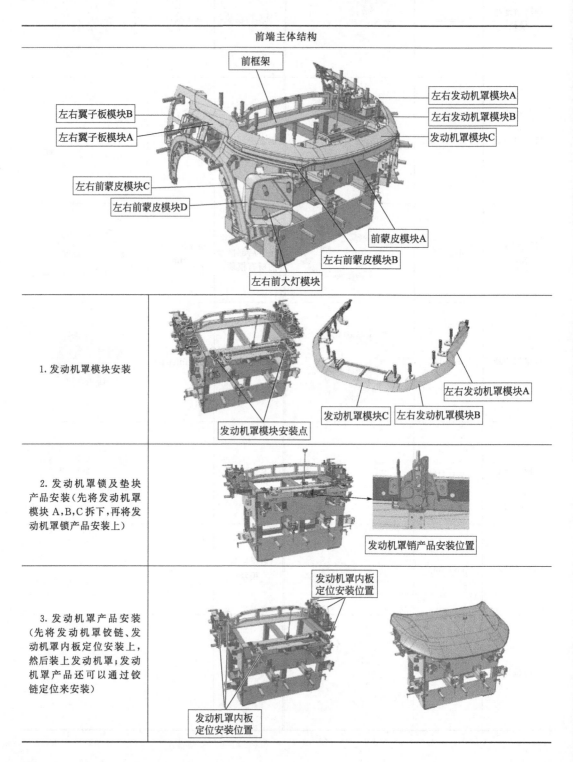

续表

4. 翼子板模块安装（翼子板模块分为两块，左右翼子板模块A和B脱卸安装到前端框架和前侧围模块上）	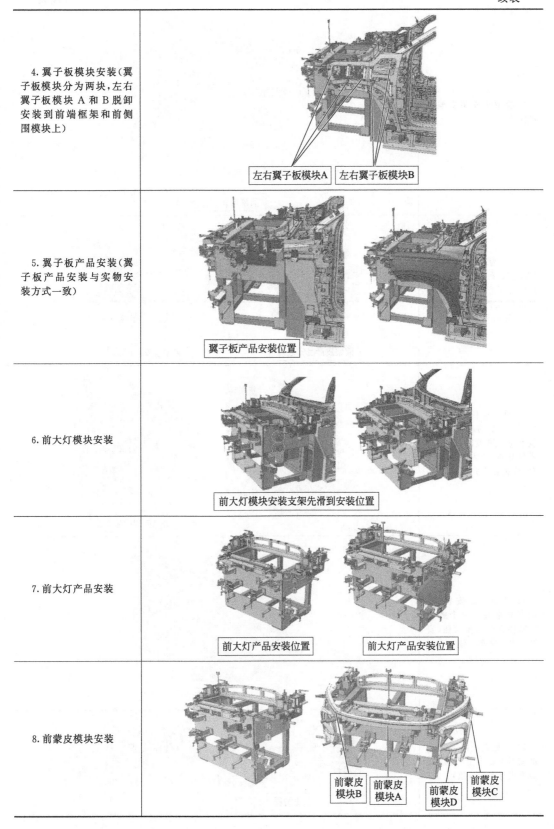	
5. 翼子板产品安装（翼子板产品安装与实物安装方式一致）		
6. 前大灯模块安装		
7. 前大灯产品安装		
8. 前蒙皮模块安装		

9. 前蒙皮安装支架产品安装	前蒙皮安装支架产品	
10. 前蒙皮产品安装（先将翼子板模块、前蒙皮侧支架产品安装上，再将前蒙皮产品安装到检具上，然后紧固）	前蒙皮产品安装点	前蒙皮安装产品
11. 进气格栅产品安装（先拆除发动机罩模块，装上前挡风玻璃产品，将进气格栅产品安装到检具上，安装方式与实车一致）	进气格栅产品安装	
12. 雨刮产品安装（雨刮产品是通过两个螺钉打紧和有个卡扣勾住，安装方式与实车一致）	雨刮产品安装	
13. 主地毯及隔音垫产品安装（安装主地毯，安装方式与实车一致）	主地毯	

续表

14. 仪表板模块安装（先将仪表板装在 CCB 产品或者模块上，然后再装到车身上）	CCB打紧点　CCB打紧点　CCB打紧点
15. 前门装饰板模块的安装（前门装饰板模块通过两销两钉安装到车身上，检测仪表板产品）	前门装饰板模块
16. 副仪表板产品安装（副仪表板安装方式与实车安装一致）	副仪表板安装点
17. 前排座椅产品安装（前排座椅安装方式与实车安装一致）	打紧螺钉使用标准螺钉　前排座椅安装点
18. 后排座椅产品安装（后排座椅安装方式与实车安装一致）	后排座椅安装点位置　后排座椅产品位置

续表

19. 顶盖及遮阳板,后阅读灯,前后侧门辅助拉手产品安装(顶盖安装方式与实车安装一致,安装时需将前后侧门辅助拉手,遮阳板,后阅读灯一起安装上)	遮阳板 后阅读灯 遮阳板 非天窗顶棚定位点
20. 天窗顶盖产品安装(天窗顶盖安装方式与实车安装一致)	天窗顶盖安装点
21. A柱上饰板产品安装(A柱上饰板安装方式与实车产品的安装方式一致)	A柱上饰板卡扣 A柱上饰板
22. A柱下饰板产品安装(A柱下饰板安装方式与实车安装方式一致)	A柱下饰板 A柱下饰板安装点
23. B柱饰板产品安装(B柱饰板安装方式与实车安装方式一致)	B柱饰板 B柱饰板安装点

续表

24.后侧围上装饰板产品安装(后侧围上装饰板安装方式与实车安装方式一致)	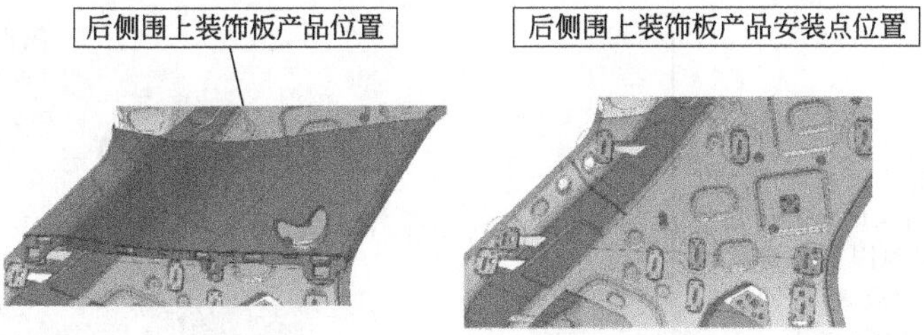 后侧围上装饰板产品位置　　后侧围上装饰板产品安装点位置
25.后侧围下装饰板产品安装(后侧围下装饰板安装方式与实车安装方式一致)	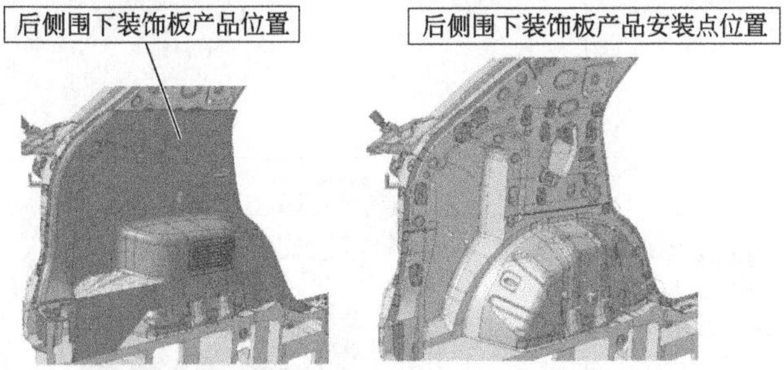 后侧围下装饰板产品位置　　后侧围下装饰板产品安装点位置
26.门槛饰条产品安装(门槛饰条安装方式与实车安装方式一致)	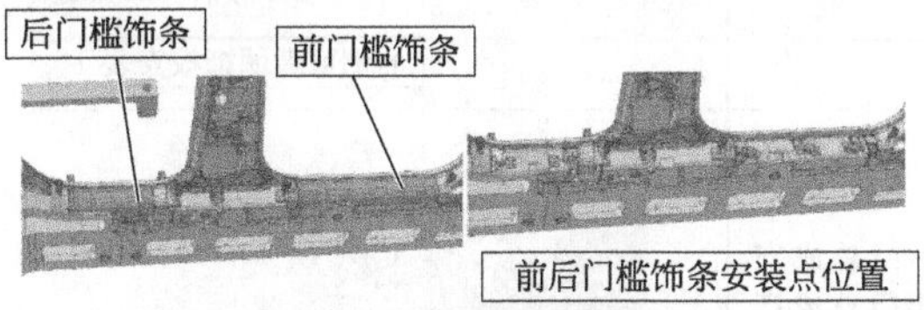 后门槛饰条　前门槛饰条　前后门槛饰条安装点位置
27.门槛饰条模块安装(门槛饰条安装方式与实车安装方式一致)	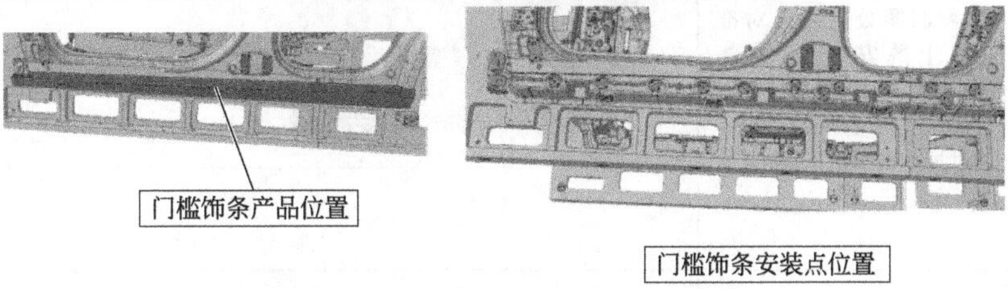 门槛饰条产品位置　　门槛饰条安装点位置
28.顶盖饰条产品安装(顶盖饰条安装方式与实车安装方式一致)	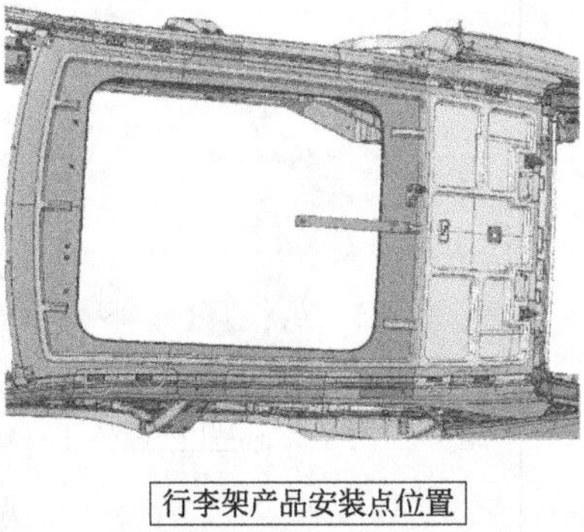 行李架产品安装点位置
29.尾端梁饰板产品安装(尾端梁饰板安装方式与实车安装方式一致)	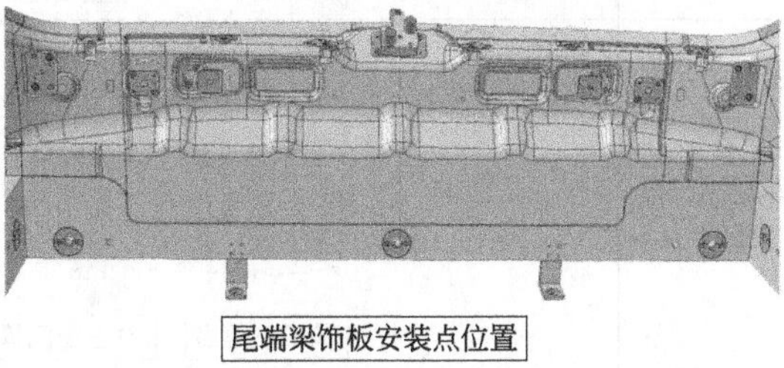 尾端梁饰板安装点位置

附录　311

续表

步骤	图示
30. 前挡风玻璃产品安装(前挡风玻璃产品安装时贴住侧围及天窗模块上的定位块 $X/Y/Z$,与实车安装方式一致)	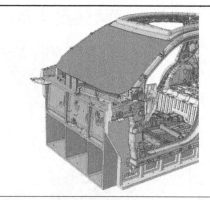
31. 后侧窗玻璃饰板安装(后侧窗玻璃饰板的安装与拆卸跟实际装车一致)	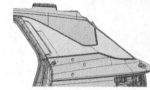 后侧窗玻璃饰板安装　　后侧窗玻璃饰板安装点
32. 加油口小门总成安装[加油口小门总成产品,将圆圈处安装孔对准检具上的安装孔(圆圈处),取 M5 螺钉将产品与检具锁紧;关闭小门时,通过插拔销将小门锁紧]	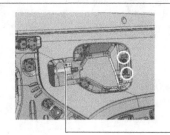 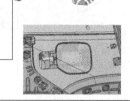 加油口小门总成产品
33. 前门模块安装	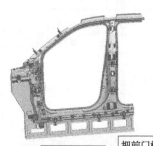 前门安装点　　把前门模块安装点对准侧围上对应的安装点,拧紧　　前门模块安装点
34. 前门三角窗安装(前门三角窗的安装与拆卸与实际装车一致)	 前门三角窗　　左右窗门模块A　　安装完成示意图

续表

35.前门后视镜安装（前门后视镜的安装与拆卸与实际装车一致）	前门后视镜　　左右前门模块A　　安装完成示意图	
36.后侧门模块安装	后侧门安装点　　把后侧门模块安装点对准侧围上对应的安装点上，拧紧　　后侧门模块安装点	
37.前门安装工具模拟块安装	前门安装工具模拟块安装点　　把前门安装工具模拟块安装到侧围相应的安装点　　前门安装工具模拟块安装完成　　把前门实车的主副定位孔对准检具的主副定位安装进去　　前门实车安装完成	
38.后侧门安装工具模拟块安装	后侧门安装工具模拟块安装点　　把后侧门安装工具模拟块安装到侧围相应的安装点　　后侧门安装工具模拟块安装完成　　把后侧门实车的主副定位孔对准检具的主副定位安装进去　　后侧门实车安装完成	
39.扰流板产品安装（扰流板的安装与拆卸跟实际装车一致）		

续表

40.后挡风玻璃产品安装(后挡风玻璃的安装与拆卸跟实际装车一致)	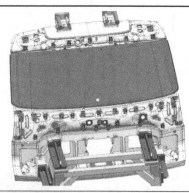
41.后挡风玻璃外板产品安装	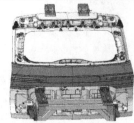 
42.左右尾门外饰板模块安装	 
43.尾门产品安装	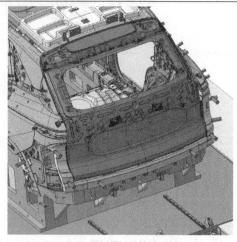 尾门是通过铰链定位
44.尾门内护板总成安装(内护板的安装与拆卸跟实际装车一致)	 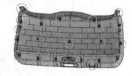

续表

45. 位置灯产品安装	 尾灯真件安装位置	 尾灯真件安装点位置
46. 位置灯模块安装	 左右位置灯模拟	 左右位置灯模块安装点
47. 后蒙皮模块安装（后蒙皮模块共有三个模块）	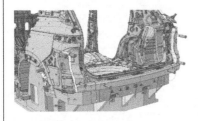 后蒙皮模块安装点	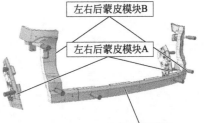 左右后蒙皮模块B 左右后蒙皮模块A 后蒙皮模块C
48. 后蒙皮侧支架产品安装（安装后蒙皮产品前先把后蒙皮侧支架，后蒙皮上支架及后蒙皮中支架产品安装到检具上，其具体的安装位置如图）	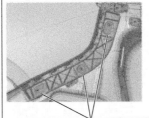 左后蒙皮侧支架真件安装点位置	 后蒙皮中支架真件安装点位置  左后蒙皮侧支架真件安装点位置
49. 后蒙皮产品安装	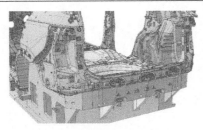 后蒙皮产品安装点位置	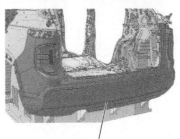 后蒙皮产品位置

附录 315

50. 清洁及保养 a. 每次使用完后，检具定位销或位置销要涂防锈油 b. 防止其他重物碰撞、挤压，以免影响检具精度 c. 不可私自拆卸检具，会严重影响检具精度	模拟块存放架 

参考文献

[1] 张景黎.模具加工与装配［M］.北京：化学工业出版社，2007.
[2] 宋建丽.模具制造技术［M］.北京：机械工业出版社，2012.
[3] 张皓阳.公差配合与技术测量［M］.北京：人民邮电出版社，2015.
[4] 管林东.模具制造综合技能训练［M］.北京：人民邮电出版社，2009.
[5] 李玉青.模具装配与调试［M］.北京：机械工业出版社，2016.
[6] 廖永灵，顾林霞.汽车检具标准化支基的应用［J］.现代制造技术与装备，2019（6）.
[7] 杨志勇.检具零件在数控加工中的探讨［J］.模具工业，2020（1）.
[8] 贺庆一.仪表板本体总成检具的设计［J］.中外企业家，2020（3）.
[9] 杜坤，高海州，魏庆丰，等.螺钉车技术的开发及应用［J］.汽车工艺与材料，2011.
[10] 李澍，孔啸，卞大超.浅谈汽车主模型研制项目的风险管理之风险识别研究［J］.模具技术，2011.
[11] 张昆，田学强，胡文亮，等.侧围外板检具典型结构设计［J］.汽车零部件，2013.
[12] 张强.高精度综合检具的加工工艺分析及改进［J］.汽车工艺与材料，2015.
[13] 杨志勇.整车检具铸铝车门模拟块加工工艺研究［J］.模具工业，2012.
[14] 杨志勇，孙军，张铁生，等.基于糊状树脂为主材的检具侧围模拟块研制［J］.模具工业，2015.
[15] 王辉.车灯模 NC 编程及刀具选用的若干原则和技巧［J］.模具工业，2012.
[16] 冯文成.数控加工深型腔复杂型面模具的刀具长度优化［J］.模具工业，2011.
[17] 王浩.整车匹配检具的设计开发［J］.装备制造技术，2019.
[18] 丁焕强.整车匹配检具的形式作用及与零件检具的差异［J］.汽车工程师，2017.
[19] 李凌.整车匹配检具（TAC）设计项目管理研究［J］.江苏科技信息，2015.
[20] 李钦生，何俊，刘彦春，等.汽车主模型检具前车灯检测模块的设计与制造研究［J］.制造技术与机床，2019.
[21] 谢俊，李杰，杨启志.通用 GAMMA SUV 汽车后保险杠总成检具设计［J］.机械设计研究，2013.
[22] 李钦生，袁帮谊，魏平.汽车覆盖件主模型检具大型薄壁件制造工艺研究［J］.锻压技术，2014.
[23] 江景涛，隋仁东.基于检测特征的车身覆盖件检具概念设计［J］.机械设计与研究，2007.
[24] 李铭.关于汽车主模型检具制造工艺问题的讨论［J］.模具技术，2006.
[25] 林忠钦.汽车车身制造质量控制技术［M］.北京：机械工业出版社，2005.
[26] 张兵.螺钉车身制作控制规范及作业方法［J］.汽车工艺与材料，2009.
[27] 黄文振，周志革，王双虎.汽车白车身装配质量的评价方法［J］.汽车工程，2000.
[28] 马利军，郭琪.螺钉车检具白车身开发中的应用［J］.汽车工艺与材料，2013.
[29] 杜坤，高海洲，魏庆丰，等.螺钉车技术开发及应用［J］.汽车工艺与材料，2011.
[30] 陈丽娜.检具预验收过程中重复性和再现性的探讨［J］.企业标准化，2018.
[31] 郭亚鑫.汽车零件高标准检具的设计制造［J］.农业技术与装备，2018.
[32] 周国琴.车身组合检具的介绍与运用［J］.轻型汽车技术，2017.
[33] 胡彩旗.车身覆盖件检具设计方法及其应用研究［D］.上海：上海交通大学，2004.
[34] 谢诚.检验夹具设计［M］.北京：机械工业出版社，2001.
[35] 洪浩帧.面向精度稳健性的车身检具设计与结构优化方法研究［D］.上海：上海交通大学，2005.
[36] 储军，陈杰.车身小型冲压件检具设计的一般方法和步骤［J］.工具技术，2004.
[37] 沈宏昌.螺栓支撑面垂直度测量方法与检具定位部分设计［J］.紧固件技术，1995.
[38] 陶永亮.汽车灯具塑件检具设计制造技术分析［J］.塑料制造，2012.
[39] 孟晗.浅谈汽车冲压零件检具的设计及制造［J］.科技风，2014.
[40] 孙东继，尹德友，李瑞杰，等.检具设计对汽车覆盖件测量影响研究［J］.汽车工艺与材料，2014.

[41] 涂成生.一种用于尺寸误差测量的柔性检具检测方法[J].汽车工艺与材料,2011.
[42] 华作刚.柔性检具的应用与检测方法[C]//中国汽车工程学会.2015中国汽车工程学会年会论文集;2015.
[43] 魏文兵.基于设计和制造过程的汽车外观匹配[J].汽车工艺,2015.
[44] 窦寒玛.汽车检具发展现状与趋势[J].模具工业,2017.
[45] 王双枝,杨谊丽,崔礼春.尺寸工程在汽车行业中的应用[J].汽车工艺与材料.2014.
[46] 温国安.CUBING在整车尺寸匹配中的应用[C].海南机械科技学术年会,2016.
[47] 程磊.浅谈车身主检具在整车研发中的应用[J].汽车实用技术,2018.
[48] 韦仁鲜.浅谈汽车零部件总成检具验收方法[J].汽车与驾驶维修,2017.
[49] 崔占生.汽车白车身用检具技术[J].汽车工艺师,2015.
[50] 龚路丽.汽车检具智能设计与应用支持系统的研究与开发[D].上海:上海交通大学,2010.
[51] 吴纯明.汽车检具智能设计向导软件的研究与开发[D].上海:上海交通大学,2012.
[52] 陈丽娜.检具预验收过程中重复性和再现性的探讨[J].机械工业标准化与质量,2012.
[53] 顾林霞.汽车前地板总成检具的重复性和再现性分析[J].企业科技与发展,2013.
[54] 宋一弋,杨正志.检具对于车身尺寸控制的重要性[J].百家论点,2017.
[55] 海克斯康测量技术(青岛)有限公司.PC-DMIS2012培训与应用手册[Z].
[56] 李铭.关于检具基准及建标方法的讨论[J].模具技术,2011.
[57] 崔丽娟,李灵凤,田冀锋.浅析国内外检具设计的异同[J].工艺与检测,2010.
[58] 龚寅.汽车仪表板主模型加工工艺[J].模具技术,2016.
[59] 徐跃宏.浅谈螺钉车的设计与应用[J].汽车工艺与材料,2016.
[60] 刘飞.汽车车身检具质量评估方法的应用研究[D].上海:上海交通大学,2008.